（典藏版）

百部国学传世经典

中华国学经典盛宴／获取先贤核心智慧

孙子兵法　三十六计

【春秋】孙　武／著
林少华／主编

漓江出版社

图书在版编目(CIP)数据

孙子兵法·三十六计/(春秋)孙武著;林少华主
编.--桂林:漓江出版社,2017.9
(百部国学传世经典)
ISBN 978-7-5407-8256-6
Ⅰ.①孙… Ⅱ.①孙… ②林… Ⅲ.①兵法-中国-古代
Ⅳ.①E892.2
中国版本图书馆 CIP 数据核字(2017)第 218734 号

孙子兵法·三十六计　SUNZI BINGFA · SANSHILIUJI

作　　者　【春秋】孙武　著
主　　编　林少华

策划统筹　陈植武　林晓鸿
责任编辑　李淑娟

出 版 人　刘迪才
出版发行　漓江出版社
社　　址　广西桂林市南环路 22 号
邮　　编　541002
网　　址　www.lijiangbooks.com
印　　制　北京飞达印刷有限责任公司
开　　本　710 mm×1000 mm　1/16
印　　张　30
字　　数　552 千字
版　　次　2017 年 8 月第 1 版
印　　次　2024 年 1 月第 5 次印刷
书　　号　ISBN 978-7-5407-8256-6
定　　价　45.00 元

前言

中华民族有着数千年的文明历史，创造了光辉灿烂的古代文化，其中中国传统国学是我国辉煌灿烂的文化典籍的核心部分，它博大精深、源远流长，显示出中华文化的深厚根基，给人类留下了丰富的精神财富。它是我们炎黄子孙的文化精髓，它塑造了我们中华民族的民族精神，是培育民族精神的重要资源。它开启心智，滋润生命，陶冶人格，塑造灵魂。

开卷有益，忙碌的人们闲暇之时，应该用传统国学来陶冶自己的情操，开阔自己的心胸，提高自己的人文修养，用先人的哲思来涤荡自己忙碌的心灵。我们应该坚持阅读的爱好，在潮流文化的强大攻势下，让传统文化永驻我们的心田。“复兴国学，从根本上讲，是复兴中华民族的自尊心、自信心。”我们要甄选传世经典著作中最经典的部分来读，要以开放的胸襟和燃烧的激情去承接古人的经典大论与哲思华章，以自豪而不狂妄、执着而不僵化的精神风貌来直面当今社会的竞争与挑战。

为了弘扬中国传统文化，帮助读者深刻了解我们的历史与文化，用经典历史文学知识陶冶情操、提高文化修养，同时使国学得到承传，得以弘扬光大，我们精心编排了本书。为了便于读者理解和领会古代先贤的思想与精神，我们在文章中选取了与正文相契合的插画，将插画与正文有机地结合在一起，可大大增加读者的阅读趣味。

本书选取了国学经典著作中很多优秀的作品及资料，博采各类经典作品的长处，并有所创新，以使得本书风格迥异、卓然超群，相信会给读者带来全新感受。

由于时间仓促，书中难免有不尽之处，恳请读者朋友们提出宝贵意见，在此深表谢意。

目录

孙子兵法

三十六计

孙子兵法

《孙子》，又称《孙武兵法》《吴孙子兵法》，是中国古代的兵书，作者为春秋末年的齐国人孙武（字长卿）。一般认为，《孙子兵法》成书于专诸刺杀吴王僚之后至阖闾三年孙武见吴王之间，即公元前515至公元前512年，全书为十三篇，是孙武初次见面赠送给吴王的见面礼，事见司马迁《史记》："孙子武者，齐人也，以兵法见吴王阖闾。阖闾曰：子之十三篇吾尽观之矣。"

有个别观点曾认为今本《孙子》应是战国中晚期孙膑及其弟子的作品，但是银雀山出土的汉简（同时在西汉墓葬中出土《孙子兵法》《孙膑兵法》各一部）已基本否定此说。

《孙子兵法》是世界上最早的兵书之一。在中国被奉为兵家经典，后世的兵书大多受到它的影响，对中国的军事学发展影响非常深远。它也被翻译成多种语言，在世界军事史上也具有重要的地位。

第一篇　始计篇

〔简述〕

《始计篇》是《孙子兵法》的第一篇，是总揽全书的纲。它所阐述的是军事领域最基本的问题和法则，具有最大的普遍性；它所阐述的基本思想和基本原则，贯穿于全书各个篇章之中。

本篇内容大略可以分为四部分：1. 讲述军事对于国家和人民根本利益的极端重要性，明确指出它是关系人民生死、国家存亡的头等大事。2. 从整体、战略高度阐述君主（或统帅）用兵必须首先考察的五个基本的主客观条件，这就是：（1）政治状况或政治路线；（2）天时；（3）地利；（4）将领；（5）军队的编制与法令、法规。强调君主（或统帅）必须对上述五方面条件作深入的了解和衡量，才能赢得有利的客观形势，取得战争的胜利。3. 阐述用兵时必须掌握的特殊法则。指出用兵的特点是要"因利而制权"，要行"诡道"。只有善于根据战争情势的变化灵活机动地运用战略战术，特别是善于运用种种计谋制造假象，欺骗敌人，才能克敌制胜。4. 强调用兵之前在庙堂之上进行周密谋算（即从所述五方面进行衡量与谋划）的重要性，指出这是预计战争胜负的一个关键所在。

原文

孙子曰：兵者①，国之大事，死生之地②，存亡之道③，不可不察也④。

注释

① 兵:兵士、兵器、军队、军事,这里指军事。

② 地:土地、地方、地域、地形,这里取地域意,引申为领域。

③ 道:道理,这里指的根本道理。

④ 察:观察、考察、了解,这里指考察。

译文

孙子说:军事是国家的大事,是关系人民生死的领域,也是关系国家存亡的根本之道,因而是不可不深入加以考察的。

原文

故经之以五事[①],校之以计[②],而索其情[③]:一曰道[④],二曰天[⑤],三曰地[⑥],四曰将[⑦],五曰法[⑧]。道者,令民与上同意也[⑨],故可以与之死,可以与之生,而不畏危。天者,阴阳、寒暑、时制也[⑩]。地者,远近、险易、广狭、死生也。将者,智、信、仁、勇、严也。法者,曲制、官道、主用也[⑪]。凡此五者,将莫不闻[⑫],知之者胜,不知者不胜[⑬]。故校之以计而索其情,曰:“主孰有道?将孰有能?天地孰得?法令孰行?兵众孰强[⑭]?士卒孰练[⑮]?赏罚孰明?吾以此知胜负矣。”

注释

① 经:经度,引申为分析研究。

② 校:作动词用,较量、比较、计较。

③ 索:探索。其:代词,这里指敌我双方。情:情况、实情。

④ 道:道理,道路。这里可引申为治国的路线或方针政策。

⑤ 天:天象、天气,这里是指天气。

⑥ 地:这里是指地形。

⑦ 将:将领。

⑧ 法:法令、法规、制度。

⑨ 令:作动词用,使令。上:上司、上级,这里是指君主。意:意志、意愿。

⑩ 阴阳:我国古代一对概括宇宙万象万物内在基本矛盾的范畴。这里是从气象和天象上讲的,指天气晴雨、天象昼夜的变化。

⑪ 曲制:曲,古代军队编制较小的单位,曲制即指军队的编制。官道:官,指军队中的各级指挥员,官道即指对军队各级将领的职责划分和管理形式、管理制度。主用:主,主持,这里可解释为掌管。用,费用,这里指军队的物资费用。主用,就是指对军队后勤军需的管理。

⑫ 闻:听见、了解。

⑬ 知:知道,这里指深入了解。

⑭ 强:强壮,这里指士兵体质强壮。

⑮ 练:训练,这里指军士训练有素。

译文

所以,军事家们首先必须从五件事来进行比较和谋算,以求得对敌我双方真实情况的了解。

这五件事一是道，二是天，三是地，四是将，五是法。所谓道，是指能使人民与君主同心同德的政治方针和政策，它能促使人民甘愿与君主同生共死而不害怕任何危难。所谓天，是指用兵时所处的时节和气候，是晴天还是雨天？是气候寒冷还是气候炎热？是春夏秋冬的哪个季节？所谓地，是指用兵时，距离敌人是远还是近？所处的地形是险峻，还是平坦？是宽阔地带，还是狭窄地带？是处于死地，还是处于生地？所谓将，是指统率军队的将领是否具备足智多谋、赏罚有信、仁爱部下、勇敢果断、治军严明的素质与能力。所谓法，是指军队的编制、法令、法规和对各级指挥官职责的划分和管理，以及后勤军需管理制度。以上五方面情况，作为军事将领虽然一般的都会有所了解，但只有那能深入了解这些情况的人才能取得战争的胜利；不能深入了解这些情况的人是不能取胜的。所以说，必须认真地对它加以比较、讨论，才能求得对实情的深入了解，也就是说，要了解敌我双方，哪一方政治清明，政治方针政策正确？哪一方的将领有才能？哪一方占有天时与地利？哪一方军队编制合理，法令、法规畅通无阻？哪一方军队体质强健，士兵训练有素？哪一方军队管理得好，赏罚严明？从这五个方面加以比较、算计，便可以预知战争的结局是谁胜谁负了。

原文

将听吾计[①]，用之必胜，留之；将不听吾计，用之必败，去之。

计利以听[②]，乃为之势[③]，以佐其外[④]。势者，因利而制权也[⑤]。

兵者，诡道也[⑥]。故能而示之不能[⑦]，用而示之不用[⑧]，近而示之远，远而示之近，利而诱之，乱而取之，实而备之[⑨]，强而避之，怒而挠之[⑩]，卑而骄之[⑪]，佚而劳之[⑫]，亲而离之。攻其无备，出其不意。此兵家之胜，不可先传也。

注释

① 将：这里作时间副词，可解释为将要，按照文意应该译作如果。

② 计：计较，这里可引申为衡量。计利，就是指权衡利益。

③ 势：这里是指形势、情势。

④ 佐：辅佐，引申为有助于。外：指外部环境或客观形势。

⑤ 权：这里与“经”相对，指权且，权宜，引申为灵活运用。

⑥ 诡：欺诈。道：这里作途径解，引申为方法、计谋。诡道，即指欺诈的方法和计谋。

⑦ 示：显示，这里是指伪装地显示。

⑧ 用：使用，这里是指用兵。

⑨ 实：充实、实力，这里是指敌人军力充实雄厚。备：准备。

⑩ 挠：挑逗。

⑪ 卑：卑下，这里是指轻视。

⑫ 逸：安逸，这里指部队获得了充分休整。

译文

如果君主听从我的上述计谋，并用它去指导战争，就会取得胜利，在这种情况下，我便应当留下来帮助他；相反，如果不听从我的计谋，而用另外的计谋去指导战争，将会招致失败，这时，我便应该辞去。

君主或统帅经过权衡利害，听从我的计谋，将会形成有利的客观形势，这是有助于实现军事目的的外部条件。当然，有利的客观形势也是人们从有利的原则出发，根据现实情况，采取机动灵活的举措造成的。

须知用兵是一种诡诈之道，需要运用种种欺骗敌人的方法：自己本来力量很强，却要向敌人伪装出似乎没有什么力量；本来准备用兵，却要伪装怯懦不敢用兵；本来已经接近敌方了，却要伪装距离敌方还很远；本来距离敌方还远，却要伪装出已经靠近敌人了。要用小的利饵引诱敌人，乘敌方混乱之时进行攻取。对实力雄厚的敌人要有充分的应战准备；对战斗力强的敌人要暂时避开他们的锋芒；对于容易冲动发怒的敌军将领，要设法挑逗他、激怒他，使其失去理智；对于轻视我方的敌人，要设法使他更加骄傲起来，丧失对我方的警惕；对于有充分休整、精力充沛的敌人，要设法搞得他们劳累疲惫；对于内部团结的敌人，要设法离间他们、分裂他们；要在敌人没有准备时，突然发起攻击，使我方的进攻出乎敌方意料之外。凡此种种，都是军事家们用兵取胜之道，这些都只能因时因地因人灵活运用，它是无法事先传授的。

原文

夫未战而庙算胜者[1]，得算多也；未战而庙算不胜者，得算少也。多算胜，少算不胜，而况于无算乎？吾以此观之，胜负见[2]矣。

注释

①庙：庙堂。庙算，即庙堂上的计算与谋划，也就是在发动战役之前的战略筹划。

②见：显现，显露。

译文

用兵打仗之前，君主或统帅都要在庙堂之上进行策划谋算。谋算得多，非常周密，胜过了敌方，在战争中取胜的机会就会多一些；相反，谋算很少，很不周密，不能胜过敌方，取胜的可能性也就会很少，更不用说那些根本不进行谋算的了。我从战争双方事前谋算的比较中，便可以预知战争的结局将会是谁胜谁负啦！

兵者，国之大事

"兵者，国之大事，死生之地，存亡之道，不可不察也。"

孙武这句话，其大意是：战争是国家的大事，对于地形上的生死之势，战场上的存亡胜败，这是不可不认真研究的。

这里集中讲了对待战争的态度问题，体现在一个“慎”字上。

战争是关系到国家战略全局的大事，关系着人民的生死、国家的存亡，必须缜密考察，认真研究，不可轻率用兵。这是孙子重战慎战的思想。孙子对君主、将相提出：对待战争，要有对国家、对人民负责的高度认识，要有战略意识和全局观念，态度要非常严肃，非常认真，非常慎重。这对谋划战争和指导战争都具有重要意义。

两千多年以前的战国时代，是一个战争空前激烈的时代。列国争强，经过多次相互争战拼杀，战国七雄各自的国力及军事的强弱次序逐渐明朗化了。当时，崛起于西方的秦国优势渐渐明显，而山东六国在强秦的打击下，日益败落。山东六国为了避免落入被强秦蚕食而灭亡的命运，就联合起来，组成合纵阵线以共同抵抗秦国的猛烈进攻，而这一合纵政策的确也起到了阻止秦国东进的步伐。秦国为了打破山东六国的合纵，也以连横阵线破坏合纵阵线，并且成功地以远交近攻的政策对与秦相近的韩、魏等国的实力频频加以削弱。

到战国后期，山东六国以楚、齐、赵三国的力量相对强大一些。但是，到战国末年，楚国在秦国强大的军事打击下逐渐衰弱下去了，赵国经过与秦国的长平之战也实力大减。只有齐国的军事力量尚可。此时，强秦意图吞并山东六国，一统天下的目的已经是十分明显了。秦国的军事力量已经在东方卫国的旧地建立了根据地，用兵的主要方向是韩、魏等国，而韩、魏等国也忙于应付秦国的蚕食进攻，这就暂时使处在最东边的齐国战事大为减少，国内维持着相对平和的局面。同时，秦国的远交近攻政策也深深地影响了齐国。

苻坚是前秦王朝中一个有作为的皇帝。他在即位以前，就想找一个得力的助手。有人向他推荐王猛。

苻坚派人把王猛请了来，两个人一见如故，谈起历史上的兴亡大事，见解完全吻合。苻坚高兴得不得了，就像刘备找到诸葛亮一样。

苻坚即位后，自称大秦天王。王猛成为他最亲信的大臣，一年里被提升五次，权力大得没人能比。

前秦在苻坚和王猛的治理下，国力越来越强大，先后灭掉了前燕、代国和前凉三个小国，统一了黄河流域地区。

公元375年，王猛得了重病，苻坚去探望他。王猛恳切地对苻坚说：“东晋虽然远在江南，但是它继承晋朝正统，而且现在朝廷内部相安无事。我死之后，陛下千万不要去进攻晋国。我们的敌手是鲜卑人和羌人，留着他们总是后患，一定要把他们除掉，才能保障秦国的安全。”苻坚在王猛生前对王猛是言听计从的，但是他却没有听王猛临终前的忠告。

王猛认为前秦的敌手是鲜卑人和羌人，但是苻坚却十分信任从前燕来投奔他的鲜卑贵族慕容垂和羌族贵族姚苌(cháng)。王猛劝他不要进攻东晋，但苻坚却把东晋当作唯一的敌人，非把它消灭不可。

王猛死后的第三年，苻坚就派他的儿子苻丕和慕容垂、姚苌等带了十几万大军，分兵几路进攻东晋的襄阳。守襄阳的晋将朱序坚决抵抗。秦兵花了将近一年时间，把襄阳攻了下来。

苻丕把朱序俘虏了，送到长安。苻坚认为朱序能够为晋国坚守襄阳，是个有气节的忠臣，把他收在秦国做个官员。

苻坚接着又派兵十几万从襄阳向东进攻淮南。东晋守将谢石、谢玄率领水陆两路进攻，把秦兵打得一败涂地。

但是，苻坚不肯就此罢休。到了公元382年，他认为时机成熟，就下决心大举进攻东晋。

这一年十月，苻坚在皇宫里的太极殿召集大臣商量。苻坚说："我继承王位到现在已快三十年，各地的势力差不多都平定了。只有盘踞在东南的晋国还不肯降服。现在，我们有九十七万精兵。我打算亲自带军去讨伐晋国，你们认为怎么样？"

大臣们纷纷表示反对。大臣权舆说："晋国虽然弱小，但是他们的国主还没犯什么大错，手下还有像谢安、桓冲那样的文武大臣，团结一致。咱们要大举攻晋，恐怕不是时候。"

苻坚听了权舆的话，拉长了脸很不高兴。另一个武将石越说："晋国有长江作为天然屏障，再加上百姓都想抵抗，只怕我们不能够取胜。"

苻坚更加生气，他大声说："哼，长江天险有什么了不起，我们的军队那么多，大家把手里的马鞭子投到长江里，也可以把长江的水堵塞。他们还能拿什么来做屏障。"

大伙儿议论了半天，没有一个结果。苻坚不耐烦地说："你们都走吧。还是让我自己来做决断。"

大臣们看见苻坚发火，只好一个个退出宫殿。最后，只有他弟弟苻融还留在殿上。

苻坚把苻融拉在他的身边，说："自古以来，决定国家大计的，总是靠一两个人。今天，大家议论纷纷，没有议出个结果来。这件事还是咱们两人来决定吧。"

苻融心情沉重地回答说:“我看攻打晋国确有许多困难。再说,我军连年打仗,兵士们也已经精疲力乏,不想再打。今天这些反对出兵的,都是陛下的忠臣。希望陛下采纳他们的意见。”

苻坚没料到苻融也会反对他,马上沉下脸来,说:“连你也会说出这种丧气的话来,真叫人失望。我有精兵百万,兵器、粮草堆积如山,要打下晋国这样的残余敌人,哪有不胜的道理。”

苻融见苻坚这样一意孤行,急得差点要哭起来。他苦苦劝告苻坚说:“现在要打晋国,不但没有必胜的希望,而且京城里还有许许多多鲜卑人、羌人、羯人。陛下离开长安远征,要是他们起来叛乱,后悔也来不及了。陛下难道忘记王猛临终前讲的一番话了吗?”

从那以后,还有不少大臣劝苻坚不要攻晋,苻坚一概不予理睬。有一次,京兆尹慕容垂进宫求见。苻坚要慕容垂谈谈他的看法。慕容垂说:“强国吃掉弱国,大国并吞小国,这是自然的道理。像陛下这样英明的君王,手下有雄师百万,满朝是良将谋士,要灭掉小小晋国,不在话下。陛下只要自己拿定主意就是,何必去征求许多人的意见呢。”

苻坚听了慕容垂的话,高兴得眉开眼笑,说:“看来,能和我一起平定天下的,只有你啦!”说着,马上吩咐左右拿五百匹绸缎赏给慕容垂。

经过慕容垂一怂恿,苻坚兴奋得连晚上都睡不着觉。他的妃子张夫人听到朝廷内外很多人不赞成出兵,也好言好语劝他。苻坚说:“打仗的事,你们女人家别管。”

苻坚最宠爱的小儿子苻铣,也劝苻坚说:“皇叔(指苻融)是最忠于陛下的,陛下为什么不听他的话?”

苻坚冷淡地说:“天下大事,孩子别乱插嘴。”

苻坚拒绝了大臣和亲人的劝说,决心孤注一掷,进攻东晋。

他派苻融、慕容垂充当先锋,又把姚苌封为龙骧将军,指挥益州、梁州的人马,准备出兵攻晋。

慕容垂的两个侄儿偷偷地跟慕容垂说:“皇上骄傲得过分了,看来,这次战争,倒是我们恢复燕国的好机会呢!”

公元383年八月,苻坚亲自带领八十七万大军从长安出发。向南的大路上,烟尘滚滚,步兵、骑兵,再加上车辆、马匹、辎重,队伍浩浩荡荡,差不多拉了千把里长。

过了一个月,苻坚主力到达项城(在今河南沈丘南),益州的水军也沿江顺流东下，黄河北边来的人马也到了彭城（今江苏徐州市），从东到西一万多里长的战线上，前秦水陆两路进军，向江南逼近。

这个消息传到建康，晋孝武帝和京城的文武官员都着了慌。晋朝军民都不愿让江南陷落在前秦手里，大家都盼望宰相谢安拿主意。

谢安是陈郡阳夏（今河南太康）人，出身士族，年轻的时候，跟王羲之是好朋友，经常在会稽东山游览山水，吟诗谈文。他在当时的士大夫阶层中颇有名望，大家都认为他是个挺有才干的人。但是他宁愿隐居在东山，不愿做官。有人推举他做官，他上任一个多月，就不想干了。当时在士大夫中间流传着一句话："谢安不出来做官，叫百姓怎么办？"

到了四十多岁的时候，他才重新出来做官。因为谢安长期隐居在东山，所以后来把他重新出来做官这样的事称为"东山再起"。

苻坚强大起来以后，东晋的北面边境经常遭到秦兵的骚扰。朝廷想找一个文武全才的将军去防守边境。谢安把自己的侄儿谢玄推荐给孝武帝。孝武帝把谢玄封为将军，镇守广陵（今江苏扬州市），掌管江北的各路人马。

谢玄也是个军事人才。他到了广陵以后，就招兵买马，扩大武装。当时有一批从北方逃难到东晋来的人纷纷应征，他们中间有个彭城人叫刘牢之，从小练得一身武艺，打仗特别勇猛。谢玄派他担任参军，叫他带领一支精锐的人马。这支人马经过谢玄和刘牢之的严格训练，成为百战百胜的军队。由于这支军队经常驻扎在京口（今江苏镇江市），京口又叫"北府"，所以把它叫做"北府兵"。

这一回，苻坚率领百万大军进攻东晋，谢安决定自己坐镇建康，派弟弟谢石担任征讨大都督，谢玄担任前锋都督，带领八万军队前往江北抗击秦兵，又派将军胡彬带领水军五千到寿阳（今安徽寿县）去配合作战。

谢玄手下的北府兵虽然勇猛，但是前秦的兵力比东晋多十倍，谢玄心里到底有点紧张。出发之前，谢玄特地到谢安家去告别，请示一下这仗怎么个打法。

哪里知道谢安听了像没事一样，轻描淡写地回答说："我已经有安排了。"

谢玄心里想，谢安也许还会嘱咐些什么话。等了老半天，谢安还是不开腔。

谢玄回到家里，心里总不大踏实。隔了一天，又请他的朋友张玄去看谢安，托他向谢安探问一下。

谢安一见到张玄，也不跟他谈什么军事，马上邀请他到他山里一座别墅去。到了那里，还有许多名士先到了。张玄要想问，也没有机会。

谢安请张玄陪他一起下围棋，还跟张玄开玩笑，说要拿这座别墅做赌注，比一个输赢。张玄是个好棋手，平常跟谢安下棋，他总是赢的。但是，这一天，张玄根本没心思下棋,勉强应付,当然输了。

下完了棋,谢安又请大伙儿一起赏玩山景,整整游玩了一天,到天黑才回家。

这天晚上,他把谢石、谢玄等将领都召集到自己家里,把每个人的任务一件件、一桩桩交代得很清楚。大家看到谢安这样镇定自若,也增强了信心,高高兴兴地回到军营去了。

那时候,桓冲在荆州听到形势危急,专门拨出三千精兵到建康来保卫京城。谢安对派来的将士说:"我这儿已经安排好了。你们还是回去加强西面的防守吧!"

将士回到荆州告诉桓冲,桓冲很担心。他对将士说:"谢公的气度确实叫人钦佩,但是不懂得打仗。眼看敌人就要到了,他还那样悠闲自在。兵力那么少,又派一些没经验的年轻人去指挥,我看我们准要遭难了。"

谢安派出的将领胡彬,率领水军沿着淮河向寿阳进发。在路上,他得知寿阳已经被前秦的前锋苻融攻破。胡彬只好退到硖石(今安徽凤台西南),扎下营来,等待与谢石、谢玄的大军会合。

苻融占领寿阳以后,又派部将梁成率领五万人马进攻洛涧(在今安徽淮南东),截断了胡彬水军的后路。晋军被围困起来,军粮一天天少下去,情况十分危急。

胡彬派出兵士偷偷送信给谢石告急,说:"现在敌人来势很猛,我军粮食快完,恐怕没法跟大军会合了。"

送信的晋兵偷越秦军阵地的时候,被秦兵捉住。这封告急信落在苻融手里,苻融立刻派快马到项城去告诉苻坚。

苻坚一连得到秦军前锋的捷报,更加骄傲起来。他把大军留在项城,亲自率领八千名骑兵赶到寿阳,恨不得一口气把晋军吞掉。

他到了寿阳,跟苻融一商量,认为晋军已经不堪一击,就派了一个使者到晋军大营去劝降。

被派出的使者不是别人,恰恰是前几年在襄阳坚决抵抗过秦军、后来被俘虏的朱序。

朱序被俘以后,虽然被苻坚收用,在秦国当个尚书,但是心里还是向着晋朝。他到晋营见了谢石、谢玄,像见了亲人一样高兴,不但没按照苻坚的嘱咐劝降,反而向谢石提供了秦军的情报。他说:"这次苻坚发动了百万人马攻打晋国,如果全部人马一集中,恐怕晋军没法抵挡。现在趁他们人马还没到齐的时候,你们赶快发起进攻,打败他们的前锋,挫伤他们的士气,就可以击溃秦军了。”

朱序走了以后,谢石再三考虑,认为寿阳的秦军兵力很强,没有把握打胜,还是坚守为好。谢安的儿子谢琰劝说谢石听朱序的话,尽快出兵。谢石、谢玄经过一番商议,就派北府兵的名将刘牢之率领精兵五千人,先对洛涧的秦军发起突然袭击。这支北府兵果然名不虚传,他们像插了翅的猛虎一样,强渡洛涧,个个勇猛非凡。守在洛涧的秦军,不是北府兵的对手,勉强抵挡一阵,败了下来,秦将梁成被晋军杀了。秦兵争先恐后渡过淮河逃走,大部分掉在水里淹死。

洛涧大捷,大大鼓舞了晋军的士气。谢石、谢玄一面命令刘牢之继续援救硖石,一面亲自指挥大军,乘胜前进,直到淝水(今淝河,在安徽寿县南)东岸,把人马驻扎在八公山边,和驻扎寿阳的秦军隔岸对峙。

苻坚派出朱序劝降以后,正在洋洋得意,等待晋军的投降,不料却突然听到洛涧失守,像头上挨了一闷棍,有点沉不住气。他要苻融陪着他到寿阳城楼上去看看对岸形势。

苻坚在城楼上一眼望去,只见对岸晋军一座座的营帐排列得整整齐齐,手持刀枪的晋兵来往巡逻,阵容严整威武。再往远处看,对面八公山上,隐隐约约不知道有多少晋兵。其实,八公山上并没有晋兵,不过是苻坚心虚眼花,把八公山上的草木都看作是晋兵了(文言是“草木皆兵”)。

苻坚有点害怕了,他转过头对苻融说:“这确实是强大的敌人啊!怎么能说他们弱呢?”

打那以后,苻坚命令秦兵严密防守。晋军没能渡过淝水,谢石、谢玄十分着急。如果拖延下去,只怕各路秦军到齐,对晋军不利。

谢玄派人给苻坚送去一封信,说:“你们带了大军深入晋国的阵地,现在却在淝水边摆下阵势,按兵不动,这难道是想打仗的吗?如果你们能把阵地稍稍往后撤一点,腾出一块地方,让我军渡过淝水,双方就在战场上比一比输赢。这才算有胆量呢!”

苻坚一想,要是不答应后撤,不是承认我们害怕晋军吗?他马上召集秦军将领,说:“他们要我们让出一块阵地,我们就撤吧。等他们正在渡河的时候,我们派骑兵冲上去,保管能把他们消灭。”

谢石、谢玄得到苻坚答应后撤的回音,迅速整好人马,准备渡河进攻。

约定渡河的时刻到来了,苻坚一声令下,苻融就指挥秦军后撤。他们本来想撤出一个阵地就回过头来总攻。没料到许多秦兵一半由于厌恶战争,一半由于害怕晋军,一听到后撤的命令,撒腿就跑,再也不想停下来了。

谢玄率领八千多骑兵,趁势飞快渡过淝水,向秦军猛攻。

这时候,朱序在秦军阵后叫喊起来:“秦兵败了!秦兵败了!”后面的兵士不知道前面的情况,只看到前面的秦军往后奔跑,也转过身跟着边叫嚷,边逃跑。

苻融气急败坏地挥舞着剑,想压住阵脚,但秦兵像潮水般地往后涌来,哪里压得住。一群乱兵冲来,把苻融的战马冲倒了。

苻融挣扎着想起来,晋兵已经从后面赶上来,把他一刀砍了。主将一死,秦兵更是像脱了缰绳的惊马一样,四处乱奔。

阵后的苻坚看到情况不妙,只好骑上一匹马拼命逃走。不料一支流箭飞来,正好射中他的肩膀。苻坚顾不得疼痛,继续催马狂奔,一直逃到淮北才歇了口气。

晋军乘胜追击,秦兵没命地溃逃,被挤倒的、踩死的兵士,满山遍野都是。那些逃脱的兵士,一路上听到风声鹤唳,也当作东晋追兵的喊杀声,吓得不敢停下来。

谢石、谢玄收复了寿阳,派飞马往建康送捷报。

这一天,谢安正跟一个客人在家里下棋。他看完了谢石送来的捷报,不露声色,随手把捷报放在床上,照样下棋。

客人知道是前方送来的战报,忍不住问谢安说:“战事情况怎么样?”

谢安慢吞吞地说:“孩子们到底把秦人打败了。”

客人听了,高兴得不想再下棋,想赶快把这个好消息告诉别人,就告别走了。

谢安送走客人,回到内宅去,他的兴奋心情再也按捺不住,跨过门槛的时候,踉踉跄跄的,把脚上的木屐的齿也碰断了。

经过这场大战,强大的前秦大伤元气。苻坚逃到洛阳,收拾残兵败将,只剩下十几万。但是慕容垂的兵力却丝毫没受到损失。不出王猛所料,鲜卑族的慕容垂和羌族的姚苌终于背叛了前秦,各自建立了新的国家——后燕和后秦,苻坚本人也被姚苌杀了。

第二篇　作战篇

〔简述〕

本篇是继《始计篇》之“五事”，特别是从“道”的战略高度揭示最终决定战争胜负的基础条件后，进而从用兵对国家经济实力的依赖关系阐明只宜“速”、不宜“久”的重要原则。

全篇内容大体分为五部分：1. 指出用兵打仗需要消耗大量人力、物力、财力，因而在用兵前必须从军队（数量）、武器、车马、粮食、资财等方面做充分准备，不可以轻易用兵。2. 指出用兵出征既有能拓展疆土或保卫领土的有利一面，又有丁壮伤亡、财力消耗的有害一面，故而用兵的重要原则之一便是只宜速战，不可旷日持久，即便是机谋稍差，也应速战速决，决不可依仗机谋高超而持久用兵，以致招来“钝兵挫锐，屈力殚货”“诸侯乘其弊而起”的后患。强调只有深刻了解用兵之害的人才能真正了解用兵之利。

3. 指出凡是善于用兵的人总是注意两点：一是从战略上讲，不使用兵时间持续很长，要“役不再籍，粮不三载”，以免造成国家财力枯竭，民不聊生的局面。二是从策略上讲，重视从敌国补充粮食供给，经“因粮于敌”，以大大节省本国经济实力的消耗。4. 进而提出：不仅要重视从敌国补充粮草，还要重视从敌军中补充武器和兵员。其办法，一是用物质奖励激励士兵奋勇夺取敌军战车，用以武装自己；二是实行优待俘虏政策，使自己的兵员不断得到补充。这样便可越战越胜，越胜越强。5.结论："兵贵胜，不贵久。"

原文

孙子曰：凡用兵之法，驰车千驷①，革车千乘②，带甲十万③，千里馈粮④，则内外之费⑤，宾客之用⑥，胶漆之材，车甲之奉⑦，日费千金⑧，然后十万之师举矣⑨。

注释

① 驰车：我国古代作战用的一种大型战车，因驰骋轻快，又叫攻车或轻车。千驷：我国古代战车，每辆均用四匹驾马，故曰驷，也就是乘。千驷既可以是指战车千乘，也可以是泛指战车众多。

② 革车：我国古代作战用的一种装载各种军需品的辎重车。由于它是用皮革缦其轮，笼其壳，所以叫做革车，也可以叫做守车。

③ 带甲：甲，这里指戎衣。古代的戎衣多用皮革或金属物质做成，所以叫做"甲"或"甲胄"。带甲，就是穿着戎衣。十万：这里泛指军队数量众多。

④ 馈：赠送。馈粮，即运送粮食。

⑤ 内外之费：国内国外的各种费用。

⑥ 宾客之用：招待来宾、使节的费用。

⑦ 车甲之奉：奉，这里指供应。车甲之奉，即指对车辆、甲胄的供应。

⑧ 千金：这里泛指费用浩大。

⑨ 十万之师举矣：十万，这里泛指军队数量众多。举，出动、发动。

译文

孙子说：大凡用兵作战的一般规律是，运用轻车千辆，辎重车千辆，征召将士十万，同时还要千里远道运送粮草；至于付出国内国外的费用，诸如招待来宾使节，补充修饰器械的胶漆之材，供给各种车辆和盔甲等，每天有能力付出千金之巨的耗费，然后，十万大军方可起动。

原文

其用战也胜[①]，久则钝兵挫锐[②]，攻城则力屈[③]，久暴师则国用不足[④]。夫钝兵挫锐，屈力殚货[⑤]，则诸侯乘其弊而起[⑥]，虽有智者[⑦]，不能善其后矣[⑧]。故兵闻拙速[⑨]，未睹巧之久也[⑩]。夫兵久而国利者，未之有也。故不尽知用兵之害者[⑪]，则不能尽知用兵之利也。

注释

① 其用战也胜：其，代词，指十万之师。用战，用以作战。胜，这里是指贵在速胜。

②钝兵挫锐：钝，这里为“弊”。锐，锋锐，这里是指士气旺盛。钝兵挫锐，就是指兵疲气沮。

③力屈：屈，弯曲，引申为“竭尽”。力屈，就是指人力消耗殆尽。

④暴师：暴，暴露。暴师，指在外用兵。国用，国内的需求耗用。

⑤殚货：殚，竭尽。货，财货。殚货，指财力枯竭。

⑥诸侯乘其弊：诸侯，这里泛指各诸侯国。弊，弊端、弊病、弱点。乘其弊，指乘兵疲气沮、财力枯竭的弱点。

⑦智者：智能高超足智多谋的人。

⑧善其后：指处理好用兵以后的事。

⑨拙速：拙，笨拙。速，迅速。拙速，指笨拙的速度。

⑩巧之久：巧，灵巧、技巧。巧之久，指因用计灵巧而能使用兵持久。

⑪尽：详尽，完备。

译文

以十万大军出征作战，贵在速胜；战争旷日持久，就会导致士卒疲惫，锐气受挫。攻打城池要耗尽兵力；军队长期在外作战会使得国家财力难以为继。士卒疲惫，锐气挫伤，兵力耗尽，财力枯竭，就会招致其他诸侯国乘机入侵，到那时，即使是足智多谋的人，也无能挽回危局了。所以，在用兵上，只听说有指挥拙笨但却要求战争速决的，从未见有指挥灵巧而要求战事旷日持久的。因为长久地对外用兵而能对国家有利的事从来没有过。所以说，不完全了解用兵之害的人，也就不可能完全了解用兵之利。

原文

善用兵者，役不再籍①，粮不三载②，取用于国③，因粮于敌，故军食可足也。

注释

①役不再籍：役，这里指服兵役。籍，登记在册。役不再籍，指不再次登记服兵役。

②粮不三载：粮，这里作动词用，意为征收粮秣。粮不三载，指不超过三次连续征收粮秣。

③取用于国：用，指军用物资。国，指国内。取用于国，指从国内取得兵甲、战具等军用物资。

译文

善于用兵的人，他们不再次征兵也不多次从国内征收军粮。在战争中，他们只从本国取用军用物资，而依靠从敌国筹集粮食，这样，军队的粮食才会够用。

原文

国之贫于师者远输[1]，远输则百姓贫。近于师者贵卖[2]，贵卖则百姓财竭，财竭则急于丘役[3]。力屈，财殚，中原内虚于家[4]。百姓之费，十去其七；公家之费，破车罢马[5]，甲胄矢弩[6]，戟楯蔽橹[7]，丘牛大车[8]，十去其六[9]。

注释

① 贫于师者远输：远输，远道运输。此句指的是由于远道运输而导致国家贫困。

② 贵卖：卖，买卖。贵卖，指物价腾贵。

③ 丘役：丘，丘赋，中国古代按田亩征收的军赋。役，兵役、劳役。

④ 中原内虚于家：中原，这里泛指国内。内虚，内部空虚。家，家庭。中原内虚于家，指国内十室九空。

⑤ 破车罢马：破车，指兵车破损。罢，通"疲"。罢马，指马匹疲惫、羸弱。

⑥ 甲胄：甲，这里指古代士兵身穿的盔甲；胄，指古代士兵头带的一种用金属物质制成的军帽。

⑦ 戟楯蔽橹：戟，古代的一种兵器，单枝为戈，双枝为戟。楯，楯牌，古代战车上以防御兵刃和矢石。蔽，这里是指古代战车上用以遮蔽风雨的车蔽。橹，古代作战用的一种大盾。

⑧ 丘牛：大牛。

⑨ 去：耗损。

译文

出师外国需要远道运输，远道运输因消耗人力、财力太多就会造成国家贫困。在靠近大军集结的地方，必定会物价上涨，物价贵就会造成国家财力枯竭，国家财力枯竭便要加紧向百姓征收赋役。这样，人力耗尽，财力枯竭，就会使国内十室九空。对百姓来说，他们的负担，将要耗去其全部收入的十分之七；对国家来说，它的消耗，诸如车辆的损坏，马匹的疲惫，盔甲、箭弩，戟楯、大橹的补充，以及大牛大车的征调，也要耗去财力的十分之六。

原文

故智将务食于敌①。食敌一钟②，当吾二十钟；萁秆一石③，当吾二十石④。

注释

① 智将：聪明的将领。

② 一钟：我国古代的一种量器，一钟等于六十四斗。

③ 秆：豆秸。一石：我国古代表示数量的单位，一石等于十斗。

④ 当：相当，抵得上。

译文

所以，聪明的将帅总是务求在敌国境内筹集粮草。因为消耗敌国一钟粮食，相当于从本国运送二十钟粮食；消耗敌国一石草料，相当于从本国运送二十石草料。

原文

故杀敌者，怒也①；取敌之利者，货也②。故车战，得车十乘已上，赏其先得者③，而更其旌旗④，车杂而乘之⑤，卒善而养之⑥，是谓胜敌而益强⑦。

注释

① 怒也：这里的怒是指怒气，愤怒的情绪。

② 货：财货，此处指物质奖励。

③ 赏其先得者：赏，奖赏、赏赐。这一句意思是指首先夺得战车的人。

④ 更其旌旗：指更换战车上敌军的旗帜。

⑤ 车杂而乘之：指派出自己的战士夹杂着乘坐。

⑥ 卒善而养之：指对被俘的敌军士兵给以抚养。

⑦ 胜敌而益强：既战胜了敌人又壮大了自己。

译文

要使将士们英勇杀敌，便要激发他们同仇敌忾的士气；要使士卒勇于夺取敌军的物资，便需借助于物质奖励。在车战中，凡夺得敌方战车十辆以上的，应奖赏首先夺取战车的人，并且更换战车上的旗帜，混合编入本军战车的行列。同时还要善待俘虏，保证他们的生活供给。这样做，才能既战胜敌人，又增强自己军队的战斗力。

原文

故兵贵胜，不贵久。故知兵之将[1]，生民之司命[2]，国家安危之主也[3]。

注释

① 知兵：懂得用兵。
② 司：掌管。
③ 主：这里指主宰。

译文

所以，用兵作战贵在速战速决，而不可旷日持久。懂得用兵的将领，是民众命运的掌握者，也是国家安危的主宰者。

成吉思汗:因粮于敌,军食可足

“以敌制敌”是成吉思汗征服世界的一个大战略。几乎在每次较大规模的战争中,成吉思汗都处于劣势,但是,为什么大多数又是以他的胜利结束呢?一位成吉思汗研究专家分析说:以敌制敌的策略,是他为了改变敌优我劣形势而采取的诸多措施中的一个重要方面,也是他取得成功的奥秘之一。利用敌人的力量打败敌人,是成吉思汗的成功秘诀。

首先,成吉思汗善于借用敌人的人力。

蒙古军队征服史中最受非议的一件事,就是他们对被征服民族的态度。所到之处,被征服者要么被杀,要么被掳为奴,这与中原王朝的做法完全背道而驰,而其破坏性更是无以复加。但蒙古人靠的就是这种做法。到了元朝时期蒙古人也不过百万,用这么一点儿人去征服世界,不是做梦是什么?但成吉思汗的军队不少反多,原因就在于他的武装力量是个大磁石,越滚越多。征服了一个地区,把能杀的杀了,妇女掳为己有,儿童抚养长大就成了蒙古的新生力量,不杀的男丁、士兵则编入军队,充当“伪军”去进攻敌人。

成吉思汗还有更阴毒的一招,那就是用俘虏去攻打敌人。攻下一个地方后,把俘虏的百姓放在军队前面,让这些百姓充当挡箭牌,一般守城守寨的人见了自己同胞都会手软,不忍攻杀,战斗力自然大减。

其次是借用敌人的资源和技术。

蒙古军队的一个优势是它的灵活性与机动性,蒙古史学家贾敬颜曾撰文指出:蒙古人行军打仗,家属随行,根本不存在军需给养困难——这就是成吉思汗及其子孙能在不长的期间内横行亚欧的原因之一。

与其他各国军队相比,蒙古军队无需辎重,无需后勤保障,不像中原王朝那样,一旦粮草不济,必败无疑,行军打仗,粮草先行,这是中原战争的通则。但蒙古人对此不担心,他们身上带有原始的“强盗”习性,以战养战是其生存之道。攻下一地之后,由被征服者负责军队的粮食、草料供应,吃饱喝足,再踏上新征途。花剌子模的一个城市的居民未战而降,以为会幸免于祸,但几天之内先后经过三批蒙古大军,这一下把该城地皮刮了三尺,蒙军走后,当地已同废墟一样。对蒙古人来说,这种做法既解决了自己的给养问题,也大大地削弱了敌人,使敌人失去反抗的人力和物力。所以,庞大蒙古帝国的建立,虽然仅仅用了几十年的时间,然而,却持续了几百年,实在是人类历史上的奇迹。

成吉思汗对于工匠有着令人奇怪的兴趣,每战之后,工匠一个不杀,都带到大漠,让他们从事生产。这是因为蒙古生产技术落后,尤其缺少工匠,也真难为成吉思汗能想出这种办法来,用最快的方式赶到了时代前沿,不亚于经过了几次科技革命。他用工匠们建造无数的大兵工厂,生产作战所需兵器。

成吉思汗把被俘的工匠组成了独特的军种——工匠队。有人说,这是古代军事史上最庞大的独立兵种。

成吉思汗充分利用工匠,保证了蒙古军武器始终处于世界先进水平。他们不仅有抛石机、连发弩、火焰喷射器,还从汉人那儿学来了火药技术,改进了火器,制造了当时世界上威力最大的火炮。在后来的攻城战中,炮兵的作用越来越重要。四大发明中的火药技术传到欧洲,就是由蒙古军队带去的。

以当时几乎是最落后的民族掌握时代最先进的技术,成吉思汗用一个“借”字,解决了几百年都不一定能够解决的问题。

与成吉思汗相似的,是更早的马其顿帝国的崛起,也是凭借着不断征服与掠夺促进了欧亚文化的交流和民族融合。

马其顿原是位于希腊北部边陲的一个偏僻地区。马其顿人属于多利亚人入侵时分布于希腊北部的诸多部族之一,是希腊人的近亲,但族属复杂,文明的开始比其他希腊人晚。因而在帝国崛起之前,一直被希腊人视为蛮荒之地。

公元前四世纪中期,马其顿国王腓力二世执政,国家迅速崛起。腓力年轻时曾在希腊城邦底比斯做人质,还曾获得过古希腊奥运会马车赛的冠军。由于他对希腊诸邦的情况有较深的理解,希腊人也不再视之为蛮族之王。腓力执政后,首先着手加强王权,消除部族首领的军事割据,限制贵族议会的权力,将全部军政财权集中到国王手里。

公元前338年,马其顿打败底比斯、雅典、科林斯等城邦联军。第二年,腓力召集各邦开会,宣布希腊各城邦成立联盟,进攻波斯。公元前336年,腓力在他女儿的婚宴上遇刺身亡。

腓力猝然死去,这在马其顿和希腊城邦引起了强烈的反应。马其顿的版图本来就是靠征服扩大的,这时那些被征服、被吞并的北方部落开始骚动,一部分军队投到了背离者一边。希腊的反马其顿派又活跃起来。德谟斯提尼为此高兴万分,给自己带上了花环。雅典的公民大会则投票决定给谋杀者一顶冠冕。底比斯首先打出了起义的旗帜,伯罗奔尼撒的一些城邦也闻风而动。亚历山大就是在这样的动荡形势下继父为王的，史称亚历山大三世。亚历山大此时才20岁，但早年接受的良好教育与严格的军事训练，以及宫廷政治生活的熏陶，使他不仅胸怀大志，而且积累了丰富的军政经验。他以迅雷不及掩耳之势，很快平定了各地的骚乱与起义。他严惩底比斯，将城市夷为平地，居民卖为奴隶。后顾之忧既除，原定目标犹在，亚历山大的下一步就是向波斯进军。

公元前334年春，亚历山大率步兵3万，骑兵5000，跨过海峡东侵。他只带了一个月给养，手头也仅有70塔兰特现金。唯有快速取胜，利用当地资源，才能保证军队的供应。

亚历山大与波斯的军队先在小亚细亚的格拉尼卡斯河附近交锋，波斯军队一触即溃。亚历山大乘胜前进，直逼小亚细亚重要城市萨狄斯。萨狄斯不战而降，小亚细亚的诸希腊人城邦获得名义上的自由。亚历山大接着沿海岸向叙利亚推进。公元前333年，在伊苏斯城与大流士三世亲率的大军相遇，双方展开会战。亚历山大直捣波斯军的左翼和大流士御驾亲督的中军。大流士三世怯阵脱逃，致使波斯军全线溃败。大流士的母亲、妻女都成了亚历山大的俘虏。

公元前332年，亚历山大在腓尼基的推罗遇到了出师以来最顽强的抵抗。经过七个月的围攻，推罗陷落，3万生存者被卖为奴。

大流士在亚历山大围攻推罗期间，曾表示愿割地赔款以求和，但被亚历山大拒绝。是年11月，亚历山大进入埃及，当地祭司倾心欢迎，称他为“埃及的法老”“阿蒙神之子”。亚历山大在尼罗河口亲自勘选了以他命名的亚历山大里亚城的城址。这是他在东方建立的第一座城市。

公元前331年，亚历山大返回推罗，东渡幼发拉底河。10月1日，在尼尼微附近的高加米拉原野与大流士三世的军队再次决战。大流士对此役做了充分的准备，使用带长刀的战车横扫猛冲，试图突破亚历山大的方阵。亚历山大采取让开正面，攻其两翼的战术，大败波斯军。大流士再次带头逃跑。

高加米拉战役是亚历山大东侵以来的最大规模战役。大流士三世此后无力组织抵抗，只有仓皇逃命，亚历山大则紧追不舍。波斯大势已去，都城巴比伦、苏撒、帕塞波里斯、埃克巴坦那相继落入亚历山大之手。为了追上大流士，亚历山大率军进入帕提亚与巴克特里亚。大流士三世在逃亡中被他的巴克特里亚总督贝索斯杀害。亚历山大抓获了僭称波斯国王的贝索斯，以弑君罪将其处死。大流士三世之死标志着波斯帝国的灭亡，亚历山大以波斯帝国的当然继承人自居。但亚历山大的征服并未停止。他在中亚转战三年，于公元前327年进入印度西北部。由于此地缺乏统一强大的国家，各土邦相互敌对，亚历山大软硬兼施，进展顺利。但在他还要继续东进时，部下表示强烈的反对，亚历山大无奈，只得于公元前 326 年秋率军沿印度河南下，由海陆两路西返。公元前 325 年回到巴比伦。十年东侵至此结束。

亚历山大出发时，是马其顿的国王，希腊联军的统帅，充其量只是巴尔干半岛的小霸主。经过十年的征伐，他的统治区域扩展到了印度河流域、尼罗河流域，亚历山大建立了横跨欧亚非三大洲的大帝国。他的远征是非正义的，却是成功的。成功的原因主要在于波斯帝国的老大腐朽，同时与他灵活的政治谋略与卓越的军事才能也是分不开的。亚历山大的远征给东方人民带来了深重的灾难，使他们饱受战争之苦。亚历山大虽然以解除波斯的奴役为号召，从小亚到埃及一路赢得了当地人民的支持和拥护，但一旦遇到抵抗时，他是不惜大动屠刀的。城市被摧毁，幸存者被出卖为奴，财富遭洗劫一空。仅从波斯金库他就抢走了 18 万塔兰特的金银。辉煌壮丽的波斯王宫被付之一炬。亚历山大代替大流士三世成了西亚和中亚的主人，当地人民只不过换了个统治者而已。

许攸：绝其粮草，以乱军心

金圣叹说："凡用兵之法，以粮为重，然于己之粮，有弃之者矣！于人之粮，亦有弃之者矣！或两军相当，我弃我粮以诱敌；敌争取我粮，则必乱；乱则我胜，我胜则粮仍归我，是弃未尝弃也。或大乱猝至，我欲坚壁，坚壁则必清野，清野则必自焚其粮，不焚则粮为敌资，焚之则敌无所取；是非弃我粮，实断寇粮也。若夫粮之在敌，可劫则劫之，劫之而我因粮于敌，是敌粮皆我粮也；不可劫则焚之，劫之不尽，则我小受其利，而敌未必大损；焚之则敌之大损，即我之大利；是焚胜于劫也。总之，以少攻多，以弱攻强，非用奇不能取胜。故高帝有给汉粮之萧何，不可无请烧楚粮之彭越；曹操有能应粮之荀彧，不可无请烧粮之许攸。"

此段所说曹操"不可无请烧粮之许攸"，即是《三国演义》第三十回中的一段情节"劫乌巢孟德烧粮"：建安元年，曹操把汉献帝挟持到许昌，形成"挟天子以令诸侯"的局面，取得政治上的优势。北方最大的割据势力袁绍自恃实力雄厚，不甘屈居于曹操之下，他决心同曹操一决雌雄，图谋早日消灭曹操。

公元 200 年，袁绍集中了十万精兵，派沮授为监军，从邺城出发进兵黎阳攻打曹操。

这时候,曹操早已率领兵马回到官渡,听到白马被围,准备亲自去救。他的谋士荀攸劝他说:“敌人兵多,我们人少,不能硬拼。不如分一部分人马往西在延津一带假装渡河,把袁军主力引到西边。我们就派一支轻骑兵到白马,打他个措手不及。”

曹操采纳了荀攸的意见。袁绍听说曹操要在延津渡河,果然派大军来堵截。哪儿知道曹操已经亲自带领一支轻骑兵袭击白马。包围白马的袁军大将颜良没防备,被曹军杀得大败。颜良被杀,白马之围也解除了。

监军沮授劝袁绍把主力留在延津南面,分一部分兵力出击。但是袁绍心急火燎,不听沮授劝告,下令全军渡河追击曹军,并且派大将文丑率领五六千骑兵打先锋。这时候,曹操从白马向官渡撤退。听说袁军来追,就把六百名骑兵埋伏在延津南坡,让兵士解下马鞍,让马在山坡下,把武器盔甲丢得满地都是。

文丑的骑兵赶到南坡,看见这样子,认为曹军已经逃远了,叫兵士收拾丢在地上的武器。曹操一声令下,六百名伏兵一齐冲杀出来。袁军来不及抵抗,被杀得七零八落。文丑也稀里糊涂地丢了脑袋。

两场仗打下来,袁绍一连损失了他手下的颜良、文丑两员大将,袁军将士被打得垂头丧气。但是袁绍不肯罢休,一定要追击曹操。监军沮授说:“我们人尽管多,可不像曹军那么勇猛;曹军虽然勇猛,但是粮食没有我们多。所以我们还是坚守在这里,等曹军粮草完了,他们自然会退兵。”

袁绍又不听沮授劝告,命令将士继续进军,一直赶到官渡,才扎下营寨。曹操的人马也早已回到官渡,布置好阵势,坚守营垒。

袁绍命令兵士在深夜里偷偷地挖地道,打算从地道里钻到曹营去偷袭。但是他们的行动早被曹军发现。曹操吩咐兵士在兵营前挖了一条又长又深的壕沟,切断地道的出口。袁绍偷袭计划又失败了。

就这样,双方在官渡相持了一个多月。日子一久,曹军粮食越来越少,兵士疲劳不堪。曹操也有点支持不住,写信到许都告诉荀攸,准备退兵。荀攸回信,劝曹操无论如何要坚持下去。

这时候,袁绍方面的军粮却从邺城源源不断地运来。袁绍派大将淳于琼带领一万人马运送军粮,并把大批军粮囤积在离开官渡四十里的乌巢。

袁绍的谋士许攸探听到曹操缺粮的情报,向袁绍献计,劝袁绍派出一小支人马,绕过官渡,偷袭许都。袁绍很冷淡地拒绝了。许攸对此非常失望,就连夜逃出袁营,投奔曹操。曹操在大营里听说许攸来投奔他,高兴极了,亲自跑出来迎接许攸,说:“好啊!您来了,我的大事就有希望了。”

许攸坐下后说："袁绍来势很猛，您打算怎么对付他？现在你们的粮食还有多少？"

曹操只好如实相告："军营里的粮食，只能维持一个月，您看怎么办？"

许攸说："现在袁绍有一万多车粮食、军械，全都放在乌巢。淳于琼的防备很松。您只要带一支轻骑兵去袭击，把他的粮草全部烧光，不出三天，你就不战自胜。"

曹操得到这个重要情报，立刻把荀攸、曹洪找来，吩咐他们守好官渡大营，自己带领五千骑兵，连夜向乌巢进发。他们打着袁军的旗号，没有引起袁军哨兵的怀疑，顺利到达乌巢，将乌巢的粮食烧得一干二净。乌巢的守将淳于琼匆忙应战，也被曹军杀了。

正在官渡的袁军将士听说乌巢起火，军心大乱。曹军乘势出击，大败袁军。袁绍仓皇退回河北，曹军先后歼灭和坑杀袁军七万余人，以少胜多，大获全胜。

经过这场决战，袁绍的主力已经被消灭。过了两年，袁绍病死。曹操又花了七年工夫，扫平了袁绍的残余势力，统一了北方。

"釜底抽薪"的计策用于军事上，是指对强敌不适宜用正面作战取胜，而应该避其锋芒，削减敌人的气势，抓住战争的主要矛盾，再乘机取胜。官渡之战，曹操利用袁绍恃强骄躁、不善用人、疏于筹策的弱点，后发制人，攻守相济，把握战机，出奇制胜，成为中国古代战争史上以少胜多的著名战例。

第三篇　谋攻篇

〔简述〕

从这篇开始到《军争篇》止，主要是议论在作出用兵的决策之后，人们必须首先思考的战略思想和战略原则。

本篇着重论述用兵打仗"必以全争于天下"，即力求"全胜"的战略思想和策略原则。内容分为四部分：1. 提出用兵作战应力求"全胜"的观点，应有上、中、下三策，上策是"伐谋"，以计谋取胜，做到"不战而屈人之兵"；中策是"伐交"，通过外交手段促使敌国放弃抵抗或让地赔款；下策是"伐兵"，通过兵刃相见，歼灭敌军，占领敌国领土。2. 提出在不得已的情况下，进行流血战争所应掌握的基本策略和战术原则。着重强调应根据敌我双方实力对比及战场实际情况，机动灵活地分别采取“十则围之”“五则攻之”“倍则分之”“敌则能战之”“少则能逃之”“不若则能避之”的战术，而不可不顾自身军力薄弱机械地坚守阵地，以致为强敌所擒。3. 强调三军统帅作为君主的辅佐，责任重大，其辅佐得周密与否，关系国势的强弱。指出国君要充分发挥三军统帅的才能，需要防止三种弊端：一是不了解敌我双方的情况，直接指挥军队作战；二是不了解军队的事情任意干预军队的政务；三是不懂得用兵的权谋机变任意干涉将帅们的指挥。4. 提出五条预测胜利的方法：一是知道在何种形势下可以战或不可以战；二是懂得根据敌我双方力量对比的不同情况采取不同的策略和战术；三是全军上下同心同德；四是以我方的有准备对付敌方的无准备；五是将帅有才能而又不受君主的掣肘。

原文

孙子曰：凡用兵之法，全国为上①，破国次之②，全军为上③，破军次之；全旅为上④，破旅次之；全卒为上⑤，破卒次之；全伍为上⑥，破伍次之。是故百战百胜，非善之善者也；不战而屈人之兵，善之善者也。

注释

① 全国:全,完整、完全,这里作动词,指完全地占有。全国:指完整地占有别国的领土。

② 破国:破,击破、攻破。破国:指攻破敌国。

③ 全军:军,春秋时期军队的编制,每军为 12500 人。全军:这里是指使敌人全军将士投降。

④ 旅:春秋时期军队的编制,每旅为 500 人。

⑤ 卒:春秋时期军队的编制,每卒为 100 人。

⑥ 伍:春秋时期军队的编制,每伍为 5 人。

译文

孙子说:大凡用兵作战,以能完整地占有敌国领土为上策,通过进攻使敌国受到破坏,便略逊一筹了;以能使敌国一军之众完整地降服为上策;通过兵刃交锋,击溃敌国一军之众便略逊一筹了;以能使敌军一旅之众完整地降服为上策,通过兵刃交锋,击溃敌军一旅之众便略逊一筹了;以能使敌军一卒之众完整地降服为上策,通过兵刃交锋击溃敌军一卒之众便略逊一筹了;以能使敌军一伍之众完整地降服为上策,通过兵刃交锋击溃敌军一伍之众便略逊一筹了。所以说:百战百胜,并不是最好的;只有不经过兵刃交锋而使得敌军降服才是最好的。

原文

故上兵伐谋[①]，其次伐交[②]，其次伐兵[③]，其下攻城。攻城之法，为不得已。修橹轒辒[④]，具器械，三月而后成，距闉[⑤]，又三月而后已。将不胜其忿而蚁附之[⑥]，杀士三分之一，而城不拔者，此攻之灾也[⑦]。

注释

① 上兵伐谋：上，上等、上乘、最好的。兵，指用兵方法。伐，攻伐、攻击、进攻。谋，谋略、计谋。

② 伐交：交，这里是指外交。

③ 伐兵：运用兵刃交锋战胜敌国。

④ 橹：一种用藤草制成的大盾牌。

⑤ 闉：通“堙”，土山。距：指堆筑攻城用的小土山。

⑥ 蚁附：蚁，蚂蚁。附，依附。

⑦ 灾：灾祸。

译文

最好的用兵是以谋略取胜，其次是运用外交手段取胜，又其次是以军事手段取胜，最差的要算强攻敌国的城池了。采用攻城的方式应是迫不得已而为之。因为制造攻城用的大盾牌和大型战车，准备好各种攻城器械，需要五个月时间；堆筑攻城用的小土山，又要三个月时间。然后，将领满怀愤怒，驱使士卒像蚂蚁一样蜂拥攻城，以至于死伤三分之一还是不能把城攻破，这便是强攻城池的灾祸啊！

原文

故善用兵者，屈人之兵而非战也，拔人之城而非攻也，毁人之国而非久也①，必以全争于天下②，故兵不顿而利可全③，此谋攻之法也。

故用兵之法，十则围之④，五则攻之，倍则分之⑤，敌则能战之⑥，少则能逃之⑦，不若则能避之，故小敌之坚⑧，大敌之擒也⑨。

注释

① 久：这里是指旷日持久的战争。

② 必以全争于天下：全，完整、完全，这里是指取得对敌国的全国、全军、全旅、全卒、全伍的胜利。

③ 兵不顿：顿，通“钝”，疲惫、挫折。兵不顿：军队不致疲惫，挫折。

④ 十则围之：十，这里是指十倍。围，包围。

⑤ 倍则分之：分，分开、分割。

⑥ 敌则能战之：敌，匹敌、相当、相等。

⑦ 少则能逃之：少，这里指我方兵力的数量比敌军少。

⑧ 小敌之坚：小，弱小。敌，泛指战争的一方。小敌，指战争中兵力弱小的一方。坚，坚固，引申为硬拼。

⑨ 大敌之擒：大敌，战争中兵力强大的一方。擒，擒获。

译文

所以说，善于用兵的人，能使敌军降服，却不用通过兵刃交锋；能夺取敌国的城池，却不是经过激烈的攻城战斗；能毁灭敌人的国家，却无需经过旷日持久的战争。他们与天下诸侯争斗务求取得完全的胜利。做到自己兵力不致折损而获得完整的利益，这正是以谋略取胜的优点。所以说，用兵打仗的方法应是我军的兵力十倍于敌军，便把敌军包围起来加以全歼；我军的兵力五倍于敌军，便应对敌军发起攻击；我军的兵力只为敌军的一倍，就应设法将敌军分割开来以造成我军更大的优势；我军的兵力与敌军相当，便应奋力战胜他们；我军的兵力比敌军少，便应设法逃避而不与之正面接战；我军的实力赶不上敌军，也应回避它不同它正面冲突。所以说：弱小的军队如果硬拼，必定为实力强大的军队所擒获。

原文

夫将者，国之辅也①，辅周则国必强；辅隙则国必弱②。

故君之所以患于军者三③：不知军之不可以进而谓之进，不知军之不可以退而谓之退，是谓“縻军”④；不知三军之事而同三军之政⑤者，则军士惑矣⑥；不知三军之权而同三军之任⑦，则军士疑矣⑧。三军既惑且疑，则诸侯之难至矣⑨，是谓乱军引胜⑩。

故知胜有五：知可以战与不可以战者胜，识众寡之用者胜⑪，上下同欲者胜⑫，以虞待不虞者胜⑬，将能而君不御者胜⑭。此五者，知胜之道也。

注释

①国:这里指国君。

②隙:间隙,这里引申为不周全,不完备。

③患:不利于。

④縻军:縻,羁縻、束缚。指束缚军队的行动。

⑤三军之政:三军,指我国古代作战设置的上、中、下或左、中、右三军,亦可泛指军队。政,是指政务。三军之政在这里是指军队的政务。

⑥惑:困惑。

⑦不知三军之权而同三军之任:权,权变,机动。同,有覆盖的意思,这里可引申为总揽。任,指挥、统率。不知三军之权而同三军之任,这里的意思是说,不懂得用兵的权变,灵活的性质,却要干涉军队的指挥。

⑧疑:疑虑。

⑨难:危难,灾难。

⑩乱军引胜:乱军,扰乱军心。引,招致。乱军引胜,是说自己扰乱军心,招引敌军取胜。

⑪识众寡之用:识,了解。众,众多。寡,少。识众寡之用,是说了解用众多的兵力或者是用人数少的兵力的各种战法。

⑫上下同欲:上,这里是指君主或军队的统帅。下,这里是指下级军官和士兵。欲,欲望、意愿。

⑬虞:料想,这里可引申为准备。

⑭御:驾驭,引申为牵制,掣肘。

译文

军队的将帅，是国君的辅佐，辅佐得周详，国家就必定强大；辅佐得不周详，国家就必定会因遭受强国的攻击而衰弱下来。

所以说，国君对于军队作战不利的事有三：不了解军队不可以前进，却硬要命令军队前进；不了解军队不可以后退，却硬要命令军队后退；这叫做束缚军队。不了解军队的事情，却要总揽军队的政务，以致将士们产生困惑；不懂得军队作战的灵活与权变，却要干预军队的指挥，以致将士们产生疑虑；军队将士既困惑又疑虑，各诸侯国乘机进犯的灾难就会到来，这叫做自己扰乱军心，招引敌军取胜。

所以说，预测胜利的方法有五种：知道在什么情况下可以作战和在什么情况下不可以作战的人，会取得战争的胜利；懂得怎样用众多的兵力作战，也懂得怎样用少量兵力作战的人，会取得战争的胜利；全军上下，同心同德的，会取得战争的胜利；以我方的有准备对待敌方的无准备，会取得战争的胜利；将帅有才能而国君不加掣肘的，会取得战争的胜利。这五条，就是预测胜利的方法。

原 文

故曰：知彼知己者，百战不殆[1]；不知彼而知己，一胜一负[2]；不知彼，不知己，每战必殆。

注 释

① 殆：危险、失败。

② 一胜一负：胜负几率各半。

译 文

所以说：既了解敌方情况，也了解我方情况，便能百战百胜而不会有危险。不了解敌方情况，只了解我方情况，便会有时胜利，有时失败。既不了解敌方情况，也不了解我方情况，就会每次用兵都必定失败。

用兵之法，全胜为上

"用兵之法，全国为上，破国次之；全军为上，破军次之；全旅为上，破旅次之；全卒为上，破卒次之；全伍为上，破伍次之。"

孙武这段话，其大意是：用兵的法则是，能完整地降服一"国"为上策，击破战胜一"国"就差些；能完整地降服一"军"为上策，击破战胜一"军"就差些；能完整地降服一"旅"为上策，击破战胜一"旅"就差些；能完整地降服一"卒"为上策，击破战胜一“卒”就差些；能完整地降服一“伍”为上策。击破战胜一“伍”就差些。

军、旅、卒、伍是古代军队的编制单位。在战争中，能够使敌人屈服投降，显然比击败战胜敌人要有利得多。

1939年德国征服波兰后，希特勒便开始考虑进攻西欧。10月9日他在给德国陆军将领的一个指令中，阐明了他之所以坚信进攻西欧是德国唯一出路的理由。他担心和苏联签订的条约，只有在苏联的目的达成时苏联才会保持中立。因此一旦英法向德国进攻，苏联很可能从背后给予致命的一击。所以他要提早在苏联准备好之前进攻法国。他还相信一旦法国失败，英国也会就范。但以陆军总司令勃劳希契为首的德国陆军将领们坚决反对，理由是德国陆军还没有足够的力量可以击败西欧军队，一旦开战，德国必亡。希特勒严厉斥责勃劳希契等人胆小怕事，并命令他们无条件遵从他的主张。

德国陆军参谋总部在希特勒的一再催促下，制定出了一个代号为“黄色方案”的西线作战计划。此计划与第一次世界大战中德军进攻法国的“施里芬计划”相类似，即把德军主力放在右翼，通过比利时去进攻法国。但是A集团军群参谋长曼施泰因却讨厌这个方案，认为不过是老调重弹。希特勒本人也不喜欢这个计划。曼施泰因提出了他的战略构想：德军进攻的主要矛头应放在中央，而不是在右翼。以强大的装甲部队，对具有战略决定性的突破口——阿登森林地带实施主要突击。这是攻其不备、出奇制胜攻入法国的一条捷径，可切断南北盟军之间的联系，分割合围英法联军，迅速灭亡法国。但是德国陆军总司令勃劳希契拒绝将曼施泰因的计划转呈希特勒。

1940年1月10日，一名携带“黄色方案”的德空军军官因座机迷航在比利时迫降，由于无法把这一重要文件全部烧毁，致使一部分落入英、法手中。于是曼施泰因再次向陆军总部提出他的观念，这使勃劳希契非常厌恶，把他调任第38步兵军军长。但曼施泰因乘希特勒接见各新任军长之机，将他的见解直接向希特勒作了陈述。希特勒对曼施泰因的陈述“简直像精灵似的理解非常快”，并表示他个人完全同意曼施泰因的见解。第二天，希特勒便召见陆军总司令勃劳希契和总参谋长哈尔德，命令他们以曼施泰因的建议为基础，立即制定出一个新的作战计划来。虽然勃劳希契和哈尔德强烈反对曼施泰因的建议，认为其所谓的“秘密通过”，实在是一种疯狂的假设，它将使德国装甲部队的精华面临法军侧翼攻击，并可能导致全军覆没。但在希特勒的压力下，两位陆军首脑屈服了。于是，陆军总参谋长哈尔德奉命根据曼施泰因的建议重新制定作战计划。

1940年2月22日，希特勒批准了与“曼施泰因设想”大致相同的新作战计划。德军参谋部将这一计划取代号为“挥镰行动”。据当时任第19装甲军军长的古德里安说，除了希特勒、曼施泰因和他本人以外，几乎再没有任何人对这个计划是具有信心的。

为实施“挥镰行动”，德军统帅部进行了周密的部署。投入西线作战的总兵力为136个师（其中包括10个装甲师、4个摩托化师）、2439辆坦克、3700架飞机，另有运输机600架。兵力配置上分为A、B、C三个集团军群：中路的A集团军群64个师（其中包括7装甲师、3个摩托化师），由伦斯德上将指挥，担任中间突破阿登山区直冲英吉利海峡的任务；右翼的B集团军群28个师（其中包括3个装甲师、1个摩托化师），由包克上将指挥，担任助攻任务，目的是进攻荷兰、比利时和卢森堡，以吸引英法联军的主力；左翼的C集团军群17个师，由勒布上将指挥，其任务是佯攻马其诺防线，以牵制法军使其不能北上增援；以另外的27个师作战略预备队。

荷兰、比利时、卢森堡、法国和英国远征军共有135个师（其中法军和英军共有103个师，编成3个集团军群）、3469辆坦克、2000架飞机，并可利用英伦三岛1000多架飞机支援战斗，在兵力上与德军相当。然而，英法长期推行绥靖政策，备战不力。联军最高统帅部制定的代号为“D”的作战计划保守失算，该计划重点是防御德军向比利时实施主要突击，把比利时作为双方厮杀的主战场。根据“D计划”，联军把主力部署在法比边界北端和法国北部各省，如果德军向比利时实施主要突击，则五国联军协同作战挡住德军进攻；其他部队的大部分部署在南部的马其诺防线上，如德军向马其诺防线实施正面进攻，则依托坚固的工事进行抵御；而在中段则自恃有阿登山区天险和马斯河，只留了战斗力较弱的部队驻守。

1940年5月10日，天刚破晓，成群的德军“施图卡”轰炸机突然对法国、荷兰、比利时和卢森堡的机场、铁路枢纽、重兵集结地区和城市进行猛烈的轰炸。5时30分，在北海到马其诺防线之间的300多公里的战线上，德军地面部队向荷兰、比利时和卢森堡发起了大规模进攻，揭开了入侵法国的序幕。

担任助攻和吸引英法军队主力的德军B集团军群，首先以空降部队对荷兰和比利时境内的重要桥梁及要塞设施实施了袭击。这突如其来的打击立即造成了荷、比军队的慌乱，紧接着，B集团军群的装甲部队趁乱发起了猛攻。由于伞兵部队已经占领了各要道，B集团军群的进展颇为顺利。

德军B集团军群对荷兰和比利时边境的突破，致使集结在法国北部的英法主力立即越过法比边境火速增援。此刻,希特勒正在地下指挥所里焦躁不安地等着前线的消息,当他听说英法主力已经出动时,“高兴得都要哭了”。他兴奋地对周围人说道:“他们正好掉入我们的陷阱!我就是要他们相信,我们仍在执行原定那个‘黄色方案’,仍尊奉施里芬的主张。他们上当了,等着瞧吧,好戏还在后面。”

包克的B集团军群吸引了英法主力时,勒布的C集团军群也摆开架势。他们正在对马其诺防线进行的佯攻表演得非常成功,使得法国从南部撤回部队时犹豫不决。

5月10日凌晨,德军担任中路主攻的伦斯德A集团军群向卢森堡和比利时的阿登山区实施主要突击。仅30万人口的小国卢森堡当天不战而降。给伦斯德上将打头阵的是克莱斯特将军指挥的装甲兵团,该兵团下辖古德里安的第19装甲军、霍特的第15装甲军和莱因哈特的第41装甲军。其中以古德里安的第19装甲军战斗力最强,它作为克莱斯特装甲兵团的主力和先锋部队编有3个装甲师。而第15和第41装甲军仅各辖2个装甲师。

古德里安的第19装甲军轻易突破比军的松散抵抗,只用了两天时间便穿越阿登山脉110公里长的峡谷深入法境。5月12日下午,古德里安的3个装甲师已经到达马斯河北岸,并攻下了法国著名要塞城市——色当。当天夜里他们便开始了紧张的渡河准备。德国人强渡马斯河是法国之战的关键。在以后5个星期中还有其他同样大胆的行动,但是没有哪一次能对事态发展产生过这样惊人的影响。为此,古德里安把他的3个装甲师全部投入进去了。

5月13日上午11时,德军出动近400架轰炸机分批次对马斯河南岸的法军阵地和炮兵群进行了长达5个小时的狂轰滥炸,并使法军的精神发生了瘫痪现象。下午4时,德军分乘数百艘橡皮艇,开始强渡马斯河。下午5时30分,德军终于在马斯河南岸上获得了一个立足点,接着德军工兵立即开始架设浮桥。到了下午8时,古德里属下的第1装甲师已经穿透法军阵地,突入相当纵深。第2装甲师和第10装甲师也在午夜全部渡过了马斯河。同一天,霍特的15装甲军属下的隆美尔第7装甲师也在西面40英里远的南特附近渡过了马斯河。

马斯河防线一失,通往巴黎和英吉利海峡的道路敞开了,在比利时境内作战的英法部队面临被包抄的危险,陈兵马其诺防线的法国大军也将腹背受敌,英法这才感到形势严峻。英国迅速增派10个战斗机中队与驻法英空军和法国空军一起实施反击。14日下午,马斯河上空爆发了开战以来最激烈的空战,英军“布雷汉姆”轰炸机和法军最新式的“布雷盖”轰炸机在战斗机的掩护下,直扑马斯河而来，德军约5个联队的战斗机升空拦截，双方投入的飞机各有500余架。从中午到天黑，登陆场上枪炮声连绵不绝，双方战斗机上下翻飞，相互追逐，不时有飞机中弹起火，拖着黑烟下坠，英法飞机胡乱投下的炸弹在河面上炸起一道道冲天的水柱。德军高射炮也不甘示弱，不断以猛烈火力射杀低空潜入的英法飞机。密集的地空火力网令英法飞机成了扑火飞蛾，一批批闯来，又一批批被吞噬。大混战一直持续到夜幕降临，损失惨重的英法飞机悻悻败走，德军渡河浮桥大都完好无损。此战德军击落英法飞机数百架，其中仅德第二高炮团就包办了112架。英军派出的飞机损失了60%。《英国皇家空军史》称："再没有比这种自杀性的战斗造成的损失更令人痛心的了。"这一天被德国人称为"战斗机日"。在这以后，英法空军只敢在夜间升空活动，战区制空权被德国人牢牢控制住了。

德军装甲集群长驱直入，其威力与速度是战争史上闻所未闻的。法国陷入惊慌失措之中。5月15日清晨，法国总理雷诺沮丧地给5天前才接替张伯伦担任英国首相的丘吉尔打电话说："这一仗我们恐怕要打输了。"丘吉尔惊得目瞪口呆："我简直不明白，运用大量快速装甲部队进行袭击会引起这样剧烈的变革。"为进一步探明战局真情和给已经感到绝望的法国领导人打气，5月16日，丘吉尔从伦敦急飞巴黎。据丘吉尔回忆，差不多他一见到法总理雷诺和英法联军总司令甘末林，他就立即意识到，局势比他想到的还要糟得多——他们每个人脸上都是灰溜溜的。丘吉尔问甘末林："战略预备队在哪里?"甘末林摇摇头，耸耸肩，说："没有战略预备队。"丘吉尔听后简直傻了眼。

古德里安的第19装甲军的推进速度不但令联军措手不及，而且也令德军统帅部不安，克莱斯特曾两度下令古德里安暂停前进，但他不惜以辞职抗争。禁令解除后，他的速度比以前还快，以至于在路上遇到一股股溃散的法军士兵，都不愿耽搁时间下车去俘虏，仅用扩音器喊："我们没有时间俘虏你们，你们要放下武器，离开道路，免得挡路。"5月16日，古德里安督促手下的3个装甲师向西转进，目标是直抵英吉利海峡东岸的敦刻尔克地区。5月20日，古德里安扫过亚眠，在阿贝维尔附近抵达英吉利海峡。这时的德军统帅部也没有料想到，在法国境内的战斗会进行得如此顺利，因此，一时不知怎样部署兵力才好。等到次日，他们才给坦克部队下令：由阿贝维尔向北推进，以占领海峡诸港为目标。

古德里安一接到命令，便立即决定：第10坦克师向敦刻尔克前进；第1坦克师向加莱前进；第2坦克师向布洛涅前进。古德里安深知，他所在的A集团军群构成的从色当到法国西海岸的进攻线，已经切断了法军从北部南逃的退路。而北面包克的B集团军群已攻占了荷兰及比利时东部，70万余英法联军主力的左翼实际上已处在德军的深远包围之中。眼下对方得以逃脱的唯一希望就在包括敦刻尔克在内的法国北部的几个海港了。因此，他一定要迅速占领这几个海港，以彻底切断对方的海上退路。5月23日上午至24日，古德里安的装甲部队先后占领了布洛涅和加莱。24日下午，古德里安的第19装甲军已到达格拉夫林，离敦刻尔克还有10英里了，而在其右翼的莱因哈特的第41装甲军，也已到达艾尔—圣奥梅尔—格拉夫林运河一线。两支装甲劲旅只须再努把力，就可直取敦刻尔克，而后继的几十个步兵师也正源源不断地跟进。古德里安等人踌躇满志，决心率领他们的装甲部队再打一个围歼战，将英法军队的数十万人马彻底消灭在滨海地区。

然而就在这时，第19装甲军和第41装甲军同时接到了装甲兵团司令克莱斯特发来的命令，要他们停止前进，并称"敦刻尔克之敌将全部留给戈林元帅的空军去解决"。古德里安接到命令后，立即向克莱斯特提出了质问和抗议，但得到的最后答复是："这是元首亲自下达的命令，必须执行。"于是，古德里安和莱因哈特只得遵命停在运河一线按兵不动，而眼睁睁地看着英法比联军从敦刻尔克上船逃走。联军利用这一转瞬即逝的喘息机会，得以实施从海上撤退的"发电机计划"，从5月26日到6月4日，从敦刻尔克先后撤出32.4万人，其中法军8.5万人，成为日后反攻欧洲大陆的主力。对于希特勒这一让人费解的命令，至今仍然众说纷纭，成了一个难解之谜。一种说法认为，是希特勒故意放英国人一马，因为希特勒对英国人情有独钟，他曾说过："他们那些人是有价值的人种，是我要与之媾和的人。"他这次放走英国人，是想给英国人一个情面，为日后和谈留一条退路。另一种说法是希特勒对自己的装甲部队异常迅速地挺进感到不安，怕他心爱的装甲部队陷入敌军南北合围。但不管怎么说，希特勒在此是犯了一个致命的错误，它影响到日后对英国的入侵，并且使英国人以后在非洲和意大利能继续作战。

德军在比利时和法国北部实施的毁灭性突击，使比利时全军覆没，法军30个师，英军9个师也不复存在。法军新任司令魏刚拼凑了49个师加上英国的2个师，编成了3个集团军（第6、第7、第10集团军）在索姆河和埃纳河一线构成了东西大约300英里的"魏刚防线"，以17个师守马其诺防线。两条防线连在一起，企图阻止德军南下。德军在占领荷兰、比利时、卢森堡和法国北部后，德军统帅部制定了代号为"红色方案"的法兰西战役第二阶段作战计划。这一方案要求德军挥师南下,彻底击败法国。现在德军兵力达137个师之多,其A、B两个集团军群迅速改组完毕。包克的B集团军群(辖6个装甲师)为右翼,向索姆河正面实施突破;伦斯德A集团军群(辖4个装甲师)为左翼,向埃纳河作正面突击。

6月3日,德国空军向法国机场和后方实施了猛烈轰击。6月5日拂晓,包克的B集团军群率先在右翼发起全线进攻,当天,隆美尔的第7装甲师抢先渡过索姆河。6月7日,隆美尔师将防守阿布维尔—亚眠一线的法国第10集团军拦腰斩断,其他德军各师得以从这个缺口向前拥入。6月8日,隆美尔师进抵塞纳河畔。6月10日,隆美尔又转身北向,一口气冲了50英里远,以海岸线为目标。当晚就到达目的地,切断了正向海岸撤退的法军第9军和英军第51师的退路。这些部队于6月12日被迫向隆美尔投降。

在B集团军群发起进攻后,左翼的伦斯德A集团军群也于6月9日在埃纳河发起渡河攻势,当晚,古德里安装甲兵团的第1装甲师强渡埃纳河,6月10日,古德里安兵团击败法军装甲部队,突破了法第6集团军的右翼,此后,古德里安挥军南下,一路长驱直入似入无人之境。成群结队的法军俘虏丧魂落魄地把枪支扔给德军,放在坦克下面压毁。魏刚后来心情沉重地写道,使他"最感触目惊心的,就是德军的坦克和飞机,已使法国士兵产生了恐惧的心理。这要算是德军的一个最大的成功"。6月17日,古德里安装甲兵团进抵瑞士边境城镇潘塔里尔,切断了马其诺防线内法军逃往瑞士的退路。自强渡埃纳河以来,古德里安装甲兵团在10天中长驱400多公里,俘虏法军25万之多,创造了战争史上的奇观。

6月10日,法国政府撤出巴黎,迁往图尔。同日,意大利趁火打劫,向法国宣战。13日,巴黎被宣布为不设防城市。14日,法国政府再迁往波尔多,德军不费一枪一弹占领了巴黎。就在德军占领巴黎的当天,德军A集团军群的左翼已进至马其诺防线的侧背,因为这条无用的防线,毕竟还存在着数十万没有投降或被消灭的法国军队。希特勒要求伦斯德与C集团军群合作,彻底消灭那里的法国部队。根据希特勒下达的15号作战指令,一直在马其诺防线当面执行吸引法军注意力任务的C集团军群,立即选择马其诺防线守军的薄弱处,即阿尔萨斯和格林两筑垒地域的接合部发起进攻。A、C两集团军群前后夹击,马其诺防线很快被突破。6月17日,C集团军进至马恩—莱茵运河上,A集团军群占领了凡尔登,法军50万被包围在阿尔萨斯和格林南部,除少数逃往瑞士外其余全部被歼。18日,法国政府宣布停止抵抗。

至此,希特勒灭亡法国的"挥镰行动"胜利结束了。从5月10日至6月17日,号称欧洲军事强国的法国,就这样在5周时间内被打败了。曼施泰因的构想经过古德里安和隆美尔等人的行动后,最终变成了一个堪称世界军事史上的杰作。6月22日,为羞辱法国,报第一次世界大战中德国战败的一箭之仇,希特勒在贡比涅森林的火车车厢里,坐在1918年法德签署停战协定时法方代表福煦元帅坐过的那把椅子上,接受了法国的投降。7月1日,贝当政府从波尔多迁至维希城。贝当这位第一次世界大战时的老英雄,从此充当起德国的傀儡。法国实际上灭亡了。

集中兵力,以众击寡

"故用兵之法,十则围之,五则攻之,倍则分之,敌则能战之,少则能逃之,不若则能避之。"

孙武这段话,其大意是:用兵的方法是,有十倍优势的兵力就包围敌人,有五倍优势的兵力就要进攻敌人,只有一倍的优势兵力就分散敌人,势均力敌就要努力战胜敌人,比敌人少就设法退却,不如敌人就要设法避免交战。

这一段文字论述了审己察敌、量力用兵的胜败谋略,体现孙子集中优势兵力,以众击寡的作战指导思想。

孙子提倡的"以众击寡",是靠指挥的灵活、兵力巧妙地运用来实现的,并非只是说兵力越多越好。客观上有优势兵力当然是胜利的有利条件,应当充分利用,如果全局不具备优势兵力,就要靠灵活的指挥,在局部决战的关键时刻,在主要作战方向形成局部的优势兵力。决定兵力的众与寡,来源于对情况的正确判断,孙子指出"备前则后寡,备后则前寡,备左则右寡,备右则左寡,无所不备,则无所不寡"。根据这个道理,我方可以隐蔽企图,使敌人难以断定确切的战场和攻击方向,使敌人备多兵分,我方就可以实现以众击寡了。即使双方兵力相当,"我专为一,敌分为十",等于是"以十攻其一"。做到了这一点,敌人兵力再多,也可以使敌人无用武之地,否则,兵力强大,也无益于取胜。

在用兵作战之时,孙武主张在优势的情况下与敌人交战,要努力利用和造成优势兵力去打击敌人,反对在劣势情况下与敌人硬拼,这是十分正确的。

北朝西魏大统三年(公元537年),东魏将军高欢渡河,逼近华州,刺史王羆严加防守,并涉过洛水,驻军于许原西。西魏派宇文泰抵御。宇文泰到达渭南召集诸州兵将,诸将以众寡不敌,请求等待高欢再向西以后视情况的变化再做决定是否作战。宇文泰说:"高欢若是到达咸阳,我军人心会浮动。现今高欢军刚来,可以反击。"于是在渭南架设浮桥,令兵士携带三日军粮,轻装渡渭,十月壬辰到达沙苑。高欢率兵来会。宇文泰召集将领们商议。部将李弼说:"彼众我寡,不可争锋。此东十里,有渭曲,可据守以待。"于是依其谋进至渭曲,背水东西列阵,李弼为右军,赵贵为左军。命将士尽数埋伏于葭芦之中,闻鼓声而起。高欢将士望见宇文泰兵士甚少,争相前进,乱而不成列。两军即将交锋时,宇文泰擂鼓,士卒皆起,李弼等率铁骑攻其侧翼,遂大破高欢。这一仗,高欢依仗人多势众,轻率进攻;宇文泰面对强敌,善于指挥,沉着应战,以小击众,化局部之小为大,恰当布阵,诱敌入伏,乘机鸣鼓,一举而败高欢。这是懂得用众寡之兵的灵活指挥,在大局上处于"寡",在局部上造成"以众击寡",是一个成功战例。这正是孙子"识众寡之用者胜"的体现。

战国中期,齐、秦两强东西对峙,较弱的燕国与齐是近邻。燕王哙于公元前318年让位于燕相子之,以致太子平与子之因争夺王位而发生内乱。齐宣王于公元前314年乘机攻燕,在50天之内攻下燕都蓟(今北京),杀燕王哙和子之。但由于齐军在燕大肆烧杀抢掠,燕国民众纷纷起来反抗,各诸侯国也准备出兵救燕,迫使齐军撤退,太子平即位为王,即燕昭王。燕昭王即位后,广招贤士,改革内政,发展生产,积极准备报齐破国之仇。公元前301年齐宣王死后,愍王即位,南攻宋、楚,西击三晋,连年征战,国力日耗。燕昭王想乘机攻齐,但从燕国的土地、人口和经济条件看,燕远不如齐国,单凭燕国本身的力量,不可能战胜齐国。在此形势下,燕将乐毅和燕相苏秦提出争取余国,孤立齐国;并怂恿齐国灭宋,以加剧它与各国的矛盾,尔后联合各国,大举攻齐。燕昭王采纳了这一计策。

为此,燕表面上臣服于齐,并派苏秦入齐进行离间活动,取得了齐愍王的信任。齐国被燕表面的屈服所迷惑,放松警惕,对燕不加戒备,甚至连防备燕国的兵力也全部从北面撤回。公元前288年10月,秦约齐王同时称帝,结成联盟。燕再次派苏秦至齐进行离间活动,劝说齐愍王撕毁齐、秦盟约,废除帝号,而后伺机灭宋。齐愍王果然被打动,于12月废除帝号,转而与各国合纵攻秦,迫使秦国"废帝请服"。齐愍王取得攻秦胜利后,又经过三次战争,灭掉了宋国。邻近齐国的宋国,土地肥沃,生产发达,其大商业城市定陶的巨大税收,尤为齐、秦、赵三国所垂涎。宋为齐所灭,不仅加剧齐同秦、赵的矛盾,也对韩、魏、楚形成严重威胁，因此导致齐与各国矛盾异常尖锐。燕利用这种形势，积极活动，终于和各国结成攻齐联盟。

公元前284年，燕昭王任命乐毅为上将军，统率燕、秦、楚、韩、赵、魏六国军队攻齐。齐愍王骄傲自恃、忘乎所以，开始并未料到燕国会联合诸国攻齐。及至发现燕军已攻入齐国时，才匆忙任命触子为将，率领全国军队主力渡过济水，西进拒敌。双方兵力各约二十余万在济水之西（今山东高唐、聊城一带）展开决战。齐军由于连年征战，士气低落。齐愍王为迫使将士死战，以挖祖坟、行杀戮相威胁，更使将士离心，斗志消沉。结果，当联军进攻时，齐军一触即溃，遭到惨败。触子逃亡不知下落，副将达子收拾残兵，退保都城临淄。齐军主力被消灭后，秦、韩两军撤走，乐毅派魏军南攻宋地，赵军北取河间（今河北献县东），自率燕军向临淄实施战略追击，继续聚歼齐国败退的残余。此时楚

顷襄王为分占齐地，便以救齐为名，派淖齿率兵入齐。齐愍王幻想借楚军力量抵抗燕军，便委任淖齿为相。淖齿在莒地杀掉了齐愍王，并夺回了以前被齐占去的淮北之地。

乐毅攻克临淄后，采取布施德政、收取民心的政策，申明军纪，严禁掳掠，废除残暴法令和苛捐杂税。然后分兵五路，以彻底消灭齐军，占领齐国全境。左军攻取胶东、东莱（今山东半岛），右军沿济水南进阿、鄄（今山东西南部）以接应魏军，前军沿泰山东进攻取琅玡（今山东沂南至日照一带），后军沿北海（今山东临淄东北沿海一带）出击攻占千乘（今山东高青东北），中军占领临淄以镇齐都。燕军仅在6个月的时间，就攻取了齐国七十余城，只剩下莒和即墨（今山东平度东南）两城未被攻克。

“以众击寡”，关键在于指挥。战略指挥家要善于指挥分散弱小之军集中起来联合作战，形成优势兵力，以众击寡。

在解放战争之初，几大野战军在中央统一部署指挥下，实施“两翼牵制”“三军配合”的联合作战战略，刘伯承、彭德怀、陈毅等的部队大显神威，为战争拉开了序幕。中国人民解放战争中的三大战役就体现了集中优势兵力，“以众击

寡”,取得了伟大的胜利。

孙子认为,集中优势兵力,“以众击寡”这一指导思想必须根据兵力的大小与敌人兵力的对比情况,正确使用。有优势兵力就可以采取进攻战;兵力相当就应该首先设法使敌人兵力分散,而后各个击破;兵力小于敌人应采取防御或避免与敌人交战。组织进攻作战要有绝对优势兵力,做到“以镒称铢”;反对不自量力,“以少击众”“以弱击强”。

孙子关于“识众寡之用”“以众击寡”的指挥原则和转化敌我兵力对比态势的指挥艺术,揭示了战争中兵力运用的基本规律。古代兵战适用,现代战争依然适用。

知己知彼,百战不殆

“故曰:知彼知己,百战不殆;不知彼而知己,一胜一负;不知彼,不知己,每战必殆。”

孙武这段话,其大意是:既了解敌人,又了解自己,就能百战百胜;不了解敌人,只了解自己,胜败的可能各一半;既不了解敌人,又不了解自己,那就会每战必败。

“知彼知己,百战不殆”,既是孙武关于兵家制胜的指导思想,也是知道和战关系的战争认识论思想。“知彼知己”从狭义范畴来理解,是指对敌我双方情况的掌握;从广义方面理解,就包括知己以外的各种相关情况。

应当说,“知彼知己”包含的内容相当广泛,不仅有对敌我双方各种客观条件的了解,还有对战争的指导规律和各种作战原则的认识和理解;不仅揭示了对彼己情况的了解与战争胜负的关系,而且也指明了作战指导的规律,并按这些规律战胜敌人。因此,孙子这儿讲的是知与行、学习与使用之间的关系问题,具有普遍的认识论价值。

“知彼知己”,不但是兵家制胜的谋略原则,而且已成为科学的真理。历史上用兵的人凡是遵循了这条原则,就取得成功;否则,便招致失败。

东汉献帝建安二年(公元 197 年)正月,曹操率领大军南征,来到宛(今河南南阳),驻扎在清水,张绣率领军队投降了曹操。曹操娶了张绣叔父张济的妻子,使张绣怀恨在心。曹操听说后,暗中有杀张绣的计谋,由于计谋泄露,张绣遂领兵反叛,并与刘表联合起来,共同对曹操作战。

就在曹操全力应对张绣、刘表的时候,袁绍想乘机进攻他的大本营许昌,曹操决定先回师救许昌。张绣见曹操退兵,急忙率领军队追击。张绣的谋士贾诩说:“您不可以追,如果追击一定失败。”张绣不听,遂领兵追击,追上曹军就是一场大战,结果张绣大败而回。此时,贾诩对张绣说:“快速收拾部队再追上去,这一战一定能取胜。”张绣谢绝说:“刚才不听您的话,以至于失败到这种地步。现在已经失败了,怎么还要追击?”贾诩说:“战斗的态势有变化,快速追赶一定有所收获。”张绣相信了他的话,遂收拾起残兵败卒再次追赶,追上曹军,又是一次激烈战斗,张绣果然大胜而回。

张绣遂问贾诩:“我上一次以精兵追击曹操的退兵,而您说我一定失败;我失败退回后又以败兵再追击刚打了胜仗的兵,而您又说一定能取胜。一切都如您说的一样,为什么我前后两次用兵相反而都应验了您的话?”贾诩回答说:“这是很容易知道的。将军您虽然善于用兵,却不是曹操的对手。曹军虽然刚刚退却,曹操一定亲自断后;您的追兵虽然精锐,大将却不是敌手,曹军的士兵也都是精锐,所以我知道您一定失败。曹操进攻您的时候从来没有失策过,他的兵力还没有用尽就撤退,一定是他的后方有了变故,他退兵时一定有精兵等着您去追;曹操既然已经在退兵途中打胜了将军您,一定会轻军快速撤退,纵然留下其他将军来断后,那些将军虽说也都英勇善战,却不是将军您的敌手,所以您用败兵追上去再战,就一定会取胜。”张绣听后,大为叹服。

在这场张绣追击曹操退兵的过程中,前后两次张绣用兵不同,所得的结果也不同。第一次,他不听贾诩的劝阻,以精兵追击,失败而回;失败后,贾诩又要他立刻组织起败兵再次追击,结果大胜而返。事后,贾诩分析了曹操与张绣的势力及谋略,知道何时可以战何时不可战,故而他第一次阻止张绣追击,等张绣失败后,他又主张再快速追击,从而取得了胜利。

当今商场,“烽烟”四起,厂家林立,竞争激烈,若欲站稳脚跟,也必须“知己知彼”。

商战比兵战更为复杂,各种因素不是那么明朗清晰,相关的各种条件含混不清,只能通过认真的调查研究和分析,才能使经营活动顺利发展。因此,更要强调“知己知彼”,才能达到“百战不殆”的目的。

“己”指的是自身条件和内部环境,包括财力、物力、人力、技术、经营场地、地利条件、商品种类、商业信誉、商品来源等等。“彼”既可指竞争对手,又可指贸易伙伴,总之,与之进行业务往来的团体或个人,都可以称之为“彼”。“知彼”，就是要通过各种方式、方法、手段，了解对方的经济实力、商业信誉、人员素质、技术力量、管理水平、发展趋势、经营动态等等。若是竞争对手，“知彼”更要探明对方的强弱虚实、长短优劣，如此便可避实击虚，扬长避短，攻击其弱点。

我们和外商是公平的贸易合作关系。和外商打交道，要坚持原则；同时，千方百计探明对方的经营状况、合作目的、合作担保，不能一见面就把自己企业的全部经营情况和盘托出，结果使对方抓住了弱点，造成讨价还价、施加压力的可乘之机。据说在某一时期接待友好人士时，对我国特有的景泰蓝和宣纸生产技术，厂方又是讲工艺流程，又是让其拍录像。结果，代表中国传统文化中的国粹精品，就这样轻而易举地被“友好”地窃走了。所以，和外商打交道更要做到“知己知彼”，否则造成的将是无法挽回的损失。

孙子提出：“知彼知己者，百战不殆……不知彼，不知己，每战必殆。”在这里，孙子用简洁、鲜明的语言，指明了战争指导者对敌我双方情况的了解和认识与战争胜负之间的关系，揭示了指导战争的普遍规律。

知己知彼不仅是普遍应用于战争的科学规律，也是今天发展社会主义市场经济，为人们所借鉴的重要规律。企业家在经营管理中必须要知己知彼，才能适应市场需要，以获利润。

第四篇 军形篇

〔简述〕

前一篇主要是议论广义用兵打仗应力争“全胜”的思想。这一篇则是议论战争的攻守问题，而着重又是议论如何造成一种守必固、攻必克，以求“全胜”的形势。

全篇内容大体分为三部分：1. 提出在战争中实行进攻与防守所必须坚持的基本原则。总的原则是，“先为不可胜，以待敌之可胜”。具体地说就是：守要守得“不可胜”，攻要攻得有机可乘；兵力少时应着重防守，兵力有余方可进攻；守要守得像“藏于九地之下”那样隐蔽，攻要攻得像“动于九天之上”那样出其不意和势不可挡。2. 提出应先认清必胜的形势然后用兵的原则。认为一般的人所能预见到的胜利，以及通过兵刃交锋、硬拼死打获得的胜利都不是最理想的胜利，“非善之善者也”。惟有从敌我双方实力及其发展趋势的对比中把握必胜的形势，进而采取措施夺取的胜利，才是善于用兵的人应该努力争取的胜利。由于这种胜利的特点是“先胜而后求战”，是“胜易胜者”，所以取得这种胜利的人往往既无“智名”，又无“勇功”，但他们却是每战必胜而没有差错。3. 强调善于用兵的人应重视“修道而保法”，修明政治，严肃法度，以造成我方必胜的形势。同时，还应从土地、人口和物质资源、军队和兵员，以及综合实力等方面对敌我双方的情况进行详细的比较与衡量，确认已形成必胜形势后，方才用兵。而一旦用兵就能像“决积水于千仞之溪”那样势不可挡。

原文

孙子曰：昔之善战者，先为不可胜[①]，以待敌之可胜[②]。不可胜在己[③]，可胜在敌[④]。故善战者，能为不可胜，不能使敌之可胜[⑤]。故曰：胜可知，而不可为[⑥]。

注释

① 先为不可胜：先，首先。为，造成。不可胜，不可被战胜。先为不可胜，这里是指首先造成一种不可被敌军战胜的形势。

② 待敌之可胜：待，等待。敌，敌方。可胜，可以被战胜。待敌之可胜，这里是指等待敌人有可能被我军战胜的机会。

③ 在己：在于自己，引申为决定于自己。

④ 在敌：在于敌人，引申为决定于敌人。

⑤ 不能使敌之可胜：使，强使。不能使敌之可胜，这里是指不可能强使敌军提供被我军战胜的机会。

⑥ 不可为：为，强求。不可为，不可以强求。

译文

孙子说：从前善于打仗的人，总是预先造成一种不可被战胜的形势，来等待敌军有可能被战胜的时机。不可被战胜形势的造成，决定于自己一方。而能否提供可以被战胜的时机则决定于敌方。所以，善于打仗的人，只能做到使自己不可被战胜，却不能做到使敌军必定被我军战胜。所以说：胜利只可以预知，而不可以强求。

原文

不可胜者，守也；可胜者，攻也。守则不足①，攻则有余②。善守者，藏于九地之下③，善攻者，动于九天之上④，故能自保而全胜也。

注释

① 守则不足：守，防守。不足，这里是指兵力不足。守则不足，这里是指兵力不足时应着重防守。

② 攻则有余：攻，进攻。有余，这里是指兵力有余。攻则有余，这里是指在兵力充足有余时才发起进攻。

③ 藏于九地之下：藏，隐藏、隐蔽。九地，极深的地下。“九”是虚数，古人常用“九”表示数的极点。藏

于九地之下是指把军队隐藏在很深很深的地下，使敌人莫测虚实。

④ 动于九天之上：动，发动，这里可引申为进攻。动于九天之上，这里是指军队进攻如同从天而降，既出其不意又势不可挡。

译文

不可以被战胜，是讲的防守；可以战胜敌人，是讲的进攻。防守是因为兵力不足，进攻则是因兵力有余。善于防守的军队，就像隐藏在极深的地下一样使敌方莫测虚实；善于进攻的军队，就像从九天之上突然而降，既出其不意，又势不可挡；这样的军队既能在防守中保全自己，又能在进攻时获得全胜。

原文

见胜不过众人之所知①，非善之善者也②；战胜而天下曰善③，非善之善者也。故举秋毫不为多力④，见日月不为明目⑤，闻雷霆不为聪耳⑥。古之所谓善战者，胜于易胜者也。故善战者之胜也，无智名⑦，无勇功⑧。故其战胜不忒⑨。不忒者，其所措必胜，胜已败者也⑩。故善战者，立于不败之地，而不失敌之败也⑪。是故胜兵先胜而后求战⑫，败兵先战而后求胜⑬。善用兵者，修道而保法⑭，故能为胜败之政⑮。

注释

① 见胜不过众人之所知：见，预见。见胜，预见到胜利。众人，这里是指一般的人、平常的人。知，知道，引申为预知、预测。见胜不过众人之所知，这里是指为一般人所能预测到的胜利。

② 善之善：善，好。善之善：好而又好，最好，最理想的。

③ 天下曰善：天下，这里指天下的人。天下日善：指天下的人都说好。

④ 举秋毫不为多力：举，举起。秋毫，野兽秋天长出的毫毛，比喻为极轻、极细的事物。多力，力量大。举秋毫不为多力：指能举一件像毫毛那样极轻极细的事物不能算是力量大。

⑤ 明目：眼睛很亮。

⑥ 聪耳：耳朵听觉很灵。

⑦ 无智名：智，智谋。名，名声。无智名指没有多智多谋的名声。

⑧ 无勇功：勇功，勇敢的战功。无勇功指没有勇敢的战功。

⑨ 战胜不忒：忒，可以译为"差"或"差错"。

⑩ 胜已败者也：已败，已经失败，已经处于必败之地。

⑪ 不失敌之败：失，丧失。敌之败，敌人的失败。

⑫ 胜兵先胜而后求战：胜兵，打胜仗的军队。先胜，这里指事先取得必胜的形势。求战，宣战。胜兵先胜而后求战，这里是说，打胜的军队总是事先取得必胜的形势而后才向敌国宣战。

⑬ 败兵先战而后求胜：败兵，打败仗的军队。求胜，谋求胜利。败兵先战而后求胜，这里是说，打败仗的军队，是因为先打仗而后再谋求胜利。

⑭ 修道而保法：修道，修明治道。保法，保持法度，严明法度。修道而保法：修明治道，严明法度。

⑮ 为胜败之政：为，成为。政，正，引申为主宰。为胜败之政：这里指能成为支配用兵胜败的主宰。

译文

预见胜利不超过一般人所能预见的，不是最理想的胜利。打了胜仗，天下的人都说好，也不是最理想的胜仗。因为能举起极轻极细的“秋毫”并不能算是力量大；能看见太阳和月亮的光辉也并不能算是眼睛明；能听到雷霆的声音更不能算是耳朵灵。古时所讲的善于打仗的人必定会取得胜利，是指战胜那些容易战胜的敌人。因而这些善于打仗的人既没多智多谋的名声，也没有勇敢的战功，但他们却每战必胜而不会有差错。之所以没有差错，是因为他们采取了必胜的措施，战胜那已经处于必败之地的敌人。所以，善于打仗的人，总是使自己立于不败之地，而又从不放过使敌人失败的时机。因此，打胜仗的军队总是先取得必胜的形势，然后才向敌国宣战，而打败仗的军队则是先盲目作战然后再去求取胜利。因此，善于打仗的人，注重修明治道，严肃法度，所以能够成为决定战争胜负的主宰。

原文

兵法：一曰度①，二曰量②，三曰数③，四曰称④，五曰胜⑤。地生度，度生量，量生数，数生称，称生胜。故胜兵若以镒称铢⑥，败兵若以铢称镒。胜者之战民也⑦，若决积水于千仞之溪者⑧，形也⑨。

注释

① 度：度量，这里是指土地幅员的大小。

② 量：容量、数量，这里是指人口和物质资源的数量。

③ 数：数量，这里是指兵员的数量。

④ 称：衡量，这里是指衡量敌我双方实力的对比情况。

⑤ 胜：胜利，这里是指取胜的可能性。

⑥ 以镒称铢：镒与铢都是我国古代的重量单位。一镒等于 24 两；一两等于 24 铢。以镒称铢意思是指以很重的事物去称量很轻的事物，自然是轻重悬殊。这里是比喻胜兵对败兵的力量相差悬殊。胜兵的实力占有绝对优势。

⑦ 战民：民，作“人”解，战民：作战的人，即士卒。

⑧ 决积水于千仞之溪：决，冲决。仞，我国古代表示高度的单位，一仞为七尺。溪，山涧。

⑨ 形也：这里的形是指由军事实力造成的形势。

译文

用兵的法则：一是“度”，二是“量”，三是“数”，四是“称”，五是“胜”。敌我双方土地幅员大小不同的“度”，规定着双方人口和物质资源不同的“量”；敌我双方人口和物质资源不同的“量”，规定着双方军队和兵员不同的“数”；敌我双方军队和兵员不同的“数”，规定着双方实力不同的“称”；敌我双方实力不同的“称”，规定着战争结局谁胜谁负。所以说，打胜仗的军队与打败仗的军队相比，就像以“镒”称“铢”一样，前者的力量占绝对优势；而打败仗的军队与打胜仗的军队相比,就像以“铢”称“镒”一样,前者的力量居绝对劣势。打胜仗的人指挥士卒作战,就像从千尺高山顶决开山涧积水往下猛冲那样势不可挡,这正是“形”——实力强大的表现。

修道保法,重振国势

“善用兵者,修道而保法,故能为胜败之政。”

孙子这句话,其大意是:善于指挥战争的人,能够修明政治,确保法令制度的执行,所以他能够掌握战争胜利的主动权。

孙子主张,修明政治的“道”是决定战争胜负的首要条件。“有道”就是使人民具有相当满意的政治生活、经济生活和与之相适应的社会伦理道德;人民愿意为维护这种政治局面去作战。他讲“道”,要求君将与民众、士兵“上下同欲”,管理上仁爱信义、“与众相得”,做到“不修而戒,不求而得,不约而亲,不令而信”。“有道”是与“无道”对立的,是具有进步意义的。

孙子强调“修道”——修明政治,体现了时代的进步思想。孙子重“法”,将“法”亦作为决定战争胜负的条件之一。他讲的“法”是:“法者,曲制、官道、主用也。”(《始计篇》)就是指军队的组织编制、将吏的职能分工及隶属关系、军需的管理制度等一系列军队管理的章法。有了这些才会有章可循,保障军队的工作正常运转。孙子强调依法治军,才不致混乱。在作战中也体现“法”,如“用兵之法”“谋攻之法”“攻城之法”“军争之法”“用众之法”“其法半至”“无法之赏”等等,都具有法律、规章、规范的性质。任何国家军队都有军规、军法,军在法随。孙子强调以法治军具有普遍的意义。

孙子提出的“修道而保法”,牵扯到政治、军事、经济等各个方面。如果能够很好地修明政治,维护法制,就能振兴国势,治理好国家。

古代西亚国家亚述在历史上曾有过几次短暂的强盛时期,公元前8世纪时国力再度衰微。提格拉特帕拉沙尔三世即位后,决心重振王国雄风,对政治、经济、军事等进行了一系列改革,尤其以军事改革的力度最大:一是改革兵役制度,改临时召集公民入伍的办法为募兵制,扩大常备军的人数;二是更新武器装备,将铁器大量用于军事领域,取代青铜兵器;三是划分兵种,实行诸兵种协同作战。

通过改革,亚述建成了西亚地区一支最精良的部队,成为南征北战、无坚不摧的一把利剑。公元前745年,亚述开始大规模对外扩张,先是征服了阿拉米亚人的几个部落,尔后击溃米底人和西北部强敌乌拉尔图,公元前733年征服以色列和大马士革,公元前729年吞并巴比伦,建成一个空前庞大的帝国。这一帝国维持了一个世纪之久。

在战国七雄中,秦国在政治、经济、文化各方面都比中原各诸侯国落后。相邻的魏国就比秦国强,还从秦国夺去了河西一大片地方。

公元前361年,秦国的新君秦孝公即位。他下决心发奋图强,首先搜罗人才。他下了一道命令,说:"不论是秦国人或者外来的客人,谁要是能想办法使秦国富强起来,就封他做官。"

秦孝公这样一号召,果然吸引了不少有才干的人。有一个卫国的贵族公孙鞅(就是后来的商鞅),在卫国得不到重用,跑到秦国,托人引见,得到秦孝公的接见。

商鞅对秦孝公说:"一个国家要富强,必须注重农业,奖励将士;要打算把国家治好,必须有赏有罚。有赏有罚,朝廷有了威信,一切改革也就容易进行了。"

秦孝公完全同意商鞅的主张。可是秦国的一些贵族和大臣却竭力反对。秦孝公一看反对的人这么多,自己刚刚即位,怕闹出乱子来,就把改革的事暂时搁了下来。

过了两年,秦孝公的君位坐稳了,就拜商鞅为左庶长(秦国的官名),说:"从今天起,改革制度的事全由左庶长拿主意。"

商鞅起草了一个改革的法令,但是怕老百姓不信任他,不按照新法令去做。就先叫人在都城的南门竖了一根三丈高的木头,下命令说:"谁能把这根木头扛到北门去,就赏十两金子。"

不一会儿,南门口围了一大堆人,大家议论纷纷。有的说:"这根木头谁都拿得动,哪儿用得着十两赏金?"有的说:"这大概是左庶长成心开玩笑吧。"

大伙儿你瞧我,我瞧你,就是没有一个敢上去扛木头。

商鞅知道老百姓还不相信他下的命令,就把赏金提到五十两。没有想到赏金越高,看热闹的人越觉得不近情理,仍旧没人敢去扛。

正在大伙儿议论纷纷的时候,人群中有一个人跑出来,说:"我来试试。"他说着,真的把木头扛起来就走,一直搬到北门。

商鞅立刻派人传出话来,赏给扛木头的人五十两黄灿灿的金子,一分也没少。

这件事立即传了开去,一下子轰动了秦国。老百姓说:“左庶长的命令不含糊。”

商鞅知道,他的命令已经起了作用,就把他起草的新法令公布了出去。新法令赏罚分明,规定官职的大小和爵位的高低以打仗立功为标准。贵族没有军功的就没有爵位;多生产粮食和布帛的,免除官差;凡是为了做买卖和因为懒惰而贫穷的,连同妻子儿女都罚做官府的奴婢。

秦国自从商鞅变法以后,农业生产有了大的发展了,军事力量也强大了。不久,秦国进攻魏国的西部,从河西打到河东,把魏国的都城安邑也打了下来。

公元前350年,商鞅又实行了第二次改革,改革的主要内容是:

一、废井田,开阡陌(阡陌就是田间的大路)。秦国把这些宽阔的阡陌铲平,也种上庄稼,还把以前作为划分疆界用的土堆、荒地、树林、沟地等,也开垦起来。谁开垦荒地,就归谁所有。土地可以买卖。

二、建立县的组织。把市镇和乡村合并起来,组织成县,由国家派官吏直接管理。这样,中央政权的权力更集中了。

三、迁都咸阳。为了便于向东发展,把国都从原来的雍城(今陕西凤翔县)迁移到渭河北面的咸阳(今陕西咸阳市东北)。

这样大规模的改革,当然要引起激烈的斗争。许多贵族、大臣都反对新法。有一次,秦国的太子犯了法。商鞅对秦孝公说:“国家的法令必须上下一律遵守。要是上头的人不能遵守,下面的人就不信任朝廷了。太子犯法,他的师傅应当受罚。”

结果,商鞅把太子的两个师傅公子虚和公孙贾都办了罪,一个割掉了鼻子,一个在脸上刺上字。这样一来,一些贵族、大臣都不敢触犯新法了。

这样过了十年,秦国果然越来越富强,周天子打发使者送祭肉来给秦孝公,封他为“方伯”(一方诸侯的首领),中原的诸侯国也纷纷向秦国道贺。魏国不得不割让河西土地,把国都迁到大梁(今河南开封)。

亚述王提格拉特帕拉沙尔三世和秦孝公的实践说明,“修道而保法”是多么的重要。

对于如何建设一支强大的军队,孙子提出的最重要原则是“修道而保法”,也就是修明政治,维护法制,他认为这样一来就能够掌握战争胜利的主动权。

孙子所谓的“修道而保法”,是指从政治和法制上修治“先胜”之道,确使“自保而全胜”。他所讲的含义,包括了政治、军事、经济等多方面。究其意旨,在于扬长避短,趋利避害,振兴国势,以便立于不败之地。

能攻善守，故能制胜

“不可胜者，守也；可胜者，攻也。守则不足，攻则有余。善守者，藏于九地之下；善攻者，动于九天之上。”

孙武这段话，其大意是：不被敌人战胜的，在于严密防守；能够战胜敌人的，在于乘机进攻。防守，是因为兵力不足；进攻，是因为兵力有余。

这一段主要论述“善守”“善攻”，要善于运用策略，守攻到最好地步，达到获胜的目的。

在军事作战中，依靠能攻善守而获胜的事例是很多的。例如，管仲在管理齐国内政时，就采取守势，实行军事训练，实际上是认真备战，孙膑在马陵道设伏，使庞涓兵败自杀；赵将李牧镇守雁门关时，长时间不与匈奴交战，实际上是积极备战，因而后来一举大败匈奴。

拿破仑经过与欧洲反法各国的几次大战，地位更加巩固，实力也大大增强了。但强大的俄国在沙皇亚历山大的统帅下，一直与拿破仑明争暗斗。为了彻底打败俄国，拿破仑使出了他惯用的计谋。

1808 年 9 月，拿破仑与俄沙皇亚历山大在德国埃尔富特城郊进行“友好和平”的会谈。这次会谈是拿破仑邀请亚历山大而进行的，但是，拿破仑真正的目的并不是为了真正的“友好和平”，他是要通过与沙皇会谈，摆出友好姿态，同时了解沙皇对战争的准备情况。果然，拿破仑认为有机可乘，心中暗暗地定下了摧毁俄国的具体计划。

1812 年 5 月，法军占领下的德国德累斯顿，拿破仑威严地检阅着他的部队。士兵们情绪高昂，不断地高呼：“皇帝万岁！法兰西万岁！”拿破仑喜不自胜，对未来一战充满信心。检阅完毕，拿破仑振臂一挥，下令道：“出发！”60 万大军浩浩荡荡地开赴俄国境内。6 月 23 日，法军越过涅曼河，开始进入俄罗斯控制的立陶宛。

一开始，形势似乎对法军十分有利。庞大的军队进入敌境，竟未遇到一兵一卒的抵抗。法军顺利占领立陶宛。立陶宛是这样的安静，以至于连一个人影也看不到。突然，拿破仑感到有点不对劲，便下令找几个老百姓来询问一下情况。士兵们左找右找，仍未见到任何人。原来，在法军来到之前，沙皇已下令所有人躲藏起来,使法军如入无人之境。这样,拿破仑的部队便无法生存。

实际上,正是这样,拿破仑的几十万大军处于寂寞清冷的荒野里,处境艰难。

“陛下,我们的物资供应已经短缺了,有一万匹战马,因为过度劳累和无水草供应而死了。人员也病困交加,严重影响了我军的战斗力。下一步,我们该怎么办?”法军一将领向拿破仑请示。

“怎么办?您说呢,我的将军?我们的人民在盼望胜利的消息,我们的士兵不远千里、长途劳累奔波至此,我们一无所获,带着病体累累的伤员回到祖国,你让我拿什么向人民交代?我们的人民说:‘我们的皇帝率领大军,远征俄国,没有任何功劳回来了,我们原谅他吧!’那时候,我的将军,您的脸、我的脸,将放在哪里?!”

“这……”将军不知如何回答才好。

“继续前进!向斯摩棱斯克进军!到那里彻底消灭俄军。”拿破仑果断地下达了进军命令。

疲惫不堪的法国将领们立刻组织攻城,这次,他们遇到了顽强的抵抗。同时,因为法军将士急躁冒进,没有很好地组织部队进攻,结果,有一万多人战死,遭受到了巨大的损失。

拿破仑看到硬拼不行,便改变战略,命令用大炮射击,隆隆炮声,带着法军将士的无限气愤,射进俄军阵地。这次,拿破仑达到了目的,一阵猛射之后,对方便毫无动静了,法军异常高兴,争先恐后奔入城市。进城之后,法军才发现,没有任何伤亡的敌人。原来,俄军又悄悄转移了,又把一座空城留给了法国官兵。拿破仑气炸了肺,在这个时候他异常冲动,决心孤注一掷,不打败俄军决不收兵。在物资供应极度缺乏的条件下,命令部队继续东进。9月7日,在波罗金诺地区与俄军相遇,拿破仑终于迎来了他复仇的一天。

波罗金诺是距莫斯科一百多公里的一个小村,村虽小,地理位置却十分重要,这里是通向莫斯科的大门,占领了这个小村,就等于拿到了进入莫斯科的钥匙。拿破仑了解了这里的地理位置,便投入了大量兵力,决心不惜一切代价占领它。结果,法军用13万兵力,近600门大炮的强大力量向波罗金诺村攻击,不久便占领了这个村庄。

正当法军将士兴奋异常欢庆胜利时,俄军位于村南箭头堡阵地的大炮却突然咆哮起来,一颗颗炮弹飞落法军阵地。“报告陛下,俄军大炮不断向我们轰击,是不是摧毁它?”一位法军将领问拿破仑。

"请摸清敌人的情况,马上报告。"拿破仑向那位将军说道。

"报告陛下,情况已经摸清了。那里共有12万俄军。其中有8.5万名是后援部队。还有300门大炮。"这位将军非常熟练地向拿破仑陈述刚刚摸清的敌军情况。

"主帅是谁?"

"巴格拉基昂。"

"啊,"拿破仑犹豫了一下接着说,"巴格拉基昂,巴格拉基昂,这个人很难对付,是一位很了不起的将军,可以说,他是俄国军队中最为杰出的军人。我们要认真谨慎对付他。""是,陛下。"将军转过身,下令炮兵向箭头堡开炮。

俄、法双方的炮战开始了。法军将四百多门大炮全部动用起来,猛烈向箭头堡攻击,俄军则用他们的三百多门大炮奋力还击。隆隆炮声,震耳欲聋,浓浓黑烟,铺天盖地。俄法阵地相距不足一公里,由于无数炮弹的轰击,满地都是高低不平的弹坑和四散飞溅、层层叠叠的弹片。

一阵射击之后,拿破仑看到俄军火力已明显减少,认为时机已到,就命令部队冲入俄军阵地。一霎时,法军个个勇猛异常,高呼着向箭头堡扑去。俄军也不甘示弱,对准成千上万的法军猛烈开火,结果,法军成批地倒下。但是,由于法军在数量上远远超过了俄军,尽管伤亡惨重,最终仍然冲进了箭头堡,击毙了残余俄军。俄军守堡士兵全部阵亡。巴格拉基昂迅速调集8.5万后援部队增援,面对法军,俄军也早已将生死置之度外,决心为死难同胞报仇。巴格拉基昂身先士卒,冲锋陷阵,命令俄军坚决夺回箭头堡。俄军在法军炮火轰击下,一批又一批地死去,终于又夺回了箭头堡。

之后,在一天的战斗中,法军共有八次夺得箭头堡,俄军奋力反扑,又八次夺回箭头堡,每次争夺,双方都有极为惨重的人员伤亡。一天的战斗,双方共损失人员八万人左右。所以人们说,这次战斗是十九世纪第一次大规模的争夺战。到傍晚时分,拿破仑组织兵力,又做了第九次争夺,轰隆隆的炮声带着死神飞入箭头堡俄军阵地。俄军也积极组织有效地反击。突然,一颗炮弹落在巴格拉基昂的身旁,弹片四下飞溅,其中一块击中巴格拉基昂,撕裂了他的胸膛。巴格拉基昂血流如注,面色苍白,慢慢地倒了下去。这位"俄国最杰出的军人"再也没有爬起来。

法军趁势攻入箭头堡,俄军最高统帅库图佐夫下令部队撤退。这次争夺战以法军的胜利而结束。

9月14日,法国军队在拿破仑的率领下,浩浩荡荡进入莫斯科。但库图佐夫已下令全城撤退,又把一座空城留给了拿破仑。

拿破仑费了九牛二虎之力才得以占领的莫斯科,里面什么东西也没有。恼羞成怒的法军一把火点着了整个城市。烈火在全城燃烧,熊熊的火焰仿佛在替法国将士耀武扬威,也仿佛在为所有俄国人诉说着国家所遭受的空前劫难!

烈火在莫斯科燃烧了三天三夜,克里姆林宫被滚滚浓烟笼罩着,拿破仑在里边还未体会够胜利者的喜悦,便被浓烟赶了出来,他实在难以忍受刺鼻的烟味。

法军虽然占领了莫斯科,但随着冬天的到来,本来就已十分短缺的军需物资,这时更是紧张。将士们以生命换来的成果,却因为缺衣少食而难以维持,法军内部怨气冲天。10月18日,俄军又袭击了法军,打死打伤法军三千余人。面对这种情况,拿破仑感到,他的部队已不堪一击,已经无力再继续占领俄国了,否则,不是被俄军打死,就是被饿死、冻死。所以,他于10月19日率11.5万残兵从原路返回。回国途中,又不断遭到俄国伏击,加上天寒地冻,风雪交加,无数士兵大批大批死去。11月29日,在渡过一座桥时,士兵与随军家属互相争抢过桥,又有1.2万人掉入河中淹死。12月中旬,拿破仑终于离开俄国,但原来的60万大军,却只剩下2万瘦弱的士卒了。

莫斯科一战,法军遭受重大损失,趁法军退出俄境的时候,沙皇立即联合奥、普军队追杀过来,1813年与法军会战于德国莱比锡,法军又遭重创。之后,1814年3月31日,亚历山大与各国反法联军进入巴黎,拿破仑被迫退位。

这次远征俄国,法军遭受到了重大损失,拿破仑所领导的武装斗争最终因各国势力的反对而彻底失败了。

战争的目的在于有效地消灭敌人,以使对方屈服。同时,战争也在于保护自己,争取发展壮大自己。

因此,孙子提出了"能攻善守"的军事谋略。实际上,能攻善守也是战争取胜的指挥艺术。在实际军事行动中,无论是采取守势还是攻势,都要以有效保护自己而消灭敌人为前提。这就需要根据自己军事实力的强弱优劣,来选择进攻还是防守。胜利条件充足("有余"),就采取攻势;胜利条件、实力不足("不足"),就采取守势。

大摆空城,自保全胜

"故能自保而全胜也。"

孙子这句话,其大意是既能保全自己,又可以获得全胜。

孙子认为在用兵打仗中,要想保全自己,取得全胜战绩,就要善于使用计谋。兵须用诈,兵不厌诈。虚虚实实,真真假假,往往能出敌不意,获得全胜。

公元430年(南朝宋文帝元嘉七年)11月,宋国派兵北上伐魏,诸军受挫,相继南撤。魏军乘势南下,兵临历城(今山东省济南市)。防守历城的是宋国济南太守萧承之,当时他手下仅有几百人。面对着浩浩荡荡开到城下的魏军主力,一些官兵吓得脸都变了颜色。萧承之却从容不迫地下令偃旗息鼓,大开城门。部下对此大惑不解,问道:敌众我寡,太守如此轻敌,不是自取灭亡吗?萧承之冷静地回答:"我们悬守孤城,情势危急。如果向敌人示弱,势必成为敌人的刀下之鬼,一个也跑不了。现在惟一的办法就是示强待敌,或许还有生存的希望。"事情的发展果然不出萧承之所料,魏军见历城城门洞开,唯恐宋人设有埋伏,不敢贸然入城,徘徊一番,终于引兵退去。

读过《三国演义》的人大概都不会忘记"空城计"的故事。在敌人大军兵临城下的危急时刻,诸葛亮大开城门,端坐弹琴,一书童捧扇端茶,两老军洒扫街道,最终把司马懿大军吓退而不敢入城。

其实历史上的诸葛亮一生谨慎,绝不会出这样的奇招,真正上演"空城计"的倒是宋国将领萧承之。他敢于这样做,当然很危险,同时也说明他对孙子所谓的"自保而全胜"的用兵佳境有深切的体会。

第五篇　兵势篇

〔简述〕

这篇的“势”，着重分析在对敌军实施战略进攻中，如何从战役上运用奇正结合的原则，创造一种高屋建瓴、出奇制胜的态势。

全篇内容大体分为四部分：1. 阐述在战役上用兵打仗必须注重四条：一是部队编制有序，管理严密。二是旌旗鲜明，号令严肃。三是善于运用奇正结合原则。四是善于避实击虚。2. 提出“凡战者，以正合，以奇胜”的命题，并加以阐述。指出，用兵打仗无非是正与奇两种态势，这两种态势是相互依存、相互转化、因机制宜，变化无穷的，而又以出奇制胜为上；强调出奇制胜的特点和优点是抓住时机，行动快速、态势险峻，居高临下，兵之所至，如激水漂石，鸷鸟毁折。3. 造成奇正结合，出奇制胜态势的关键有二：一是我军训练有素，布阵周密。做到在人马杂乱、战事不明的情况下作战，能保持我军的号令统一，建制不乱，首尾相接，圆运自如；二是以伪装示形于敌。要示敌以“乱”“怯”“弱”；要诱之以“利”，引诱敌军上当受骗，听从我军“调遣”，以造成我军的险峻态势，出奇制胜。4. 结论：善于用兵的人重视依靠和建构一种必胜的态势而不苛求于下属，他们选择的将领也是善于“任势”的人，所以打起仗来就能像从高山上往下滚动圆石那样势不可挡，战无不胜！

原文

孙子曰：凡治众如治寡①，分数是也②；斗众如斗寡③，形名是也④；三军之众⑤，可使必受敌而无败者⑥，奇正是也⑦；兵之所加，如以碫击卵者⑧，虚实是也⑨。

注释

① 治众如治寡：治，治理、管理。众，众多，这里指众多的人。寡，少，这里是指数量很少的人。治众如治寡：管理人数众多的人就如同管理人数很少的人那样得心应手。

② 分数：曲为分，什伍为数。分数就是指军队的编制。

③ 斗众如斗寡：斗，战斗。斗众，指挥众多的人作战。斗众如斗寡：指挥众多的人作战就如同指挥人数很少的人作战那样轻而易举。

④ 形名：旌旗曰形，金鼓曰名。形名就是指古代作战用的旌旗、金鼓。

⑤ 三军：我国古代作战，军队常分为上、中、下三军，或左、中、右三军。故三军即可泛指军队。

⑥ 必受敌：必，通"毕"，可引申为完全、全部。受敌，遭受敌军攻击。必受敌：全部军队遭受敌军的

攻击。

⑦ 奇正：我国古代军事术语。当敌为正，傍出为奇。

⑧ 以碫击卵：碫，一种很坚硬的石头。卵，蛋。以碫击卵：用坚硬的石头投击鸡蛋。

⑨ 虚实：虚，空虚，这里是指用兵时防守空虚或实力空虚。实，充实、坚固，这里是指用兵时，军力充实或防守坚固。

译文

孙子说：管理人数众多的军队，能够像管理人数很少的军队那样应付自如，这是由于军队的编制和组织合理；指挥大部队作战能够像指挥小部队作战那样得心应手，这是由于旌旗鲜明，号令严肃；能使整个部队受敌而不致溃败，这是由于善于运用奇正结合的战术；对敌军进攻能够像以石击卵那样一触即溃，这是由于以实击虚。

原文

凡战者，以正合[1]，以奇胜[2]。故善出奇者[3]，无穷如天地[4]，不竭如江河[5]。终而复始[6]，日月是也；死而复生[7]，四时是也。声不过五[8]，五声之变[9]，不可胜听也[10]；色不过五[11]，五色之变，不可胜观也；味不过五[12]，五味之变，不可胜尝也；战势不过奇正[13]，奇正之变，不可胜穷也[14]。奇正相生[15]，如循环之无端[16]，孰能穷之？

注释

①以正合：正，这里是指正兵，正道。合，会合、交合，这里是指合战、交战。

②以奇胜：奇，奇特，这里是指奇兵、奇计。以奇胜：以奇兵取胜，出奇计制胜。

③善出奇者：善于出奇兵或奇计的人。

④无穷如天地：无穷，没有穷尽、没有止境。无穷如天地：像天地运行一样，没有止境。

⑤不竭如江河：竭，枯竭。不竭如江河：像江河的水那样长流不息，不会枯竭。

⑥终而复始：终，终结。始，开始。终而复始：这里是说，日月运行去而复来。

⑦死而复生：死，死亡。生，生长。死而复生：这里是说春夏秋冬四季的变化有盛有衰，盛而又衰，衰而又盛。

⑧声不过五：声，声音。五，这里是指宫、商、角、羽、徵五种音调。声不过五：声调不过五种。

⑨五声之变：宫、商、角、羽、徵五种音调的变化。

⑩不可胜听：胜，这里作“尽”解。不可胜听：这里是指听不尽的音乐。

⑪色不过五：色，这里是指红、黄、青、黑、白五种基本颜色。色不过五：这里是指自然界基本颜色不过红、黄、青、黑、白五种。

⑫味不过五：味，滋味。味不过五：这里是指一切食物都不过是酸、辛、咸、

甘、苦五种基本滋味。

⑬ 战势:势,态势。战势:这里是指,因具体的兵力部署和作战方法而形成的战争态势。

⑭ 胜穷:完全穷尽。

⑮ 奇正相生:正兵与奇兵相互依存、相互作用、相互转化。

⑯ 循环之无端:循环,循历其环。循环之无端:像循历其环一样,是没有首尾、没有止境的。

译文

大凡用兵作战,都是以正兵迎敌,奇兵取胜。善于出奇兵的人,其战法的变化,如同天地运行一样,永不止息,也像江河水流一样,永不枯竭。终而复始,这是日月运行的规律;衰而复盛,这是四时更迭的法则。音调不过是宫、商、角、徵、羽五种,但用这五音编制了各种各样的音乐,却是听不尽的;基本的颜色不过红、黄、青、黑、白五种,但用这五色配合而成各种各样的色彩,却是看不尽的;基本的味觉不过酸、辛、咸、甘、苦五种,但用这五味调和而成各种各样佳肴美味,却是尝不尽的;战争的态势不过是奇正两种,但这奇正运用的变化却是没有穷尽的。奇与正相互依存,相互转化,就像循环那样无首无尾,谁又能穷尽它呢?

原文

激水之疾[1],至于漂石者[2],势也[3];鸷鸟之疾[4],至于毁折者[5],节也[6]。是故善战者,其势险[7],其节短[8],势如彍弩[9],节如发机[10]。

注释

①激水之疾:激水,湍急之水。疾,迅猛。激水之疾:像流速很快的湍急之水那样迅猛有力。

②漂石:漂,漂流。漂石:把石头漂走。

③势也:这里的"势",是指一种居高临下的具有巨大冲击力态势。

④鸷鸟之疾:鸷鸟,一种很凶猛的鸟,如鹰、鹫之类。疾,快速,猛烈。鸷鸟之疾:像鹰鹫那样快速猛烈。

⑤毁折:毁伤、杀死。

⑥节:这里的"节",是指时机、关节。

⑦势险:形势(态势)险峻。

⑧节短:时机短促。

⑨彍弩:指张满待发的劲弩。彍:弩弓张满的意思。

⑩发机:机,机栝。发机:扳动机栝,这里是指扳动弩箭的机栝,让弩箭瞬间射出。

译文

湍急的流水冲击力之猛,足以漂走石头,那是由于水流迅猛的“势”造成的;鸷鸟从高空往下猛烈搏击,以致能捕杀鸟雀,那是由于抓住了时机。所以说,善于作战的人,他们造成的态势总是十分险峻;他们抓住的时机总是非常短促。他们造成的态势就像已经张开的弓弩一样,险恶异常;他们抓住的时机就像正要用手扳动机栝一样,瞬间即发。

原文

纷纷纭纭[①],斗乱而不可乱也[②];浑浑沌沌[③],形圆而不可败也[④]。乱生于治[⑤],怯生于勇[⑥],弱生于强[⑦]。治乱,数也[⑧];勇怯,势也[⑨];强弱,形也[⑩]。故善动敌者[⑪],形之,敌必从之[⑫];予之,敌必取之[⑬]。以利动之[⑭],以卒待之[⑮]。

注释

① 纷纷纭纭:纷纷,紊乱的样子。纭纭,多而乱的样子。纷纷纭纭:多则紊乱。

② 斗乱而不可乱:斗乱,指在纷乱的状态中作战。

③ 浑浑沌沌：混乱迷蒙不清的样子。

④ 形圆而不可败也：形圆，即圆形。这里是指一种圆形阵式。

⑤ 乱生于治：乱，混乱。治，治理，引申为严格有序的管理。乱生于治：这里的意思是说，能够示敌以乱是来源于严格有序的军事训练和军事管理。

⑥ 怯生于勇：怯，怯弱，畏怯。勇，勇敢。

⑦ 弱生于强：弱，懦弱、羸弱。强，强大。

⑧ 治乱，数也：数，这里是指"分数"，即军队的编制和组织。治乱，数也：这里的意思是说，军队的治或乱是由军人的编制和组织是否合理决定的。

⑨ 勇怯，势也：这里的意思是指，士卒的勇敢或畏怯，是由战争态势的有利或不利决定的。

⑩ 强弱，形也：这里的意思是指，军队战斗力的强大或弱小是由双方军队的实力显现的。

⑪ 善动敌者：动，调动。善动敌者：这里是指那些善于用计"调动"敌军的将领。

⑫ 形之，敌必从之：形之，指示敌以形。形之，敌必从之：这里的意思是说，只要通过伪装，示敌以形，敌军便会跟着走。

⑬ 予之，敌必取之：予之，这里是指给予敌军以"利"。予之，敌必取之：这里的意思是说，只要伪装给予敌军以"利"，敌军便来夺取。

⑭ 以利动之：这里是指以利益调动敌军。

⑮ 以卒待之：卒，这里是泛指军队。以卒待之：这里是指，以重兵等待敌军到来，以便歼灭它。

译文

在旌旗纷飞、人马混杂的情况下指挥作战，要能使自己的部队保持一定的程序，而不致混乱；在兵如潮涌、混沌不清的状态下组织战斗，要能使自己的部队首尾相接，运用自如，而不会被打败。能够示敌以乱，是出自自己的军队有严密的军事管理；能够示敌以怯，是来源于本军将士们有勇敢的素质；能够示敌以弱，是来源于本军有强大的实力。治与乱，这是由军队的编制和组织决定的；勇与怯，这是由军队所处的态势决定的；强与弱，这是由军队的实力决定的。所以，善于"调动"敌军的人，只要以伪装示形于敌军，敌军便会跟着跑；只要伪装给予敌军以"利"，敌军便必然会来夺取。他们就是这样用"利"去引诱、"调动"敌军，并以重兵等待他们，予以歼灭之。

原文

故善战者，求之于势①，不责于人②，故能择人而任势③。任势者，其战人也④，如转木石⑤。木石之性，安则静⑥，危则动⑦，方则止⑧，圆则行⑨。故善战人之势，如转圆石于千仞之山者⑩，势也。

注释

① 求之于势：求，祈求。势，态势。求之于势：祈求于有利的态势。

② 不责于人：责，责备、苛责。不责于人：不苛责于部属与士卒。

③ 择人而任势：择，选择、挑选。任势，利用或创造形势（态势）。择人而任势：挑选人才去利用和创造有利的态势。

④ 战人：这里是指指挥军队与敌作战。

⑤ 转木石：滚动木头与石头。

⑥ 木石之性，安则静：性，性质。安，安稳。木石之性，安则静：意思是说木头与石头的性质是把它们放在平坦安稳的地方，它们就能静止不动。

⑦ 危则动：危，危险，这里是指险峻陡峭的地方。危则动：把木头或石头放在险峻陡峭的地方，它们就会滚动，而且势不可挡。

⑧ 方则止：方，方形。方则止：方形的物体总是静止不动的。

⑨ 圆则行：圆，圆形。圆则行：圆形的物体总是要行走、滚动的。

⑩ 转圆石于千仞之山：仞，我国古代衡量高度的标准，一仞为七尺。转圆石于千仞之山：从高达七千尺高的山顶向下滚动圆石，那力量是不可阻挡的。

译文

所以说，善于用兵打仗的人，总是重视造成一种必胜的态势，而不苛责于下属。所以他们能够选择人才去利用和创造必胜的态势。能够利用和创造必胜态势的人，他们打起仗来，就像转动木石一样。木石的性质是放在平坦安稳的地方就静止不动，而一旦放在险峻陡峭的地方，就会往下冲滚，势不可挡。而这也正是所谓的“势”啊！

智者用势，愚人用力

“激水之疾，至于漂石者，势也。鸷鸟之疾，至于毁折者，节也。是故善战者其势险，其节短。”

孙武这段话，其大意是：湍急的流水飞腾奔涌，以致能把沉重的石头飘移冲走，这是因为借助了水流迅猛之势；凶猛的鹰鹫疾速飞行，以致能捕杀鸟雀，这是因为俯冲时准确地掌握了节奏。所以善于指挥作战的人，所造成的战斗态势是险峻的，发动攻击时节奏短促而急骤。

孙子说，势之所以对于战争胜负具有决定性的作用，是由于它能够产生极高的速度和巨大的冲力，并且可以在极短的时间和距离内发挥作用。利用势可以四两拨动千斤，而不利用它，却如同以千斤之力相抗，难而又难。

所以说，聪明的人做事，注意用势；而愚蠢的人做事，则只知道用力。善于用势者必胜，只知用力者必败。

让我们用事实来说话。

提起西楚霸王项羽，大概没有谁不知道。他是个“力拔山兮气盖世”的英雄人物。司马迁在《史记》中把他置于帝王之列，专门写了《项羽本纪》，并且在文章的最后以钦佩的口吻写道：“他的崛起是多么迅速啊！秦朝失去了为政的纲纪，陈胜首先发难，接着豪杰并起，互相争夺天下，无计其数。而项羽没有任何地位与影响，乘势起于田亩之中，仅三年时间，就联合诸侯灭掉了秦国，并分疆裂土，封王封侯，主持天下政事，号为‘霸王’。他的地位虽然没有保住，但他的成就却是近古以来所未曾有过的。”

但是，这样一位英雄人物，却是一个只知用力而不懂得用势的人。这一点突出地表现在他被围垓下之后。

项羽被刘邦围在垓下之后，兵少粮尽，四面楚歌，感到大势已去，于是在军帐中与所宠爱的虞姬告别，并慷慨悲歌："力拔山兮气盖世，时不利兮骓不逝。骓不逝兮可奈何，虞兮虞兮奈若何！"项羽悲歌，美人相和；项羽流了泪，左右也都哭了。

项羽出帐上马，带领手下八百余骑趁夜突围向南。但是他迷了路，陷在大泽之中，于是被刘邦的人马追了上来。这时他手下只剩下二十八人了，而刘邦的追兵有数千人。

项羽估计自己已经无法脱险，于是对身边的人说："我从起兵到现在，已经八年了。八年中，身经七十余次战斗，攻无不克，战无不胜，从未失败过，所以霸有天下。但是今天竟然困在这里，这是天灭我，而不是由于作战无能。今天只能拼死作战了，我愿意为各位作战斗表演。我要三战三胜，为各位打开突围的缺口，并斩将伐旗，让各位知道今天的处境是由于天要灭我，而不是作战无能所致。"说完，把手下分为四队，各占一个方位。

面对刘邦军队的重重包围，项羽大声说："我为你们斩敌军一将！"于是令手下从四面驰下，自己大呼着骑马冲向敌军，敌军望风披靡，于是斩杀敌军一员将领。

项羽与自己的手下聚会为三处。敌军不知项羽在哪一处，只好分兵包围。项羽趁机又催马斩杀敌军一名都尉，杀敌近百人。项羽再次收拢部下，清点人数，只不过少了两人。项羽问手下："怎么样？是不是天灭我？"手下都附和着道："的确如大王所说。"

这时项羽已经来到乌江边，乌江亭长驾船等候着项羽。亭长说："江东虽小，也有方圆千里、数十万人，也足以为王了，请大王快上船渡江。"项羽笑道："天要灭我，我还何必渡江呢？况且当初与我一起渡江打天下的八千子弟无一生还，纵使江东父老怜爱我，拥戴我为王，我又有什么脸面见他们？纵使他们不说，我又岂能无愧于心？"说完，把自己的坐骑送给亭长。

项羽令手下也下马，持短兵器与敌人接战。他一个人又杀敌数百人，自己也受伤十余处。看见敌军司马吕马童，项羽认得，问："你不是我的故人吗？"马童对身边的大将王翳说："这就是项王。"项王于是对王翳说："我听说刘邦以千金买我的人头，得者还要封万户侯。我就把人情送给你吧。"于是自刎而死。

项羽作战的确十分英勇，但是果真如他所言，是天要灭他，而不是作战无能吗？又不能这样说。谁都知道，楚汉之争不仅是军事斗争，也是政治斗争。在军事方面，以项羽的地位，重要的也不在于个人杀敌多少，而在于指挥作战如何。而在这两方面，项羽都犯有严重的错误。

在新丰鸿门，刘邦军队只有十万，而项羽有军队四十万，占绝对优势。项羽手下的杰出谋士范增指出刘邦有帝王之心，劝项羽在鸿门宴上杀掉刘邦，但项羽不但心怀妇人之仁，在范增的数次示意下不忍动手，反而轻率地说出了在刘邦身边卧底的人。结果，不但失去了除掉对手的绝好机会，而且失去了一个内线，气得范增以剑击碎了刘邦送给项羽的珍宝，叹道："噫！竖子不足与谋。夺项王天下者，必沛公也！"结果刘邦后来果然背叛了项羽，并成为与之争夺天下的劲敌。

后来，项羽断了刘邦的粮道，刘邦害怕了，请求讲和。项羽已准备同意讲和，这时范增又一次劝谏道："现在不打垮刘邦，以后必定后悔。"但在此关键时刻，项羽却中了刘邦的离间计，以为范增与刘邦暗中有来往，不再信任他，削减了范增的权力。范增一气之下，离项羽而去，半路上背上发疽而死。从此项羽失去了一位杰出的谋臣，只能依靠自己天真的政治头脑与狡猾老辣的刘邦争斗了。天下大势，即此已可明确判断。

从以上看，即使在军事上，项羽也不是无懈可击的。何况他是个好逞匹夫之勇，不肯深入研究军事的人呢。《项羽本纪》篇首明确地写着："项籍少时，学书不成，去学剑，又不成。项梁怒之。籍曰：'书是以记名姓而已。剑一人敌，不足学，学万人敌。'于是项梁乃教籍兵法，籍大喜，略知其意，又不肯竟学。"一个所学粗浅，而又好逞匹夫之勇的人，遭受失败，自刎而死，不是很自然的事情吗？

但项羽却直到自杀前仍极力表现自己的匹夫之勇，推卸失败的责任，对自己的作为毫无悔意。正如司马迁也说："自矜功伐，奋其私智而不师古；谓霸王之业，欲以力征经营天下；五年卒亡其国，身死东城，尚不觉悟而不自责，过矣！乃引'天亡我，非兵之罪也'，岂不谬哉！"可以说，项羽之败，就败在好逞匹夫之勇，试图"以力经营天下"上。

与项羽相反，刘邦是个善于观察和利用时势的人。

在他起义之初，便创造了斩白蛇、天命归的神话，借以俘获人心。攻入汉中后，为将汉中作为夺取天下的基地，利用人民盼望太平的心理，与当地人民立下了"杀人者死，伤人及偷盗者抵罪"这约法三章；同时虽然本来极为贪财好色却竟然表现得十分廉明，从而赢得了人民的拥戴。

在形势不利的情况下，刘邦从来不以力敌。在鸿门宴上，刘邦鉴于自己的力量还相对弱小,对项羽礼敬有加,又表忠心,又献礼品,利用项羽的妇人之仁保全了性命。即使与项羽展开了争夺天下的斗争之后,仍然不时以讲和作为缓兵之计,直到把项羽围在垓下,才一举将其歼灭。

在对人才的任用上,项羽有一个范增而不能用,而刘邦却广揽天下人才,为己所用,以便形成强大的势力。刘邦自己便说:“运筹帷幄之中,决胜千里之外,我不如张良。镇守国家,安抚百姓,供应大军所需要的粮饷,我不如萧何。指挥百万大军,战必胜,攻必克,我不如韩信。这三个人,都是人中的英杰,我能用他们,这就是我能够夺取天下的原因。”

在楚汉战争中,刘邦曾说过,自己的原则是斗智不斗力。所谓斗智不斗力,在很大程度上不过是善于利用和造成有利的形势而已。

曹操是沛国谯县(今安徽省亳县,亳,音 bó)人。他父亲曹嵩,是个宦官的养子。曹操从小聪明机灵,办事能干。当时有一个名士叫许劭(shào),善于品评人物。曹操年轻时候,去请他评论。许劭说:“你这个人呀,如果在太平时代,可能成为能臣;要是在乱世,你会成为奸雄。”

曹操二十岁那年,当上了洛阳北部尉(管理京城北部治安的官员)。他一上任,就叫工匠做了二十多根五色大棒,悬挂在衙门左右。他立下禁令,谁要是犯了禁,就算他是豪门大族,都用大棒责打。

那时候,蹇硕有个叔父,是个出名的恶霸,依仗蹇硕的权势在洛阳横行不法,谁也不敢惹他。有一次,他在夜里带刀乱闹,触犯了曹操的禁令。曹操不管他来头多大,把他抓起来,用五色棒一阵痛打。那个恶霸经受不起,当场就死了。这件事轰动了整个洛阳。大家都称赞曹操不怕权势,执法严明。宦官对他又恨又怕,后来,把他调出洛阳,去当一名县令。

黄巾起义的时候,汉灵帝封曹操为骑都尉,派到颍川(治所在今河南禹县)一带镇压起义。他打败了波才领导的黄巾军。东汉王朝认为他作战有功,把他提升为济南相。过了几年,他才重新回到洛阳。

董卓进了洛阳,为了笼络人心,用高官厚禄收买一些官员。他听说曹操有点名气,就把曹操提升为骁骑校尉。但是曹操看出董卓倒行逆施,不得人心,迟早要垮台,不愿在董卓手下办事,他冒险逃出济阳,到陈留(今河南陈留县)去找他父亲。

曹操的父亲在陈留有点财产。曹操回到陈留,得到父亲同意,花钱招兵买马,准备讨伐董卓。当地有个财主卫兹,也拿出很多钱和粮食来帮助曹操。不久,曹操的堂弟曹洪带着一千人来投奔曹操。曹操逐渐聚集了五千多人马。他一面操练兵马，一面派人探听各处动静。

自从黄巾起义后，各州各郡都拥有一支人马。许多州郡的刺史、太守，本来有割据野心，趁洛阳大乱，借声讨董卓的名义，纷纷起兵。其中声势最大的要数袁绍。

袁绍自从在洛阳同董卓闹翻以后，跑到冀州，当了渤海太守。因为袁绍是个大士族，冀州牧韩馥又是袁家的老部下，所以袁绍很快就在渤海郡组织了一支人马。

公元 190 年，曹操和各路讨伐董卓的大军一共十几万人马，在陈留附近的酸枣（今河南延津西南）集合，组成一支联军，大家推袁绍做盟主。

各地起兵的消息传到洛阳，董卓有点害怕起来。他不顾大臣们反对，决定把汉献帝和上百万人口迁到长安，自己留在洛阳附近对付联军。献帝被迫离开洛阳的时候，董卓放了一把火，把宫室、官府、民房全部烧掉。洛阳周围二百多里以内，被烧得鸡犬不留。老百姓被迫离开洛阳，路上有饿死的，被踩死的，打死的，倒在路边的尸体不计其数。但是，在酸枣附近讨伐董卓的联军却互相观望，按兵不动。有一次，各路将领在袁绍的大营开会，曹操对大家说："大家起兵，为的是讨伐董卓。现在董卓劫走天子，烧毁宫室，全国人心惶惶。这正是消灭逆贼的好时机，为什么还要犹豫不决呢？"

尽管曹操说得慷慨激昂，大家可一点也不热心。连盟主袁绍都不想动，谁还愿意先动手呢？

曹操看出他们只想保存实力，不想打董卓，心里很生气，就决定单独带着五千人马，向成皋（今河南荥阳汜水镇）进兵。

董卓听到曹操向成皋进兵，早已派大军在汴（biàn）水边布好阵势。曹操的人马刚刚到了汴水，就遇到董卓部将徐荣的拦击。

徐荣兵多，曹操兵少，两下里一交战，曹操的人马就垮了下来。曹操骑着马往后撤走的时候，肩上中了一箭；他赶紧拍马逃奔，又是一支箭，射伤了曹操骑的马。那马一受惊，把曹操掀了下来。

后面徐荣的追兵呐喊声越来越近。正在危急的时候，幸亏曹洪赶上，他跳下马来，扶起曹操。曹操骑上曹洪的马，才脱了险。

曹操损兵折将，回到酸枣，再看看他的同盟军，不但按兵不动，将领们还每天喝酒作乐，根本没想讨伐董卓。

他满心气愤，跑到袁绍他们摆酒宴的地方，指责他们说："你们以起义兵为名，却在这里犹豫观望，让天下百姓失望。我真替你们害臊呢。"

过了不久,酸枣的几十万兵马把粮食全消耗完,就散伙了。

曹操经过这一次讨伐战斗,觉得跟这些人一起,根本成不了大事,就单独到扬州(今安徽淮水和江苏长江以南)一带招募人马,准备重整旗鼓。

曹操本来势力很小。后来,他打败了攻进兖州(今山东省西南部和河南省东部,兖,音 yǎn)的黄巾军,在兖州建立了一个据点。他还从黄巾军的降兵中,挑选一部分精锐力量,扩大了武装。以后,他又打败了陶谦和吕布,逐渐形成了一支强大的割据力量。

公元 195 年,长安的李傕和郭汜发生火并,外戚董承和一批大臣带着献帝逃出长安,回到洛阳。洛阳的宫殿,早已被董卓烧光了,到处是碎砖破瓦,荆棘野草。汉献帝到了洛阳,没有宫殿,住在一个官员的破旧住房里。一些文武官员没有地方住,只好在断墙残壁旁边搭个草棚,遮蔽风雨。最大的难处是粮食没有来源。汉献帝派人到处奔走,要各地官员给朝廷输送粮食。但是大家正在忙着抢地盘,根本不把皇帝放在眼里,谁也不肯送粮来。

朝廷大臣没有办法,尚书郎以下的官员,都只好自己去挖野菜。这些平时养尊处优的官员,哪儿受得了这个苦,有的吃了几顿野菜,就倒在破墙边上饿死了。

这时候,曹操正驻兵在许城(今河南许昌),听到这个消息,就召集部下的谋士商量,要不要把汉献帝迎过来。

谋士荀彧(yù)说:“从前晋文公发兵把周襄王送回洛邑(今洛阳),成为霸主;汉高祖为义帝发丧,天下人都向着他。这样的例子历史上是不少的。现在皇上到了洛阳,困苦不堪。将军如果能把皇上迎来,这正是顺从人们的愿望。要是现在不及时去接,一旦让别人抢先迎去,我们就错过机会了。”

曹操听了,觉得很有道理,立刻派出曹洪带领一支人马到洛阳去迎接汉献帝。

董承等大臣害怕曹操,发兵阻拦曹洪的人马。后来,曹操亲自到了洛阳,向他们说明现在洛阳缺少粮食,许城有粮食,但是运输不便,只好请皇上和大臣们暂时搬到那边去,免得在这里受冻挨饿。

汉献帝和大臣听说到了许城有粮食,都巴不得早点迁都。公元 196 年,曹操把汉献帝迎到了许城,打那时候起,许城成了东汉临时的都城,因此称为许都。

曹操在许都给汉献帝建立了宫殿,让献帝正式上朝。曹操自封为大将军,开始用汉献帝的名义向各地州郡豪强发号施令。

首先他用献帝名义下诏书给袁绍，责备他地广兵多，只管扩大自己势力，攻打别的州郡，不来帮助朝廷。

尽管袁绍势力大，但是名义上他还是汉献帝的臣子，接到诏书以后，没法子，只好上个奏章给自己辩护。

曹操又用汉献帝名义封袁绍为太尉。这一下，袁绍可生气了。他觉得曹操当大将军，自己反在曹操底下，太丢人啦，就气冲冲地说："曹操要不是我，哪有今天。现在他倒用皇上的名义来号令我了。"他上个奏章把太尉辞了。

曹操觉得自己地位还不巩固，不愿和袁绍闹翻，就把大将军的头衔让给袁绍。自己改称为车骑将军。

许都的情况暂时稳定下来了。但是日子一久，大批官员和军队的粮食供应，就发生困难。经过十年混乱，到处都在闹饥荒。如果许都的粮食问题不解决，大家也待不下去了。有个官员枣祗（zhī）向曹操提出一个办法，叫做"屯田"。他请曹操把流亡的农民召集到许都郊外开垦荒地，由官府租给他们农具和牲口。每年收割下来的粮食一半归官府，一半归农民。

曹操接受了枣祗的建议，发布命令，实行屯田。许都附近的荒地很快就开垦出来了。一年下来，原来已经荒了的土地获得了丰收。光是许都的郊外就收到公粮一百万斛。曹操又在他管辖的州郡都推行屯田制，设置田官。以后，凡是实行屯田制的地方，谷仓都装得满满的。

曹操用皇帝的名义号令天下，又采用屯田办法，解决了军粮问题，还吸收了荀攸、郭嘉、满宠等一批有才能的谋士，他的实力就更加强大起来了。

袁绍后来感到曹操是个强大的敌人，决心进攻许都。原来劝他攻打许都的田丰，这时候却不赞成马上进攻。他说："现在许都已经不是空虚的了，怎么还能去袭击呢！曹操兵马虽然少，但是他善于用兵，变化多端，可不能小看他。我看还是作长期的打算。"

袁绍不听田丰的话，田丰一再劝谏，袁绍反认为他扰乱军心，把他下了监狱，他向各州郡发出文书，声讨曹操。公元200年，袁绍集中了十万精兵，派沮授（沮，音jū）为监军，从邺城出发进兵黎阳（今河南浚县）。他先派大将颜良渡过黄河，进攻白马（今河南滑县）。

这时候，曹操早已率领兵马回到官渡，听到白马被围，准备亲自去救。他的谋士荀攸劝他说："敌人兵多，我们人少，不能跟他硬拼。不如分一部分人马往西在延津（在今河南延津西北）一带假装渡河，把袁军主力引到西边。我们就派一支轻骑兵到白马，打他个措手不及。"

曹操采纳了荀攸的意见，来个声东击西。袁绍听说曹操要在延津渡河，果然派大军来堵截。哪儿知道曹操已经亲自带领一支轻骑兵袭击白马。包围白马的袁军大将颜良没防备，被曹军杀得大败。颜良被杀，白马之围也解除了。

袁绍听到曹操救了白马，气得直跳脚。监军沮授劝袁绍把主力留在延津南面，分一部分兵力出击。但是袁绍心急火燎，不听沮授劝告，下令全军渡河追击曹军，并且派大将文丑率领五六千骑兵打先锋。这时候，曹操从白马向官渡撤退。听说袁军来追，就把六百名骑兵埋伏在延津南坡，叫兵士解下马鞍，让马在山坡下蹓跶，把武器盔甲丢得满地都是。

文丑的骑兵赶到南坡，看见这样子，认为曹军已经逃远了，叫兵士收拾那丢在地上的武器。曹操一声令下，六百名伏兵一齐冲杀出来。袁军来不及抵抗，被杀得七零八落。文丑也糊里糊涂地丢了脑袋。

两场仗打下来，袁绍一连损失了他手下的颜良、文丑两员大将，袁军将士被打得垂头丧气。但是袁绍不肯罢休，一定要追击曹操。监军沮授说："我们人尽管多，可不像曹军那么勇猛；曹军虽然勇猛，但是粮食没有我们多。所以我们还是坚守在这里，等曹军粮草完了，他们自然会退兵。"

袁绍又不听沮授劝告，命令将士继续进军，一直赶到官渡，才扎下营寨。曹操的人马也早已回到官渡，布置好阵势，坚守营垒。

袁绍看到曹军守住营垒，就吩咐兵士在曹营外面堆起土山，筑起高台，让兵士们在高台上居高临下向曹营射箭。

曹军只得用盾牌遮住身子，在军营里走动。

曹操跟谋士们一商量，设计了一种霹雳车。这种车上安装着机钮，兵士们扳动机钮，把十几斤重的石头发出去，打坍了袁军的高台，许多袁军兵士被打得头破血流。

袁绍吃了亏，又想出一个办法。他叫兵士在深夜里偷偷地挖地道，打算从地道里钻到曹营去偷袭。但是他们的行动早被曹军发现，曹操吩咐兵士在兵营前挖了一条又长又深的壕沟，切断地道的出口。袁绍的偷袭计划又失败了。

就这样，双方在官渡相持了一个多月。日子一久，曹军粮食越来越少，兵士疲劳不堪。曹操也有点支持不住，写信到许都告诉荀彧，准备退兵。荀彧回信，劝曹操无论如何要坚持下去。

这时候，袁绍方面的军粮却从邺城源源不断地运来。袁绍派大将淳于琼带领一万人马运送军粮，并把大批军粮囤积在离官渡四十里的乌巢。

袁绍的谋士许攸探听到曹操缺粮的情报，向袁绍献计，劝袁绍派出一小支人马,绕过官渡,偷袭许都。袁绍很冷淡地说:“不行,我要先打败曹操。”

许攸还想劝他,正好有人从邺城送给袁绍一封信,说许攸家里的人在那里犯法,已经被当地官员逮了起来。袁绍看了信,把许攸狠狠地责骂了一通。

许攸又气又恨,想起曹操是他的老朋友,就连夜逃出袁营,投奔曹操。

曹操在大营里刚脱下靴子想睡,听说许攸来投奔他,高兴得来不及穿靴子,光着脚板跑出来欢迎许攸,说:“好啊! 您来了,我的大事就有希望了。”

许攸坐下来后说:“袁绍来势很猛,您打算怎么对付他? 现在你们的粮食还有多少?”

曹操说:“还可以支持一年。”

许攸冷冷一笑,说:“没有那么多吧!”

曹操改口说:“对,只能支持半年。”

许攸装出生气的样子说:“您难道不想打败袁绍吗? 为什么在老朋友面前还要说假话呢?”

曹操只好实说:“军营里的粮食,只能维持一个月,您看怎么办?”

许攸说:“我知道您的情况很危急,特地来给您捎个信。现在袁绍有一万多车粮食、军械,全都放在乌巢,淳于琼的防备很松。您只要带一支轻骑兵去袭击,把他的粮草全部烧光,不出三天,他就不战自败。”

曹操得到这个重要情报,立刻把荀攸、曹洪找来,吩咐他们守好官渡大营,自己带领五千骑兵,连夜向乌巢进发。他们打着袁军的旗号,沿路遇到袁军的岗哨查问,就说是袁绍派去增援乌巢的。袁军的岗哨没有怀疑,就放他们过去了。

曹军到了乌巢,就围住乌巢粮屯,放起一把火,把一万车粮草烧得个一干二净。乌巢的守将淳于琼匆忙应战,也被曹军杀了。

正在官渡的袁军将士听说乌巢起火,都惊慌失措。袁绍手下的两员大将张郃(hé)、高览带兵投降。曹军乘势猛攻,袁军四下逃散。袁绍和他的儿子袁谭,连盔甲也来不及穿戴,带着剩下的八百多骑兵向北逃走。

经过这场决战,袁绍的主力已经消灭。过了两年,袁绍病死。曹操又花了七年工夫,扫平了袁绍的残余势力,统一了北方。

明太祖朱元璋的父亲是濠州钟离(今安徽凤阳东)一个贫苦农民。朱元璋十七岁那年,淮北地方闹了一场严重的旱灾和蝗灾,接着又蔓延了瘟疫。朱元璋的父亲、母亲和大哥接连传染上了疫病,咽了气。剩下朱元璋和他的二哥,连买口棺材的钱也没有,亏得邻居同情他们,帮助他们把父母埋葬了。

朱元璋失去了父母亲,生活没有着落。邻居给他出了个主意,要他到附近的皇觉寺当小和尚,混口饭吃。这样,朱元璋就出了家。那种寺院里的小和尚,其实是给人使唤的佣人。朱元璋每天伺候师父、师兄,起早摸黑,扫地、上香、敲钟、做饭,日子过得挺苦。

但是,那个日子里要在皇觉寺混口饭吃也不容易。原来,皇觉寺是靠收租米过日子的,这年灾情严重,皇觉寺收不到租米。朱元璋在寺里待了才五十天,眼看要断粮了。师父、师兄们一个个离开寺院到外面化缘去了,朱元璋也被打发出门,带着小木鱼和钵头到淮西一带流浪讨饭。过了三年,濠州的灾情稍微缓和了一点,他才又回到皇觉寺。

又过了一年,红巾军起义爆发了,朱元璋在寺里不断听到外面传来的消息,一会儿是刘福通占领了颍州,一会儿是芝麻李占领了徐州。到了年底,又听到濠州也被红巾军占领了。朱元璋早就听到弥勒佛要下凡救世的传说,现在又听到红巾军到处起兵,元兵节节败退,心里想,穷人出头的日子到了,就离开皇觉寺,到濠州来投奔郭子兴。

郭子兴跟朱元璋一谈话,发觉他口齿伶俐,十分赏识,马上叫他脱下和尚的袈裟,换上兵士服装,把他留在身边当个亲兵长。

朱元璋参加起义军以后,马上表现出了他的才能。他打仗勇敢,又有计谋。郭子兴把他当作心腹看待,出去打仗,总要先跟他商量。在起义兵士中,朱元璋的声望渐渐提高了。郭子兴有个好朋友姓马,在郭子兴起兵那年病死。马公临死的时候,把他的孤女托给郭子兴照顾。郭子兴把女孩带回家里,交给妻子张夫人抚养,把她当作自己的亲生女儿一样。郭子兴一直想给她选个好女婿,这一回,见朱元璋是个人才,就跟张夫人商量,要把马公的女儿嫁给朱元璋,张夫人一听也十分赞成。这样,皇觉寺的小和尚就做了郭元帅的女婿,地位也不同了。在起义军中,大家都称他“朱公子”。

濠州的红巾军里,连郭子兴在内,共有五个元帅。五个人平起平坐,不分高低,谁也管不了谁。除郭子兴外,另外四个元帅都有点江湖气,不讲纪律。郭子兴渐渐看不惯他们,他们也嫌着郭子兴。日子一久,矛盾越来越深,四个人就合在一起,排挤郭子兴。有一次,郭子兴差点被他们害死,亏得朱元璋得到消息,把郭子兴救了出来。

朱元璋发现起义军的几个将帅胸襟狭隘,在他们手下干事,成不了什么气候,就回到老家,招兵买马。他少年时候的伙伴徐达、汤和等人,听说朱元璋做了红巾军的将领,都来投奔,不到十天,就招募了七百人,后来,又袭击元军,招降了一批元军。

朱元璋得了大批生力军，整顿纪律，加紧训练，把手下的军队训练成一支战斗力很强的队伍，声势大振。

定远有个文人李善长，是个很有计谋的人，也来找朱元璋。朱元璋知道他很有学问，就留他在起义军里当谋士。有一次，朱元璋问李善长说："现在全国到处都在打仗，什么时候才能太平呢？"

李善长说："秦朝末年，也这样大乱过。汉高祖是平民出身，因为他气量大，能够任用人才，又不乱杀人，只花了五年时间，就统一了天下。现在元朝政治这样混乱，天下土崩瓦解，您何不向汉高祖学习呢？"

打那时候起，朱元璋就一心一意想学汉高祖刘邦。

朱元璋带着自己训练出来的队伍，连续打下滁州、和州。小明王韩林儿在亳州称帝那年，郭子兴得病死了。小明王就封郭子兴的儿子郭天叙为都元帅，朱元璋做了副元帅。郭天叙没有什么指挥的经验，加上红巾军中大多将士都是朱元璋的亲信，朱元璋名义上是副帅，实权全掌握在他手里。没多久，郭天叙在攻打集庆（今江苏南京）的时候，被叛徒杀死，朱元璋就当了名副其实的元帅。

朱元璋独掌兵权以后，率领大军大破元朝水军，渡江攻打集庆，集庆五十多万军民投降。朱元璋进了集庆，出榜安民，把集庆改名应天府。打那时候起，朱元璋就以应天府作为根据地，向江南一带发展。

当朱元璋的势力向南方发展的时候，首先遇到一个强敌是陈友谅。陈友谅原是徐寿辉起义军的部将，后来他谋杀了徐寿辉，自立为王，国号称汉。他占据江西、湖南和湖北一带，地广兵多，建立了一个强大的割据政权。1360年，他率领强大的水军，从采石沿江东下，进攻应天府，一心想并吞朱元璋占领的地盘。

朱元璋赶忙召集部下商量对付汉军的办法。有的说，跟汉军的力量相差太大，不如趁早投降；有的主张逃到钟山（在今南京）死守；也有人主张拼一死战，如果失败，再逃不晚。大家七嘴八舌，议论纷纷。只有新来的谋士刘基站在一边，一声不吭。

朱元璋犹豫不决，散了会，把刘基单独留下来，问他有什么主意。刘基说："我看那些主张投降和逃走的人就该杀！"

朱元璋说："请问先生有什么办法打败敌人？"

刘基说："敌人远道来侵犯，我们以逸待劳，还怕不能取胜？您如果多用财物赏赐将士，再用一点伏兵，抓住汉军的弱点痛击，要打败陈友谅就大有希望。"

朱元璋听了刘基的话，满心喜欢。两个人又商量了一阵，把计策定了下来。

朱元璋的部将康茂才跟陈友谅是老相识。朱元璋把康茂才找来,对他说:"这次陈友谅来进攻,我要引他上钩,没有你帮助不行。请你写封信给陈友谅,假装投降,答应做他的内应;再给他一点假情报,要他兵分三路攻打应天,分散他的兵力。"

康茂才说:"这事不难。我家有个守门的老仆,给陈友谅当过差。派他送信去,陈友谅准不会怀疑。"

康茂才回到家里,按照朱元璋的吩咐写了信,连夜叫老仆赶到采石,求见陈友谅。陈友谅见了老仆送来的信,果然并不怀疑,问老仆说:"康公现在哪里?"

老仆回答说:"现在他带了一支人马,驻守江东桥,专等大王去。"

陈友谅连忙又问:"江东桥是啥样子?"

老仆说:"是座木桥,容易认得出来。"

陈友谅跟老仆谈了一阵,吩咐左右摆上酒菜,让老仆饱饱地吃了一顿,才打发他回去。临走的时候,陈友谅对老仆说:"你回去跟康公说,我马上就去江东桥,到了桥边,我叫几声'老康',请他马上接应。"

老仆回去后,把陈友谅的话全向朱元璋回报了。朱元璋连声叫好,当夜派人把江东的木桥拆掉,改成一座石桥。

朱元璋从陈友谅的逃兵那儿得到情报,弄清楚他们进攻的路线,就让大将徐达、常遇春等分几路在沿江几个重要关口埋伏了人马。朱元璋亲自统率大军守在卢龙山(今南京狮子山),布置兵士准备好红黄两面旗帜,规定了信号:举起红旗就是通知敌人已经到来,举起黄旗就是命令伏兵出击。一切都准备好了,只等陈友谅自投罗网。

陈友谅自从老仆走后,立刻下令全体水军出发,由他亲自带领,直驶江东桥。哪想到到了约定地点,竟没见木桥,只有石桥。陈友谅的部将们都起了疑心。陈友谅想,别管他是石桥还是木桥,只要找到康茂才就好。他就到石桥旁边,一连喊了几声"老康",也没人答应。陈友谅这才想到自己上了当,急忙命令船队撤退。

朱元璋发现敌人中计,立刻叫兵士举起黄旗,发动进攻。霎时,战鼓齐鸣,岸上伏兵一起杀出,水港里的水军也加入战斗。

陈友谅受到突然袭击,几万大军一下子乱了套,被杀死的和落水淹死的数也数不清,两万兵士、一百多艘战船被朱元璋的将士俘获。陈友谅在部将保护下,抢了一条小船,总算逃了命。

这一仗打得陈友谅大伤元气。朱元璋的声势却越来越大。陈友谅哪肯甘心,他养精蓄锐,决心要报这个仇。过了三年,他造了大批战船,又带领六十万大军,进攻洪都(今江西南昌)。

朱元璋亲自带领二十万大军援救洪都,陈友谅才撤去包围,把水军全部撤到鄱阳湖。朱元璋把鄱阳湖出口封锁起来,堵住敌人,决定跟陈友谅在湖里决战。

陈友谅的水军有大批战船,又高又大,一字儿排开,竟有十几里长;朱元璋的水军,却尽是一些小船,论实力比陈友谅差得多。双方连续打了三天,朱军都失败了。

部将郭子兴跟朱元璋说:“双方的兵力相差太远,靠打硬仗不行,非用火攻不可。”

朱元璋立刻命令用七条小船,装载着火药,每条船尾带着一条轻快的小船。那天傍晚,正好刮起了东北风,朱元璋派了一支敢死队驾驶这七条小船,乘风点火,直冲陈友谅大船。风急火烈,一下子就把汉军大船全部燃烧起来,火焰腾空,把湖水照得通红。陈友谅手下的将士不是被烧死,就是被俘虏。

陈友谅带着残兵败将向鄱阳湖口突围。但是湖口早已被朱元璋堵住。在陈友谅突围的时候,朱军一阵乱箭,把陈友谅射死。

朱元璋消灭了南方最大的割据势力陈友谅以后,自称吴王。

自从刘福通牺牲以后,朱元璋把小明王接到滁州,名义上还接受小明王的领导。到了这时候,他做皇帝的思想膨胀起来,觉得留着小明王对他是个障碍。1366年,他用船把小明王接到应天,趁小明王在瓜步(今江苏六合东南)过江的时候,派人暗暗凿沉了船,把小明王淹死。

第二年,朱元璋消灭了张士诚的割据势力,接着,命令徐达为征虏大将军,常遇春为副将军,率领二十五万大军北伐。过了两个月,徐达的军队旗开得胜,占领了山东。1368年正月,朱元璋在应天即位称皇帝,国号叫明。他就是明太祖。

明军乘胜进军,元兵节节败退。这年八月,徐达率领大军直捣大都,元顺帝逃往上都。统治中国九十七年的元王朝终于被推翻。

善于指挥军队作战的人,总是设法求得有利的态势,而不是去苛求部署,因而他能够选择合适的人才去利用有利的态势。当然,这样的人就容易取得行军作战的胜利。

无数事实说明:用势则胜,用力则败。而这些也可以从刘邦、曹操、朱元璋与他们各自的对手身上得到充分的印证。实际上,用势之所以胜,用力之所以败,原因就在于一个极为省力、事半功倍,一个极为费力、事倍功半。

兵无常势,水无常形

谈到用势,就不能不谈到一个古老的比方:水。

孙子说:“故兵无常势,水无常形,能因敌变化而取胜者,谓之神。”就是说,水是没有固定的形状的,在什么情况下,它都能因地势的变化而变化。人们做事也是如此,虽然需要有事先的谋划,但是这种谋划必须适应情况,随时根据情况的变化而修正。

韩信,淮阴(今江苏靖江西南)人。他是汉王刘邦手下的大将。为了打败项羽,夺取天下,他为刘邦定计,先攻取了关中,然后东渡黄河,打败并俘虏了背叛刘邦、听命于项羽的魏王豹,接着往东攻打赵王歇。

韩信的部队要通过一道极狭的山口,叫井径口。韩信和张耳率领几十万人马,想要突破井陉口,攻击赵国。赵王、成安君陈余听说汉军将要来袭击赵国,在井陉口聚集兵力,号称二十万大军。广武君李左车向成安君献计说:“听说汉将韩信渡过西河,俘虏魏豹,生擒夏说,新近血洗阏与,如今又以张耳辅助,计议要夺取赵国。这是乘胜利的锐气离开本国远征,其锋芒不可阻挡。可是,我听说千里运送粮饷,士兵们就会面带饥色,临时砍柴割草烧火做饭,军队就不能经常吃饱。眼下井陉这条道路,两辆战车不能并行,骑兵不能排成行列,行进的军队迤逦数百里,运粮食的队伍势必远远地落到后边,希望您临时拨给我奇兵三万人,从隐蔽小路拦截他们的粮草,您就深挖战壕,高筑营垒,坚守军营,不与交战。他们向前不得战斗,向后无法退却,我出奇兵截断他们的后路,使他们在荒野什么东西也抢掠不到,用不了十天,两将的人头就可送到将军帐下。希望您仔细考虑我的计策。否则,一定会被他二人俘虏。”成安君,是信奉儒家学说的刻板书生,经常宣称正义的军队不用欺骗诡计,说:“我听说兵书上讲,兵力十倍于敌人,就可以包围它,超过敌人一倍就可以交战。现在韩信的军队号称数万,实际上不过数千。竟然跋涉千里来袭击我们,已经极其疲惫。如今像这样回避不出击,强大的后续部队到来,又怎么对付呢?诸侯们会认为我胆小,就会轻易地来攻打我们。”遂不采纳广武君的计谋。

韩信派人暗中打探,了解到成安君没有采纳广武君的计谋大喜,才敢领兵进入井陉狭道。离井陉口还有三十里,停下来宿营。半夜传令出发,挑选了两千名轻装骑兵,每人拿一面红旗,从隐蔽小道上山,在山上隐蔽着观察赵国的军队。韩信告诫说:“交战时,赵军见我军败逃,一定会倾巢出动追赶我军,你们火速冲进赵军的营垒,拔掉赵军的旗帜,竖起汉军的红旗。”又让副将传达开饭的命令。说:“今天打垮了赵军正式会餐。”将领们都不相信,假意回答道:“好。”韩信对手下军官说:“赵军已先占据了有利地形筑造了营垒,他们看不到我们大将旗帜、仪仗,就不肯攻击我军的先头部队,怕我们到了险要的地方退回去。”韩信就派出万人为先头部队,出了井陉口,背靠河水摆开战斗队列。赵军远远望见,大笑不止。天刚蒙蒙亮,韩信设置起大将的旗帜和仪仗,大吹大擂地开出井陉口。赵军打开营垒攻击汉军,激战了很长时间。这时,韩信、张耳假装抛旗弃鼓,逃回河边的阵地。河边阵地的部队打开营门放他们进去,然后再和赵军激战。赵军果然倾巢出动,争夺汉军的旗鼓、追逐韩信、张耳。韩信、张耳已进入河边阵地。全军殊死奋战,赵军无法把他们打败。韩信预先派出去的两千轻骑兵,等到赵军倾巢出动去追逐战利品的时候,就火速冲进赵军空虚的营垒,把赵军的旗帜全部拔掉,竖立起汉军的两千面红旗。这时,赵军已不能取胜,又不能俘获韩信等人,想要退回营垒,营垒插满了汉军的红旗,大为震惊,以为汉军已经全部俘获了赵王的将领,于是军队大乱,纷纷落荒潜逃,赵将即使诛杀逃兵,也不能禁止。于是汉兵前后夹击,彻底摧垮了赵军,俘虏了大批人马,在泜水岸边生擒了赵王歇。

在庆祝胜利的时候,将领们问韩信:“兵法上说,列阵可以背靠山,前面可以临水泽,现在您让我们背靠水排阵,还说打败赵军再饱饱地吃一顿,我们当时不相信,然而竟然取胜了,这是一种什么策略呢?”

韩信笑着说:“这也是兵法上有的,只是你们没有注意到罢了。兵法上不是说‘陷之死地而后生,置之亡地而后存’吗?如果是有退路的地方,士兵都逃散了,怎么能让他们拼命呢!”

抗金名将岳飞也曾说过相似的话,岳飞曾对宗泽说:“阵而后战,兵法之常,运用之妙,存乎一心。”意思是摆好阵势以后出战,这是打仗的常规,但运用的巧妙灵活,全在于善于思考。而纵观岳飞一生的征战,的确深得其中三昧。

岳飞是相州汤阴(今河南汤阴)人,出生那年,黄河决口,家乡闹了一场水灾,家里生活很困苦。岳飞从小刻苦读书,尤其爱读兵法。他力气大,十几岁的时候就能拉三百斤的大弓。后来,他听说同乡老人周同武艺高强,岳飞就拜周同做老师,学得一手好箭,能左右开弓,百发百中。

后来,岳飞从了军。金兵南下的时候,他在东京当小军官。有一次,他带了一百多名骑兵,在黄河边练兵,忽然对面来了大股金兵,兵士们都吓呆了,岳飞却不慌不忙地说:“敌人虽然多,但他们不知道我们的兵力多少。我们可以趁他们没准备的时候击败他们。”说着,就带头冲向敌阵,斩了金军一名将领。兵士们受到岳飞的鼓励,也冲上去,果然把金军杀得七零八落。

这一来,岳飞的勇敢出了名。过了几年,他在宗泽部下当将领。宗泽很器重他,对他说:“像你这样智勇双全,即使古代名将也不过如此。但是光靠冲锋陷阵,毕竟不是常胜的办法。”他交给岳飞一份古代的阵图,说:“你拿这个去好好研究一下。”

岳飞接过阵图,向宗泽道谢了,接着说:“按照阵图作战,这是兵法的常规。至于灵活运用,随机应变,还得靠当将领的善于用心。”

宗泽听了,连连点头,赞赏这个青年将领的见解。

岳飞跟宗泽一样,把抗金作为自己的职责。宋高宗即位以后,他就马上写了一份奏章,希望高宗能亲自率领宋军北伐,激励士气,恢复中原。他还批评了黄潜善、汪伯彦一伙投降派的主张。

奏章一上去,宋高宗不但不听,反而嫌岳飞小小将官多管闲事,遂革了他的军职。

宗泽死后,岳飞归东京留守杜充指挥。金兵大举进攻,杜充逃到建康,金将兀术攻打建康,杜充又可耻地向金军投降。杜充手下的将士都散了伙,只有岳飞的队伍仍旧坚持在建康附近战斗。这回趁兀术北撤的时候,岳飞跟韩世忠配合,把兀术打得大败。

金兵北撤以后,宋高宗从温州回到临安。金朝在中原地区立了一个傀儡皇帝刘豫,国号大齐,充当金朝的帮凶,骚扰南宋地界。岳飞率领将士多次打退了金齐联军,建立战功。到他三十二岁的时候,已经从一个普通将领提升到节度使的地位,跟当时的名将韩世忠、刘光世、张俊并驾齐驱了。

就在这个时期，他写了一首传诵千古的词《满江红》，抒发了他抗金的壮志豪情。

怒发冲冠，凭栏处，潇潇雨歇。抬望眼，仰天长啸，壮怀激烈。三十功名尘与土，八千里路云和月。莫等闲、白了少年头，空悲切！

靖康耻，犹未雪；臣子恨，何时灭？驾长车，踏破贺兰山缺！壮志饥餐胡虏肉，笑谈渴饮匈奴血。待从头，收拾旧山河，朝天阙！

岳飞一心恢复中原，他对自己要求十分严格。宋高宗曾经为他造一座住宅，岳飞推辞了，他说："敌人还没消灭，哪里顾得上家呢？"有人问他天下什么时候能够太平，岳飞回答说："文官不贪财，武将不怕死，天下才有太平的希望。"

岳飞平时十分注意练兵。部队休整的时候，他也带将士穿着铁甲冲山坡，跳壕沟，要求像打仗时一样严格。有一次，他儿子岳云在骑马冲山坡的时候，因为战马失足，摔倒在地。岳飞知道了，狠狠责打了岳云。别的兵士看到主将对自己的儿子也这样严格，就格外认真操练了。

在岳家军里，军纪特别严。一次，有个兵士擅自用百姓一束麻来缚柴草，被岳飞发现，立刻按军法严办。岳家军行军经过村子，夜里都露宿在路旁。老百姓请他们进屋，没有人肯进去。岳家军中有一个口号，叫做："冻死不拆屋，饿死不掳掠。"

岳飞对待将士要求十分严格，又关心爱护。兵士生病，他常常亲自替他们调药；部下将领出征的时候，他就叫妻子岳夫人慰问他们的家属；将士在战争中阵亡，就抚育他们的子女；上级赏给他的财物，一概分配给将士，自己家里丝毫不留。

经过这样的训练和照顾，岳家军将士士气旺盛，作战勇猛。岳飞在作战之前，总是先召集将领，一起商量作战方案，然后才出战。所以打起仗来，每战必胜，从没有打过败仗。金军将士见到岳家军，没有一个不害怕，他们中间流传着一句话："撼山易，撼岳家军难。"

南宋有岳飞、韩世忠等一批名将，再加上各地百姓组织的义军的配合，要打退金兵本来是有条件的。但是宋高宗不顾岳飞等人反对，一味向金朝屈辱求和，1139年，竟向金朝称臣，每年进贡银二十五万两，绢二十五万匹；金朝算是把陕西、河南一带土地"偿还"南宋。

1140年10月，金朝又撕毁和约，发动全国精锐部队，以兀术为统帅，分四路大举进攻。不到一个月，根据和议还给南宋的土地，全被金军夺去。南宋王朝面临覆灭的危险。宋高宗这才不得不下诏书，要各路宋军抵抗。

岳飞得到这个命令，立刻一面派部将王贵、牛皋、杨再兴等分路出兵，一面派人到河北跟义军首领梁兴联络，要他率领义军在河东、河北包抄敌人后方。岳飞坐镇在郾城指挥。

过了几天，几路人马纷纷告捷，先后收复了颍昌(今河南许昌东)、陈州(今河南淮阳)和郑州。金军统帅兀术在东京听到岳飞进兵，大为恐慌，连忙召集部下将领一起商量对策。大家纷纷议论，说宋朝别的将师还容易对付，就是岳家军攻势难挡，但是既然来了，只好集中全力，跟岳家军拼一下。接着兀术就和龙虎大王、盖天大王带大军进攻郾城。

兀术大军来到郾城，宋金双方都摆开战场。岳飞先派他儿子岳云领着一支精锐骑兵打先锋，他对岳云说："这次出战，只能打胜仗；如果不能打胜，回来就先砍你的头！"岳云答应了一声，就带头冲上阵去，奋勇拼杀。宋军随着岳云，杀得金兵横尸遍野。

兀术败了一阵，就调用他的"铁浮图"进攻。"铁浮图"是经过兀术专门训练的一支骑兵，这支人马都披上厚厚的铁甲，以三个骑兵编成一队，居中冲锋；又用两支骑兵从左右两翼包抄，叫做"拐子马"。

岳飞看准了拐子马的弱点，命令将士上阵的时候，带着刀斧，等敌人冲来，弯着身子，专砍马脚。马被砍倒了，金兵跌下马来，岳飞就命令兵士出击，把铁浮图、拐子马打得落花流水。兀术听到这消息，哭得伤心，说："自从起兵以来，全靠拐子马打胜仗，这下全完了。"但他不肯认输，过了几天，又亲自率领十二万大军进攻宋军。岳飞部将杨再兴带领三百名骑兵在前哨巡视，见到金兵，立即投入战斗，杀伤敌人两千多人，杨再兴也中箭牺牲。宋将张宪从后面赶上，杀散金兵，兀术才不得不逃走。

兀术在郾城失败，又改攻颍昌。岳飞早料到这一招，派岳云带兵救援颍昌。岳云带领八百骑兵往来冲杀，金兵竟没人能抵挡。后来宋军步兵和义军分左右两翼包围，金兵又打了个大败仗。

这时候，由梁兴率领的太行山义军和黄河两岸的各路义军也纷纷响应。他们打起岳家军的旗帜，到处打击金军，截断金军的运粮线。金兵看了吓得心惊胆战。

岳家军节节胜利，一直打到距离东京只有四十五里的朱仙镇。

河北的义军听到岳家军打到朱仙镇，都欢欣鼓舞，渡过黄河来同岳家军会合。老百姓用牛车拉着粮食慰劳岳家军，有的还顶着香盆来欢迎，个个兴奋得直流眼泪。

岳飞眼看这个胜利的形势,也止不住心里的兴奋。他鼓励部下说:“大家努力杀敌吧。等我们直捣黄龙府的时候,再跟各路弟兄痛痛快快喝酒庆祝胜利吧!”

水的特性之所以受到这样的推崇和效法,原因在于它不自为主,顺应万物。这种特性的确是我们为人做事所应当效法的;也只有效法水的特性,才能把势用到最高明的程度。

孙子认为,用兵就如同流水一样。水的流动没有固定的形态和模式,所以,用兵打仗也不要有固定的态势。如果能够清晰地知道这些,就能够抓住有利的态势,灵活用兵,当然,获得战争的胜利也就不难了。

因此,只要我们想要用势,就要有像水一样的性格。在现实生活中,真真正正地像流水一样给自己定位,像深渊一样虚怀若谷,像水利万物那样富于仁爱之心,像潮汛如期那样言而有信,像水的流动不失时机那样善于治理天下,这样,我们也就不难成就伟业了。

第六篇 虚实篇

〔简述〕

本篇主要阐述作战中的虚实原则,特别是避实就虚,以实击虚的原则。这里所谓的“虚”主要是指兵力虚,防卫虚;而“实”则主要是指兵力实(兵力集中),攻击实(攻击有力)。

全篇内容大体分为四部分:1. 总论实行虚实原则的一般前提。强调提出:实行虚实原则的根本关键是牢牢掌握战场的主动权,使敌军受制于我,而我却不受制于敌。为此,必须具备两个基本的前提条件:一是我军先于敌军进入战地,以形成以逸待劳的态势。二是善于运用“利”与“害”引诱,“调遣”敌军,使

之受我牵制而由逸变劳，由饱变饥，由安变动，从而为我军避实就虚，以实击虚提供可乘之机。2. 提出并论述关于虚实原则的基本方法。这就是：(1)就一般军事行动来说，我军无论是出兵，进击，乃至于长途进军，都应避敌之实，就敌之虚，出敌所不意，即所谓“出其所不趋，趋其所不意”。(2)就攻守的态势来说，应该是避实就虚，以实击虚。(3)就运用兵力来说，应是以我军相对集中的优势兵力，攻击兵力相对分散之敌。(4)以上这些，都必须以“形人而我无形”为基本方法。即对敌人，应尽力设法使其暴露行踪；对我军，则应尽力隐蔽自己。3. 论述战争中侦察敌方虚实情况的步骤与隐蔽我军行动的要诀。4. 结论：兵形像水。水之流，避高而就下，兵之形，避实而击虚。水无常形，兵无常势。在战场上，一切因时因地制宜，灵活运用虚实原则。要“因敌而制胜”，千篇一律、一成不变的模式是没有的。

原文

孙子曰：凡先处战地而待敌者佚[①]，后处战地而趋战者劳[②]。故善战者，致人而不致于人[③]。能使敌人自至者，利之也[④]；能使敌人不得至者，害之也。故敌佚能劳之[⑤]，饱能饥之，安能动之[⑥]。

注释

① 待：等待。佚：安逸、从容。

② 趋战：趋，快步而行。趋战：仓促应战。

③ 致人而不致于人：致，招致。人，这里是指“敌人”。致人，招致敌人，可引申为调动敌人。致于人，被敌人所调动。致人而不致于人：这里的意思是说，能调动敌人而自己却不被敌人所调动。

④ 利之也：对之有利，这里是说对敌人有利。

⑤ 敌佚能劳之：劳，辛劳、疲劳。敌佚能劳之：这里的意思是说，敌人本来安逸却能使他变得疲劳。

⑥ 安能动之：安，安稳，这里是指敌军安守营寨。动，行动。这里可引申为出战。安能动之：这里的意思是说，敌军本来安守营寨，却能使他们转而出战。

译文

孙子说：用兵打仗的一般规律是，先进入战地等待敌人，就会显得安逸从容，后进入战地仓促应战，就会非常疲劳。所以，善于用兵的人，表现出的特点之一，便是能“调动”敌人而不致被敌人所“调动”。他们之所以能使敌军自己到来，是因为诱之以利；之所以能使敌军不敢到来，是因为威之以害。正是由于这个原因，所以，安逸的敌军可以使它变得很疲劳；饱食的敌军可以使它变得很饥饿；安守不动的敌军可以使它转而出战。

原文

出其所不趋[①],趋其所不意[②]。行千里而不劳者,行于无人之地也。攻而必取者,攻其所不守也;守而必固者,守其所不攻也。故善攻者,敌不知其所守[③];善守者,敌不知其所攻。微乎微乎[④],至于无形[⑤],神乎神乎[⑥],至于无声;故能为敌之司命[⑦]。进而不可御者[⑧],冲其虚也[⑨];退而不可追者,速而不可及也。故我欲战,敌虽高垒深沟[⑩],不得不与我战者,攻其所必救也[⑪];我不欲战,画地而守之[⑫],敌不得与我战者,乘其所之也[⑬]。

注释

① 出其所不趋:出,这里是指出兵、出击。趋,趋向,疾趋。出其所不趋:这里的意思是说,我军出击的地方是敌军无法救援的地方。

② 趋其所不意:趋,疾走,这里引申为奔袭。意,意料。趋其所不意:这里的意思是说,我军奔袭之处,出乎敌方意料之外。

③ 不知其所守:守,防守。不知其所守:这里是指敌军不知道应在哪里防守。

④ 微乎:微,微妙。乎,语气词。

⑤ 无形:形,行踪。无形,没有行踪或不留行踪。

⑥ 神乎:神,神奇。

⑦ 为敌之司命:司命,命运的主宰。为敌之司命:这里的意思是说,能主宰

敌军，指挥敌军。

⑧ 进而不可御：进，进攻。御，防御、抵挡。进而不可御：我军进攻而敌军无法抵挡。

⑨ 冲其虚：冲，冲击。虚，空虚，这里是指防守薄弱。冲其虚：冲击敌军防守空虚、薄弱之处。

⑩ 高垒深沟：垒，壁垒。沟，壕沟。高垒深沟：很高的壁垒和很深的壕沟。

⑪ 攻其所必救：救，救援。攻其所必救：我军进攻的地方正是敌方必定要救援的地方。

⑫ 画地而守：画，界线。画地，画出界线。画地而守是指据地而守。

⑬ 乖其所之：乖，背离。之，往、去到。乖其所之：把敌军引到别的方向，与它预定的企图相反。

译文

我军出击之处应是敌军无法救援的地方，我军发起奔袭应能出于敌方意料之外。行军千里而不致劳累，是因为行进在敌军没有设防的地区；我军进攻必能成功，是因为攻打的是敌军防守空虚的区域；我军防守必能坚固，是因为守的是敌军无力攻取的地方。所以，善于进攻的人，能做到使敌军不知道该从哪里加强防守；善于防守的人，能做到使敌军不知道应从哪里组织进攻。隐微呀，隐微呀，隐微到以至于敌人看不到一点形迹；神妙呀，神妙呀，神妙到以至于敌军听不到一点声音，只有这样，才能

成为敌军命运的主宰。我军发起进攻，之所以不可抗御，是因为攻的是敌军防守空虚的地方；我军撤退之所以不会被追击，是因为行动迅速，敌军无法追赶到。所以说，我军想出战，敌军主力即使修筑了高垒深沟，也会不得不出来与我军交锋，这是因为我军进攻的是敌军必须救援的地方；相反，如果我军不想战，哪怕是画了一块地方在那里防守，敌军也不会来进攻，这是因为我军诱使敌军搞错了进攻的方向，正面攻击的敌军数量就很少了。

原文

故形人而我无形，则我专而敌分；我专为一，敌分为十，是以十攻其一也，则我众敌寡；能以众击寡者，则吾之所与战者约矣。吾所与战之地不可知[①]，不可知，则敌所备者多[②]，敌所备者多，则吾所与战者寡矣[③]。故备前则后寡[④]，备后则前寡，备左则右寡，备右则左寡，无所不备，则无所不寡[⑤]。寡者[⑥]，备人者也[⑦]；众者[⑧]，使人备己者也[⑨]。

故知战之地，知战之日，则可千里而会战[⑩]。不知战地，不知战日，则左不能救右，右不能救左，前不能救后，后不能救前，而况远者数十里，近者数里乎？以吾度之，越人之兵虽多[⑪]，亦奚益于胜败哉[⑫]？故曰：胜可为也[⑬]。敌虽众，可使无斗[⑭]。

注释

① 吾所与战之地不可知：所与战，所与之作战，即指我军将要与敌军作战。不可知，指敌方不可知。

② 敌所备者多：备，准备、防备，指兵力防备。多，这里是指多处、多方面。

③ 吾所与战：所与战，所与之作战。

④ 备前则后寡：用兵力防备了前面，后面的兵力便少了。

⑤ 无所不寡：没有哪个地方兵力不会少。

⑥ 寡者：之所以寡，指兵力少的原因。

⑦ 备人者也：备人，防备别人。

⑧ 众者：众，众多。众者：指兵力众多。

⑨ 使人备己：使别人防备自己，使敌军防备我军。

⑩ 千里而会战：奔赴千里与敌交战。

⑪ 越人之兵虽多：越人之兵虽多，指越国的军队。孙武曾被吴王阖闾任命为将，当时吴国与越国正在争雄。所以他说越人之兵虽多。

⑫ 奚益于胜败：奚，为何、何有。益，益处。

⑬ 胜可为：可为，可以有所作为，也就是可以努力争取到。

⑭ 可使无斗：斗，战斗、较量。无斗，无法参加战斗，进行较量。

译文

要做到使敌军不知道我军会在哪里同他们作战。这样，敌军就会因多处设防而分散兵力，因而我军进攻所面临的敌军兵力便会减少。所以说，敌军使用兵力防御了前面，后面的兵力便会减少；使用兵力防御了后面，前面的兵力便会减少；使用兵力防御了左面，右面的兵力便会减少；使用兵力防御了右面，左面的兵力便会减少；无处不设防，便会无处兵力不减少。兵力少，是因为处处要被动地防备别人；兵力多，是因为主动地设法使得敌军处处要防备自己。所以说，只要能够知道应该在什么地方作战，应该在什么时候作战，哪怕是千里奔袭也无所畏惧；相反，如果既不知应该在什么地方作战，又不知道应该在什么时候作战，那就会陷入左军不能救援右军，右军无法救援左军，前军不能救援后军，后军无法救援前军的被动局面；更何况远隔数千里，近隔数里，又怎能主动自如地运用兵力呢？依我的分析，越国军队数量虽然多，但对于作战取胜又能起什么帮助呢？所以说，胜利是可以努力争取的。敌军虽然很多，却可以使得他们没有机会与我军主力交锋。

原文

故策之而知得失之计[1]，作之而知动静之理[2]，形之而知死生之地[3]，角之而知有余不足之处[4]。故形兵之极[5]，至于无形。无形则深间不能窥[6]，智者不能谋[7]。因形而措胜于众[8]，从不能知[9]；人皆知我所以胜之形[10]，而莫知吾所以制胜之形[11]。故其战胜不复[12]，而应形于无穷[13]。

注释

① 策之而知得失之计：策，策度、策算。得失之计，指敌方计谋的得与失。

② 作之而知动静之理：作，动作，这里是指挑动。理，规律。

③ 形之而知死生之地：形，这里作动词用，示形于敌。形之而知死生之地：通过示形于敌，以了解敌军所处的优势和致命的薄弱环节。

④ 角之而知有余不足之处：角，较量。有余不足，指敌方兵力的有余或不足，也就是兵力的强弱。角之而知有余不足之处：能通过试探性的较量，以了解敌方兵力的强弱。

⑤ 形兵之极：形兵，伪装示形于敌之兵。极，极点。形兵之极：我军伪装示形于敌达到了最佳状态。

⑥ 无形则深间不能窥：深间，深藏的间谍。窥，窥见。无形则深间不能窥：我军伪装到了不露任何形迹的最佳状态，以至于深藏在我军内部的敌方间谍也无法窥见我军的行止。

⑦ 知者不能谋：知，通智。知者，聪明的人，这里是指精明能干将领。谋，计谋。知者不能谋：指最精明能干的将领也会束手无策。

⑧ 因形而措胜于众：因，依据。形，形势、情况。措，措施、措置。因形而措胜于众：指依据敌方的情况，采取灵活的措施，取得了胜利，并使这胜利呈现在

众人面前。

⑨ 众不能知：众人不能明白。

⑩ 皆知我所以胜之形：形、形态、形状，这里指外在的作战方法。皆知我所以胜之形：意思是说都知道我军取得胜利的作战方法。

⑪ 莫知吾所以制胜之形：制胜，取得胜利。形，这里是隐形，也就是内在的奥妙。莫知吾所以制胜之形：这里的意思是指，不知道我军所以能够克敌制胜的奥妙。

⑫ 战胜不复：战胜，这里作名词用，指战胜敌人的手段。战胜不复：不重复使用克敌制胜的手段。

⑬ 应形于无穷：应，适应。形，形势，这里可作“敌情”解。应形于无穷：战术应适用敌情的变化无穷。

译文

所以，用兵打仗要通过认真的策度筹算来了解敌方计谋的得与失；要通过诈术挑动来了解敌军活动的规律；要通过示形于敌来了解敌军所处的优势及其致命的薄弱环节；要通过试探性的较量来了解敌军战斗力的强弱。所以，我军伪装示形要达到不显露一点形迹的最佳状态，以至于藏在我军内部的间谍也无法窥见底细，使得最精明的敌军将领也会束手无策。我军根据敌情，灵活地采取对敌措施取得了成功，即便是把胜利摆在众人面前，人们也看不出所以然来。人们只知道我军克敌制胜的作战方法，却不能知道我军所以能取得胜利的奥妙。因为第一次作战取胜所采用的战法都不是简单的重复，而是适应不同的敌情灵活运用，变化无穷的。

原文

夫兵形象水①,水之形,避高而趋下;兵之形,避实而击虚。水因地而制流②,兵因敌而制胜③。故兵无常势④,水无常形,能因敌变化而取胜者,谓之神⑤。故五行无常胜⑥,四时无常位⑦,日有短长⑧,月有死生⑨。

注释

①兵形象水:兵,用兵打仗。形,形式,引申为规律。兵形象水:用兵的规律就如同水流的规律一样。

②水因地而制流:因,依。地,地势。制,决定,形成。流,流向。水因地而制流:意思是说水是依地势的高低而形成不同的流向。

③兵因敌而制胜:敌,敌情。兵因敌而制胜:用兵打仗因敌情的变化而决定夺取胜利的方法。

④兵无常势:常势,恒常之势、一成不变的态势。兵无常势:意思是说用兵打仗,没有一成不变的态势。

⑤神:神奇。

⑥五行无常胜:五行,指金、木、水、火、土。五行无常胜:意思是说,金、木、水、火、土没有哪一样是永恒占优势的。

⑦四时无常位:四时,指春、夏、秋、冬。四时无常位:春、夏、秋、冬四季总是相互接迭,没有哪一季是常驻不动的。

⑧ 日有短长：日，这里是指白天。日有短长：一年之中的白天有的长，有的短。

⑨ 月有死生：死生，这里指月亮的盈亏。月有死生：月亮在一月之中也有盈有亏。

译文

用兵打仗的规律就像水流的规律一样，水流的规律是避开高处流向低处；用兵的规律则是避开敌军的坚实之处，攻击其空虚之处。水因地势的高低而决定其流向，用兵打仗则是要根据敌情来决定取胜的方法。所以说，用兵没有一成不变的形式，水流也没有固定不变的形态；能够根据敌情的变化采取措施夺取胜利，就是所谓的“神”。所以说，五行相生相克，没有哪一“行”永远占优势；四季叠相更替，没有哪一个季节是永驻不动的。一年之中的白天，有的长，有的短；一月之内，月亮也会有盈有亏啊！

掌握主动，克敌制胜

“凡先处战地而待敌者佚，后处战地而趋战者劳。故善战者，致人而不致于人。能使敌自至者，利之也；能使敌不得至者，害之也。故敌佚能劳之，饱能饥之，安能动之。”

孙武这段话，其大意是：凡是先占据战地而等待敌人的就从容安逸，后到达战地而仓促应战的就被动疲劳。所以，善于指挥打仗的人，能够调动敌人而不被敌人所调动。能使敌人自己来的是以小利引诱了他；能使敌人不能前来的是牵制妨害了他。所以，敌人安逸就要使他疲劳，敌人饱足就要使他饥饿，敌人安守就要设法调动他。

孙子在这里主要是说,调动敌人而不要被敌人所调动,实质也就是掌握战争的主动权问题。争取主动的含义,《孙子兵法》中虽未展开论述,只用"凡先处战地而待敌者佚,后处战地而趋战者劳"一语作了概括,但其争取主动的思想却贯穿于全书的始终。

主动是克敌制胜的关键,争取主动贯彻于作战的全过程。所以,《唐太宗李卫公问对》评价说:"千章万句,不出乎致人而不致于人而已。"随着时代变化,战争的发展,争取主动权的方法将会不断丰富发展,在任何战争中将永远闪烁着光辉。

汉景帝时,匈奴大军入侵上郡。上郡太守李广率百余骑追赶敌人,与匈奴数千人遭遇。匈奴军远远见到李广以为是诱兵,都惊恐不已,上山摆开阵势。李广的骑兵非常恐慌,想赶快策马逃跑。李广说:"我们离大部队几十里,现在处境是敌众我寡,如果往回跑,匈奴追赶我们,立即就能消灭我们。我们留下不走,匈奴一定以为我们是大部队的诱兵不敢进攻我们。"于是李广部队不但不退,反而从容前进到离匈奴布阵的地方两里左右停下,又令部下下马卸鞍。匈奴军中有个骑白马的将军出来监视,李广上了战马,率十几个骑兵飞奔过去射死了他。又回到自己军中,仍然卸鞍下马,又命士兵放马休息。这样对峙到黄昏,匈奴一直很奇怪,不敢进攻。到半夜,匈奴又认为四面有汉军埋伏,想在夜间袭击他们,就连夜带领队伍撤走了。到第二天早上,李广平安回到了大本营。

此战,李广虽陷危境,但临危不惧,采用诱敌生疑之计调动敌人而不被敌人所调动,最终争取到了战争的主动权,保住了士兵的性命。

投其所好,利而诱之

"能使敌人自至者,利之也;能使敌人不得至者,害之也。"

孙武这句话,其大意是:能使敌人自己来的,是以小利引诱了它;能使敌人不能前来的,是牵制妨害了它。

孙子主张"兵以利动",就是说指导战争要讲求效益。战争是敌对势力为着利益驱动而采取的行为,是利益冲突发展的最后结果,也是实现一定政治经济利益的手段,战争必从属于利。在战略决策时,要首先考虑是否有利,"合于利而动,不合于利而止",不可以轻率决策。战争结果也应站在国家全局的高度,以“安国全军”为目的,“唯人是保”“利合于主”为最高准则。在制定战略决策时,必须遵循这一基本原则。这是问题的一个重要方面。

另一方面,在具体战役的处理上,如何调动引诱敌人,是一个值得重视的问题。孙子认为,能使敌人自己来上钩的,是以利引诱的结果,对于贪利的敌人要用小利去引诱它。要让敌人自己来,就是要用利去引诱他。

东周定王元年(公元前 606 年),楚庄王为成就霸业,对内改革,对外征战。斗越椒自恃智勇无比,对庄王有记恨之心,伺机谋反。当庄王北伐之时,他举兵占领了郢都,随即拦截庄王归路。庄王回师途中,与叛军相遇。双方交战,庄王损失不小。当时庄王心生一计假装退兵,暗将大军四下埋伏,以一队兵引诱敌人,节节败退;让其追赶,待其疲惫之时,聚而歼之。斗越椒果然以为对方败阵而逃,率军追击,自以为获得了胜利。后发现中计,无路可逃,斗越椒中箭身亡。叛军被歼,庄王凯旋郢都。

这一战例,庄王用假退兵之计,施以小利引诱斗越椒上钩,使其陷入埋伏,兵败身亡,体现了以利动敌的原则。

晋文公即位以后,整顿内政,发展生产,把晋国治理得渐渐强盛起来。他也想像齐桓公那样,做个中原的霸主。

这时候,正好周襄王派人来讨救兵。周襄王有个异母兄弟叫太叔带,联合了一些大臣,向狄国借兵,夺了王位。周襄王带着几十个随从逃到郑国。他发出命令,要求各国诸侯护送他回洛邑去。列国诸侯有派人去慰问天子的,也有送食物去的,可就是没有人愿意发兵打狄人。

有人对周襄王说:“现在诸侯当中,只有秦、晋两国有力量打退狄人,别人恐怕不中用。”襄王才打发使者去请晋文公护送他回朝。

晋文公马上发兵往东打过去,把狄人打败,又杀了太叔带和他那一帮人,护送天子回到京城。

过了两年,又有宋襄公的儿子宋成公来讨救兵,说楚国派大将成得臣率领楚、陈、蔡、郑、许五国兵马攻打宋国。大臣们都说:“楚国老是欺负中原诸侯,主公要扶助有困难的国家,建立霸业,这可是时候啦。”

晋文公早就看出,要当上中原霸主,就得打败楚国。他就扩充队伍,建立了三个军,浩浩荡荡去救宋国。

公元前 632 年,晋军打下了归附楚国的两个小国——曹国和卫国,把两国国君都俘虏了。

楚成王本来并不想同晋文公交战,听到晋国出兵,立刻派人下命令叫成得臣退兵。可是成得臣以为宋国迟早可以拿下来,不肯半途而废。他派部将去对楚成王说:"我虽然不敢说一定打胜仗,也要拼一个死活。"

楚成王很不痛快,只派了少量兵力归成得臣指挥。

成得臣先派人通知晋军,要他们释放卫、曹两国国君。晋文公却暗地通知这两国国君,答应恢复他们的君位,但是要他们先跟楚国断交。曹、卫两国真的按晋文公的意思办了。

成得臣本想救这两个国家,不料他们倒先来跟楚国绝交。这一来,真气得他双脚直跳。他嚷着说:"这分明是重耳这个老贼逼他们做的。"他立即下令,催动全军赶到晋军驻扎的地方去。

楚军一进军,晋文公立刻命令往后撤。晋军中有些将士想不开,说:"我们的统帅是国君,对方带兵的是臣子,哪有国君让臣子的理儿?"

狐偃解释说:"打仗先要凭个理,理直气就壮。当初楚王曾经帮助过主公,主公在楚王面前答应过:要是两国交战,晋国情愿退避三舍。今天后撤,就是为了实现这个诺言啊。要是我们对楚国失了信,那么我们就理亏了。我们退了兵,如果他们还不罢休,步步进逼,那就是他们输了理,我们再跟他们交手还不迟。"

晋军一口气后撤了九十里,到了城濮(今山东鄄城西南),才停下来,布置好了阵势。

楚国有些将军见晋军后撤,想停止进攻。可是成得臣却不答应,一步盯一步地追到城濮,跟晋军遥遥相对。

成得臣还派人向晋文公下战书,措辞十分傲慢。晋文公也派人回答说:"贵国的恩惠,我们从来都不敢忘记,所以退让到这儿。现在既然你们不肯谅解,那么只好在战场上比个高低啦。"

大战展开了。才一交手,晋国的将军用两面大旗,指挥军队向后败退。他们还在战车后面拖着伐下的树枝,战车后退时,地上扬起一阵阵的尘土,显出十分慌乱的模样。

成得臣一向骄傲自大,不把晋人放在眼里。他不顾前后地直追上去,正中了晋军的埋伏。晋军的中军精锐,猛冲过来,把成得臣的军队拦腰切断。原来假装败退的晋军又回过头来,前后夹击,把楚军杀得七零八落。

晋文公连忙下令,吩咐将士们只要把楚军赶跑就是了,不再追杀。成得臣带了败兵残将回到半路上,自己觉得没法向楚成王交代,就自杀了。

晋军占领了楚国营地,把楚军遗弃下来的粮食吃了三天,才凯旋回国。

晋国打败楚国的消息传到周都洛邑，周襄王和大臣都认为晋文公立了大功。周襄王还亲自到践土（今河南原阳西南，践，音 jiàn）慰劳晋军。晋文公趁此机会，在践土给天子造了一座新宫，还约了各国诸侯开个大会，订立盟约。这样，晋文公就当上了中原的霸主。

这一战例，晋文公用退避三舍之计，诱敌深入，成得臣果然中计，被晋军聚而歼之，同样体现了以利动敌的原则。

在商战中，“利而诱之”要较之兵战复杂得多。在经营中，从自己方面讲，要“因利而动”“因得而用”“有利则动”“无利则止”，非见利不起兵，非得其利不用其计，要以能得“利”作为经营决策的一个目标，突出“利”，强调“得”，讲求经济效益。但从取利对象顾客来看，顾客是商业活动的主体，而顾客所好是多方面的。

消费者的需求和嗜好，对于生产者、销售者的经营具有相当大的影响。经营者应研究这些，为满足顾客要求，受到他们的欢迎，要运用策略，投其所好，吸引更多的顾客，从而提高自己的竞争力。

日本有一家普拉斯公司，专营纸张、文具、图钉、回形针、尺子等文教小用品。开始经营不景气，濒临倒闭破产。后来仔细对购物者进行观察分析，发现购买者来购货，不是仅买一件，而是三五件一齐买，便想出了一个新颖的经营点子——文具组合，将文具及剪刀、透明胶带、小卷尺、塑料尺、小订书机、合成糨糊等，放进一个设计精巧、轻便易带的盒子里，盒子外表则印上色彩鲜艳和形象生动的图画。这一改造，其实只在包装的盒子上。因其迎合了中小学生的需要，也受到了机关及各界员工们的普遍欢迎。所以一上市，很快就成为热门商品。上市的第一年，就销售了三百多万盒，获得了意想不到的巨额利润。之后又进行了改进，向高档化、立体化发展，在盒子里按上电子表、温度计等，使它更趋完美，外形更精美、多样化，使其风行全球，普拉斯也就成了名牌商号。

孙子强调，“兵以利动”“利而诱之”。孙子认为做到这些的关键是要摸准对方贪图什么“利”，然后针对其所求而施以小利。

“利而诱之”，在商战中也是经常被运用的策略。俗语“无利不起早”正是这个道理。“利而诱之”，在经营中就是“投其所好”，关键在于对消费者的购买心理仔细研究，认真分析，把自己置身于顾客的角度，想顾客之所想，求顾客之所求，从而追求适销对路的产品，探求最佳的经营方式和服务方式，以满足各类顾客的需求。

出其不趋，趋其不意

“出其所不趋，趋其所不意。”

孙武这句话，其大意是：出兵要朝向敌人无法救援的地方，突然袭击要对着敌人意料不到的地方。

孙子认为，攻打敌人无法救援的地方或者是意料不到的地方，敌人必然会因得不到支援或军心大乱而失败。

曹魏景元四年（公元263年）八月，总揽朝政的大将军司马昭派将军邓艾、诸葛绪各带兵三万，钟会带兵十几万分三路进攻蜀汉。魏军兵分三路伐蜀：征西将军邓艾率兵三万余人，由狄道（今甘肃临洮）进军，以牵制蜀大将军姜维驻守沓中（今甘肃舟曲西北）的主力；雍州刺史诸葛绪率三万余人，进攻武都（今甘肃成县西北），以切断姜维退路；钟会率主力八万余人，欲乘虚取汉中，然后直趋成都；以廷尉卫权为镇西军司马，持节监邓艾、钟会军事；由大将军司马昭统一调度指挥。

蜀军派右车骑将军廖化率军往沓中增援姜维；左车骑将军张翼等前往阳安关口拒守。令汉中诸将放弃汉中外围据点，收缩兵力退保汉城（今陕西勉县东）、乐城。由于蜀军未对咽喉险道斜谷、骆谷、子午谷严加防守，被魏国魏兴太守刘钦占领。钟会遂几路并进，直入汉中，留两万人围汉、乐二城，自率主力直下阳安关口，斩蜀将傅佥，收降蒋舒，继克关城（今陕西阳平关），长驱南下。

邓艾命天水太守王颀直攻姜维营地，命令陇西太守牵弘等人邀击姜维的前部，而命令金城太守杨欣进击甘松。姜维闻钟会等部已入汉中，知汉中难保，急摆脱邓艾，退往阴平。杨欣等人追击，直到疆川口，双方大战，姜维败退，为抢先占领桥头（阴平东南）的诸葛绪所阻。姜维从孔函谷佯作向北欲绕道而东，作出出兵攻击诸葛绪后部的样子，诱使诸葛绪离开桥头三十里向北堵击时，姜维乘机迅速通过桥头，与廖化、张翼等合兵，据守剑阁。诸葛绪赶去阻截，差了一天，没有赶上。

邓艾进至阴平，欲与诸葛绪合兵南下。诸葛绪不从，领军东向靠拢钟会。钟会欲专军权，诬告诸葛绪畏敌不前，将其押回治罪，随即统领大军南下，被姜维阻于剑阁。剑阁素有“一夫当关，万夫莫开”之称，姜维凭险据守，钟会攻剑阁不下，无计可施。时魏军因军粮不继，钟会准备退兵。

邓艾上书说：“今贼摧折，宜遂乘之，从阴平由邪径经汉德阳亭趣涪，出剑阁西百里，去成都三百余里，奇兵冲其腹心。剑阁之守必还赴涪，则会方轨而进。剑阁之军不还，则应涪之兵寡矣。军志有之曰：‘攻其无备，出其不意。’今掩其空虚，破之必矣。”（《三国志·魏书·邓艾传》）

十月，邓艾趁姜维被钟会牵制在剑阁，率军自阴平沿景谷道东向南转进，南出剑阁两百多里，钟会也派部将田章等跟进。邓艾率军攀登小道，凿山开路，修栈架桥，鱼贯而进，越过七百余里无人烟的险域。山高谷深，至为艰险。途中，粮运不继，曾多次陷入困境。部队走到马阁山，道路断绝，一时进退不得，邓艾身先士卒，用毛毡裹身滚下山坡。邓艾率军出其不意地直抵江油，迫降守将马邈。蜀国卫将军诸葛瞻（诸葛亮子）从涪城回到绵竹，列阵等待邓艾。

邓艾派其子邓忠攻打诸葛瞻的右翼，司马师纂攻其左翼。邓忠、司马师纂失利，退回对邓艾说：“贼未可击。”邓艾大怒，说：“存亡之分，在此一举，何不可之有？”大声叱责二将，并要将其斩首。二将策马奔回，挥军再战，邓艾也亲临督战，终大破蜀军，遂克绵竹，斩蜀将诸葛瞻及尚书张遵等人。

绵竹陷落后，蜀军全线崩溃。邓艾乘胜进击，一鼓作气攻陷雒县（今四川广汉北），逼近成都。蜀后主刘禅惊恐失据，感到大势已去，在主降派劝导下，派人送上皇帝的印绶，并写信到邓艾那里请降。邓艾率军入成都，蜀汉灭亡。刘禅又派人去前线命令姜维等投降，姜维等得到命令，便到钟会军中投降。

此战，邓艾趁两军主力相持之际，率偏师出奇兵，进行大纵深迂回穿插，绕过蜀军的正面防御，直捣蜀都成都，创造了中国战争史上著名的奇袭战例。

唐太宗即位初期，中原战事虽然结束，但西边边境上还很不安定。特别是东突厥，当时还很强大，成为唐朝主要的威胁。太原起兵以后，唐高祖一心对付隋朝，只好靠妥协办法，维持了和东突厥的和好关系，但东突厥贵族仍旧不断侵扰唐朝境界，闹得地方不得安宁。

唐太宗即位不满二十天，东突厥的颉（jié）利可汗率领十多万人马，一直打到离长安只有四十里的渭水边。颉利以为唐太宗刚即位，未必敢抵抗，他先派出使者进长安城见唐太宗，扬言突厥兵一百万，马上开到。

唐太宗是见过世面的人，他不理颉利的威胁，把使者扣押起来。他先布置长安的唐军摆开阵势。接着，又亲自带了房玄龄等六名将领，骑马到渭水边的便桥，指名要颉利出来，隔河对话。

颉利听说使者被扣，已经有点吃惊，再看到太宗亲自上阵，后面唐军旌旗招展，军容整齐，不禁害怕起来。他带着突厥将领在渭水对岸，下马拜见太宗。

唐太宗隔着渭水对颉利说："我们两家早已订立盟约，几年来也没有少给你们金帛，为什么要背信弃义，带兵进犯？"

颉利被责备得无话可说，表示愿意讲和。过了两天，双方在便桥上订立盟约。接着，颉利就退兵了。

打这以后，唐太宗加紧训练将士，每天召集几百名将士在殿前练习弓箭。他跟将士们说："外敌进犯，这是常有的事，并不可怕。怕只怕边境稍为安定，人主就贪图安逸，忘记战争，敌人来了就抵挡不了。从现在起，平时我做老师，教你们弓箭；战时我当将帅，带领你们抵抗敌人。"

经过唐太宗的鼓励，将士专心练武，不出几年，就训练出一批精锐军队。

第二年，北方下了一场大雪。东突厥的牲畜死了不少。大漠以北发生饥荒。颉利可汗加紧对其他部族的压迫，又引起各部族的反抗。颉利派他的堂兄弟突利去镇压，反被打得大败。突利逃回去后，被颉利责打一通。两人因此翻了脸，突利投降了唐朝。

唐太宗抓住这个时机，派出李靖、徐世勣等四名大将率领大军十多万，由李靖统率，分路出击突厥。

李靖是唐朝初年有名的军事家，精通兵法。他在隋朝末年归附唐朝，在唐朝统一战争中立了不少战功。

公元630年，李靖亲自率领三千精锐骑兵，从马邑出发，趁颉利不防备，连夜进军，逼近突厥营地。颉利毫无防备，发现唐军突然出现，大惊失色。将士们也慌了手脚，说："这次一定是唐朝发动全国兵力来了，要不然，李靖怎敢孤军深入呢？"

还没有到唐军发起攻击，突厥兵先乱了起来。李靖又派间谍混进突厥内部活动，说服颉利一个心腹将领投降。颉利一看形势不妙，就偷偷逃跑了。

李靖攻下定襄，得胜回朝，唐太宗十分高兴，说："从前汉朝李陵带兵五千，结果不幸被匈奴所俘虏；现在你以三千轻骑深入敌人后方，克服定襄，威震北方，这是自古以来少有的盛事啊！"

颉利逃到阴山以北，怕唐军继续追赶，派使者到长安求和，还说要亲自朝见。唐太宗一面派唐俭到突厥，表示安抚；另一方面又命令李靖带兵前去察看颉利动静。

李靖领兵到白道（在今内蒙古呼和浩特西北）和徐世勣会师。两个人商量怎样对付。李靖说："颉利虽然打了败仗，但是手下人马不少。如果让他逃跑，以后我们再要追他，就很困难了。我们只要选一万精兵，带二十天粮，跟踪袭击，一定能把颉利活捉住。”徐世勣也赞成这个意见。两支军队就向阴山进发。

颉利可汗求和实际上只是缓兵之计，想等草青马肥季节来到，再逃到漠北。他看到唐俭来到，以为唐太宗中了他的计，暗暗高兴，防备也自然松懈下来。

当天晚上，李靖和徐世勣率领唐军到了阴山，命令部将苏定方率领二百名轻骑，冒着夜雾悄悄进军。到突厥前哨发现唐军的时候，唐军离颉利营帐只有七里地了。

颉利得知唐军骑兵来到，赶快找唐俭，唐俭已经瞅机会脱身回到唐营。颉利慌忙骑上他的千里马逃走。李靖指挥唐军追杀，突厥兵没有主帅，乱成一团。唐军歼灭突厥兵一万多，还俘获大批俘虏和牲畜。

颉利东奔西逃，最后带着几个亲兵躲在荒山里，被他的部下抓住后交给唐军，后来被押送到长安。

一度很强大的东突厥灭亡了。唐太宗并没有杀死俘虏，在东突厥原地设立了都督府，让突厥贵族担任都督，由他们管理突厥各部。

这次胜利提高了唐太宗在西北各族中的威信。这一年，回纥等各族首领一起来到长安，朝见唐太宗，拥护唐太宗为他们的共同首领，尊称他是“天可汗”。

公元 923 年(后梁龙德三年)，后唐主李存勖欲攻后梁。恰好这时后梁郓州(山东东平)守将卢顺密来降，建议后唐军取郓州。后唐将领李嗣源也极力赞成。鉴于后梁意在夺取潞(山西长治)、泽(山西晋城)二州，对东路方向没有戒备，李存勖决定派李嗣源率精兵五千人走东路攻取郓州。

李嗣源军经德胜渡(河南濮阳)、杨刘(山东东阿东北)南下直趋郓州。部队抵达杨刘镇时，天色已晚，而且阴雨绵绵，道路泥泞，将士们相当疲惫，都不愿意再继续前进。后唐将领高行周却说“此天助我也，敌必无备”，催促部队不要停顿下来。

果然，后唐军在雨夜的掩护下顺利渡过黄河，突然出现在郓州城下。后梁军没有丝毫防备，顿时大乱。后唐军击杀后梁守卒，开关入城。第二天早晨，后唐军生俘后梁守城官员，控制了郓州。

东罗马帝国的首都君士坦丁堡，雄踞在欧亚两洲交界的博斯普鲁斯海峡的南口，三面环水，背靠大陆，地势十分险要；加上东罗马帝国多年来的构筑经营，城防工事十分坚固，真可以说是铜墙铁壁，固若金汤。要想攻破它，确实是有点儿异想天开。

然而，就在 15 世纪的一次战争中，它竟出乎意料地被奥斯曼土耳其人攻破了。说起这次战争,那可是中世纪战争中最激烈、最悲壮的一场。

交战以前,双方都投入了大量的人力、物力,做了充分的准备。土耳其国王穆罕默德二世亲率20万大军和300艘战舰,将君士坦丁堡围得水泄不通,决心拿下这座历史名城作为伊斯兰教的中心。君士坦丁堡的军民也孤注一掷,誓与古城共存亡。他们尽一切可能加固工事,除了在西面筑了两道坚不可摧的城墙之外,还在城墙上每隔百米筑一堡垒,墙外挖了很深的护城壕。在城北金角湾的入口处,他们用粗大的铁链横锁水面,使任何船只都无法驶入。在城东城南面临海湾敌人很难接近的地方,他们也筑起了坚固的城墙。

在决一死战的紧张气氛中,战争于1453年4月6日正式爆发了。

土耳其人首先从西面猛攻,他们用每发炮弹重达500公斤的大炮对城墙狂轰滥炸,然后便扛着粗大的树干,滚动巨大的木桶,向护城壕冲去,企图把壕沟填平,但是却遭到了城中枪炮的严厉打击,纷纷败下阵来。

强攻不行,土耳其人便打算挖地道,穿过护城墙和城墙,钻入城内,不料地道还没挖完,就被当地居民发现,他们用炸药将地道炸毁了。土耳其人见此计不成,又决定使用攻城塔车,在车上筑起塔堡,外面包着三层厚厚的牛皮,车上藏有炮火和弓箭手,还有一架用滑轮升降的云梯。他们满以为这下一定可以出奇制胜了,可是当塔车靠近城墙时,守城的官兵就往塔车内猛投蘸满松脂的火把,将塔车烧着,并用大杆推倒云梯,致使土耳其人又遭惨败。由于屡战屡败,伤亡惨重,穆罕默德二世不得不重新考察君士坦丁堡的城防虚实,制订新的进攻措施。后来,他发现城北的金角湾水面不宽,东罗马人主要依靠铁索横江来阻挡进攻,倘若能绕过铁索,从水路登陆,进行偷袭,定能在敌军毫无防备的情况下攻破城池。然而,如何使船只绕过铁索抵达城下,却是一件颇费功夫的事。穆罕默德和部下苦思冥想了很久,终于想出了一个旷古未闻的妙计奇策。

他派人到热那亚商人据守的加拉太镇去,用优裕丰厚的报酬收买了那里的商人,使商人们允许他在加拉太北面铺设一条陆上船槽。船槽是用坚厚的木板铺成的,由高往低的滑行面,槽底又涂上很厚的一层牛羊油脂。靠着这条船槽,土耳其人经过一夜的努力终于奇迹般地将80艘战船拖运到了金角湾的侧面。在那里他们架起了浮桥,筑起了炮台,向君士坦丁堡发动了新的攻势。

当炮声轰轰地在北城墙外震响时,城中的官兵惊呆了,他们做梦也没料到金角湾这边会出现土耳其兵。于是,手忙脚乱地从两线撤兵增援,而将西面的防守交给了来援的热那亚士兵。这样一来,东罗马军的兵力便分散了,而担任西城墙防守任务的热那亚士兵又不熟谙地形、地势,致使防卫日趋危急。在土耳其军连续不断的炮轰下,西城墙终于被打开了一个缺口。

穆罕默德二世见胜利在望,抑制不住内心的狂喜向手下的士兵们大喊道:“勇敢的将士们,虔诚的穆斯林们!城墙已被打开了缺口,我将给你们一座宏伟而富庶的名城,古罗马的首都,世界的中心,任你们抢劫,你们将成为腰缠万贯的大富翁,勇敢地冲进去吧!”

话音刚落,土耳其人便发疯般地向城里冲去,但是城里的军民仍然拼死抵抗,与土耳其人展开激烈的巷战。土耳其人连攻了两次都败下阵去,最后穆罕默德二世亲自上阵,全力以赴,才冲了进去。君士坦丁堡终于陷落了。

昏庸无能的君士坦丁皇帝见土耳其的旗子在城堡上空飘扬,顿时丧失了作战的勇气,脱换衣服,惶惶如丧家之犬,夺路而逃。路上他遇到几个土耳其士兵在洗劫财物,就拔剑去刺,结果被土耳其士兵当场杀死。

土耳其士兵在城里连续三天三夜大肆烧杀抢掠,许多居民被掳为奴隶,壮丽豪华的王宫被付之一炬,许多珍贵文物被抢被烧,丧失殆尽,所有的基督教偶像都从教堂搬出,换上了伊斯兰教的壁龛,全城最大的圣索非亚教堂改建为清真寺。不久,奥斯曼土耳其帝国迁都君士坦丁堡,并将城名易为伊斯坦布尔(意即伊斯兰之城)。这个名称一直沿用至今。君士坦丁堡的陷落,标志着延续千年之久的拜占庭(罗马帝国)从此覆灭了。当然,它的陷落也向统治者们发出了警告:再坚固强大的城防工事都不足以维护其长治久安,如果不修内政,荒淫腐化的话。

要想攻必胜,战必克,最有把握的办法,莫过于去攻击敌人没有防备的地方。孙武在《孙子兵法》中所说的“出其所不趋,趋其所不意”,就是这个道理。

后梁军队一心要取潞、泽二州,集结兵力于西路,对东路方面缺少戒备,这是兵力上的“不防”;夜色沉沉,阴雨绵绵,道路泥泞,按常理无人会在此种天气长途奔袭。这是心理上的“不防”。后唐将领正是抓住了这两个关键,出其不意出现在郓州城下,一举获胜。

第七篇　军争篇

〔简述〕

本篇主要阐述在两军对垒中，为将者必须把握的基本战略和战术。但着重又是论述“以迂为直，以患为利”的“迂直之计”。它是对正奇结合、出奇制胜的虚实结合、以实击虚原则的进一步引申与概括。

全篇内容大体分为四部分：1. 提出两军对战，最难掌握的是实行“以迂为直，以患为利”的“迂直之计”。2. 分析实行“迂直之计”既有其有利一面，又有很大的危险。这危险主要有三：一是“举军而争利，则不及”。二是“委军而争利，则辎重捐”。三是“卷甲而趋，日夜不处，倍道兼行”，则可能因士兵体力不支而有程度不同的人掉队，以致酿成损兵折将的败绩。强调行军作战必须具备充足的辎重、粮食、器械，否则将有被歼灭的危险，“军无辎重则亡，无粮食则亡，无委积则亡”。3. 提出实行“迂直之计”必须掌握的三条基本作战原则：不了解敌国的计谋，不能与之交战；不了解地形险阻，不可以轻易行军；没有当地的向导，不应深入敌国。同时还提出实行“迂直之计”的军事行动要求——行军作战快速时像疾风；舒缓时像森林；侵掠时像烈火；难测时像阴天；不动时像山岳；发动时像疾雷闪电；以及在作战取胜后应采取的基本举措和临机应变方法。4. 强调提出实行“迂直之计”必须善于运用金鼓、旌旗指挥军队统一行动；必须善于治气、治心、治力、治变，以及在向敌军进攻时必须遵守的八项原则——高陵勿向，背丘勿逆，佯北勿从，锐卒勿攻，饵兵勿食，归师勿遏，围师必阙，穷寇勿迫。

原文

孙子曰:凡用兵之法,将受命于君,合军聚众[1],交和而舍[2],莫难于军争[3]。军争之难者,以迂为直[4],以患为利[5]。故迂其途而诱之以利[6],后人发[7],先人至[8],此知迂直之计者也。

注释

① 合军聚众:合,集合、结集、会集,这里可引申为组织编制。聚,聚集。合军聚众:接曹操注,“聚国人,结行伍”。意思是说把人们聚集起来,组成军队。

② 交和而舍:交,相交、相互。和,我国古代的军门称为合门。舍,驻扎。交合而舍:这里的意思是指两军处于对峙状态。

③ 军争:军,军事,这里是指打仗。争,争夺,这里是指争夺利益。军争:这里是指,在作战中,争取夺得胜利的有利条件。

④ 以迂为直:迂,迂回、曲折。直,径直。以迂为直:是指把迂回曲折的弯路变为近便的道路。

⑤ 以患为利:患,害处,有害。利,利益、有利。以患为利:指把有害的事情变为有利的事情。

⑥ 故迂其途而诱之以利:故,故意。其,代词,这里是指我军。之,这里是代指敌军。故迂其途而诱之以利:意思是说,我军故意走迂回道路,而以小利引诱敌军,把它牵引到别的方向。

⑦ 后人发：人，指敌军。后人发：这里是指，比敌军后出动。

⑧ 先人至：比敌军先到达战地。

译文

孙子说：大凡用兵的法则，将帅们领受国君的命令，征集民众，编成军队，一直到与敌军对垒，这其中没有比争夺制胜条件更难的了。而争夺制胜条件之所以困难，就在于要把遥远的弯路变为近便的直路，要把不利条件转化为有利条件。也就是说我军出发要有意绕道迂回，并用小利诱使敌军改变其进攻方向，从而做到我军虽然是后出动，却能比敌军先期到达有利阵地。这才是真正懂得运用以迂为直的计谋。

原文

故军争为利①，军争为危。举军而争利，则不及②；委军而争利，则辎重捐③。是故卷甲而趋④，日夜不处⑤，倍道兼行⑥，百里而争利，则擒三将军⑦，劲者先⑧，罢者后⑨，其法十一而至⑩；五十里而争利，则蹶上将军⑪，其法半至⑫；三十里而争利，则三分之二至。是故军无辎重则亡⑬，无粮食则亡，无委积则亡⑭。

注释

① 军争为利：为，这里作“有”解。军争为利：军争有利。

② 举军而争利，则不及：举，全、尽。举军，指全部携带武器辎重的军队。争利，争夺先机之利。不及，来不及、赶不上。举军而争利则不及：这里的意思是说，率领全部携带武器辎重的军队去争夺先机之利，就会因行动迟缓而不能按时到达。

③ 委军争利，则辎重捐：委，委弃、选择。委军，指丢弃了笨重装备和辎重的军队。委军争利，则辎重捐：意思是说，率领委军去争夺先机之利，那就会把作战必需的重装备和辎重都丢掉。

④ 卷甲而趋：卷，卷起、收起。甲，铠甲。趋，疾走。卷甲而趋：意思是说收起铠甲，轻装急进。

⑤ 日夜不处：处，处所，这里是指休息、停顿。日夜不处：日夜不休息。

⑥ 倍道兼行：倍道，指行军速度加倍。兼行，日夜不停。倍道兼行：意思是加速前进，昼夜不停。

⑦ 擒三将军：三将军，指上、中、下或左、中、右三军将领。擒，被擒，被俘虏。擒三将军：意思是三军将领都被俘虏。

⑧ 劲者先：劲，有力，引申为体质健壮。劲者先：这里的意思是说，体质健壮的人会先到达目的地。

⑨ 罢者后：罢，通"疲"，引申为体质羸弱。罢者后：体质弱的人就会落后。

⑩ 其法十一而至：法，方法。十一，十分之一。其法十一而至：指用这种方法，只有十分之一的人能按时到达目的地。

⑪ 蹶上将军：蹶，失败、折损。上将军，指前军统帅。蹶上将军：意思是将会折损前军统帅。

⑫ 其法半至：用这种方法，只有一半的人能按时到达目的地。

⑬ 军无辎重则亡：辎重指军用的器械、营具、粮秣、服装等。军无辎重则亡：指军队如果不带有器械、营具、粮秣、服装等辎重就会灭亡。

⑭ 无委积：委积，储备物资。无委积：指没有储备物资。

译文

所以说:争夺制胜条件,既有利,也有危险。因为率领军队携带全部武器辎重去争夺先机之利,往往会因拖累太重、行动迟缓而来不及;如果放下笨重装备和辎重去争夺先机之利,就会丧失掉大量的辎重装备。因此,如果让将士们卷起盔甲,轻装急进,昼夜不停,一天走两天的路,那么,这样急行军百里去争夺先机之利,如果万一发生意外三军的统帅就可能会被敌军擒获。因为这样的急行军,往往是体力强壮的先到,体力羸弱的落在后面,而且一般地只会有十分之一的人能够到达目的地。如果用这种方法,急行五千里去争夺先机之利,便会因只有一半的人能按时到达目的地,折损掉前军统帅。如果用这种方法急行三十里去争夺先机之利,也只能有三分之二的人能按时到达目的地,依然难以取胜。更何况军队如果没有随军辎重就要被歼灭;没有粮食供应就要被歼灭;没有储备军用物资器材作补充也会要被歼灭哩!

原文

故不知诸侯之谋者①,不能豫交②;不知山林、险阻、沮泽之形者③,不能行军;不用乡导者④,不能得地利。

故兵以诈立⑤,以利动⑥,以分合为变者也⑦;故其疾如风⑧,其徐如林⑨,侵掠如火⑩,不动如山⑪,难知如阴⑫,动如雷震⑬。掠乡分众⑭,廓地分利⑮,悬权而动⑯。先知迂直之计者胜⑰,此军争之法也。

注释

① 不知诸侯之谋：诸侯，指春秋时期各诸侯国。谋，计谋、谋略。不知诸侯之谋：不了解各诸侯国的计谋。

② 豫交：豫，通“与”。豫交：与之结交。

③ 沮泽之形：沮泽，水草丛生的沼泽地带。形，地形。沮泽之形：沼泽地带的地形。

④ 乡导：乡，通“向”。导，引导。乡导：指熟悉本地地形带引道路的人。

⑤ 兵以诈立：诈，诡诈、欺骗。立，成立，引申为取得成功、取得胜利。兵以诈立：指用兵打仗，以善于运用诡诈、欺骗之术取胜。

⑥ 以利动：动，骚动。以利动：指以利益驱之使动。

⑦ 以分合为变：分，分开、分散，这里是指分散兵力。合，聚合，这里是指集中兵力。变，变化。以分合为变：这里的意思是说，根据敌情和地形或分散兵力或集中兵力，灵活机动，变化莫测。

⑧ 疾如风：疾，迅疾。疾如风：像风那样的迅疾。

⑨ 徐如林：徐，缓慢、舒缓。徐如林：这里是说，用兵舒缓时像树林一样的轻摇摆动。

⑩ 侵掠如火：侵，进犯。掠，掠夺。侵掠，可解释为“攻击”。侵掠如火：发起攻击时像火一样的猛烈。

⑪ 不动如山：指军队坚守时像山一样的稳固。

⑫ 难知如阴：难知，难以测度。阴，阴天。难知如阴：是指像阴天那样情况不明，难以测度。

⑬ 动如雷震：行动犹如迅雷。

⑭ 掠乡分众：乡，乡里，这里指敌国领土。分众，这里是指分兵。掠乡分众：意思是说，要兵分数路掠取敌国的粮食。

⑮ 廓地分利：廓，同“扩”。利，这里是指有利的阵地。分利，这里是指分兵夺取敌方的资源。廓地分利：这里的意思是说，要扩大占领区，分兵夺取敌方资源。

⑯ 悬权而动：权，指秤锤。悬权，即称秤，这里可引申为权衡利害。悬权而动：权衡利害而后行动。

⑰ 先知迂直之计者胜：率先了解和运用迂直之计的人会取得胜利。

译文

所以说，不了解各诸侯国的谋略意图，便不能轻易与他们结交；不了解山林、险阻、沼泽的地形，便不能轻易行军；不通过当地的向导，便无法取得有利的地形。所以说，用兵打仗，须以诡诈取胜，以利益驱动，以敌情和地形的不同，灵活地变动战术，或集中使用兵力或分散使用兵力。要做到军队的行动，快起来像疾风一样；慢起来像树林一样的轻摇摆动；进攻时像火一样的猛烈；坚守时像山岳一样沉稳；难以揣测像阴云蔽天；发动起来像雷霆震地。进入敌国后，要分兵夺取粮食，同时还要扩大占领区，分兵夺取敌方资源。总之，一切都要权衡利害而后相机行动。只有率先懂得以迂易直方法的人才会赢得胜利，这是争夺制胜条件的一般法则。

原文

《军政》曰："言不相闻①，故为金鼓②；视不相见③，故为旌旗④。"夫金鼓旌旗者，所以一人之耳目也⑤。人既专一⑥，则勇者不得独进，怯者不得独退，此用众之法也⑦。故夜战多火鼓⑧，昼战多旌旗，所以变人之耳目也⑨。

注释

①言不相闻：言，言语、讲话。言不相闻：这里是指，作战时，以语言指挥，声音听不清楚。

②金鼓：古代用来指挥军队进退的号令器具，擂鼓进军，鸣金收兵。

③视不相见：这里是指作战时，以动作指挥，人们看不清楚。

④旌旗：旌，中国古代的一种旗帜。旌旗，就是泛指旗帜。

⑤一人之耳目：一，统一、一致。人，这里泛指士卒、军队。一人之耳目：意思是进而统一士卒们的行动。

⑥人既专一：专一，统一、一致。人既专一：士卒行动既然有了统一的指挥。

⑦用众之法：用，使作，引申为指挥。众，指军队士卒之众。用众之法：指挥千军万马作战的方法。

⑧ 火鼓:火光与锣鼓。

⑨ 变人之耳目:变,这里作“适应”“便利”解。变人之耳目:指适应士卒的耳目。

译文

《军政》里面说:“作战时,用语言指挥,人们听不清楚,所以要设置金鼓;以手势动作指挥,人们看清楚,所以要设置旌旗。”金鼓旗帜是用来统一将士们的耳目,进而统一将士们的行动的。将士们行动既然有了统一的指挥,那么,勇敢的不能单独前进,怯懦的也不敢单独后退,这便是指挥千军万马作战的方法。所以,夜间作战,多用火炬和锣鼓;白天作战,多用旗帜,都是为了适应将士们耳目视听的需要。

原文

故三军可夺气[①],将军可夺心[②]。是故朝气锐[③],昼气惰[④],暮气归[⑤]。故善用兵者,避其锐气,击其惰归,此治气者也[⑥]。以治待乱[⑦],以静待哗[⑧],此治心者也[⑨]。以近待远,以佚待劳,以饱待饥,此治力者也[⑩],无邀正正之旗[⑪],勿击堂堂之陈[⑫],此治变者也[⑬]。

注释

① 三军可夺气:夺,夺走,引申为丧失。气,这里是指锐气。三军可夺气:指三军之众可以使它丧失掉锐气。

② 将军可夺心:心,决心。将军可夺心:意思是说虽身为将帅,也可以使得他们丧失掉坚强的决心和意志。

③ 朝气锐：朝，早晨。锐，旺盛。朝气锐：这里是指，军队早晨士气旺盛。

④ 昼气惰：昼，白昼，这里指中午。惰，怠惰、懈怠。昼气惰：这里是指中午士气懈怠。

⑤ 暮气归：暮，傍晚。归，止息、衰竭。暮气归：这里是指傍晚时士气衰竭。

⑥ 治气：治，这里作"掌握"解。治气：这里是指掌握军队士气的方法。

⑦ 以治待乱：治，严整有序。待，对待，对付。以治待乱：这里是说，以我军的严整有序对付敌军的混乱无序。

⑧ 以静待哗：静，镇静。哗，喧哗不安。以静待哗：这里是说，以我军的沉着镇静对付敌军的喧哗不安。

⑨ 治心：心，这里指的心理。治心：是指掌握军队心理的方法。

⑩ 治力：力，这里是指战斗力。治力：这里是指掌握军队的战斗力。

⑪ 无邀正正之旗：邀，邀击、迎击。正正，严整。无邀正正之旗：这里的意思是说，不要邀击旗帜严整、队列雄壮的敌军。

⑫ 勿击堂堂之陈：堂堂，壮大貌。陈，阵容。勿击堂堂之陈：意思是说不要去攻击阵容强大、实力雄厚的敌军。

⑬ 治变：变，这里是指机变。治变：这里是指掌握机变的方法。

译文

三军将士，可以夺去它的锐气，军队将领可以使他动摇意志，丧失决心。这是因为，早晨士气旺盛，中午士气懈怠，到了晚上士气便衰竭了。所以善于用兵的人，总是避开敌人锐气，等到他们士气懈怠、衰竭的时候再发起攻击，这是把握士气的用兵方法。以我军严整有序,对付敌军的混乱无序,以我军的沉着镇静对付敌军的喧哗不安,这是掌握心理的用兵方法。以我军的靠近战地等待敌军远道而来,以我军的休整安逸等待敌军的奔走疲劳,以我军的粮饷充足等待敌军的饥饿不堪,这是把握军队战斗力的用兵方法。不要去邀击旗帜严整、队列雄壮的敌军,也不要去攻打阵容强大、实力雄厚的敌人。这是掌握机变的用兵方法。

原文

故用兵之法,高陵勿向[①],背丘勿逆[②],佯北勿从[③],锐卒勿攻[④],饵兵勿食[⑤],归师勿遏[⑥],围师必阙[⑦],穷寇勿迫[⑧]。此用兵之法也。

注释

① 高陵勿向:高陵,高山地带。向,这里是指仰攻。高陵勿向:不要去仰攻占据了高地的敌军。

② 背丘勿逆:背,这里是指背靠着。丘,丘陵,这里是指丘陵险阻。逆,这里是指正面攻击。背丘勿逆:意思是说不要去正面攻击背靠着丘陵险阻地带的敌军。

③ 佯北勿从:佯,佯装、伪装。北,败北、打了败仗。从,跟从、跟随。佯北勿从:意思是说不要去追击假装打了败仗的敌人。

④ 锐卒勿攻:锐卒,士气旺盛的军队。锐卒勿攻:意思是说不要去攻打士气旺盛的敌军。

⑤ 饵兵勿食:饵,钓饵。饵兵,指用一些小利作诱饵的军队。饵兵勿食:意思是说不要贪吃敌军以小利作的诱饵。

⑥ 归师勿遏:归师,撤退回国的军队。遏,阻遏。归师勿遏:意思是说不要去阻击撤退回国的敌军。

⑦ 围师必阙:围师,被包围的军队。阙,同"缺"。围师必阙:意思是说把敌军包围起来后要留一面缺口。

⑧ 穷寇勿迫:穷,穷途、绝路、绝境。迫,逼迫。穷寇勿迫:意思是说不要过于逼迫已经陷入绝境的敌人。

译文

因此,用兵的法则是:不仰攻占据高地之敌,不迎击背靠丘陵险阻之敌,不追击伪装打败之敌,不进攻士气旺盛之敌,不贪吃敌军的诱饵,不阻击撤兵回国的敌军,把敌军包围起来要留下一面缺口,不要过于逼迫已陷于绝境的敌军。这些都是最基本的用兵方法啊!

高陵勿向,背丘勿逆

"用兵之法,高陵勿向,背丘勿逆,……此用兵之法也。"

孙武这句话,其大意是:用兵的方法,敌军据守高山不可仰攻,背靠丘陵不可迎击,……这就是用兵的方法。

孙子不仅从总体、战略的角度提出了一系列光辉的思想,而且他更注重具体用兵的方法,极力追求每一次战斗的胜利。因此,孙子主张,要善于利用有利地形,而不能被地形所困。

基于此,孙子提出了"高陵勿向,背丘勿逆"的兵法战略。孙子的这种战略对于行军作战,获得战争的胜利是至关重要的。

秦穰侯魏冉,为扩大定陶封地,派军队攻占齐国的刚、寿地区,由魏入秦的谋士范雎向秦昭襄王提出,攻齐刚、寿是战略错误,因中隔韩、魏,难以固守。建议采用“远交近攻”战略,使攻占土地尽为秦有。又认为地处中原的韩、魏系天下枢纽,欲兼并天下,应先用兵韩、魏以“断山东之脊”(《战国策·魏策四》)。秦昭襄王欣赏范雎的见解,任其为客卿,参与军事谋划。但北方强赵的存在,使秦对兼并韩、魏有所顾忌,遂寻机打击赵国。周赧王三十四年(公元前281年),秦攻取赵地3城后,赵以公子部为质于秦,并与秦签订以焦、魏、牛狐交换3城的协议,后又反悔。

周赧王四十六年(公元前269年),秦昭王以赵不履行交换城邑的协议为由,派中更胡阳率军进攻赵要地阏与(今山西和顺)。赵惠文王急召名将廉颇、乐乘等,询问是否可救。两人均认为阏与距邯郸(今河北境)甚远,道路崎岖险阻,难以救援。唯赵奢认为,两军相逢勇者胜。于是,赵惠文王命赵奢率军救援阏与。

赵奢军出邯郸三十里即筑垒扎营,按兵不动。秦军在围困阏与的同时,已经做了防止赵军出兵救援的准备。他们发兵一支,向东直插武安(今河北武安县西南),以成掎角之势,牵制赵军行动。赵奢侦知秦军这一部署,从邯郸出发才三十里就下令安营扎寨,命令军中加固营垒,在营区周围修筑了许多屏障,故意做出毫无进取的姿态,并且命令部队说:“有以军事谏者死。”军中有一人建议火速去救武安,赵奢立即把他杀掉了。这样,一直过了28天,而且再次增筑营垒。秦军派遣间谍进入赵军驻地侦察,赵奢以好饭食招待后把他放走。间谍把赵军的情况报告给秦军将领,秦将非常高兴,秦将认为:赵军“夫去国三十里而军不行,乃增垒,阏与非赵地也”(《史记·廉颇蔺相如列传》)。随之,放松了警惕。

在送走秦军间谍以后,赵奢突然作出决定,集合部队,卷甲而趋,向西急进。仅两日一夜即抵达距离阏与五十里的地方。被抛在武安的秦军听说赵奢已至阏与,如梦方醒,慌忙调集兵力奔向阏与。由于赵军远离后方,孤军独进,形势依然十分危险。这时,赵军中有一位名叫许历的军士,进见赵奢,说:“秦人不意赵师至此,其来气盛,将军必厚集其阵以待之。不然,必败。”赵奢曰:“请受令。”许历曰:“请就鈇质之诛。”赵奢曰:“胥后令邯郸。”许历复请谏,曰:“先据北山上者胜,后至者败。”(《史记·廉颇蔺相如列传》)

赵奢采纳了许历的主张,立刻发兵万人,抢占了北山制高点。果然,秦军后至，争夺北山不得上，拥挤于山下，陷入十分被动地位。赵军利用有利地势，居高临下，俯击秦军。秦军大败，四散溃逃。阏与之围随之解除。此次战役，使威行诸侯的强秦遭受了一次最大的挫折，多年后仍不敢轻举妄动，恐怕重蹈阏与之覆辙。班师回朝后，赵惠文王封赵奢为马服君，地位与廉颇、蔺相如相等，被后人列为东方六国的八名将之一，又封许历为国尉。

北周保定三年（北齐河清二年，公元563年）深秋，北周与木杆可汗结盟，兵分两路，柱国杨忠率一万步骑兵，经突厥由北路南攻，大将军达奚武率三万步骑兵，由南路向东北进攻平阳，约定会师高氏的统治中心——晋阳（高欢发家晋阳，因此晋阳在北齐的政治军事地位格外重要，北齐的首都名义上虽是邺城，但晋阳才是实质上的首都，攻下晋阳，相当于灭亡北齐）。

杨忠进展顺利，连续攻占了二十几座北齐城池，拿下陉岭（今山西代县西北），与木杆可汗的十万突厥骑兵会合。周突联军从恒州（今山西大同）分三路，在漫天飞雪中向晋阳城杀来。

齐武成帝知道晋阳的重要性，他派斛律光率三万步骑兵驻扎平阳，顶住达奚武的进攻，自己从邺城倍道兼程，赶往晋阳。

晋阳城下，黑白分明，白的是厚厚的积雪，白茫茫足有几丈深，黑的是北周士兵的军装，黑压压不计其数。武成帝吓坏了，想要弃城逃跑，在赵郡王高叡和河间王高孝琬的拼命劝谏下，才同意全力抵抗。武成帝命高叡节度全军，以段韶为总督，在晋阳北城布下阵势，迎战联军。木杆可汗见段韶指挥的齐军军容严整，气势先矮了半截，抱怨起杨忠情报不准确，正在此时，北齐军忽然鼓声大作，精锐尽出，向联军大营杀来，突厥军虽多，却不战而逃，杨忠的周军失去支援，顿时大败。达奚武在平阳得知北路失败，也解围西退。斛律光尾随追击，深入北周境内，掳回了两千多北周士卒。

北周的进攻受挫，宇文护很是恼怒。第二年夏天，他又派杨忠联合突厥，再次讨伐北齐。突厥的木杆可汗上一次没打就败，面子上也觉得很挂不住，他整顿起十几万骑兵，侵入北齐长城，骚扰幽州、并州。

齐武成帝见北周和突厥卷土重来，十分害怕。宇文护以前跟着宇文泰入关，母亲阎氏以及姑母都留在了晋阳，齐武成帝差人探访到阎氏姑嫂的下落，先送回姑母，并写信告诉宇文护，打算把阎氏送往长安，希望宇文护不再攻齐。宇文护当即召回杨忠，并复信感激北齐的"大恩大德"，承诺休战交好。齐武成帝读了宇文护的信，自以为用人质换回了和平，正要护送阎氏去北周，却收到了段韶从抵御突厥的前线发来的强烈反对信。

段韶的理由很直接："周人反复无常，不讲信义。宇文护既然为他母亲请和，怎么连一个正规的使臣都不派呢？假若仅凭一封书信，就放回他母亲，恐怕被周人看轻。不如表面上答应他们，等两国确定和好，再放人也不晚。"武成帝不听，什么信物都没要，就把阎氏送了回去。

事态的发展果然被段韶言中。宇文护母子团圆，还没发表感言，突厥人就来催他速速派兵，履行约定。宇文护生怕得罪突厥，便把对北齐的承诺抛在脑后，亲自调集了长安二十四军，以及各地军队，共二十多万，出潼关伐齐。北周共分三路东进：中路精兵十万，由尉迟迥率领，直指洛阳；南路为大将军权景宣统领的荆襄兵，进围悬瓠（今河南汝阳）；北路为少师杨檦的河南兵，攻打轵关（今河南济源西）。

三路军队命运不同。杨檦以往与北齐常有边境战，从未失利，颇为轻敌，不与友军配合便孤军深入，被北齐太尉娄叡大败，投降了北齐。权景宣稳扎稳打，连续接受北齐豫州、永州刺史献城，形势主动。尉迟迥的北周主力则连日猛攻洛阳，宇文宪、达奚武、王雄等将屯兵邙山，以为声援。

洛阳告急，齐武成帝向段韶求救，但又怕突厥乘虚南下，两面受敌。段韶上书说："突厥侵扰北边，不过小事一桩。西方才是心腹大患，只要打败周军，突厥自退。"

齐武成帝大喜，与段韶一起从晋阳出发，去解洛阳之围。

段韶登上邙山山坡，仔细观察周军的阵势，立时了然于心。他命齐军在洛阳东面的太和谷扎营布阵，自领左军，高长恭领中军，斛律光领右军。三杰悉数出阵，令周军大为震惊，仓促上山迎战。齐军且战且退，将周军引入山谷。

段韶质问周军："你们宇文护刚与母亲团聚，就进犯我国，是何缘故？"

宇文宪等人答道："上天派我们来教训你们，何须多问？"

段韶哈哈大笑："天道赏善罚恶，一定是派你们来送死的！"说着一摆手，身后的齐军突然发动反击，周军大乱，士兵纷纷坠入山涧，伤亡无数。

高长恭带领五百骑兵,在周军中杀出一条血路,来到金墉城下。洛阳城头的守兵怕是北周的诡计,一时竟没认出是高长恭。高长恭当场脱盔抬头,众人一看是兰陵王,军心大振,出城接应,大败城外的周军。

此战齐军个个奋勇,人人争先,周军光是丢弃的武器辎重,一路就达三十多里,猛将王雄更是被斛律光一箭射杀。

赵奢在与秦军的交战中,由于先占据了北山高地,使秦军形成仰攻的不利态势,从而导致了秦军的失败。段韶击败周军的邙山之战,也是利用山势,使周军形成仰攻的不利局面。从这两次战斗中,我们不难看出秦军和周军都违反了孙子所谓的“高陵勿向,背丘勿逆”的用兵法则,当然,他们的失败也是必然的。

三军可夺气,将军可夺心

“故三军可夺气,将军可夺心,是故朝气锐,昼气惰,暮气归。”

孙武这句话,其大意是:对敌人三军,可以使其士气消失;对敌将,可以使他决心动摇。这是由于军队开始士气旺盛,过后士气就逐渐懈怠,末了士气就消沉了。

这段文字是孙子关于心理战的论述。对于敌人军队可以挫伤其士气,对于敌军将帅可以搅乱他的思维,孙子体察到,夺气攻心是克敌制胜的要害,是取胜之本。后世引申为“攻心为上”“心战为上”等,成为著名的军事成语。

东晋爱国将领刘琨,善吹胡笳。公元308年,晋怀帝任命刘琨做并州刺史。那时候,并州被匈奴兵抢夺杀掠,百姓到处逃亡。刘琨招募了一千多个兵士,冒着千难万险,转战到了并州的晋阳(今山西太原市西南)。

晋阳城里,房屋被焚毁,满地长着荆棘,到处是一片荒凉。偶然见到一些留下来的百姓,已经饿得不像样子了。

刘琨看到这种情况,心里很难过。他命令兵士砍掉荆棘,掩埋尸体,重新把房屋城池都修复起来。他亲自率领兵士守城,防备匈奴兵的袭击。他还采取计策,让匈奴的各部落互相猜疑。后来,有一万多个匈奴人投降了刘琨,连汉主刘渊也害怕了,不敢侵犯。

刘琨把流亡的百姓都召回来耕种荒地。不到一年时间,到处可以听到鸡鸣狗叫的声音,晋阳城渐渐恢复了繁荣的景象。

刘聪攻破洛阳之后,西晋在北方的兵力大多被打散了,只有刘琨还在并州一带坚持战斗。晋愍帝在长安即位后,派人封刘琨为大将军,要他统率并州的军事。

那时候,汉国大将石勒,占据了襄国(在今河北邢台西南),集结了几十万大军,想夺取并州。刘琨南面有刘聪,北面有石勒,前后受敌,处境困难到了极点。可是刘琨没有害怕,没有退缩。他在给晋愍帝的一份奏章里说:"臣跟刘聪、石勒,势不两立。如果不讨平他们,臣决不回朝。"

据说,刘琨在晋阳的时候,有一次,数万匈奴兵将晋阳严严围住。刘琨见势不妙,如与敌军硬拼,必然兵败城破,于是一面严密防守,一面修书请求援军。过了七天援军还未到,城内粮草不济、兵士恐慌万状 。刘琨登上城楼,俯眺城外敌营,冥思苦想对策。忽然他想起"四面楚歌"的故事,于是下令会吹卷叶胡笳的军士全部到帐下报到,很快组成了一个胡笳乐队,朝着敌营那边吹起了《胡笳五弄》。他们吹得既哀伤、又凄婉,匈奴兵听了军心骚动。半夜时分,再次吹起这支乐曲 ,匈奴兵怀念家乡,皆泣泪而回。

打心理战,主要有两个攻击目标:一个是以敌人军队为攻击目标;一个是以敌军将帅为攻击目标。对待敌人军队开展心理战要用心理力量,使敌军士气崩溃,军心瓦解,从而丧失战斗力。士气是军队的精神状态和集体意志的综合体现,旺盛的士气是构成军队战斗力的重要因素之一。因此,打击敌军士气也是作战的一个重要内容。所以,孙子说"三军可夺气",并指出"朝气锐,昼气惰,暮气归"。

对敌军将领展开心理战,要针对敌人将帅的心理特点,采取谋略手段,使敌人将领失去心理平衡,心烦意乱,意志崩溃,组织失调,决策失误。用多种手段,从多方面向敌军将帅展开心理攻击,必然可以"夺心",从而为战争获胜创造条件。

战争不仅是武力的较量,而且是士气和军心的较量。孙子强调作战要善于利用心理力量对敌人的心理施加压力和攻击,从心理上战胜它,占据主动,以辅助军事作战。

在垓下之战中，张良就是聪明地运用了心理战术，从而打败了不可一世的项羽。可能项羽临死也想不到，那晚在汉营中唱楚歌的不全是楚地人，乃是张良布置的“攻心夺气”之计策。张良把在楚地英布的九江士卒全分散到各营，让他们教所有的汉军将士唱楚歌，目的就是瓦解项羽军心。而项羽却误以为真，在无奈中自刎身亡。

第八篇　九变篇

〔简述〕

本篇是前一篇——《军争篇》的继续和补充。《军争篇》全面论述了“迂直之计”。本篇则进一步论述在作战过程中，要实行迂直之计，为将者，还必须根据地形和敌情的变化灵机处置，变通应敌，在特殊情况下即便是“君命”也“有所不受”，决不可机械行事，贻误战机，文中分析了战场之上，经常遇到的种种需要变通应敌的情况和方法，同时还论述了军队将领掌握这些变通应敌方法应具备的基本素质。

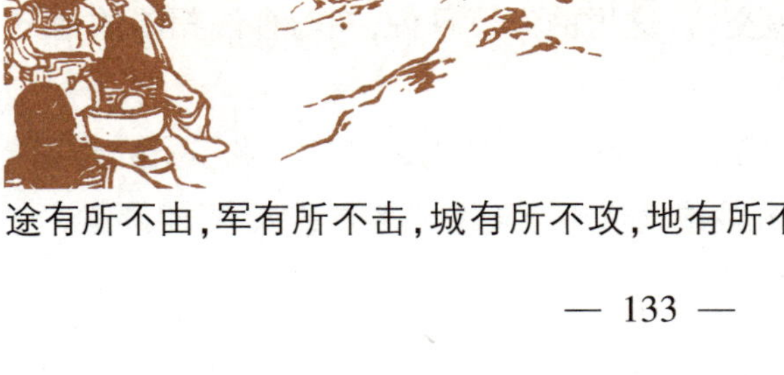

全篇内容大体分为三部分：1. 提出战场上经常需要人们变通应敌的几种情况。即圮地无舍，衢地合交，绝地无留，围地则谋，死地则战，途有所不由，军有所不击，城有所不攻，地有所不争。指出诸如以上种种情况，为将者必须临机处置，即使是“君命”亦“有所不受”。2. 提出用兵打仗，必须利害兼思。只有考虑到有利一面，才能鼓舞士气，增强必胜信心；同时只有又考虑到有害一面，才会事先提防，免除后患。强调用兵打仗必须立足于自身的充分准备，决不可对敌人抱不切实际的幻想，不可以心存侥幸。3. 指出两军对阵，将领们的思想水平和思想素质十分重要。如果将领的思想性格具有“必死”“必生”“忿速”“廉洁”“爱民”等片面性，感情用事，缺乏理性思考，不能从实际情况出发，临机变通，将会遭到覆军杀将的危险。

原文

孙子曰：凡用兵之法，将受命于君，合军聚众，圮地无合①，衢地交合②，绝地无留③，围地则谋④，死地则战⑤。涂有所不由⑥，军有所不击⑦，城有所不攻，地有所不争，君命有所不受⑧。故将通于九变之地利者⑨，知用兵矣；将不通于九变之利者，虽知地形，不能得地之利矣。治兵不知九变之术，虽知五利⑩，不能得人之用矣⑪。

注释

① 圮地无舍：圮，倒塌、毁坏。圮地，按梅尧臣注：“山林，险阻，沮泽之地。”舍，住舍，这里是指部队宿营。圮地无舍：这里是指在山林险阴沼泽的地方不能宿营。

② 衢地交合：衢地，这里是指与邻国相接四通八达的地方。交合，结交，这里是指与其他诸侯国结交。衢地交合：这里的意思是说，在与多国相邻的地方要重视与邻国结交。

③ 绝地无留：绝地，缺乏生存条件或地形十分险恶的地方。留，逗留，停留。绝地无留：意思是指在缺乏生存条件或地形十分险恶的地方，部队不能停留。

④ 围地则谋：围，包围，是指四面地形险恶，敌可往来，我难出入之地。谋，这里指的设谋、设计。围地则谋：意思是说，当部队进入四面地形险恶、敌军可以任意往来而我军却难以出入的地区设计谋尽快离开。

⑤ 死地则战：死地，前无进路、后有追兵，必得死战之地。死地则战：意思是说，当部队陷入前无进路，后有追兵的死地时只有与敌作决战之战。

⑥ 涂有所不由：涂，通"途"，道路。由，经由，通过。涂有所不由：意思是说，部队进军时，有的道路不能走。

⑦ 军有所不击：军，军队，这里是指敌军。击，攻击。军有所不击：意思是说，对于有的敌军不能进行攻击。

⑧ 君命有所不受：君，君主。受，接受。君命有所不受：君主的命令，有时也不能接受或照办。

⑨ 将通于九变之地利：将，将帅。通，通晓、熟练。九变，指从"圮地无舍"到"地有所不争"的九事之变。变，权变，引申为变通处理、临机处置。将通于九变之地利：意思是说，将帅通晓在遇到上述九种情况时必须加以变通处置的利益。

⑩ 五利：指五变之利，具体是指"涂有所不由"到"君命有所不受"的五变之利。

⑪ 得人之用：人，这里是指军队将士。用，作用，这里可引申为战斗力。得人之用：意思是指，充分发挥全军将士的战斗力。

译文

孙子说：大凡用兵打仗的法则是，将领受国君的命令，征集民众，组成军队，然后出征。出征时，遭到山林险阻沼泽的“圮地”，不能宿营；遇到与邻国接壤、四通八达的“衢地”，要注意与邻国结交；遇到缺乏生存条件或地形十分险恶的“绝地”，应迅速通过，不能停留；遇到四周地形险峻，敌可往来，我难出进的“围地”，应设计赶快离开，免遭包围；遇到前无进地，后有追兵的“死地”，应率领将士与敌作殊死之战，以求脱险。在出征的进程中，有的道路不能通过；有的敌军不能攻击；有的城池不能攻打；有的地方不能争夺。在以上情况下，必须变通应敌，即使是国君的命令有些也不能照办。所以，作为将帅，只有通晓在上述九种情况下，必须临机处置、变通应敌，才能算是懂得用兵；将帅如果不通晓“九变之利”，哪怕是熟悉地形，也不能取得地形之利；统辖军队，如果不懂得各种临机处置的方法，哪怕是知道“五利”，也还是不能充分发挥全军将士的战斗力。

原文

是故智者之虑[①]，必杂于利害[②]。杂于利，而务可信也[③]；杂于害，而患可解也[④]。

注释

① 智者之虑：智者，聪明的人。虑，思虑、考虑。智者之虑：聪明的人思考问题。

② 杂于利害：杂，掺杂、有混合。杂于利害：既有利也有害。这里是指，思考问题既考虑到有利一面，也考虑有害一面。

③ 务可信：务，任务。信，通“伸”，这里可引申为完成、成功。务可信：这里是指任务可以成功。

④ 患可解：患，灾患、祸患。解，解除，患可解：灾患可以解除。

译文

所以说，聪明人考虑问题，必定是同时兼顾利害两个方面。只有在处于不利情况时，能充分考虑到有利的方面，才会对完成任务充满信心；只有在情况顺利时，能充分考虑到种种不利因素，才能解除各种可能产生的祸患。

原文

是故屈诸侯者以害①,役诸侯者以业②,趋诸侯者以利③。

注释

① 屈诸侯者以害:屈,屈服,这里作使动词用,意为"使屈服"。害,危害、灾害。屈诸侯者以害:这里的意思是说,要使别的诸侯国屈服必须用他们最畏惧的灾害去威胁他们。

② 役诸侯者以业:役,役使。业,事业。役诸侯者以业,按杜佑注:"能以事劳役诸侯之人,使不能安佚。"意思是说,要以种种事情去役使别国人民,使之疲劳不堪,不得安逸。

③ 趋诸侯者以利:趋,趋附,这里作使动词,意为"使趋附""使归付"。趋诸侯者以利:这里的意思是说,要以利益引诱,使得别的诸侯国归附。

译文

所以,要使别的诸侯国屈服,就要用他们最害怕的事情去威胁他们;要使别的诸侯国受驱使,就要以种种任务去劳役他们;要使别的诸侯国归附,就要以种种利益去引诱他们。

原文

故用兵之法，无恃其不来①，恃吾有以待也②；无恃其不攻，恃吾有所不可攻也③。

注释

① 无恃其不来：恃，依恃、依靠。其，代指敌军。不来，指不来进犯。无恃其不来：这里的意思是说，不要依靠寄希望于敌军不来进犯。

② 恃吾有以待：待，等待，引申为有准备。恃吾有所待：要依靠自己有充分准备。

③ 恃吾有所不可攻：不可攻，不可被攻克。恃吾有所不可攻：这里的意思是说，要依靠于自己有充分准备，不可被攻克。

译文

所以说，用兵的法则是，不要寄希望于敌军不会来侵犯，而应依靠自己有充分的准备，严阵以待；不要寄希望于敌军不会来进攻，而要依靠自己防守坚固，攻不可破。

原文

故将有五危：必死①，可杀也②；必生③，可虏也④；忿速⑤，可侮也⑥；廉洁⑦，可辱也⑧；爱民⑨，可烦也⑩。凡此五者，将之过也⑪，用兵之灾也。覆军杀将，必以五危，不可不察也。

注释

① 必死：必定要死斗、死拼。

② 可杀也：杀，这里是指诱杀。可杀也：这里的意思是指，可能遭到敌军诱杀。

③ 必生：生，这里是指贪生。必生：一味贪生。

④ 可虏也：虏，俘虏。可虏：可能遭到敌军俘虏。

⑤ 忿速：忿，愤怒。忿速：这里是指性情急躁，容易愤怒、偏激。

⑥ 可侮也：侮，凌侮。可侮也：这里的意思是说，可能因受到敌方设计侮辱而领兵轻进，致遭失败。

⑦ 廉洁：这里是指重视人格名誉。

⑧ 可辱也：辱，侮辱。可辱也：这里的意思是说，可能因受不了敌方使用人格羞辱之计而轻易出战。

⑨ 爱民：这里是指，有"仁人爱民"之心。

⑩ 可烦也：烦，烦劳，烦扰。可烦也：按杜牧的解释，有些有仁人爱民之心的将领，常常因为要保护人民而不顾远近，不自量力地轻易出击。这样的将领有可能中敌军的烦扰之计频繁出击，以致疲劳不堪，最后被战而胜之。

⑪ 将之过也：将，将领。过，过失，过错。将之过也：将领的过失。

译文

所以，作为领兵之将有五种危险：只知死拼硬打，可能会被敌军诱杀；一味贪生怕死，可能会被敌国俘虏；性情急躁、偏激，可能会中敌军"凌侮"之计而领兵轻进，招致失败；过分重视人格名誉，可能会中敌方"羞辱"之计而轻易出战，自乱阵脚；不区别情况讲求仁爱人民，可能会中敌方"烦扰"之计而频繁出击，以致疲惫不堪，最后被战而胜之。以上五点，都是为将的过错，是用兵的灾害。覆军杀将，都是因这五种危险引起的，不可不认真加以考察啊！

通晓利害，趋利避害

"是故智者之虑，必杂于利害。杂于利，而务可信也；杂于害，而患可解也。"

孙武这段话，其大意是：明智的将帅考虑问题，必须兼顾利害两方面。在顺利情况下考虑到不利的方面，大事便可以顺利进行；在困难情况下考虑到有利方面，那么祸患就可以消除了。

孙子的军事思想强调作战要灵活多变，这种军事思想是建立在"通晓利害"的基础上的。他要求将领必须全面看问题，考虑问题必须兼顾利害两个方面：有利时，要看到不利因素；有害时，要考虑有利因素，考虑问题不能片面，要全面，从而趋利避害，防患于未然。

在一般情况下，利害总是相依相存。在许多情况下，利与害可以互相转化，害可以转化为利，利可以转化为害，关键在于指挥者要认清利害之间的关系，创造并利用利害关系的转机，使事物趋利避害，顺利发展。

鉴于"九变"的指挥原则，孙子又概要地提出了利害两顾而趋利避害的战略

思想。孙子认为“智者之虑,必杂于利害”。这就要求,将帅在思考及处理问题时要利害两顾。在有利的情况考虑到不利的方面,事情便可以顺利进行;在不利情况下,考虑到有利方面,祸患就可以解除。

孙子这里讲的通晓利害,从研究战争的思想方法看,是孙子从军事领域的矛盾范畴研究战争的思想。孙子研究战争是以矛盾为主线而展开的,涉及战争的各个环节、各个侧面矛盾的对立现象。这也是孙子朴素辩证法思想的体现。孙子认为,研究战争必须把握这些矛盾范畴,从矛盾双方研究问题,不能只知一方面不知另一方面。对于双方争夺制胜的条件、防御部署中矛盾现象的出现,只有兼顾矛盾的两个方面,才能权衡利弊,作出正确处置。在《孙子兵法》中,实际上讲到矛盾的对立、矛盾的主导方面决定着事物的性质等问题,虽然没有今天的哲学语言,但其研究问题的方法是遵循这个思想原则的。

死地则战,绝处逢生

“凡用兵之法,将受命于君,合军聚众,……死地则战。”

孙武这句话,其大意是:大凡用兵的方法,将领从君主那里接受任命后,征集人马编组成部队出征,……进入死地就要坚决奋战。

死地是指死战才能生存的地形,也就是孙子在《九地篇》中所说的“疾战则存,不疾战则亡者”,在无路可走(“无所往”)的地方两军相争,一旦误入死地,必然是勇者获胜。这时军队上下抱定必死的决心,拼命向前,往往能使形势发生逆转,从不利的处境中求得胜利的结果。

周襄王二十一年,晋国在城濮之战中击败楚国,成为中原霸主。周襄王二十六年,晋为遏制秦军东进中原,两败秦将孟明视所率秦军(崤之战、彭衙之战)。秦穆公力排众议,依然对孟明视予以信任和重用。周襄王二十九年(公元前624年)四月,穆公命孟明视率军再度攻晋。秦军东渡黄河后,孟明视为激发将士斗志,下令将乘船焚毁,以示与晋军决一死战。斗志旺盛的秦军攻占晋邑王官,继而挥师北上进抵晋都翼郊。守翼晋军鉴于秦军来势凶猛,遂坚守城池,拒不出战。秦军求战不成,遂转而南下自茅津(又名陕津,大阳津,今山西平陆西南黄河渡口)南渡黄河,进抵崤山,掩埋掉三年前战死于该地的秦军士兵的遗骨,并树立标志,以志纪念。尔后,秦军班师回国。

此战是晋秦争霸战争中秦军第一次获胜,使晋国的霸主地位开始发生动摇。而孟明视在此战中采用的“济河焚舟”的战术法,为后来《孙子兵法》“投之亡地然后存,陷之死地然后生”的战术理论,提供了实践依据。而在之后的秦末战争中,项羽的“破釜沉舟”与韩信的“背水一战”与此战有异曲同工之妙。

陈胜、吴广在大泽乡起义的时候,在吴中(今江苏省苏州市)的项梁、项羽起而响应。不久,有消息传来,陈胜被秦将章邯打败,项梁赶快率领江东 8000 子弟兵,渡过长江,向西面前线挺进。一些零散的反秦队伍,如陈婴、英布、吕臣等率领的武装,都纷纷投奔到项梁的队伍中来,使这支部队一下子增长到六七万人。但是这时陈王已经被叛徒庄贾杀死,张楚政权已经四分五裂。在这个紧要关头,项梁在薛县(今山东省滕州市南)召开各路起义军首领会议,商量要公推一个起义军的首领。这时候,有个叫范增的七十多岁的老头子赶来献计,他对项梁说:“秦灭六国,楚最不幸。楚怀王被骗到秦国,死在秦国,楚国人至今怀念着他。您从江东起兵,有很多人前来投奔您,这是因为您家世世代代是楚国的大将,人们希望您恢复楚国。您如果拥立楚怀王的后代为王,就一定能够号召更多的老百姓。”

项梁觉得范增的话很有道理,就派人四处寻访楚怀王的后代。没过多久,大家找到一个楚怀王的孙子熊心,这时他才 13 岁,正替人家当放羊娃。于是项梁带领大家把熊心立为楚王,为了顺应楚人怀念故国的心情,仍称他做“楚怀王”。这个消息传开以后,果然又有很多人赶来参加项梁的队伍。

项梁把楚怀王安置在盱眙(今江苏省盱眙县东北),自己带兵继续西进。他在东阿(今山东省阳谷县东北)打败章邯,又在濮阳(今河南省滑县东北)东面大破秦军,接着又攻下了定陶(今山东省菏泽市南)。这时候,原先齐、赵、燕、魏等国的旧贵族,也都在自己的土地上立了王,恢复了自己国家的名称,秦朝的天下眼看就要完蛋了。项梁命令项羽和不久前来投奔他的刘邦带兵急速西进。项羽和刘邦杀死了秦朝的大将李由。章邯见形势危急,赶快请秦朝政府派援军,乘着项梁得胜后骄傲自满,没有防备的机会,偷袭定陶,杀死了项梁。项梁一死,起义军的队伍受到很大损失,项羽、刘邦、吕臣等只好撤退到彭城(今江苏省徐州市)一带,采取守势。

再说秦将章邯击破了项梁率领的楚军主力之后,认为楚军元气大伤,用不着担心了,于是把项羽他们撇开不管,带领大军北渡黄河,攻打当时自称赵王的赵歇。赵王和他的谋臣张耳、陈余没有防备秦军的进攻,一战就败,只好退到巨鹿(今河北省邢台市)固守。章邯派大将王离和涉间把巨鹿城围困得如铁桶一般,秦军在城外布成了铁墙般的防线,章邯自己则率领主力运输粮草,供应王离的围城大军。

赵军被围困得顶不住了,赶紧派人四处求救,燕、齐两国援赵大军早就赶到了,但一见秦军势力强大,谁也不肯充当那碰石头的鸡蛋,都缩头缩脑地远离秦军驻扎。再说楚怀王接到赵王求援的书信,赶紧准备援军,派宋义为上将军,叫他带着次将项羽、末将范增北上救赵。

宋义率领大军由彭城出发,将士们休整了几个月,现在听说要去和秦军的主力拼杀,一个个摩拳擦掌,斗志很旺。但是宋义却是一个胆小怕事、自私自利的小人,他用甜言蜜语取得怀王的信任,骗取了兵权,但他根本就不想到城下和秦军拼命。当他走到安阳(今山东省曹县东)的时候,便号令全军原地休息,这一住就是四十多天,他自己每天在大帐中饮酒作乐,从不提出兵援赵的事。

项羽实在忍耐不住,便来见宋义:“救兵如救火,现在赵王危险,我们应该立即率兵渡过黄河,与赵王来个里应外合,就一定能够大败秦军!”宋义斜着眼看了项羽一下,慢吞吞地说:“你哪里懂得兵法的妙用!我们的目标是消灭秦军,我的主意是先让秦赵拼个你死我活,我们可以坐收渔翁之利。在战场上冲锋打仗,我比不上你,要说出谋划策,你可就比我差远了。”项羽遭到一场抢白,强压着火儿没发作,怒哼哼地走出了军帐。

宋义冲着他的背影冷笑着,随即起草了一道命令,公布于全军说:“将士们打起仗来应该像虎狼那样凶猛,可谁要是不服从命令,一概都得砍头。”这显然是冲着项羽来的,叫他乖乖地服从命令。

项羽本是个火暴脾气,怎么会咽下这口气?一天早晨,他全副武装,大步跨进宋义军帐,再次要求立即出兵救赵。宋义大发脾气,喊道:“我的军令已下,难道你要以头试令吗?”项羽大吼一声:“我要借头发令!”宋义本是个草包,顿时吓得软成一团,项羽一剑斩下他的脑袋。将士们听说杀了宋义,都立刻表示愿意服从项羽的指挥,并拥立项羽代理上将军一职。

一朝权在手,便把令来行。项羽担任了援赵大军的主帅,下令士兵每人带足三天的口粮,然后又下令砸碎全部行军做饭的锅。将士们都愣了,项羽说:

"没有锅,我们可以轻装前去,立即挽救危在旦夕的赵国! 至于吃饭嘛,让我们到章邯军营中取锅做饭吧!"大军渡过了漳(zhāng)河,项羽又命令士兵把渡船全都砸沉,同时烧掉所有的行军帐篷。战士们一看退路没了,这场仗如果打不赢,就谁也活不成了。

项羽指挥楚军很快包围了王离的军队,同秦军展开了九次激烈的战斗,渡河的楚军无不以一当十,以十当百,个个如下山猛虎,个个都奋勇拼杀。沙场之上,烟尘蔽日,杀声震天。楚军将士越斗越猛,直杀得山摇地动,血流成河。经过多次交锋,楚军终于以少胜多,把秦军打得大败,杀死了秦将苏角,俘虏了王离,涉间被打得走投无路,放火自焚(fén)而死,章邯带着残兵败将急忙后退。那些旧贵族派来的援军,看到项羽大获全胜,又是佩服,又是害怕。从此项羽就做了上将军,诸侯的军队都归他统率。章邯带领残兵败将后退了几十里,派人到咸阳去求援兵。但赵高正忙着夺位,一个援兵也没派,章邯在走投无路的情况下,就率领剩下的秦军投降了项羽。

孙子提出了"死地则战"的兵法原则,要求军队陷入危险的境地,就要奋力搏杀,如此方有生还的可能。古今兵家经常以此原则化险为安、死中求生,创造出一个个胜利的奇迹。

王官之战和巨鹿大战,也正是这样。秦军、楚军自己抱定陷入死地的决心,断绝了自己的一切后路,故能使士卒在与敌军作战时人人奋勇当先,以一当十,大获全胜。"死地则战"的意义在这两战中得到了极好的印证。

将在外,君命有所不受

"孙子曰:……君命有所不受。故将通于九变之利者,知用兵矣。"

这段话,其大意是:孙子说,……国君的命令有的可以接受,有的是不该执行的。将帅能精通各种机变的灵活运用,就懂得如何用兵了。

将帅受命于君王,然而战场上风云变幻,总有与原来战略目的、战术设计不同之处,君王的指令,总赶不上"变化"的速度。因此,根据实际情况,"君命有所不受",是将帅进行指挥的一大原则。机械地执行君王指令而不考虑战场形势,只能导致良机错失、军队失败的结果。

战场上是千变万化的,胜败除了要看双方兵力的大小,还要看指挥员应变

的能力。孙子用“九变”来形容这种变化,可见变化之多。没有变化而墨守成规,那自然要被灵活多变的对手打败。这其中所说的要有所“不为”“君命有所不受”都是很重要的军事原则。从古至今,许多有作为的军事家,正是靠多变来取胜的。对于号称“沙漠之狐”的隆美尔而言,与其说是他自作主张,不如说是他根据实际情况,随机应变。“将在外,君命有所不受”,希特勒在几千公里之外,对昔兰尼加的战况一定没有隆美尔身临其地了解得透彻。因而希特勒的命令是不合时宜的,于是隆美尔灵活处理,变化战术,才一次又一次地把英国人轻易击溃,其变化无常,诡计多端,不愧为“沙漠之狐”。

打仗如此,商战也一样。商场如战场,从一定意义上说,商场的情况之复杂,变化速度之快,机遇之短暂,并不亚于兵刃交锋的战场。一个企业家如果不敢给下级以必要的临机处置权,将会在商战中丧失许多机会,这样的企业是没有多少发展前景的。相反,如果企业家心怀大志,高瞻远瞩,敢于赋予企业各部门主管人员,特别是负责对外营销的主管人员以相当的自主决断权,他的企业便必定能屡屡抓住机遇、出奇制胜。

通于九变，知晓地利

“故将通于九变之地利者，知用兵矣。将不通于九变之利者，虽知地形，不能得地之利矣。”

孙武这段话，其大意是：将帅能通晓九变好处的，就懂得用兵了；将帅不通晓九变好处的，虽然知道地形情况，也不能得地利。

孙子强调，用兵打仗要善于变化，灵活布兵；在具体的作战环境中要熟悉地形，善借地利。

在历史上，巧借地利以获胜的事例很多。

韩信曾有一仗打得非常漂亮，战后诸将问韩信：“兵法上说，要尽量避免在水泽上作战，以免发生不利之影响，现在你反而背水布阵，竟然获胜，是什么道理？”韩信说：“在兵法上有‘陷之死地而后生，置之亡地而后存’的说法，我就利用现在的情势，使将士们能人人奋战啊！”

可见，韩信深谙兵法谋略，是孙子所说的那种“通于九变之地利”的杰出的军事家。

镇静从容，处变不惊

“故将有五危：必死，可杀也；必生，可虏也；忿速，可侮也；廉洁，可辱也；爱民，可烦也。凡此五者，将之过也，用兵之灾也。覆军杀将，必以五危，不可不察也。”

孙武这段话，其大意是：将帅有五种重大的险情，只知道死拼蛮干，就可能被诱杀;只顾贪生活命,就可能被俘虏;急躁易怒,就可能中敌人轻侮的奸计;一味廉洁好名,就可能入敌人侮辱的圈套;不分情况"爱民",就可能导致烦劳而不得安宁。以上五点,是将帅的过错,也是用兵的灾难。军队遭到覆灭,将帅被敌擒杀,都一定是由这五种危险引起的,这不可不予以充分的重视。

将帅统帅三军,他的一个命令,一个行动,不仅关系到三军将士的生死,还关系到国家的安危、百姓的存亡,因此,孙子极力主张将帅要有良好的个性修养,要有大将风度,要冷静沉稳,不急不躁,处变不惊,从容对敌。这是孙子"慎战"思想的具体体现。

将帅素质是许多军事家都十分重视的问题。孙子在本篇中指出将帅"五危",是从五个方面研究将帅素质上的某种缺陷可能导致的各种危机,将帅运兵指挥战役时,失败往往不是来自于外界条件(如:敌强、我寡、地形恶劣、供给不足、敌情不明、兵卒训练尚差等),也不是来自指挥不当,而是来自于将帅个人的素质缺憾。

真正合格的将帅理应是不避生死之险、智勇双全者;性格完美无缺,且具有远见卓识的仁者,而不是只抓住事物一端,困守至死的庸才。他们虽勇敢但并非拼死蛮干;他们善于保存军队的实力,却不委屈贪生;他们性格刚毅但并不暴躁,且经得起诋毁、误解;他们廉洁自爱却又不怕诽谤;他们爱民爱兵,完全符合《始计篇》中所论的合格将帅条件——智、信、仁、勇、严五德。

1928年6月,张作霖与蒋介石在关内作战失败,由北京乘火车退往东北沈阳。由于张作霖未能满足日本侵占满蒙的全部要求,引起日本帝国主义对张作霖极大的不满,决心除掉他。4日清晨,当张作霖乘专列经过京奉路和南满路交叉处的皇姑屯车站时,被日本关东军预埋的炸弹炸死。

6月4日,恰巧是张学良的生日。这天,他正和杨宇霆、孙传芳及军团部高级幕僚们,在北京的寓所万宇廊聚会。接到奉天密电,得知父亲被炸的消息后,张学良悲痛欲绝。他知道事关重大,绝对不能慌乱,故表现得十分镇定。此后十几天,张学良所采取的一系列措施,充分表现了他处变不惊的个性。

首先,张学良同杨宇霆等人进行商议,将所辖部队的撤退细节一一做了妥善安排,并把自己的军队全部安全撤退到滦县。然后,他把军队的指挥权交给杨宇霆,自己则秘密地从滦县乘车,启程返回奉天。为了遮人耳目,防止日本人再搞阴谋加害自己,他特地剃了发,换上灰色的士兵服装,化装成"伙夫"模样,乘坐普通的闷罐军车,安全回到奉天帅府。

张学良回奉天后,见到父亲被炸的惨状,伤心至极,号啕大哭。但由于刚到东北,一切事情均未安排妥当,如果消息外露,可能会引起动荡和混乱,日本人则会乘机浑水摸鱼。张学良忍住悲痛,决定秘不发丧,对外只是谎称张作霖虽然被炸受伤,但并无生命危险。他严禁闲杂人员进入张作霖卧室,每天仍令厨房给张作霖"开饭",令医生给张作霖"换药",等等,不露一点破绽。日本人虽然多次派人设法打听,但都被巧妙应付过去。张学良将各方面的事情都做了周密的安排之后,才于6月21日正式给父亲发丧。7月4日张学良子继父业,任东北保安司令。

日本人本想通过制造皇姑屯事件,除掉对其已无大用处的张作霖,趁张作霖死后引起的混乱,攫取更大更多的权益。他们估计年轻气盛的张学良可能会急于为父报仇,而使东北陷入混乱,日本就可趁火打劫,出兵东北,用武力彻底解决问题。哪知张学良竟能如此处变不惊,平静地处理了这一突发事变,稳定了东北局势。张学良以自己的智慧挫败了日军的阴谋,摆脱了即将发生的危机。

"大将风度,镇静从容",不只是领兵打仗,为人处世亦应如此。日本人虎视眈眈,欲趁乱取事,关键时刻,张学良身负国耻家仇,处乱不惊,克服了人性常有的弱点,稳定了东北局势,尽显其大将风度。

第九篇　行军篇

〔简述〕

本篇专门论述作战中有关行军的各种问题，诸如行军时如何安营扎寨，如何观察和利用地形，如何侦察敌情等等。

全篇内容大体分为四部分：1. 分别从山岳地带、河川地带、盐碱地带、平原地带，以及其各种险阻地带论述了行军扎营、应敌所必须注意的事项和应该采取的措施。2. 论述行军过程中侦察敌情的几种基本方法。诸如“敌近而静者，恃其险也；远而挑战者，欲人之进也；其所居易者，利也；众树动者，来也；众草多障者，疑也；鸟起者，伏也……”3. 指出用兵打仗，主要的并不在于兵力越多越好，而在于“并力、料敌、取人”，也就是善于集中兵力，判明敌情，以智取胜；那种“无虑而易敌”，一味只知盲目猛进的人，将“必擒于人”。4. 指出统帅军队必须重视平时的教育，同时，也更要重视战时军纪严明，赏罚分明。强调为将者要言而有信，令行禁止，士卒们才会心悦诚服。

原文

孙子曰：凡处军相敌[1]，绝山依谷[2]，视生处高[3]，战隆无登[4]，此处山之军也[5]。绝水必远水[6]，客绝水而来[7]，勿迎之于水内[8]，令半济而击之[9]，利[10]；欲战者，勿附于水而迎客[11]；视生处高，无迎水流[12]，此处水上之军也。绝斥泽[13]，惟亟去无留[14]；若交军于斥泽之中，必依水草而背众树[15]，此处斥泽之军也。平陆处易[16]而右背高[17]，前死后生[18]，此处平陆之军也。凡此四军之利[19]，黄帝之所以胜四帝也[20]。

注释

① 处军相敌：处军，处置军队，指带领军队行军、扎营、作战等。相敌，观察、判断敌情。处军相敌：带领军队行军、扎营、作战，观察判断敌情。

② 绝山依谷：绝，渡过、穿越。依，傍依。谷，这里是指溪谷。绝山依谷：这里的意思是说，军队穿越山地要依傍着溪谷行进。

③ 视生处高：视，视野。生，生动、生机，这里引申为开阔。视生，就是指视野开阔。处高，处于高地。视生处高：意思是说，要把军队驻营于地势高、视野开阔的地方。

④ 战隆无登：隆，这里是指高地。登，攀登。战隆无登：意思是说，不要去仰攻占据高地的敌军。

⑤ 处山之军：处，这里是指处置、部署。处山之军：这里是指处置、部署部队在山地行军作战的原则。

⑥ 绝水必远水：水，这里泛指河川地带。绝水必远水：这里的意思是说，军队穿越河川地带时，要在距离河流较远的地方驻扎，以免陷入背水一战的死地。

⑦ 客绝水而来：客，这里是指敌军。客绝水而来：这里的意思是指，敌军渡河前来进攻。

⑧ 勿迎之于水内：迎，这里是指迎击。水内，按梅尧臣注、张预的解释，这里是指水边。勿迎之于水内：这里的意思是说，不要在敌军刚到河边时便迎击他们。

⑨ 令半济而击之：令，使。济，过河，渡河。半济，渡河才渡过一半。令半济而击之：这里的意思是说，使敌军渡河渡至一半时才发起攻击。

⑩ 利：利益，这里是指，对我军取胜有利。

⑪ 勿附于水而迎客：附，附近，靠近。客，指敌军。勿附于水而迎客：意思是说，不要在靠近河流的地方同敌作战。

⑫ 无迎水流：水流，水流往下，这里是指，河的下游。无迎水流：这里的意思是指，不要在河的下游驻扎，以免敌军在上游决水或投毒而遭失败。

⑬ 绝斥泽：斥，盐碱地。泽，沼泽地。绝斥泽：这里是指军队在穿越盐碱地和沼泽地时。

⑭ 亟去无留：亟，急、迅速。亟去无留：迅速离开不要停留驻扎。

⑮ 依水草而背众树：依，依傍。背，背靠。依水草而背众树：这里的意思是说，要依傍着水草，背靠着树林扎营。

⑯ 平陆处易：平陆，这里是指平原地带。处，安处。易，这里是指平坦的地

方。平陆处易：这里的意思是指，在平原地带也要选择平坦的地方安营。

⑰ 右背高：右，这里是指军队的侧翼。背，背靠。高，高地。右背高：这里是指，军队的侧翼要背靠高地以为倚托。

⑱ 前死后生：死，死地，这里是指地势较低，易攻难守之地。生，一地，这里是指地势较高的险峻之地。前死后生：这里的意思是说，在平原地带作战，要选择背靠山险、面向平地的地势。

⑲ 四军之利：四军，指山地、河川地、盐碱沼泽地、平原地四种地带行军作战。利，取利。四军之利：这里的意思是指，在四种地带行军作战求取胜利的原则。

⑳ 黄帝之所以胜四帝也：黄帝，传说中的汉族祖先。四帝，指黄帝时代四周的部落领袖。相传黄帝曾先后打败了炎帝、蚩尤、獯鬻等部落，统一了黄河流域。黄帝之所以胜四帝也：意思是说，这就是当年黄帝之所以能够战胜四帝的原因。

译文

孙子说：大凡率领军队作战，观察判断敌情，在穿越山地时，要依傍着溪谷行进；要在地势较高、视野开阔的地方扎营；不应去仰攻占据了高地的敌军，这是在山地处置军队行军作战的原则。穿越河川地带时，必定要在距离河流较远的地方扎营；敌军渡河前来进攻，不可以在其刚进到河边时，使迎击他们，而要等到他们渡至河心再发起攻击，这样才会有利；想要出战不要选择靠近河流的

地方与敌军交锋;军队应驻扎在开阔的高地,且不能处于河的下游(以免敌军从上游投毒或决水)。这是在河川地带处置军队行军作战的原则。穿越盐碱地和沼泽地时,应急速通过,不能停留;如果在这样的地带与敌军相遇交锋,必须抢占依傍水草、背靠树林的有利阵地。这是在盐碱、沼泽地带处置军队行军作战的原则。在平原地带,要选择平坦的地方扎营,但侧翼要背靠高地,以形成背靠山险、面向平地的有利态势。这是在平原地带处置行军作战的原则。以上四种地带是行军作战求取胜利的原则,也正是当年黄帝之所以战胜四周部落领袖的原因。

原文

凡军好高而恶下①,贵阳而贱阴②,养生而处实③,军无百疾④,是谓必胜。丘陵堤防⑤,必处其阳而右背之⑥。此兵之利,地之助也⑦。上雨⑧,水沫至⑨,欲涉者⑩,待其定也。凡地有绝涧、天井、天牢、天罗、天陷、天隙⑪,必亟去之⑫,勿近也。吾远之,敌近之;吾迎之,敌背之⑬。军行有险阻、潢井、葭苇、山林、翳荟者⑭,必谨复索之⑮,此伏奸之所处也⑯。

注释

① 凡军好高而恶下:军,这里是指驻军扎营。凡军好高而恶下:意思是说,大凡军队扎营都是喜欢选择地势较高的干燥地方而讨厌地势低下的潮湿地方。

② 贵阳而贱阴:贵,重视。阳,这里作“向阳”解。贱,轻视、不喜欢。阴,阴

暗。贵阳而贱阴：重视向阳明亮之处而不喜欢阴暗背光之处。

③ 养生而处实：养生，这里是指，水草丰盛，粮食充足，军队容易休养生息。处实，这里是指军需物资供应方便的地方。养生而处实：这里的意思是说，军队扎营要选择水草丰盛、粮食充足、军需物资供应方便的地方。

④ 军无百疾：百疾，各种疾病。军无百疾：军中将士不会沾染各种疾病。

⑤ 丘陵堤防：这里是指在有丘陵堤防的地区。

⑥ 处其阳而右背之：处，占据。阳，向阳的一面。右，这里是指军队的主要侧翼。处其阳而右背之：这里的意思是说，在丘陵堤防地带行军打仗，军队要占据向阳的一面，并且将主要侧翼背靠着它，以之为依托。

⑦ 地之助也：地，地形。地之助：利用地形的辅助。

⑧ 上雨：上，这里是指河的上游。上雨：河的上游下雨。

⑨ 水沫：河水的泡沫，这是洪水到来的表现。

⑩ 涉：这里是指涉水。

⑪ 绝涧：两岸山势峭峻，水流其间的险恶地形。天井：四周高峻，中间低洼的地形。天牢：牢，牢狱。天牢，是指一种四周地势险恶、易进难出的地形。天罗：罗，罗网。天罗，是指一种四围荆棘丛生，军队进入后如同陷入罗网难以摆脱的地形。天陷：陷，陷阱。天陷是指一种地势低洼、泥泞易陷的地形。天隙：隙，狭窄的缝隙。天隙是指一种两边高山壁立，中间道路狭窄，难以行军的地势。

⑫ 亟去之：急促离开。

⑬ 敌背之：背，作使动词，使背。敌背之：让敌军去背靠它。

⑭ 潢井:潢,积水池。潢井,指地势低陷、积水很多的地方。葭苇:芦苇,泛指水草,这里是指水草丛生的地方。翳荟:草本茂盛,这里指草木茂密多障碍。

⑮ 谨复索之:谨,谨慎、认真。复,反复。索,搜索。谨复索之:这里是说要认真地、反复地进行搜索。

⑯ 伏奸:伏兵与奸细。

译文

大凡军队安营都喜欢处于地势较高的干燥地方而厌恶地势低洼的潮湿地方,都重视向阳明亮之处而不喜欢阴暗背光之处,还要是水草丰盛、粮食充足、物资供应方便的所在,这样才能使战士不生各种疾病,才能每战必胜。如果是遇有丘陵堤防,必定要占据其向阳的一面,并且将主要的侧翼背靠它,以之为依托。这些对于用兵的有利措施都是以利用地形作为辅助条件的。部队行至河流附近,遇到上游下雨,洪水到来,如果想要涉水渡河,必须等待水势稳定后再渡。大凡行军作战遇到两岸山势峭峻,一水穿流其间、地形险恶的"绝涧";遇到四周山势高峻、中间地势低洼的"天井";遇到四面地势险恶、易进难出的"天牢";遇到四周荆棘丛生、进入之后如同陷入罗网,难以摆脱的"天罗";遇到地形低洼、泥泞易陷的"天陷";以及遇到两旁高峰壁立,中间道路十分狭窄的"天隙"等等,都必须迅速离开,不能靠近它们,要让自己的部队远离这些险地,而让敌军去靠近它;要设法使自己的部队能面对着这些险地,而让敌军去背靠着它们。行军路上遇到有险峻的道路,或者是地势低陷、积水很多的地方,或者是水草丛生的地方,或者是山林和草木茂密、障碍甚多的地方,都必须仔细地反复搜索,因为这些地方都是容易隐藏伏兵或奸细的所在。

原文

敌近而静者[①]，恃其险也；远而挑战者，欲人之进也[②]；其所居易者[③]，利也。众树动者[④]，来也；众草多障者[⑤]，疑也[⑥]；鸟起者[⑦]，伏也[⑧]；兽骇者[⑨]，覆也[⑩]。尘高而锐者[⑪]，车来也；卑而广者[⑫]，徒来也[⑬]；散而条达者[⑭]，樵采也[⑮]；少而往来者[⑯]，营军也；辞卑而益备者[⑰]，进也[⑱]；辞强而进驱者[⑲]，退也；轻车先出居其侧者[⑳]，陈也[㉑]；无约而请和者[㉒]，谋也[㉓]；奔走而陈兵车者[㉔]，期也[㉕]；半进半退者[㉖]，诱也[㉗]；仗而立者[㉘]，饥也；汲而先饮者[㉙]，渴也；见利而不进者，劳也。鸟集者[㉚]，虚也[㉛]；夜呼者[㉜]，恐也[㉝]；军扰者[㉞]，将不重也[㉟]；旌旗动者[㊱]，乱也[㊲]；吏怒者[㊳]，倦也[㊴]；粟马肉食[㊵]，军无悬缻[㊶]，不返其舍者[㊷]，穷寇也[㊸]。谆谆翕翕[㊹]，徐与人言者[㊺]，失众也[㊻]；数赏者[㊼]，窘也[㊽]；数罚者，困也[㊾]；先暴而后畏其众者[㊿]，不精之至也[51]；来委谢者[52]，欲休息也。兵怒而相迎[53]，久而不合[54]，又不相去，必谨察之。

注释

① 敌近而静者：近，靠近。敌近而静者，这里是说，靠近我军的敌军却能保持安静。

② 欲人之进也：进，这里是指轻进。欲人之进：这里是指希望对方的军队轻进。

③ 所居易者：易，平易，这里是指平坦地带。所居易者：这里是指敌军在平坦地带驻扎。

④ 众树动：众树，众多的树，即树林。众树动，是指树林摇曳摆动。

⑤ 众草多障：众草，杂草。障，障碍。众草多障：这里是指，敌军在杂草丛生的地方设置了许多障碍。

⑥ 疑也：疑，使动词，使疑，使迷惑。

⑦ 鸟起：起，这里是指惊起。鸟起：鸟雀惊飞起。

⑧ 伏也：伏，埋伏，这里是指伏兵。

⑨ 兽骇：骇，惊骇；兽骇：野兽惊跑。

⑩ 覆也：覆，倾覆、遮蔽。这里是指敌军大举进攻，蔽天盖地而至。

⑪ 尘高而锐：尘，尘土。锐，锐直。尘高而锐：尘土高扬，直冲云天。

⑫ 卑而广：卑，低下。卑而广：尘土飞扬不高但面很宽广。

⑬ 徒来也：徒，徒步，这里是指步兵。这里是说敌军的步兵到来了。

⑭ 散而条达：散，分散。条达，细长貌。散而条达：这里是指飞起的尘土分散而细长。

⑮ 樵采：樵，砍柴。采，伐木。樵采：这里是指敌军砍柴伐木。

⑯ 少而往来者：这里是指飞起的尘土少而且是一来一往，此起彼落。

⑰ 辞卑而益备：辞，言辞。卑，谦卑。备，这里是指战备。辞卑而益备：这里是说，敌方表面上言辞谦卑，实际上却在加强战备。

⑱ 进也：这里是指进攻。

⑲ 辞强而进驱：辞，措辞诡诈。强，勉强。进驱，这里是指驱军前进。辞强而进驱：这里的意思是说，以诡诈的言辞作掩护，勉强驱军前进。

⑳ 轻车先出居其侧者：轻车，战车。侧，这里是指侧翼。轻车先出居其侧：意思是说，战车先出来列放在侧翼。

㉑ 陈也：陈，同“阵”，这里是指布阵。

㉒ 无约而请和者：约，约束，这里是指陷入困境。无约而请和：这里是指敌

军没有陷入困境却主动请和。

㉓ 谋也：谋，阴谋。

㉔ 奔走而陈兵车：敌军迅速奔跑，并且用战车摆开阵势。

㉕ 期也：期望、期求。

㉖ 半进半退：进进退退，似进似退。

㉗ 诱也：诱，引诱。

㉘ 仗而立：仗，兵器。仗而立：这里指敌军倚靠着武器站着。

㉙ 汲而先饮：汲，汲水。汲而先饮：汲水的敌军争着先喝。

㉚ 鸟集：鸟雀群集。军营之上，鸟雀群集。

㉛ 虚也：虚，空虚。

㉜ 夜呼者：这里是指敌军士卒半夜惊叫。

㉝ 恐也：恐惧、恐怖。

㉞ 军扰：扰，纷扰。军扰：敌军营内纷纷扰扰。

㉟ 将不重也：不重，不持重。将不重：敌将不持重。

㊱ 旌旗动：动，摇动。旌旗动：这里是指旌旗不规则地摇动。

㊲ 乱也：这里是指敌军队伍混乱。

㊳ 吏怒：怒，躁怒。吏怒：这里是指敌军军官躁怒。

㊴ 倦也：这里是指敌军将士疲倦。

㊵ 粟马肉食：粟，粮食，这里作动词用。粟马，以粟喂马。肉食，这里是指宰杀牲口食肉。粟马肉食：用粮食喂马，宰杀牲口食肉。

㊶ 军无悬缻：缻，汲水用的瓦罐，这里是泛指炊具。悬缻，悬起来供使用的炊具。军无悬缻：军中把炊具都收拾起来了。

㊷ 不返其舍：舍，这里是指军营。不返其舍：意思是说，士卒们不再回到军营去。

㊸ 穷寇：穷，穷途，无路可走。穷寇：无路可走，决意拼死突围的敌军。

㊹ 谆谆翕翕：谆谆，教诲不倦。翕翕，和合的样子。谆谆翕翕：敌军长官对士卒讲话显出一副诚恳和气的样子。

㊺ 徐与人言：徐，缓慢。徐与人言：轻言细语同别人谈话。

㊻ 失众：失去了众人之心，这里是指失去了军心。

㊼ 数赏：赏，奖赏。数赏：一再地奖赏。

㊽ 窘：窘迫、无计可施。

㊾ 困：困厄、困难。

㊿ 先暴而后畏其众：暴，暴虐、行暴。畏，畏惧。先暴而后畏其众：这里是说，敌军长官先对部下横施暴虐，以后又害怕起部下叛变来了。

51 不精之至：精，精明。不精之至：不精明到了极点。

52 来委谢者：委，委婉。谢，谢罪，这里是指赔礼谢罪。来委谢者：敌方派遣使者前来委婉地表示谢罪。

53 兵怒而相迎：怒，愤怒。兵怒而相迎：这里是指敌军盛怒而来。

54 久而不合：合，合战。久而不合：指敌军久久地不向我军进攻。

译文

敌军靠近了我军却表现得很安静，这是因为他们依仗着有险可据；敌军距离我军较远，却不断地派兵前来挑战，这是希望激怒我军轻进；敌军在平坦的地带安营，这是因为形势对他们有利。树林摇曳摆动，说明敌军要来了；敌人在杂草丛生的地方设置许多障碍，这是想迷惑我军；敌方阵地鸟雀惊飞，说明敌军设有伏兵；野兽惊跑，说明敌军要大举进攻；敌方的尘土高扬，笔直朝上，这是兵车已出动；尘土飞起，分散而细长，这是敌军在砍柴伐木；尘土飞起甚少而且此起彼落，这是敌军在安营扎寨。敌方表面上言辞谦卑，实际上却在加强战备，这是要向我军进攻；敌方以诡诈的言辞作掩护，勉强驱军前进，这实际上是准备撤退；敌方战车先出，列于侧翼，这是在布置阵式；敌军并未受到约束、陷入困境却要前来请和，这是包藏着阴谋；敌方士卒迅速奔跑，并用战车摆开阵式，这是期望与我军决战；敌军似进似退、进进退退，这是要引诱我军出战。敌方士卒倚着兵器站立，这是缺粮饥饿的表现；敌军见利而不进取，这是疲劳的表现。敌方军营之上鸟雀群集，这是军营空虚的征候；敌方士卒半夜呼叫，这是一种恐惧的表现；敌方军营纷纷扰扰，这是敌将威望不重的表现；敌方旌旗杂乱摆动，这是队伍混乱的表现；敌方军官容易躁怒，这是敌军十分疲劳、无法管理的表现；敌方军队以粟喂马，宰杀牲口，收拾炊具，士卒不再返回军营，这是面临绝境、决意拼死突围的穷寇。敌方军官姿态诚恳和蔼，轻言细语对士卒谈话，这说明已经失去军心；对士卒赏了又赏，这说明已无计可施；对部属罚了又罚，这说明已处于困境；对下属起初暴虐不堪而后又害怕下属叛变，这说明敌军将领极不精明。敌方派出使者前来委婉表示谢罪，这是企图休兵息战。敌军盛气而来却又久久地不向我军进攻，也不往后撤退，对于这种情况则应特别谨慎观察，以摸清其意图。

原文

兵非益多也①,惟无武进②,足以并力料敌③,取人而已④,夫惟无虑而易敌者⑤,必擒于人⑥。

注释

① 兵非益多也:益多,以多为益,越多越好。兵非益多也:军队并不一定是越多越好。

② 惟无武进:惟,只是。武进,恃勇轻进。惟无武进:意思是说,只是不要恃勇轻进。

③ 足以并力料敌:足,足够。并,合并,引申为集中。料,预料,引申为判明。敌,这里是指敌情。足以并力料敌:只要能充分地判明敌情,集中使用兵力就行了。

④ 取人:取,取得。人:这里是指部下。取人:这里是指取得部下的信任和支持。

⑤ 惟无虑而易敌者:惟,只有。易,轻易。易敌,轻易地对待敌军。惟无虑而易敌者:只有那不深思熟虑而又轻视敌军的人。

⑥ 擒于人:被人所擒。

译文

用兵并不在于军队的数量越多越好，只要不恃勇轻进，并能判明敌情，集中使用兵力，取得部下的信任和支持就行了。只有那不深思熟虑而又轻敌的人，才会在战争中被敌军擒获。

原文

卒未亲附而罚之，则不服①，不服则难用也；卒已亲附而罚不行，则不可用也。故令之以文②，齐之以武③，是谓必取④。令素行以教其民，则民服⑤；令不素行以教其民，则民不服。令素行者⑥，与众相得也⑦。

注释

① 卒未亲附而罚之，则不服：亲附，亲近依附。罚，刑罚。卒未亲附而罚之，则不服：意思是说，当士卒们还没有亲近依附时便施加刑罚，士卒们便会怨愤不服。

② 令之以文：令，命令、号令。文，文教，这里是指政治教育。令之以文：这里的意思是说，要用政治教育的方法使士卒们接受命令。

③ 齐之以武：齐，整齐、统一。武，武力，这里是指强制性的军纪。齐之以武：这里的意思是说，要用强制性的军纪使士卒们统一行动。

④ 必取：必定取得，这里是指，必定会取得部下的敬畏与拥护。

⑤ 令素行以教其民：令，命令、军令。素，平素、平时。行，实行。令素行以教其民：这里的意思是说，要用平素发布的军令都必定坚决执行的事实来教育士卒。

⑥ 令素行者：平时发布军令信实有征，威望昭著的人。

⑦ 与众相得：得，亲和。相得，关系融洽。与众相得：这里是指与部下关系融洽。

译文

当士卒还没有明白道理亲近依附的时候，便施加刑罚，士卒们便会怨愤不服；当士卒已经明白道理，亲近依附的时候，却根本不施刑罚，那样的军队也是不能作战的。所以说，带领军队既要用政治教育的方法，使将士接受命令，又要用强制性的军纪、军法统一将士们的行动，这样才必定能取得全军上下的敬畏和拥护。要用平常发布的每一项军令都必须坚决执行的事实来教育士卒，这样，士卒们才会信服；平常发布的军令不能严格执行，要去管理士卒，士卒是难以信服的。平时的军令能得贯彻执行，这正是将领同下级和士卒之间关系融洽的表现。

宽严相济，恩威并举

“卒未亲附而罚之，则不服，不服则难用也；卒已亲附而罚不行，则不可用也。故合之以文，齐之以武，是谓必取。”

孙武这段话，其大意是：士卒未亲近依附时就对他们实行处罚，那他们会不服；士卒不服就难以使用他们去作战。士卒已经亲近依附，如果仍不执行军纪军法，也是不能使用他们去打仗的。所以，要用怀柔宽仁的手段统一他们的思想，用军纪军法的手段使他们整齐一致，这种军队才是必胜的军队。

本段文字表明了孙子的“宽严相济，恩威并举”的治军原则，就是要用政治、道义的宽厚态度来教育、使用士兵，用法纪来整饬部队，使士兵“亲附”并服从将帅指挥。孙子主张教与罚、宽与严并用，恩与威兼施。

“宽严相济，恩威并举”，是孙子关于军队管理的基本思想。他认为，军队要保持强大的战斗力，必须通过有效的管理，达到团结一致，协调统一。管理的方法，应该是文武并济，即用道理说服教育部队和士卒，使之自觉地执行命令，同时要以军纪军法来统一步调，两者相辅相成，缺一不可。这样做就能取得部下的敬畏和拥戴，部队就能有效地治理。

孙子在如何治军这一问题上强调要“令之以文，齐之以武”，也就是宽严相济、恩威并举。

从巴顿的治军中，就可以看到孙子所谓的治军见解。巴顿平时关心士兵，施之以恩；战时，行令如山，施之以威。恩威并举，是巴顿治军的要诀，也是他取得辉煌战绩的保证。

明察秋毫，知而胜之

“军行有险阻、潢井、葭苇、山林、蘙荟者，必谨覆索之，此伏奸之所处也。……兵怒而相迎，久而不合，又不相去，必谨察之。”

孙武这段话，其大意是：军队行动时遇到险峻阻隔之地、低洼沼泽之地以及芦苇、树林、杂草丛生之地，必须派人仔细地反复搜索，因为这些地方容易藏匿伏兵和奸细。……敌军怒气冲冲地与我对阵，却总是不肯交锋，又不撤退，这时就必须审慎地观察他们的企图。

孙子强调在行军中，一定要对各种自然和军事迹象进行清晰地观察并根据自己的经验作出判断。洞穿事物表面现象背后所隐藏的东西，从而了然于胸，打起仗来也才能无往不胜。

明察秋毫，对各种迹象全然于心，不仅在战争中适用，而且在生活中也依然适用。

西汉宣帝时，颍川郡出了件新鲜事：两个女人为了争夺一个男婴，打了很长时间的官司而没有结果，弄得满城风雨。

这二人是本地一有钱大户人家的妯娌俩。两家住在一起。说来也巧，两个女人同时怀了身孕，可临产时，一人伤了胎，一人生了个胖小子。伤了胎的又嫉妒、又着急，干脆偷走了人家的亲骨肉。被偷的岂能答应，拼死拼活地要夺回儿子，兄弟二人也成了冤家对头。官司打得死去活来，几上几下，州郡都不敢轻易判决。争夺的是活生生的孩子，而不是财物，弄不好要出人命的。

黄霸接任颍川太守，听了这桩新奇事，马上招来两家审理。大家听说新来的太守放出话来，要快刀斩乱麻，当堂处理这个积久未决的疑案，都围到衙门口看稀罕，叽叽喳喳议论着，猜不透太守有什么妙计。

升堂了，没有按照惯常的那套程序。黄霸不审不问，只是让一个衙役抱着那孩子在大堂中央站定，两个女人分立两旁，距孩子有几十步远。然后，太守黄霸告诉她们，号令一下就去抢孩子，谁抢到谁抱走。

众人一听，心里都骂这个太守太荒唐。把孩子的性命当儿戏，这般草率断案，天底下竟有这种糊涂昏聩的太守，真让人心寒。

随着太守一声令下，两个女人没命似的扑了上去，同时抓住了孩子，一个拽住双腿，一个拉住胳膊。孩子又疼又怕，尖声哭叫着。周围的人心都揪得紧紧的，这么一抢，孩子岂不要没命了。还好，弟媳妇先松开手，"哇"的一声抱头痛哭。嫂子抢到了孩子，紧紧地搂在怀里，以为这下孩子归了自己，心中暗自庆幸。

谁想黄霸当堂判定，孩子为弟媳亲生，儿归其母，不许他人节外生枝。

兄嫂不服，还要狡辩。黄霸恼怒，他说："孩子乃亲生骨肉，做母亲的怎忍心死力抢夺，伤其筋骨。看你方才用力拼抢，不肯罢手，置小儿性命于不顾，天下岂有这种亲生母亲！母子亲情，本系天性，安可作伪？"一段话说得众人点头称赞，说得兄嫂二人理屈词穷，无地自容，只得老老实实承认了过错，向弟弟、弟媳赔情认罪。

包公在任安徽天长知县时，有个农民哭丧着脸到县衙门告状，说是有人割掉了他家耕牛的舌头，请求官府缉拿凶手。此等小案，于昏官是不屑一顾的，但爱民若子的包公深知一头牛对农家小户的价值，他受理了这个只有苦主，没有被告的“无头案”。包公经分析：人犯割牛舌并无利可图，不过为苦主的敌家报复的手段罢了。包拯沉思片刻，计上心来，便对那农民说：“牛被割了舌头，也活不长了，你先把牛杀了，卖牛肉赚回几个钱吧。但不要说是我同意你杀的牛，否则就破不了案。”那农民听了，不解其意，朝廷法令不是有“禁杀耕牛”一条吗？这县太爷怎么要我违法宰牛呢？既然是县太爷的吩咐，只好照办了。过不多久，便有人跑到县衙告状，说是有人私自屠宰耕牛。包公立即升堂，大声喝问：“大胆歹徒，为什么割了人家牛舌又来告人私宰耕牛？快快从实招来。”那人一听，心中非常震惊，以为事泄，只好招认了与牛主有积怨而先害其牛又害其人的罪行。一件很棘手的“无头案”被包拯轻而易举地断决了，充分显示了他的机智和办案能力。

圣女贞德（1412 年 1 月 6 日～1431 年 5 月 30 日），被称为“奥尔良的少女”，是法国的民族英雄、军事家、天主教会的圣女、法国人心中的自由女神。英法百年战争（1337～1453 年）时她带领法国军队对抗英军的入侵，支持法查理七世加冕，为法国胜利作出贡献。最终被俘，被宗教裁判所以异端和女巫罪判处火刑。

英国人因为政治上的目的，因而指控贞德为异端，并对贞德进行了审判。英国政府资助整场审判的花费。神职的公证人员 Nicolas Bailly，也只是被任命收集对贞德不利的证词，却没有提出半点反面的证据。也因此整个审判的记录证明了贞德有着卓越的才智。

记录中最著名的一段质问是：“你是否觉得自己受到上帝的恩典？”而贞德回答：“如果没有的话，希望上帝能赐予我；如果我已得到，希望上帝仍给予我。”

这个问题是一个学术上的陷阱。当时教会的教条是没有人可以肯定他自己受到上帝的恩典，如果她做出肯定答复，那她就证明了自己是异端邪说。而如果她的答复是否定的，那她就承认了自己是有罪的。公证人 Bois-Guillaume 后来证实了当时法庭在听到了贞德的回复后，“那些质问她的人全都目瞪口呆”，并且只得暂停了那天的审问。这一段质问后来非常知名，在现代成了许多领域的题材。贞德的机智巧妙的回答，也显示出她对对方险恶用心的洞悉。

孙子主张在行军中观察自然景象及敌方的举动，以此来判断敌人的情况，做到知之而胜之。

颍川太守黄霸审理争夺男婴的案子，正是深知人性的本质，而后通过观察两人争夺婴儿的举动，通过微不足道的现象，看到事物的本质，实为深解察微知情之妙。

铁面无情，赏罚分明

孙子提出了信赏明罚的治军原则，把赏罚分明作为治理军队的一个必不可少的方法。

战争要求铁的纪律。孙子认为治军之要，就在于严明军纪、赏罚分明。他主张把赏罚作为治军的手段。要让士兵都懂得履行职责的重要，同时要教育兵士，使之有自尊心，有责任感，有义务感，有自信心。

或许孙子的这些治军理念在封建时代是难以实现的，但在今日则应最大程度地激发将士的自觉性，使部队获得最强的战斗力。

赏罚分明，对军队而言，其重要性是不言而喻的，而对于现代商业社会的管理也不可或缺。

随着社会的不断发展，人性化管理成了现代管理的新要求，要求在工作上赏罚分明，铁面无情，在生活等工作以外的事情上视员工如亲友。

肯尼斯·奥尔森是美国数据设备公司的创始人、总经理、董事长。美国《幸福》杂志称他为“美国企业史上最成功的企业家”。

奥尔森为人严格，工作严谨，对那些工作不负责任的人从不姑息纵容，有时对部下的惩罚甚至过于严酷。

1982年，已身为数据设备公司总经理的奥尔森，突然下令召集公司全体职工开大会。大会开始后，奥尔森到讲台前讲话。他的讲话很简短，只宣布了四位经理的名字，并请他们到台上来。

奥尔森并未请四位走上台的经理就座，而是当着众多工人的面，大声宣布授予这四位经理先生“劣等工作奖”。

这四位经理恰似五雷击顶，众目睽睽之下受到如此重大羞辱，几乎晕眩在地。广大职员也为之一惊，全场顿时鸦雀无声。

四位打扮漂亮的小姐，分别来到四位经理面前，将托盘中的“奖状”递到他们面前。四位经理接也不是不接也不是，十分尴尬地站在那里，好像是木头一般。

奥尔森见他们没有勇气接“奖状”，就加重语气，让大家热烈鼓掌为他们壮胆助威。顿时场内掌声如雷，嘘声四起。见四位经理还在犹豫，奥尔森又说：“难道要我亲自为你们颁奖状才肯赏脸笑纳吗？”

四位经理深知奥尔森那种不屈不挠的秉性，知道再不接受，将会受到更大的羞辱，只好乖乖地从托盘中取过“劣等工作奖状”。

奥尔森虽然对犯错误的属下有时未免过于严酷，但对一般属下却是相当关心的。奥尔森于1962年就大力推行“机会均等”的政策，为公司职工提供优厚的福利，包括本公司的股票，等等。

奥尔森一直保持平民作风。他系民主党人，对“民主”二字颇为重视。他几乎每天中午都在公司集体食堂就餐，往往一边就餐一边同公司职员闲聊，认真听取群众的呼声。奥尔森听说一位职员由于家庭变故困扰不已，心情郁郁寡欢。奥尔森叫秘书将这位职员请到自己宽大的办公室里，对他进行一番安慰后说：“我理解你现在的心情与处境。你应当试着改变一下，我批准你一个月的假期，当然，工资照发。去处么，我的度假别墅借给你用。”

那位职员听后，感动得热泪盈眶。

奥尔森非常重视人才，从不埋没人才。对于干得好、有能力的人，他总是毫不犹豫地给他们升迁的机会。正因为如此，很多人都愿意到数据设备公司来为奥尔森工作。

行军作战中，赏赐不分明，士兵就不会拼死搏杀；惩罚不公正，士兵就不会信服。很显然，孙子提出的赏罚分明的治军方法，对鼓舞军队的士气，让士兵心悦诚服地去打仗，其效果是不言自明的。上文中可见，奥尔森也深知刚柔相济、赏罚分明的妙处。奥尔森对职工既严格，又关心，这种赏罚分明的策略，最终使公司蒸蒸日上，雄霸一方。

爱兵附众,与众相得

“令素行以教其民,则民服;令不素行以教其民,则民不服。令素行者,与众相得也。”

孙武这段话,其大意是:平时认真执行法令、教育士卒,士卒就会服从;向来不注重执行法令、教育士卒,士卒就不会服从。平时法令能够认真执行的,这表明将帅与士卒之间关系相处得很好。

本段论述将帅应将教与罚、宽与严并用,使士卒都能服从,将帅要能“与众相得”让士卒信服,关系才能处得好。

“与众相得”是孙子关于如何爱兵附众、使内部团结一致的带兵思想。他认为“上下同意”,内部团结,是战争取胜的基础。要做到内部团结一致,除了国君政治开明,具有强大的政治凝聚力外,各级将吏都应注意爱抚士卒。

日本的“汽车大王”本田宗一郎的成功秘诀,在于能做到“与众相得”“上下一心,同甘共苦”。本田有一条铁的原则:公司由全体人员共同经营,公司的兴衰荣辱与每个工人包括装配线上的工人都息息相关。在本田公司的厂房里,人们经常可以看到一个身穿机械工作服、头发花白的老人在一丝不苟地干活;在本田公司的职工食堂里,人们又经常可以看到这个老人在排队就餐;在工休时间人们也可以看到这个老人与其他工人一起谈笑风生。他就是当今世界赫赫有名的亿万富翁、本田公司的大老板——本田宗一郎。本田总结说:“人不是机器,如果一个企业把人同自动化机器同等看待,这个企业是不会维持长久的!”

在本田的影响和倡导下，全公司上下同心同德，同舟共济，铸就了打不垮的“本田精神”，也就是“与众相得”。

孙子强调：将吏只有“与众相得”，对士卒爱抚在先，取得士卒的信任之心，才能在士卒中有威严。否则，仅凭惩罚士卒则不服，也不会为己所用。孙子认为，那种先施暴虐，失去民心后又害怕部众的将吏是最愚蠢的人。孙子主张爱兵的目的在于用兵，因此还提出带兵要做到爱抚而不娇惯，亲附而不放纵，否则会造成“厚而不能使，爱而不能令，乱而不能治”的局面。

在现代社会企业中，领导者要做到“与众相得”，就必须培养职工对企业的感情，使全体职工和睦一致，同心协力，共同振兴企业。“与众相得”的策略是从培养职工对企业的感情、忠心入手，使职工以厂为家，自觉自愿地为企业效力。这样，调动起了大家的积极性，全体职工团结得像一个人，大家各显其能，企业自然兴旺发达。

第十篇　地形篇

〔简述〕

本篇主要论述为将者如何善于利用地形之利，以克敌制胜的问题。文中提出了两个重要观点，即“知己知彼，胜乃不殆；知天知地，胜乃可全”；为将者必须从战场实际情况出发，按“战道”即战争规律办事，“进不求名，退不避罪，惟民是保”，以克敌制胜。

全篇内容大体分为三部分：1. 提出用兵打仗经常会遇到“通形”“挂形”“支形”“隘形”“险形”“远形”等六种地形。为将者应审慎判明各种不同地形并采用不同的战法加以利用。比如，对敌能来，我军能往的“通形”，应“先居高阳，利粮道”，以迎战敌人。2. 提出在战争中出现“走兵”“弛兵”“陷兵”“崩兵”“北兵”等六种情况，主要不应归咎于地形不利，而应归咎于主将领兵失误。3. 指出在作战过程中，要克敌制胜，处于有利地形只是辅助条件，关键是为将者要会带兵，会打仗，具备应有的主观素质：一是能准确地判明敌情，了解地形的险厄远近，并能从战胜敌人，保卫人民利益出发，一切按战争规律办事，“进不求名，退不避罪，惟民是保”。二是亲爱士卒，使其甘心情愿赴汤蹈火，与主将同生共死。但亲爱绝不是溺爱，更不是放纵，而是纪律严明、令行禁止、阵法整齐、调度有数。三是对敌我双方的情况，对天时、地利情况都非常了解。即所谓“知己知彼，胜乃不殆；知天知地，胜乃可全”。

原文

孙子曰：地形有通者，有挂者，有支者，有隘者，有险者，有远者。我可以往，彼可以来，曰通；通形者，先居高阳[①]，利粮道，以战[②]，则利。可以往，难以返，曰挂；挂形者，敌无备，出而胜之[③]；敌若有备，出而不胜，难以返，不利。我出而不利，彼出而不利，曰支；支形者，敌虽利我[④]，我无出也，引而去之[⑤]，令敌半出而击之，利。隘形者[⑥]，我先居之，必盈之以待敌[⑦]；若敌先居之，盈而勿从[⑧]，不盈而从之[⑨]。险形者[⑩]，我先居之，必居高阳以待敌；若敌先居之，引而去之，勿从也。远形者[⑪]，势均，难以挑战[⑫]，战而不利。凡此六者，地之道也[⑬]；将之至任[⑭]，不可不察也。

注释

① 先居高阳：先，这里是指抢先。高阳：这里是指，地势高而朝阳的地方。

② 利粮道，以战：利粮道，有利于粮道，即保持粮道畅通。利粮道，以战：选择有利于保持粮道畅通的地方作战。

③ 出而胜之：出，出战、出击。出而胜之：这里的意思是指，出战可以取得胜利。

④ 敌虽利我：利，这里是指利饵，以利引诱。敌虽利我：这里的意思是说，敌军以利为饵引诱我军。

⑤ 引而去：引，这里是指引军、带领军队。引而去：这里的意思是指，带领军队佯装撤走。

⑥ 隘形：隘，狭窄。隘形：这里是指，两山之间的峡谷地带。

⑦ 盈之以待敌：盈，充盈、充满。盈之以待敌：这里是指，在山间峡谷的“隘形”地带，我军抢先占据了有利地形，必须用充盈的兵力堵住隘口，以等待敌军前来进攻。

⑧ 盈而勿从：这里的“盈”是指敌军兵力充盈。从，跟从，这里可作“进攻”解。盈而勿从：这里的意思是说，当敌军已用充足的兵力把守住山隘口时，我军就不能进行攻击。

⑨ 不盈而从之：这里是指，敌军没有用足够的兵力把守山隘口，便可以进行攻击。

⑩ 险形：险，险恶。险形：这里是指，一种涧壑坑坎、崎岖不平的地形。

⑪ 远形：这里是指，敌军营寨距离我军营寨较远的地形。

⑫ 势均，难以挑战：势均，势力相当、形势相当。势均，难以挑战：这里的意思是说，敌我双方力量和所处的地形都差不多，而且又不便于挑战。

⑬ 地之道：道，道路、方法、原则。地之道：这里是指，用兵打仗，利用地形的原则。

⑭ 将之至任：至任，最重大的责任。将之至任：为将者最大的责任。

译文

孙子说：在行军打仗的过程中，所遇到的地形有通形，有挂形，有支形，有隘形，有险形，有远形。我军可以往，敌军也可以来的叫做“通形”。遇到“通形”，

先占据地势高而向阳，且又有利粮道畅通的阵地，就会对作战有利。可以前往却难以返回的地形叫做“挂形”。遇到“挂形”，如果敌方没有准备，我军可以出击取胜；如果敌方有准备，我军出击将不能取胜，而且还难以返回原来的阵地。我军出击不会得利，敌军出击也不会得利的地形叫做“支形”。遇到“支形”，敌军虽然以利饵引诱我军，我军也不应出击；而要佯装撤退，引诱敌军前出一半而后回击之，就会有利。遇到两山之间峡谷地带的“隘形”，如果我军先占领了有利阵地，一定要以充足的兵力把守隘口，等待敌军前来进攻；若是敌军先占据了有利阵地，则当他们以充足的兵力把守隘口时，我军不可以进攻；如若敌军未用充足的兵力把守隘口，我军便可以发起攻击。遇到涧壑坑坎、崎岖不平的“险形”，如果我军先期到达，必定要占据地势高而向阳的阵地以等待敌军到来；如果是敌军先期到达，我军则应主动撤离而不可进攻。对于双方营寨相距较远的“远形”，在双方实力相当且不便于挑战的情况下，如果硬要出战，就会不利。以上六点，是利用地形的法则，是为将者最重大的责任之所在，是不可以不认真考察的。

原文

故兵有走者①，有弛者②，有陷者③，有崩者④，有乱者⑤，有北者⑥，凡此六者，非天之灾⑦，将之过也⑧。夫势均，以一击十，曰走⑨。卒强吏弱，曰弛⑩；吏强卒弱，曰陷⑪。大吏怒而不服⑫，对敌怼而自战⑬，将不知其能⑭，曰崩。将弱不严⑮，教道不明，吏卒无常⑯，陈兵纵横⑰，曰乱。将不能料敌，以少合众⑱，以弱击强，兵无选锋⑲，曰北。凡此六者，败之道也；将之至任，不可不察也。

注释

①兵有走者：兵，这里是指败兵。走，这里是指逃走。兵有走者：这里是指，一种临敌败逃之兵。

②有弛者：弛，松弛。弛者：这里是指兵有弛者。即指一种士气不高，纪律涣散难以约制的军队。

③有陷者：陷，陷没。有陷者：这里是指兵有陷者。即指一种士卒毫无斗志，只靠为将者孤身对敌，以致全军陷没的军队。

④有崩者：这里是指兵有崩者。崩，崩溃。有崩者：这里是指，一种崩溃四散的军队。

⑤有乱者：这里是指兵有乱者。乱，混乱。有乱者：这里是指，一种官兵关系混乱紧张，列队布阵杂乱无章的军队。

⑥有北者：北，败北。有北者：这里是指兵有北者，是指一种一遇战斗，便必打败仗的军队。

⑦天之灾：天，这里是指天然、自然，可引申为自然条件。天之灾：自然条件的灾害。

⑧将之过：过，过失、过错。将之过：为将者的过失。

⑨夫势均以一击十曰走：势均，指势均力敌。夫势均以一击十曰走：这里的意思是说，在双方指挥水平、战斗力乃至所处地形都相当的情况下，却以我方一成兵力去对付敌方十倍于我的兵力，必然会寡不敌众，见敌就跑，这就叫作“走兵”。

⑩卒强吏弱曰弛：士卒强悍，将帅懦弱，与敌作战，士气不振，指挥不灵，难

以制约,这就叫“弛兵”。

⑪ 吏强卒弱曰陷:将吏勇敢,但士卒怯弱,没有战斗力,对敌作战,终将陷入覆没。这就叫做“陷兵”。

⑫ 大吏怒而不服:大吏,这里是指部队高级军官。怒,怨怒。服,服从。大吏怒而不服:这里的意思是说,部队的高级军官心怀怨怒,不服从调遣。

⑬ 对敌怼而自战:怼:怨愤。对敌怼而自战:这里的意思是说,对敌人满怀怨愤而擅自出战。

⑭ 将不知其能:将,这里是指主将。其,代词,指大吏,即部队的高级军官。将不知其能:意思是说,统师部队的主将不了解下面高级军官的才能。

⑮ 将弱不严:将,主将。弱,懦弱。严,指号令严明。将弱不严:部队主将懦弱无能,号令不严。

⑯ 吏卒无常:无常,指没有法纪、常规。吏卒无常:这里的意思是说,长官与士卒都没有规矩约束,相互关系也失去常态。

⑰ 陈兵纵横:陈兵,布兵列阵。纵横,指纵横交错,杂乱无章。陈兵纵横:布兵列阵杂乱无章。

⑱ 以少合众:合,合战,即交战。以少合众:这里的意思是说,以少数兵力来对抗人数众多的敌军。

⑲ 兵无选锋:选,挑选。锋,先锋,这里是指先头部队。兵无选锋:打仗时,没有经过挑选的精锐先头部队。

译文

所以,用兵有“走兵”,有“弛兵”,有“陷兵”,有“崩兵”,有“乱兵”,有“北兵”。所有这六种兵,都不是由于自然条件的灾害,而要归咎于为将者用兵的过错。敌我双方各方面条件相当,势均力敌,却要去以一击十,以致临敌败逃的叫做“走兵”;士卒强悍而将官懦弱,以致与敌作战,士气不振,指挥不灵的,叫做“弛兵”;将官强勇而士卒怯弱,只靠为将者孤身对敌,以致全军陷没的叫做“陷兵”;部队高级将官怨怒而不服指挥,只凭一腔对敌愤怒而擅自出战,且主将又不知其用兵才能,以致临阵之时,势不能敌,士卒溃逃如土崩瓦解的,叫做“崩兵”;为将者懦弱无能,号令不严,教导不明,以致官兵关系很不正常,布阵混乱,不堪一击的叫做“乱兵”;为将者不能判明敌情,以寡敌众,以弱敌强,又无精锐的前锋部队，以致遭到败北的，叫做“北兵”。以上六种情况，都是导致打败仗的必然规律，也是主将最重大的责任之所在，是不可以不仔细考察的。

原文

夫地形者，兵之助也[1]。料敌制胜，计险厄远近[2]，上将之道也[3]。知此而用战者必胜，不知此而用战者必败。故战道必胜[4]，主曰无战[5]，必战可也；战道不胜，主曰必战，无战可也。故进不求名[6]，退不避罪[7]，唯人是保[8]，而利合于主[9]，国之宝也[10]。

注释

① 兵之助：兵，这里是指用兵作战。兵之助：这里的意思是指，用兵作战的辅助条件。

② 计险厄远近：计，算计。险厄，险要。计险厄远近：算计地形的险要和路途的远近。

③ 上将之道：上，上等，这里是指智慧才能属于上等。道，这里是指用兵之道。上将之道：这里的意思是指，智慧才能高明的将领的用兵之道。

④ 战道必胜：战道，战争的规律。战道必胜：这里的意思是指，按照战争自身的规律办事，必然会取胜。

⑤ 主曰无战：主，君主。主曰无战：意君主讲不能战。

⑥ 进不求名：进，这里是指进攻。进不求名：向敌人发起进攻不是为了个人的名声。

⑦ 退不避罪：退，这里是指退却。退不避罪：意思是说，撤退军队也不回避违命的罪责。

⑧ 唯人是保：唯，唯一，只有。人，这里是指广大民众的利益。保，保护。唯人是保：唯一的目的就是保护广大民众的利益。

⑨ 利合于主：利，利益。合，符合。主，君主。利合于主：对君主有利。

⑩ 国之宝：宝，宝贵财富。国之宝：国家的宝贵财富。

译文

有利的地形，只是用兵打仗的辅助条件。能够正确判明敌情而制胜，能够仔细计算地形的险厄远近而用兵，才是精明能干的将领的用兵方法。懂得以这种方法用兵打仗，就必定会取得胜利，不懂得以这种方法用兵打仗，就必定会失败。所以说，按照战争规律必定会取得胜利的，即便是君主说不能战，也必定要出战；相反，如果按照战争规律不能取得胜利，哪怕是君主说要战，也不能出战。所以，作为三军主帅，用兵打仗，进攻不是为了求取个人名声；退却也决不回避违命的罪责，唯一的目的是要保卫广大民众利益；而这也会符合君主的根本利益。这样的主帅正是国家的宝贵财富啊！

原文

视卒如婴儿①，故可与之赴深溪②；视卒如爱子，故可与之俱死。厚而不能使③，爱而不能令④，乱而不能治。譬若骄子，不可用也。

注释

① 视卒如婴儿：视，对待。视卒如婴儿：对待士卒就像对待婴儿一样关心。

② 可与之赴深溪：深溪，很深的溪谷。可与之赴深溪：意思是说，可以与人共患难。

③ 厚而不能使：厚，这里指的厚待。使，使用，使唤。厚而不能使：意思是说，虽然厚待他们，却又不能使用他们。

④ 爱而不能令：令，命令。爱而不能令：意思是说，虽然很疼爱他们却又不能命令他们。

译文

为将者对士卒就像对待婴儿那样关心他们，他们便会甘愿与你共患难；对待士卒就像对待爱子那样疼爱他们，他们便会甘愿与你同生死。厚待士卒却不能使用他们，爱护士卒却不能命令他们，士卒们扰乱军纪却不能管治他们，这样的士卒就像娇生惯养的儿子，那是没有什么用的。

原文

知吾卒之可以击①，而不知敌之不可击，胜之半也；知敌之可击，而不知吾卒之不可以击，胜之半也；知敌之可击，知吾卒之可以击，而不知地形之不可以战，胜之半也。故知兵者，动而不迷②，举而不穷③。故曰：知彼知己，胜乃不殆；知天知地，胜乃可穷④。

注释

① 知吾卒之可以击：知，知道，了解。吾，这里是指自己的军队。击，打仗。知吾卒之可以击：了解自己的军队可以作战。

② 动而不迷：动，行动，这里是指军事行动。迷，迷误。动而不迷：采取某种军事行动却不致发生迷误。

③ 举而不穷：举，举动、举措。穷，穷尽。举而不穷：举措千变万化，没有穷尽。

④ 胜乃可穷：穷，完全。胜乃可穷：可以取得完全的胜利。

译文

了解自己的军队可以打仗，而不了解敌军不可以进攻，这只有一半取胜的可能性；了解敌军可以进攻，也了解自己军队有力量向敌军进攻，但却不了解所处的地形不宜于向敌军发起进攻，这样也只有一半取胜的可能性。所以，真正懂得用兵的人，他的每一个军事行动都是非常清楚而不会迷惑的，他的举措也是千变万化的，应用无穷的。所以说：既了解我军一方，也了解敌军一方，争取胜利将不会有危险；再加上既知天象，又知地形，那就能取得完全的胜利了。

先居险形，从容待敌

“隘形者，我先居之，必盈以待敌；若敌先居之，盈而勿从，不盈而从之。险形者，我先居之，必居高阳以待敌；若敌先居之，引而去之，勿从也。”

孙武这段话，其大意是：在环境狭隘，兵力不便展开的地形（隘形）上作战，应当首先占领隘口，并配备重兵对付敌人的来犯；如果敌人先于我军占领隘口并派重兵把守，那么我军就不要强攻，如果敌人并没有派重兵把守，则我军仍可以攻击。在形势陡险（险形）的地形上作战，如果我军先到达，一定要占领开阔向阳的高地，等待敌人来犯；如果敌人先一步占领了要害之地，那么我军就应当主动撤走，不要盲目进攻。

这段文字主要说明了地形对于作战的重要性。

孙子认为军事用兵就要利用有利的地形，先居险形，以做到从容待敌，这样方可占据有利的作战形势，取得战争的胜利。

南燕是十六国之一，是鲜卑族慕容德建立的国家。

南燕建立之初，鲜卑贵族即与汉族士大夫合作，共同统治。慕容德称帝，下诏承认旧士族特权；又建立学官，选公卿以下及二品士族子弟入太学，本地大族势力得以保存和发展。由于鲜卑贵族和汉族大姓竞相荫庇人口，形成“百室合户”“千丁共籍”的局面，严重影响国家的赋役征发。慕容德下令检括户口，出荫户5.8万，还立铁冶，置盐官，以增加国库收入。

义熙五年正月，南燕帝慕容超嫌宫廷乐师不够，欲对东晋用兵掠取。二月，慕容超轻启边衅，进击东晋宿豫（今江苏宿迁东南），掠走百姓二千五百人。东晋中军将军刘裕为抗击南燕，外扬声威，于四月自建康（今南京）率舟师溯淮水入泗水。

五月，进抵下邳（今江苏睢宁西北），留船舰、辎重，改由陆路进至琅邪（今山东临沂北）。为防南燕以骑兵断其后，所过皆筑城垒，留兵防守。南燕鲜卑人恃勇轻敌，对晋军进入其境不以为虑。慕容超没有采纳征虏将军公孙五楼“凭据大岘山（今山东沂山）之险，使晋军不能深入”或“坚壁清野”“断晋粮道”之良策。

六月，刘裕未遇抵抗，过莒县（今属山东），越大岘山。末帝慕容超先遣公孙五楼、贺赖卢及左将军段晖等，率步、骑兵五万进据临朐（今属山东）。慕容超得知晋兵已过大岘山，自率步骑四万继后。燕军至临朐，慕容超派公孙五楼率骑前出，控制临朐城南的巨蔑水（今山东弥河）。与晋军前锋孟龙符遭遇，公孙五楼战败退走。刘裕以战车四千辆分左右翼，兵、车相间，骑兵在后，向前推进。晋军进抵临朐南，慕容超派精骑前后夹击。两军力战，胜负未决，刘裕采纳参军胡藩之策，遣胡藩及谘议参军檀韶、建威将军向弥率军绕至燕军之后，乘虚攻克临朐。慕容超单骑逃往城南左将军段晖营中。刘裕纵兵追击，大败燕军，段晖等十余将被斩，慕容超逃还广固。刘裕乘胜追击北上，攻克广固外城。慕容超退守内城。刘裕筑围困之，招降纳叛，争取民心，并就地取粮养战。慕容超被困于广固内城，先后遣尚书郎张纲、尚书令韩范，驰往后秦求援。

七月，后秦国主姚兴派卫将军姚强率步、骑兵一万，与洛阳（河南洛阳东北）守将姚绍汇合，统兵共救南燕。并遣使向刘裕宣称，后秦以十万兵屯洛阳，若晋军不还，当长驱而进。刘裕识破姚兴虚张声势，不为所动。不久，姚兴被夏主赫连勃勃击败于贰城（今陕西黄陵西北），遂令姚强撤回长安（今西安西北）。

慕容超大惊，晋军趁势攻占临朐。慕容超逃还广固，晋兵追至，攻破外城。慕容超集众固守城，先后派尚书郎张纲、尚书令韩范到后秦求援。刘裕督兵挖堑三层，筑高三丈的长围以困燕军，同时抚纳降附。闻张纲善制攻具，七月，命人在途中截获,并让其绕城大呼:夏王赫连勃勃已破秦军,无兵救援。城中兵民惊恐。当时江南每发兵北上增援,或遣使至广固,刘裕皆在夜间遣兵往迎,天明则张旗鸣鼓而至,以示援兵众多。执兵器背粮食归晋的北方民众日以千计。慕容超等久被围困,见救兵无望,张纲被俘,于是请和,愿割大岘以南之地,称藩于晋,遭到拒绝。后秦主姚兴遣使向刘裕传话:秦已遣铁骑十万屯洛阳,若晋军不退,当长驱而进。刘裕识破其为虚声恫吓,便斥退秦使。为进一步瓦解南燕军心,于九月招降韩范,令其环城而行,燕军更加沮丧。十月,张纲制成各种攻城器具,覆盖牛皮,使燕军的矢石难以生效。六年二月,刘裕督众四面急攻,燕尚书悦寿开城门纳晋师。慕容超突围被俘,南燕亡。此战,刘裕善于料敌,利用敌之失误,扬长避短,以战车阻燕军精骑;并将军事进攻与攻心相配合,稳扎稳打,掌握主动,终获全胜。

燕军恃强弃险,慕容超没有采纳征虏将军公孙五楼的以险要阻碍敌进、以精兵扰敌粮道的策略。可见目光之短浅,南燕灭亡也在情理之中。

东晋灭南燕之战,刘裕能够取胜的主要原因,在于他了解敌人,了解自己,同时也了解地形对于己方的利弊。他正确地分析了南燕政权贪婪、知近利而无远虑的特点,料定目光短浅的慕容超不会凭险困守大岘山,果断地选择了一条捷径直入敌国腹地。刘裕在这次战争中,不仅“料敌制胜,计险远近”,而且做到了孙子所说的“动而不迷,举而不穷”。他善于根据敌情制定相应的作战措施,采取灵活的战术、战法来战胜敌人。刘裕根据南燕骑兵善于在平川地区作战,而晋军步兵在平川作战又容易被骑兵冲垮的情况,将车阵这一古老的作战队形与战法运用到作战中,组成了一个步、骑、车兵相结合的阵势,在作战中有效地扼制了燕军之所长。在两军相持时,刘裕及时运用奇兵袭击敌人薄弱的后方,有力地打击了敌人,为取得最后胜利奠定了基础。

第十一篇　九地篇

〔简述〕

本篇着重从人的心理因素和情绪因素角度论述如何因利乘便，利用地形，发挥人的战斗积极性，以克敌制胜。其中突出的一个重要思想，就是如何造成一种主观条件（严厉的军纪约束和训练）和客观条件（投之于险地），使战士们生发出一种决死心理，从而团结一心，奋不顾身，勇往直前，去夺取胜利。

全篇内容大约分为四部分：1. 首先总论“九地”的特点和战法。诸如：处于本国境内、士卒容易产生恋家情绪的“散地”，应“一其志”，使士卒意志专一而不致逃散；处于进入敌境不远、难进易退的“轻地”，应“使其属”，使部队首尾相连而不致脱节……2. 论述行将对敌国宣战，举兵出征时，政府应采取的基本方略、措施，以及灵活机动、屈伸应敌以趋利避害的策略。诸如：封锁国境，取消入境通行证件，断绝使者往来，督励百官在庙堂之上密筹战守大计；当敌国犹豫未决，进退未定，有隙可乘时，便应迅速进攻，首先抢占战略要地。3. 论述大军深入敌后，将军的决心与处置。主要是强调大胆深入敌境。认为只有深入敌境，置军队于险地，士卒们才会患难与共、生死相扶，团结一致，专心对敌，才会生发一种决死心情，奋勇杀敌，有进无退。同时也强调三军统帅此时处事更应镇静、深邃，令人莫测，赏罚公正严明，使人只知甘心情愿服从命令，冲锋杀敌而不问其他。4. 总结：用兵打仗，必须对地形的特点，屈伸的利益，以及人的心理、感情因素的变化都有详细的考察和研究，才能率领三军克敌制胜。

原文

孙子曰：用兵之法，有散地①，有轻地②，有争地③，有交地④，有衢地，有重地⑤，有圮地，有围地⑥，有死地⑦。诸侯自战其地，为散地。入人之地而不深者，为轻地；我得则利，彼得亦利者，为争地。我可以往，彼可以来者，为交地。诸侯之地三属⑧，先至而得天下之众者，为衢地。入人之地深，背城邑多者，为重地。行山林、险阻、沮泽，凡难行之道者，为圮地。所由入者隘，所从归者迂，彼寡可以击吾之众者，为围地。疾战则存，不疾战则亡者，为死地。是故散地则无战⑨，轻地则无止⑩，争地则无攻⑪，交地则无绝⑫，衢地则合交，重地则掠⑬，圮地则行，围地则谋⑭，死地则战⑮。

注释

① 散地：指在自己国土内同敌人作战的地域。由于在这种地方作战，遇上危急情况，士卒们容易因恋家而逃散，所以叫做“散地”。

② 轻地：进入敌国境内不深的地域。由于这种地方离本国尚近，士卒们怀恋家园，意志尚不专一，打起仗来，难进易退，所以叫作“轻地”。

③ 争地：指敌我双方，无论哪一方夺得都有利的地域。由于这种地域，敌我双方都要争夺，所以叫作“争地”。

④ 交地：指一种我可以往，敌可以来，四通八达，不可堵绝的地域。

⑤ 重地：指进入敌国境内很深、所经过的敌国城郭已经很多，归路已断，难以退还的地域。

⑥ 围地：指一种进入的道狭窄险峻，返回的道路迂回曲折，敌军只需用少量兵力便可对付我众多军队的地域。

⑦ 死地：是一种背山阻水，粮草断绝，进不得前，退又有阻，或者是被敌军重

重围困，难以冲出的地域。处于这种地形，只有迅速决一死战方有生存希望；否则，拖延时日必将陷于灭亡，所以叫做“死地”。

⑧ 诸侯之地三属：三，泛指众多。属，归属。诸侯之地三属：这里是指与众多诸侯国交界的地方。

⑨ 散地则无战：无战，不要轻战。散地则无战：这里是说在本国境地不宜轻战，以免士卒因恋家而逃散。

⑩ 轻地则无止：无止，指部队不要逗留，不要停止前进，以免士卒因离家路程不远而轻易退走。

⑪ 争地则无攻：无攻，不应攻取。争地则无攻：是说对于争地，应先期占领，如已被敌方所占，则不应拼力攻取，以免损耗太大。

⑫ 交地则无绝：无绝，指各种部队要首尾相联，不可使其断绝。交地则无绝：意思是说，进入道路四通八达的交地时，应使各种部队首尾相联，不可使断绝，以防敌军乘隙攻击。

⑬ 重地则掠：掠，这里是指掠取敌国积蓄的粮食。重地则掠：意思是说，当部队深入敌国境内很远时，就要掠取敌国的粮食，以保证源源不断地供给军粮。

⑭ 围地则谋：谋，这里是指出奇谋。围地则谋：这里是说，进入前有隘、后有险，返回的道路迂回曲折的围地时，应运用奇谋以取胜。

⑮ 死地则战：战，这里是指迅速决一死战。死地则战：是说当军队处于被敌军重重围困或背山阻水、粮草断绝、进不得前，退又有阻的死地时，必须号令士卒迅速决一死战。

译文

孙子说：掌握用兵的法则，就要懂得在军事地理上有散地，有轻地，有争地，有交地，有衢地，有重地，有圮地，有围地，有死地。在本国境内作战的地方，叫做“衢地”；已经进入别国境内，但还没有深入，在这样的地方作战，叫做“轻地”；我方占据有利，敌方占据也有利的地

方，叫做“争地”；我军可以前往，敌军也可以到的地方，叫做“交地”；同几个国家毗邻，谁先占有就能得到其他诸侯国援助的地区，叫做“衢地”；进入敌国境内已经很深，背靠敌国许多城邑的地区，叫做“重地”；行军到达山林、险阻、水网、沼泽地带，以及一切难以通过的地区，叫做“圮地”；进去的道路狭窄，返回的道路迂回，敌军只要占领险要便可以寡击众的地方，叫做“围地”；奋起速战可能生存，否则必将全军覆没的地区，叫做“死地”。因此，处于“散地”，便不宜于轻战以免士卒因恋家而临阵逃散；处于“轻地”，便不能停留，以免士卒因怀恋故土而轻易退却；处于“争地”，如果敌军先占据阵地，便不要强攻，以免过多消耗自己的有生力量；进入“交地”便不能使行军队伍中断，以免敌军乘隙攻击；进入“衢地”便要主动与邻国结交，以取得它们的支持；进入“重地”便要掠取敌国的粮草，以保证我军粮草的供应；进入“圮地”，便要使部队迅速通过，以免遭到敌军奇兵的袭击；进入“围地”，便要设奇谋突围，以免遭到敌军的围歼；进入“死地”，便要号令将士，迅速决一死战，以求击溃敌军，获得生还。

原文

所谓古之善用兵者，能使敌人前后不相及[①]，众寡不相恃[②]，贵贱不相救[③]，上下不相收[④]；卒离而不集[⑤]，兵合而不齐[⑥]。合于利而动，不合于利而止。敢问：“敌众整而将来[⑦]，待之若何[⑧]？”曰：“先夺其所爱[⑨]，则听矣[⑩]。”兵之情主速[⑪]，乘人之不及[⑫]，由不虞之道[⑬]，攻其所不戒也[⑭]。

注释

① 前后不相及：前后，这里是指前军与后军。及，这里是指策应、配合。前后不相及：前军与后军不能相互策应、配合。

② 众寡不相恃：众寡，这里是指大部队与小分队。恃，依傍、协同。众寡不

相恃：这里的意思是说，大部队与小分队之间，不能相互协同，相互依傍。

③ 贵贱不相救：贵，这里是指军官。贱，这里是指士卒。贵贱不相救：这里是说军官与士卒之间，不能相互求援。

④ 上下不相收：上下，这里是指上级与下级。扶，扶持。上下不相收：这里的意思是说，上级与下级不能相互扶持、相互帮助。

⑤ 卒离而不集：离，离散。集，集合。卒离而不集：这里的意思是说，士卒被击溃走散了，很难再集合起来。

⑥ 兵合而不齐：合，集合。齐，整齐。兵合而不齐：这里的意思是说，士卒们即使集合起来了，也不能整齐统一行动。

⑦ 敌众整而将来：敌，敌军。众，众多。整，严整。将来，这里是指敌军将要来进攻。敌众整而将来：敌军人数众多，队形严整，将要来进攻。

⑧ 待之若何：待，对待、对付。之，指示代词，指敌军。待之若何：意思指，即如何待之，如何对付它(敌军)呢?

⑨ 先夺其所爱：其，指示代词，指敌方。爱，爱惜、珍爱。先夺其所爱：这里的意思是说，先夺取敌方最珍惜的重要地方或物资。

⑩ 听矣：听，听从。听矣：这里是指听从我方的摆布。

⑪ 兵之情主速：兵，用兵。情，情理。主，这里是指重要、重视。速，快速。兵之情主速：这里的意思是说，用兵的情理重在快速。

⑫ 乘人之不及：乘，同“趁”。不及，指措手不及。乘人之不及：指趁敌人措手不及之时。

⑬ 由不虞之道：由，经由。虞，料想、臆度。由不虞之道：指经由敌方料想不到的道路。

⑭ 攻其所不戒：其，指示代词，这里是指敌方。戒，戒备、警戒。攻其所不戒：意思是说，攻打敌方没有戒备的地方。

译文

古代所谓善于用兵的人，能够做到使敌军前队与后队不能相互配合，相互策应；大部队和小分队不能相互协同，相互依持；长官与士卒不能相互救援；下级与上级不能相互扶持；士卒们被击溃走散了便很难再集合起来，就是集合起来了也不能统一行动。至于对自己的军队，那就是，有利就打，没有利就不打。试问：“众多的敌军，排成严整的阵势将要来进攻，又该怎样对待它们呢?”回答是："抢先夺取敌方最珍惜的重要地方或物资，他们就会听从我们的摆布了。"用兵的情理，重在快速，要乘敌方措手不及的时机，经由敌方意料不到的道路，进攻敌方放松戒备的薄弱环节。

原文

凡为客之道[1]，深入则专[2]，主人不克[3]；掠于饶野[4]，三军足食；谨养而勿劳[5]，并气积力[6]；运兵计谋[7]，为不可测[8]。投之无所往[9]，死且不北[10]。死焉不得[11]，士人尽力[12]。兵士甚陷则不惧[13]，无所往则固[14]，深入则拘[15]，不得已则斗。是故其兵不修而戒[16]，不求而得[17]，不约而亲[18]，不令而信[19]。禁祥去疑[20]，至死无所之[21]。吾士无余财[22]，非恶货也[23]；无余命[24]，非恶寿也[25]。令发之日，士卒坐者涕沾襟[26]，偃卧者涕交颐[27]。投之无所往者，诸、刿之勇也[28]。

注释

① 为客之道：客，客人、作客，这里是指进入敌国领土后，相对于敌方来说，敌方是主，我方是客。道，道理、原则、规律，这里是指作战之道。为客之道：这里的意思是指，我军进入敌方领土作战时应遵循的规律。

② 深入则专：深入，这里是指深入敌境。专，专一，这里是指，将士的意志、思想专

一。深入则专：这里的意思是说，深入敌境作战，将士们就会同心协力，意志专一。

③ 主人不克：主人，这里是指在本国领土作战的军队。克，克复、克服。主人不克：这里的意思是说，在本国境内作战的军队往往不能战胜入侵的军队。

④ 掠于饶野：掠，抢掠。饶野，富饶的原野。掠于饶野：这里是指，要掠取敌国富饶原野上生长的庄稼。

⑤ 谨养而勿劳：谨，谨慎、小心。养，养息、休整。劳，劳累。谨养而勿劳：这里是说，要小心地注意搞好部队休整，不要使将士过度劳累。

⑥ 并气积力：并，集中、鼓足，这里是指，鼓足旺盛的士气。积，聚积。力，这里是指战斗力。并气积力：意思是说，要鼓足旺盛的士气，聚积将士的战斗力。

⑦ 运兵计谋：运，运用。运兵，运用兵力，即部署兵力。运兵计谋：这里是指，要部署兵力，巧用计谋。

⑧ 不可测：不可被揣测。

⑨ 投之无所往：投，投入。无所往，没有地方走、无路可走。投之无所往：这里是指，把军队投入无路可走的绝境。

⑩ 死且不北：北，败北、败退。死且不北：意思是说，宁死也不后退。

⑪ 死焉不得：焉，怎么、什么。焉不得，怎么会得不到？或什么事办不到？死焉不得：这里的意思是说，将士们死且不怕，还有什么事情办不到呢？

⑫ 士人尽力：士人，这里是指将士。士人尽力：这里是指，全体将士都尽自己的力量与敌军作殊死的战斗。

⑬ 兵士甚陷则不惧：甚陷，陷得很深，这时是指陷入绝境。惧，畏惧。兵士甚陷则不惧：意思是说，士卒们既已陷入绝境，反而无所畏惧了。

⑭ 无所往则固：无所往，没有去处、无路可走。固，稳固、巩固。无所往则固：意思是说，军队处于无路可走的绝境，军心反而会更加稳固。

⑮ 深入则拘：拘，拘束，这里可引申为凝聚、集中。深入则拘：这里的意思是说，军队深入敌境，意志反而更集中，团结反而更坚固。

⑯ 不修而戒：修，修治、整饬。戒，戒备。不修而戒：这里的意思是说，军队不需要整饬便会自觉地进行戒备。

⑰ 不求而得：求，这里是指强求。得，获得。不求而得：这里的意思是说，对士卒们无需强求，他们便能完成任务。

⑱ 不约而亲：约，约束。不约而亲：这里的意思是说，无须对士卒们有所约束，他们便能亲爱互助。

⑲ 不令而信：令，命令。信，信任服从。不令而信：这里的意思是说，不需要对将士们三令五申便能得到他们的信任和服从。

⑳ 禁祥去疑：祥，吉凶的预兆，这里是指预卜吉凶的迷信活动。疑，疑虑、猜疑。禁祥去疑：这里是指，要禁除迷信和谣言，以免士卒猜疑，扰乱军心。

㉑ 至死无所之：之，往，这里是指逃往、逃跑。至死无所之：这里的意思是说，士卒们至死也不会逃跑。

㉒ 士无余财：士，士卒。余财，多余的钱财。士无余财：士卒们没有多余的钱财。

㉓ 非恶货也：恶货，厌恶财货。非恶货也：并非厌恶财货。

㉔ 无余命：余命，多余的生命。无余命：没有多余的生命。

㉕ 非恶寿也：寿，寿命、长秦。非恶寿：并非厌恶长寿。

㉖ 涕沾襟：涕，眼泪。涕沾襟：眼泪沾满衣襟。

㉗ 偃卧者涕交颐：偃，仰倒。颐，面颊。偃卧者涕交颐：一些仰卧的士兵们眼泪在面颊两边流着。

㉘ 诸、刿之勇：诸，专诸，春秋时吴国勇士，曾将剑藏在鱼腹中刺杀吴王僚，结果自己被杀害。刿，曹刿，春秋时期鲁国勇士，曾在齐鲁柯地会盟上，手持利剑劫持齐桓公，迫使齐桓公同鲁国订立盟约，退还所侵鲁国的土地。诸、刿之勇：像专诸、曹刿那样的英勇无畏。

译 文

大凡进入敌国境内作战的规律是：深入腹地作战，战士们就会同心协力，意志专一，敌军将无法战胜我们；从敌国富饶的田野掠取粮食，就能保证部队有充足的军粮供给；重视部队的休整，不使将士们过于疲劳，就能鼓足士气，聚积战斗力；同时还要巧用计谋，部署兵力，使敌方无法揣测我军的动向和意图。把军队投入无路可走的绝境，将士们就会宁死不退。将士们既然连死都不怕，那还

会有什么事情办不到呢？那样，全军将士必然会竭尽全力与敌军作战。士卒们既已陷入绝境，反而更会无所畏惧了。部队无路可走，军心反而会更稳固。越是深入敌境部队的意志会更加集中，团结会更加坚固，遇到迫不得已的情况，将士就会作殊死的战斗。所以说，在上述情况下士卒们不需要整饬，便能自觉地进行戒备；无需对他们进行强求，便能完成自己的任务；无需对他们有所约束，便能亲爱互助；无需对他们三令五申，便能得到他们的信任和服从。要禁止迷信和谣言，以免士卒猜疑，扰敌军心，这样就能使士卒们至死也不会逃跑。应该懂得，我们的将士没有多余的财货，并不是因为他们讨厌财货；他们并没有第二条生命，却是那样地不怕牺牲，也并不是因为他们厌恶长寿。只要看看当命令下达之日，士卒们坐着的，眼泪满衣襟；躺着的，流泪满双颊，便能知道他们的心情。只是由于把他们投入到无路可走的绝境，他们才都会像专诸、曹刿那样的勇敢呀！

原文

故善用兵者，譬如率然。率然者，常山之蛇也；击其首则尾至，击其尾则首至，击其中则首尾俱至。敢问："兵可使如率然乎？"曰："可。"夫吴人与越人相恶也[①]，当其同舟共济[②]，遇风，其相救也如左右手。是故方马埋轮[③]，未足恃也；齐勇若一[④]，政之道也[⑤]；刚柔皆得[⑥]，地之理也[⑦]。故善用兵者，携手若使一人[⑧]。不得已也。

注释

① 吴人与越人相恶：恶，仇恨。吴人与越人相恶：这里是指，春秋时期，吴国与越国争霸而引起两国人民的相互仇恨。

② 其同舟共济：济，渡河。同舟共济：同坐一条船渡河。

③ 方马埋轮：方，按曹操注为"缚"。方马，即缚马。方马埋轮：把马缚起来，把兵车的轮子埋掉。

④ 齐勇若一：齐，整齐、全部。勇，勇敢。一，一样。齐勇若一：这里的意思是说，要使得战士们全都一样的勇敢奋战。

⑤ 政之道：政，治理。道，道路、方法。政之道：治理军队的方法。

⑥ 刚柔皆得：刚柔，按曹操、杜牧注，皆作兵势强弱解。皆得，皆得其用。刚柔皆得：要使部队不论强弱，都能因地势而得以各自发挥其作用。

⑦ 地之理：地形之理、地势之理。

⑧ 携手若使一人：携手团结如同一人。

译文

所以，善于用兵的人，就像摆弄"率然"蛇一样。"率然"是常山地方的一种蛇。打它的头，它的尾便会来救应；打它的尾，它的头便会来救应；打它的中间，它的头和尾部都会来救应。试问："用兵难道也可以像摆动'率然'蛇一样吗？"回答说，是可以的。吴国人和越国人本来是相互仇视的，但当他们同坐一条船渡河时，遇到风暴，他们也会像左手帮助右手那样自然而然地相互救援哩！因此，缚马埋轮，向士卒们表示死战的决心，想以此来稳住阵势，是靠不住的。要使全军将士协同合作，英勇奋战，如同一人，关键于平时治军有方；要使部队不论强弱都能发挥各自的作用，关键在于利用地形之利。所以，善于用兵的人，能使全军上下，携手团结，如同一人，那也是情势所迫，不得已呀！

原文

将军之事[1]，静以幽[2]，正以治[3]。能愚士卒之耳目[4]，使之无知；易其事[5]，革其谋[6]，使人无识[7]；易其居[8]，迂其途，使人不得虑[9]。帅与之期[10]，如登高而去其梯。帅与之深入诸侯之地，而发其机[11]；焚舟破釜[12]，若驱群羊，驱而往，驱而来，莫知所之。聚三军之众，投之于险，此谓将军之事也。九地之变，屈伸之利[13]，人情之理[14]，不可不察也。

注释

① 将军之事：将，主持、带领。将军，带领军队。将军之事：率领军队的事情。

② 静以幽：静，冷静、镇静。幽，幽深。静以幽：冷静而幽深莫测。

③ 正以治：正，公正、严正。治，治理、有条不紊的秩序。正以治：这里是说，治理军队公正严明而又有条不紊。

④ 愚士卒之耳目：愚，蒙蔽。愚士卒之耳目：这里的意思是说，要蒙蔽士卒们的耳目使他们一无所知。

⑤ 易其事：易，变易、变更。易其事：这里是说，要变更过去曾经做过的事。

⑥ 革其谋：革，变革、变换。谋，计谋。革其谋：这里是说，要不断变换已经用过的计谋。

⑦ 使人无识：识，认识。使人无识：使别人认识不到、了解不到。

⑧ 易其居：居，居住。这里是指军队的驻地。易其居：变换军队的驻地。

⑨ 不得虑：虑，思虑、考虑。不得虑：思虑不到、料想不到。

⑩ 帅与之期：帅，主帅。期，约期。帅与之期：指主帅与将士们约期赴战，或交与将士们的作战任务。

⑪ 发其机：机，机栝。发其机：扳动机栝，射出利箭。

⑫ 焚舟破釜：釜，煮饭用的锅子。焚舟破釜：把用来过河的船烧掉，把煮饭用的锅子打破。

⑬ 屈伸之利：屈伸，这里是指军队的进退。屈伸之利：军队或进或退的利益所在。

⑭ 人情之理：情，情绪、情感、心理状态。理，道理、规律。人情之理：这里是指，部队心理状态变化发展的规律。

译文

带兵的事情，为将者要沉着镇静，幽深难测，办事公正严明而又有条不紊。要蒙蔽士卒的耳目，使他们对军事行动的目的一无所知；要不断改变过去曾经做过的事情，变换曾经用过的计谋；要经常更换军队的驻地，要有意走着迂回的道路，使人们对主将的意图捉摸不透。主帅与将士们约期赴战，要像登高以后就去掉梯子那样，只能上不能下。主帅与将士们深入敌国领土，就像扳动机栝发出利箭一样，只能一往无前。烧毁舟船，打破炊具，像驱赶群羊一样，时而赶过去，时而又赶回来，使士卒们不知道到底要走向哪里。能聚合三军官兵，投入险恶之地，这正是统率军队的本领。因此，为将者，对于九种地形的应变处置，或进或退的利益所在，以及将士们心理情感变化的规律，都是不能不认真考察的啊！

原文

凡为客之道，深则专，浅则散①。去国越境而师者②，绝地也；四达者，衢地也；入深者，重地也；入浅者，轻地也；背固前隘者③，围地也；无所往者，死地也。是故散地，吾将一其志④；轻地，吾将使之属⑤；争地，吾将趋其后⑥；交地，吾将谨其守⑦；衢地，吾将固其结⑧；重地，吾将继其食⑨；圮地，吾将进其涂⑩；围地，吾将塞其阙⑪；死地，吾将示之以不活⑫。故兵之情⑬，围则御⑭，不得已则斗，过则从⑮。

注释

①浅则散：浅，这里是指部队进入敌国境内不深。散，涣散。浅则散：部队进入敌国境内不深时，军心容易因恋家而涣散。

②去国越境而师者：去国，离开本国。师，军队。这里引申为“作战”。去国越境而师：意思是指，离开本国越过边境进入敌国作战的军队。

③背固前隘：固，坚固，这里可引申为“险阻”。隘，狭隘。背固前隘：背靠着险阻，又面临着隘路。

④一其志：一，统一。其，代词，这里是指全军将士。一其志：统一全军将士的意志。

⑤使之属：之，指示代词，这里指部队。属，连属。使之属：使部队紧紧连接，不致中断。

⑥趋其后：趋，疾走、赶快。其，代词，指部队。后，这里指后继部队。趋其后：催促后继部队疾速跟进。

⑦谨其守：谨，严谨。谨其守：这里是指，要督促部队严密防守。

⑧固其结：固，巩固。结，结交，结盟。固其结：巩固原来的结盟。

⑨继其食：使粮食获得不断的供给。

⑩进其涂：按曹操、杜佑注：“进其涂”可以解释为“疾过去”“疾行无留”。意思说，要迅速通过，不能停留。

⑪塞其阙：阙，缺口。塞其阙：堵塞缺口。

⑫示之以不活：示，表示。示之以不活：这里是指，表示要与敌军死战到底的决心。

⑬兵之情：兵，士兵。情，心情、心理。兵之情：士兵的心理。

⑭围则御：围，包围。御，抵御。围则御：这里的意思是说，部队陷入包围，

士卒们就会竭力抵抗。

⑮ 过则从：过，太甚、太绝。从，服从。过则从：这里的意思是说，士卒们陷入绝境，就会服从指挥。

译文

大凡领兵去敌国境内作战的规律是：越是深入腹地，士卒们的意志便越是专一，军心越稳固；相反，进入敌境越浅，军心便越是容易涣散。离开本土，越过敌境作战的地区叫作“绝地”；交通四通八达的地方叫做“衢地”；深入敌境的地方，叫做“重地”；进入敌境较浅的地方，叫做“轻地”；背靠险阻，面临隘路的地方，叫做“围地”；无路可走的地方，叫做“死地”。因此，进入“散地”，我们便要统一部队意志；进入“轻地”，我们便要使部队首尾相连；进入“争地”，我们便要催促后队疾速前进；进入“交地”，我们就要督促部队严密防守；进入“衢地”，我们就要注意巩固与其他诸侯国的结盟；进入“重地”，我们就要重视保证军粮供应不断；进入“圮地”，我们就要使部队迅速通过，不能停留；进入“围地”，我们就要堵塞缺口；进入“死地”，我们就要表示与敌军死战到底的决心。所以说，将士们的心理是，陷入了包围，便更会奋力抵抗，处于绝境，便更能服从指挥。

原文

是故不知诸侯之谋者，不能预交[①]；不知山林、险阻、沮泽之形者，不能行军；不用乡导者，不能得地利。四五者，不知一[②]，非霸王之兵也。夫霸王之兵，伐大国，则其众不得聚[③]；威加于敌，则其交不得合[④]。是故不争天下之交[⑤]，不养天下之权[⑥]，信己之私[⑦]，威加于敌[⑧]，故其城可拔，其国可隳[⑨]。施无法之赏[⑩]，悬无政之令[⑪]；犯三军之众[⑫]，若使一人[⑬]。犯之以事[⑭]，勿告以言[⑮]；犯之以利，勿告以害。投之亡地然后存，陷之死地然后生。夫众陷于害[⑯]，然后能为胜败[⑰]。故为兵之事，在于顺详敌之意[⑱]，并敌一向[⑲]，千里杀将[⑳]，此谓巧能成事者也。

注释

① 不能预交：预，预先。交，结交。不能预交：不能预先结交。

② 四五者，不知一：四五者，按曹操注，可解释为以上四五件事，或九地的利害。四五者，不知一：这里的意思是说，对以上这些事，如有一样不能了解。

③ 其众不得聚：其，指示代词，这里是指敌国。众，指军民之众。聚，聚集。其众不得聚：指敌国的军民集中不起来。

④ 其交不得合：交，结交。合，合作、联合。其交不得合：敌国想与别国结交，以求取得援助，也不能成功。

⑤ 不争天下之交：争，争取。天下，指各诸侯国。交，结交。不争天下之交：无需争取与其他诸侯国结交，以取得他们的支援。

⑥ 不养天下之权：养，培养。权，权势、势力。不养天下之权：这里的意思是说，无需在各诸侯国培植自己的努力。

⑦ 信己之私：信，申。私，私意，这里是指自己的谋略。信己之私：这里的意思是指要伸展自己的谋略。

⑧ 威加于敌：威，威力，这里是指军威。威加于敌：以自己的军威加于敌军之上。

⑨ 其国可隳：国，这里是指国都。隳，摧毁、毁灭。其国可隳：指敌国的国都可以被摧毁。

⑩ 施无法之赏：无法，没有法、超越常法。施无法之赏：施行超越常法的奖赏。

⑪ 悬无政之令：悬，悬挂，引申为颁布。无政，不合常规。悬无政之令：颁布

打破常规的命令。

⑫ 犯三军之众：犯，发生，发作，这里可引申为使用、指挥。犯三军之众：指挥三军之众。

⑬ 若使一人：若，如同。使，使用，引申为指挥。若使一人：如同指挥一个人一样地运用自如。

⑭ 犯之以事：事，事情，这里是指作战。犯之以事：使用士卒作战。

⑮ 勿告以言：言，按梅尧臣注，这里可解释为“计谋”。勿告以言：不要告知其计谋。

⑯ 众陷于害：众，大家。害，危害、危难。众陷于害：大家都陷于危难之中。

⑰ 能为胜败：能为胜为败。

⑱ 顺详敌之意：顺，随顺、依顺。详，详细、仔细。敌之意，敌军的意图。顺详敌之意：这里的意思是说，要仔细了解敌军的意图，并佯装随顺他们，以使其落入我方圈套。

⑲ 并敌一向：并，合并、集中，这里是指集中兵力。敌，攻打、进攻。一向，一个方向。并敌一向：集中兵力攻打一个方向。

⑳ 千里杀将：千里，这里是指部队奔袭千里。千里杀将：千里奔袭，擒杀敌将。

译文

因此，不了解其他诸侯的战略意图，便不能预先与他们结交；不了解山林、险阻、沼泽等地形，便不能轻易行军；不使用当地人做向导，便不能取得作战中的地形之利。以上这些事情，如果有一样不了解，都不能成为争霸天下的军队。凡是争霸天下的军队，讨伐大国，行动之迅速，能使得敌国不及动员集中全国军民进行有效的抵抗；要以强大的兵威加于敌国，以致使得其他诸侯国不敢与其结交而给予支援。因此，无需与天下诸侯国结交，也不用在各诸侯国培植自己的势力，只要伸展自己的战略意图，用兵威加于敌国之上，就能攻占他们的城池，摧毁他们的国都。在战争中要施行超越常法的奖赏，颁布打破常规的法令，就能做到指挥全军将士，就如同指挥一个人那样运用自如。向将士们布置作战任务，却不需要告知他们你的计谋所在；动员士卒，只应说明有利条件，无需指出危险因素。把士卒们投进最危险的境地，有可能转危为安；把他们投入“死地”，有可能起死回生。全军将士都陷于危难之中，便会众志成城，拼死奋战，赢得胜利。所以，带兵之事，在于仔细地了解敌军的意图，并且佯装依顺他们，使他们落入我方圈套，然后集中兵力，突破一点，便可做到千里奔袭，擒敌杀将。这就是所谓巧计能成大事呀！

原文

是故政举之日①，夷关折符②，无通其使③；厉于廊庙之上④，以诛其事⑤。敌人开阖⑥，必亟入之。先其所爱⑦，微与之期⑧，践墨随敌⑨，以决战事⑩。是故始如处女⑪，敌人开户⑫；后如脱兔⑬，敌不及拒。

注释

① 政举之日：政举，即征举。政举之日：指举兵出征的日子。

② 夷关折符：夷，封锁。关，关口。折，毁折、废除。符，通行证件。夷关折符：封锁关口，废除通行证件。

③ 无通其使：使，使者、使节。无通其使：这里是指，不与敌国通使。

④ 厉于廊庙之上：厉，督励。廊庙，庙堂。厉于廊庙之上：督励大臣们在庙堂之上计谋战事。

⑤ 以诛其事：诛，责成。按曹操、杜牧注，这里可作“治理”“计谋”解。以诛

其事：即是指，以计谋其事。

⑥ 敌人开阖：开阖，一开一阖。按曹操、张预注，这里是指敌人一开一阖，出入无常，进退未决，因而有隙可乘。

⑦ 先其所爱：爱，爱惜、珍爱，这里可引申为重视。先其所爱：这里的意思是说，先攻占敌方最重视的战略要地。

⑧ 微与之期：微，不。之，指示代词，这里是指敌国、敌军。期，约期。微与之期：不要与敌方约定交战的日期。

⑨ 践墨随敌：践，践履、实践、实行。墨，绳墨。按杜牧注，这里可作“规矩”“法度”解。敌，这里是指敌情。践墨随敌：意思是说，循守法度，实行规矩，都要依随敌情的变化而灵活运用。

⑩ 以决战事：决，解决。以决战事：以解决战争的胜负问题。

⑪ 始如处女：处女，未婚女。在封建时代，人们把未婚女描写得非常柔弱沉静。始如处女：这里的意思是指，在军事行动将要开始时，要表现得像处女那样柔弱沉静，不露声色。

⑫ 敌人开户：敌，这里是指敌国。开户，打开门户。敌人开户：这里的意思是指，要让敌方放松警惕，大开门户。

⑬ 后如脱兔：后，这里是指军事行动开始以后。脱兔，脱逃之兔，迅速异常。后如脱兔：这里的意思是说，一旦军事行动开始，就要像脱逃之兔那样迅速异常。

译文

因此，在决定举兵出征的日子里，要封锁关口，废除来往敌国的通行证件，不与敌国互通使节，还要督促大臣们在庙堂之上，共谋征伐大计。遇到敌军出入无常、进退未决，有隙可乘时，便应迅速攻入，首先夺取其战略要地。无需与敌国约期作战，也无需遵循固定的规章制度，一切军事行动都依敌情的变化而灵活运用，以保证战争的胜利。因此，在战争即将开始时，要表现得像处女那样柔弱沉静，不露声色，诱使敌人放松警惕，大开门户；而一旦战事打响以后，便要像脱逃之兔那样行动迅速异常，以致使得敌军措手不及，无法抵抗。

衢地要冲，兵家必争

“诸侯之地三属，先至而得天下之众者，为衢地。……衢地，吾将固其结。”

孙武这段话，其大意是：处在几国交界，先到达可以结交周围诸侯，能取得多方援助的地区，叫作“衢地”。……处在衢地，我军就要巩固与诸侯列国的结盟。

孙子所说的“衢地”，是四通八达、敌我与其他诸侯国接壤的地区，一般离本土较远，是交战各方必争的战略要地。谁能抢在前面占领它，就能掌握战争的主动权。因此自古至今，军事家们无不为之而绞尽脑汁，这也为我们留下了一个又一个的著名战例。

其中，马谡轻敌失街亭就是我们比较熟悉的一个例子。

街亭的地理位置很重要，它是通往汉中的咽喉，是蜀军后勤供应的必经之处，同时，街亭还是蜀国陇西地区的天然屏障。

正因为如此，在三国时候的街亭之战中，蜀、魏双方都在极力争夺。

街亭之战发生在司马懿进攻祁山之后。司马懿奉魏帝曹睿之命率领20万大军直奔祁山而来。此时，诸葛亮正在祁山驻兵，听到魏军杀来，便召集将领商议战事。

诸葛亮知道司马懿也是工于心计之人，必定要夺占街亭这一要地，便决心挑选良将把守。就在他“谁能引兵担此重任”的话语一出，只见参军马谡从众将中闪露出来，表示愿意领兵前往。诸葛亮定睛一看，见是马谡，心中便有些疑虑和犹豫，因为他早就听刘备在生前说过马谡此人言过其实，不可重用。

不过，尽管他心中这样想，嘴上还是说：“从表面上看，街亭虽然是个小地方，但它的地理位置很重要，关系到我军的安危利害。且街亭既没有城郭，又没有险要之处，因此不易把守，如一旦丢失，我军处境就困难了。”

马谡见诸葛亮话中略带轻视，便不以为然地说：“我自小熟读各类兵书，区区一个街亭，我还能守不住吗？如果丞相觉得信不过我，我愿意在此立下军令状，如有什么闪失的话，我以全家的性命作为担保！”

诸葛亮这时渐渐地忘了刘备的叮嘱，又见马谡胸有成竹，便让他写下了军令状,拨给他2.5万精兵去把守街亭。为防不测,诸葛亮又派了王平和高翔辅助马谡,并再三交代要他们占领街亭要道,以免魏军逾越。

来到街亭后,马谡和王平首先察看了地形。五路总口地处街亭要道,把守着街亭大门,王平认为在此驻扎比较好,但马谡一意孤行,执意要在路旁的小山上驻扎。理由是兵书上说居高临下可势如破竹,定会杀得魏军片甲不留。王平劝说不动马谡,无奈,只好到山的西边另择一处驻扎。

当司马懿来到街亭后,看到守护大将竟是马谡,且蜀军兵营驻扎在山上,他便仰天长笑说:"诸葛亮聪明一世,糊涂一时,怎么能用马谡这样的庸才呢,真是老天有眼啊!"他一面派大将张郃挡住王平对马谡的增援,一面又派兵将小山层层包围,断绝了山上的饮水,然后严阵以待。

蜀军将士此时看到满山遍野都是魏军,便开始惊慌起来,不几日,山上饮水全无,士兵更加惶恐。司马懿趁机放火烧山,蜀军一片大乱,马谡拼死杀出一条血路才得以逃脱。

街亭一失,魏军长驱直入,连诸葛亮也来不及后撤,被迫演了一场"空城计"。

街亭地理位置很重要,相当于孙子所说的"衢地",事关成败。这一点诸葛亮与司马懿都意识到了,于是整个战争就变成了街亭的争夺战。然而诸葛亮误用纸上谈兵的马谡为将,痛失街亭,而致惨败。

在现代商战中,形形色色的"商品交易会""博览会""展销会"不时举行,"会议"所在地便也成为商战中的"衢地",是商家必争之地。古今事例相鉴,相信我们会从中悟出一点道理吧。

深入则专,主人不克

"凡为客之道,深入则专,主人不克。"

孙武这句话,其大意是:大凡进入敌国作战的原则是,深入敌国腹地就会兵力齐心,敌军就无法战胜我军。

军人要牢固树立集体主义观念,个人英雄主义是用兵的大敌。孙子说:"深入则专,主人不克。"其中"专"字即专心一意、团结一心的意思。军队是武装的斗争集团,要有严格的组织和铁的纪律。组织强,纪律强,团结一心,才能有战斗力。

整体是由局部构成的,但整体力量并不简单等于局部力量之和。现代系统论认为,如果把局部力量合理地排列组合,整体力量会大于局部力量之和。现代化的军队已发展成为诸兵种的合成军队。协同作战是现代战争的客观要求和必然方式。服从指挥的军队,协同作战,秩序井然,有条不紊,因敌应变,团结一心,众志成城,则战斗力倍增;否则,就是乌合之众。但协同作战,不是简单的集中兵力,要根据具体情况,审时度势,权衡利弊而定夺。

在第二次布匿战争期间,汉尼拔率迦太基远征军翻越阿尔卑斯山,进入意大利作战。迦太基军队劳师远征,远离后方,加上在对手的领土上孤军奋战,随时都有全军覆没的危险,但这反而激发了远征军官兵的士气,抱着必死不生的信念投入战斗,加上汉尼拔指挥有方,结果以少胜多,连续取得特拉西美诺湖和坎尼之战两次重大胜利。

此后,这支孤军在罗马的土地上纵横驰骋十余年,沉重打击了罗马的统治,并一度使罗马城陷入岌岌可危的境地。

在合黎山、龙首山和祁连山之间,有一处东南——西北走向、长达一千公里的狭长地带,因地处黄河以西,古称“河西”,今因其地理特征又称为“河西走廊”。这个连接内蒙古高原和青藏高原的走廊,水源丰富,土质肥沃,宜耕宜牧,又是中原腹地通往西域的咽喉要道,战略地位十分重要。

汉文帝初年,匈奴逐走月氏人,占据了河西之地。匈奴单于命浑邪王统治河西的西部,大约当今甘肃酒泉地区;命休屠王管辖河西东部,大约当今甘肃武威地区。他们据此而西控西域各国,南制西羌诸部,对西汉王朝的西部边境构成严重威胁。

汉武帝即位之初,曾有一个联合月氏、夹击匈奴的宏大计划。然而这个计划的实施却颇费周折,首先是北部战场压力太大,令汉军无暇他顾,其次则是月氏人无意东归故地,使汉军孤掌难鸣。因此,直至汉匈漠南会战之时,河西地区仍在匈奴人的牢固控制中。

漠南之战结束后,匈奴单于把主力远撤至大漠以北。大漠以南的广大地区,仅剩下匈奴左贤王和河西的浑邪、休屠二王。左贤王虽仍不断袭扰汉边,但规模不大,且又局限在东北一隅,可暂时不必对他大动干戈。河西之地的匈奴军自身实力不强,尤其是在右贤王被汉军击破之后,更显得势单力薄;浑邪、休屠二王多年来又一直把主要精力集中在控制西域和西羌之上,对汉军并不怎么注意。而张骞出使西域回国后,虽然带来了月氏人不愿与匈奴人为敌的信息,但他同时又极力主张经营西域，认为取得西域可“广地万里”，不仅能获取“天马”“奇物”，而且可以招徕拖西各族为外臣，利用当地各族之间的矛盾孤立匈奴，以“断匈奴右臂”。因此，汉武帝决定把主战场转移到西北地区，夺取河西之地，以解除汉朝西部边境的威胁，并为进一步经营西域、北击匈奴奠定基础。

汉武帝元狩二年（公元前121年），汉王朝两次进军河西（今河西走廊及湟水流域），打击匈奴袭扰势力。

汉文帝时，匈奴进占河西，以浑邪王及休屠王部族驻牧其地，西控西域，南结羌人，不断袭扰汉朝西部边郡。汉武帝在取得河南、漠南之战的胜利后，为打通西域道路和保卫西北边郡，即组织骑兵部队进军河西。元狩二年三月，骠骑将军霍去病率骑兵万人，由陇西出击匈奴，至焉支山（今甘肃山丹东南）西，杀卢侯王、折兰王，俘浑邪王之子及相国、都尉等，歼灭近9000人。汉军损失十分之七。同年夏，霍去病率数万骑再次进军河西，同时遣卫尉张骞、郎中令李广率万余骑出右北平（今内蒙古宁城西南），以钳制左贤王，策应河西作战。霍去病出北地（今甘肃庆阳西北），经富平（今宁夏吴忠西南）沿黄河北行，在朔方郡窳浑（今内蒙古杭锦后旗西南）境转向西北，到达居延（今内蒙古额济纳旗东南），沿弱水（今甘肃纳林河）南进，向祁连山地区匈奴发起猛攻，杀三万余人，俘小王、将军等百余人，单桓王、酋涂王及相国、都尉等2500人投降。汉军损失十分之三。

河西匈奴受两次沉重打击，单于震怒，欲诛杀浑邪王、休屠王。两王恐惧，共谋降汉。休屠王后又反悔，浑邪王将其斩杀，合并其部，率四万余人降汉。河西之战，汉军充分发挥骑兵快速灵活的特长，实施远程迂回，深入敌后，突然袭击，重创匈奴右部，并随后在该地区设置武威、张掖、酒泉、敦煌四郡，取得了辉煌的胜利。

孙武是春秋末年齐国人，出身于齐国世族田氏，是陈完八世孙，孙凭之子，孙书之孙。孙武年轻时得以阅读古代军事典籍《军政》，了解黄帝战胜四帝的作战经验以及古代名相伊尹、姜尚、管仲的用兵策略。约公元前517年，孙武因不堪齐国攻争频仍，于是离开故乡千乘，南下吴国，并在吴国结识了因避难而来的伍子胥，自此成为莫逆之交。孙武到达吴国后，便隐居于吴国都城姑苏城郊的穹窿山，以务农为乐，并在此时著成了旷世巨著《孙子兵法》。《孙子兵法》被尊为世界第一兵书、兵学圣典、兵学经典之首，被定为武学的教范。

后来，孙武被伍子胥引荐给吴王阖闾，通过斩姬练兵，取得了吴王的赏识。在伍子胥、孙武的治理下，吴国的内政和军事都大有起色。吴王极为倚重二人，把他们两人视为左膀右臂。吴王读过《孙子兵法》,也想深入讨论。一天,吴王同孙武讨论起晋国的政事。吴王问道:“晋国的大权掌握在范氏、中行氏、智氏和韩、魏、赵六家大夫手中,将军认为哪个家族能够强大起来呢?”

孙武回答说:“范氏、中行氏两家最先灭亡。”

“为什么呢?”

“根据他们的亩制,收取租赋以及士卒多寡,官吏贪廉做出的判断。以范氏、中行氏来说,他们以一百六十平方步为一亩。六卿之中,这两家的田制最小,收取的租税最重,高达五分抽一。公家赋敛无度,人民转死沟壑;官吏众多而又骄奢,军队庞大而又屡屡兴兵。长此下去,必然众叛亲离,土崩瓦解!”

吴王见孙武的分析切中两家的要害,很有道理,就又接着问道:“范氏、中行氏败亡之后,又该轮到哪家呢?”

孙武回答说:“根据同样的道理推论,范氏、中行氏灭亡之后,就要轮到智氏了。智氏家族的亩制,只比范氏、中行氏的亩制稍大一点,以一百八十平方步为一亩,租税却同样苛重,也是五分抽一。智氏与范氏、中行氏的病根几乎完全一样:亩小,税重,公家富有,人民穷困,吏众兵多,主骄臣奢,又好大喜功,结果只能是重蹈范氏、中行氏的覆辙。”

吴王继续追问:“智氏家族灭亡之后,又该轮到谁了呢?”

孙武说:“那就该轮到韩、魏两家了。韩、魏两家以二百平方步为一亩,税率还是五分抽一。他们两家仍是亩小,税重,公家聚敛,人民贫苦,官兵众多,急功数战。只是因为其亩制稍大,人民负担相对较轻,所以能多残喘几天,亡在三家之后。”

孙武不等吴王再开问,接着说:“至于赵氏家族的情况,和上述五家大不一样。六卿之中,赵氏的亩制最大,以二百四十平方步为一亩。不仅如此,赵氏收取的租赋历来不重。亩大,税轻,公家取民有度,官兵寡少,在上者不致过分骄奢,在下者尚可温饱。苛政丧民,宽政得人。赵氏必然兴旺发达,晋国的政权最终要落到赵氏的手中。”

孙武论述晋国六卿兴亡的一番话,就像是给吴王献上了治国安民的良策。吴王听了以后,深受启发,高兴地说道:“将军论说得很好。寡人明白了,君王治国的正道,就是要爱惜民力,不失人心。”

孙武与伍子胥共同辅佐阖闾经国治军,制定了以破楚为首务,继而南服越国,尔后进图中原的争霸方略;并实施分师扰楚、疲楚的作战方针,使吴取得与楚争雄的主动权。公元前512年(吴王阖闾三年),吴军攻克了楚的属国钟吾国

（今江苏宿迁东北）、舒国（今安徽庐江县西），吴王准备攻楚，孙武认为“民劳，未可。”请再等待。伍子胥则提出疲楚的战略，建议把部队分为三军，每次用一军去袭击楚国的边境，“彼出则归，彼归则出”，用这种“亟肆以疲之，多方以误之”的战法来疲惫楚军，消耗楚的实力。阖闾采纳了这个意见，反复袭扰楚国达六年之久，使楚军疲于奔命，为大举攻楚创造了条件。孙武和伍子胥还根据楚与唐、蔡交恶，楚国令尹子常生性贪婪，因索贿得不到满足而拘留蔡、唐国君，蔡、唐两国对楚极其怨恨的情况，献联合唐、蔡以袭楚之计。蔡、唐虽是小国，但居于楚的侧背，这就为吴军避开楚军正面，从其侧背作深远战略迂回提供了有利条件。公元前 506 年，吴国攻楚的条件已经成熟，孙武与伍子胥佐阖闾大举攻楚，直捣郢都（今湖北江陵西北）。吴军要由今天的苏州进到江陵附近，进行千余里深远的战略奔袭。孙武等人协助阖闾制定了一条出乎楚国意料的进军路线，即是从淮河逆流西上，然后在淮汭（今河南潢川西北）舍舟登陆，再乘楚军北部边境守备薄弱的空隙，从著名的义阳三关，即武阳关、九里关、平靖关，直插汉水。吴军按照这一进军路线，顺利地达到汉水，进抵楚国腹地。楚军沿汉水组织防御，同吴军隔水对阵。由于楚军主帅令尹子常擅自改变预定的夹击吴军的作战计划，为了争功，单独率军渡过汉水进攻吴军，结果在柏举（今湖北汉川北）战败。吴军乘胜追击，五战五胜，占领了楚的国都郢城，几灭亡楚国。

从军人心理学的角度分析，《孙子兵法》所说的“凡为客之道，深入则专，主人不克”是非常有道理的。汉尼拔率领的迦太基远征军在意大利所取得的辉煌战绩就证明了这一点。

当这支能征惯战的孤旅进入到陌生的意大利土地上时，所有的官兵只有两个选择，或者是杀死敌人，或者是被敌人杀死。为了生存，大家只有拼死一战，而怀着这种决心的人可以生发出惊人的勇气和能力。以往人们总是由衷地赞美汉尼拔高超的战争艺术，其实他在军人心理学方面也同样颇有造诣。

霍去病面对的情况与汉尼拔一样，陌生的战场，充满敌意的野蛮部落，使得霍去病麾下的汉军骑兵拼力死战，最终取得了辉煌的胜利。

亡地后存，死地后生

"投之亡地然后存，陷之死地然后生。"

孙武这句话，其大意是：把士兵投入危险的境地，才能转危为安；使士兵陷身于死地，才能起死回生。

一般说来，兵众陷于危亡境地之中，然后才能转败为胜。孙子在此看到了士卒在绝境下的求生本能，并利用这种本能在危险的情况下转危为安，进而夺取战斗的胜利。置之死地而后生，虽然从实践上说不免有些残酷，却也是兵家一种无奈的选择。

孙子认为，士卒的心理状态是被包围了就会竭力抵抗，形势险恶、迫不得已了就会拼死战斗，深陷危险境地就会听从指挥。将帅应当掌握军队士卒这种心态，敢于采取果断措施，把部队投入险境，全力奋战；向敌人示以必死的决心，从精神状态上压倒敌人。死处求生、危地求存，是一种强烈的创造进取精神。在危急关头，倘若思想保守、意志薄弱、悲观失望，只能坐以待毙。作为贤能的将领，在困境中决不放弃任何一线希望，寻求起死回生、转败为胜的办法。这一观点，表明了孙子对于存亡、死生有着辩证的认识。

梁武帝大通元年（公元 527 年），梁将陈庆之守卫涡阳城，与后魏军对峙。从春至冬，经过上百次交战，梁军劳顿疲乏。这时，魏军援军又欲自梁军后方加固构筑营垒。梁军诸将担心腹背受敌，商议退军。陈庆之说："我们共同来此，经过了一年时间，军资粮食耗费很大，许多军士都丧失斗志，都想着退缩，这哪有建功立业的样子呢？我听说过，置之死地仍可求生。等到敌军相合时，再与他们交战，必定能胜利。"诸将照他的计划去做准备。魏军犄角建成 13 座城，梁军衔枚夜间出击，攻陷了魏军 4 个营垒。余下 9 城，军力还相当强盛，于是驱赶着俘虏，鼓噪着向魏军发起进攻，结果大败魏军。

此战，陈庆之亡地求生，转危为安，转败为胜，实践了“投之亡地然后存，陷之死地然后生”的孙子治兵原则。

南北朝后期，北魏权臣尔朱氏揽权乱政，大将高欢在河北起兵讨伐。当时高欢只有三万不到的兵力，却要面对尔朱兆的二十万大军。由于兵力绝对悬殊，若正兵对决，高欢军肯定败亡；于是高欢大反兵道而行，下令将战场所有可能逃生的缺口都以牲畜堵死。面对十倍兵力的敌军，在逃生无门的压力下，为了自保，士卒们只有拼死力战，最后果然大破尔朱大军。

“投之亡地然后存，陷之死地然后生。”孙子这句名言，在先秦两汉之际就已流传，是将领带兵的一个办法。军队被迫处于困境之时，摆脱危险和困境是一种积极的行动。当军队陷入“死地”“危地”“重地”时，既不可能避战，也不可能坚守自保。在这种情况下，孙子主张要善于利用险恶的态势团结大众，团结军心，以超常的勇气与敌决一死战，这样反而能化险为夷，死里得生，反败为胜。

在现代企业生产经营上，当面临危机时，企业领导者也要善于利用“亡地”“死地”这种危机给职工造成“危机感”“紧迫感”，用精神刺激法激发管理者、生产者的积极性，从而获得生存、发展。在国外企业界这种方法已被较多地采用，这也是“投之亡地然后存”的策略。

第十二篇　火攻篇

〔简述〕

本篇专门论述向敌军进行火攻的各种问题，诸如火攻的对象、作用、条件、方法，以及在火攻的过程中应该注意的问题等等。

全篇内容大体分为四部分：1. 提出火攻的对象有五，即“火人”“火积”“火辎”“火库”“火坠”。2. 分析火攻应具备的主客观条件，包括发火器材的准备，天象、气候的选择等等。3. 提出实行五种火攻所应采取的灵活对策，包括是从敌营内部纵火，还是从外面纵火；如何根据火攻引起的敌情变化，相机发起攻击而不可贸然行事；以及在进攻时应如何选择正确的方向等等。4. 指出火攻与水攻都是属于进攻敌军的辅助措施，两者对于战胜敌军各有其特点，为将者必须谨慎选择，要“合于利则动，不合于利则止”，要从“安国安军”的大局出发，赏罚分明，进退有变，决不可凭一时的意气用事，以致遭亡国覆军之祸。

原文

孙子曰：凡火攻有五：一曰火人①，二曰火积②，三曰火辎③，四曰火库④，五曰火队⑤。行火必有因⑥，烟火必素具⑦。发火有时，起火有日。时者，天之燥也；日者，月在箕、壁、翼、轸也⑧，凡此四宿者，风起之日也。

注释

① 火人:火,作动词用,意为烧火、放火。人,这里指人马。火人:这里的意思是说,放火焚烧敌军的人马。

② 火积:积,积蓄、积藏,这里是指积藏的军用粮草。火积:放火焚烧敌军积藏的粮草。

③ 火辎:辎,辎重,包括武器、兵车,以及各种军用器械。火辎:放火焚烧敌军的各军用物资。

④ 火库:库,仓库。火库:烧毁敌军的物资仓库。

⑤ 火队:队,通"隧",即隧道。火队:放火焚烧敌军的隧道。

⑥ 行火必有因:行,施行、进行。火,这里是指火攻。因,原因、根据、条件。行火必有因:施行火攻必须具备一定的根据和条件。

⑦ 烟火必素具:烟火,这里是指用来进行火攻的燃料和有关器材。素,平素、平常。具,具备。烟火必素具:这里的意思是说,用以进行火攻的燃料和有关器材,一定要在平常时就准备好。

⑧ 月在箕、壁、翼、轸:月,星宿、星座。中国古代天文学家认为天空有二十八座星宿,这箕、壁、翼、轸就是其中的四座。月在箕、壁、翼、轸:这里的意思是说,当月亮运行经过箕、壁、翼、轸这四座星宿的日子。

译文

孙子说:火攻的形成一般有五种:一是焚烧敌军的人马,二是焚烧敌军的粮草,三是焚烧敌军的军用物资,四是焚烧敌军的物资仓库,五是焚烧敌军的隧道。进行火攻必须具备必要的条件。放火用的燃料和器具应在平时就准备好;放火要选择适当的天时,火攻要选择适当的日子。所谓适当的天时,是指气候干燥;所谓适当的日子,是指月亮运行经过箕、壁、翼、轸四宿的那几天。因为一般这几天,都是容易起风的日子。

原文

凡火攻，必因五火之变而应之[①]。火发于内[②]，则早应之于外[③]。火发兵静者[④]，待而勿攻[⑤]，极其火力[⑥]，可从而从之[⑦]，不可从而止。火可发于外，无待于内，以时发之。火发上风[⑧]，无攻下风[⑨]。昼风久，夜风止[⑩]。凡军必知有五火之变[⑪]，以数守之[⑫]。

注释

① 必因五火之变而应之：因，依据。五火之变：这里是指火人、火积、火辎、火库、火队五种火攻形式所引起的敌情变化。应，相应、策应。必因五火之变而应之：意思是说，必须依据五种火攻形式所引起的敌情变化分别采取相应的配合措施。

② 火发于内：内，这里是指敌军营内。火发于内：在敌军营内放火。

③ 早应之于外：早，提早、提前。应，策应。早应之于外：提前从外部策应。

④ 火发兵静者：兵，这里是指敌军。静，安静，镇静。火发兵静者：火已燃起但敌军却依然表现镇静。

⑤ 待而勿攻：待，等待。勿攻，这里是指不要急于进攻。待而勿攻：这里的意思是说，要耐心等待而不应急于进攻。

⑥ 极其火力：极，极点、顶点。极其火力：火势极其旺盛，到了顶点。

⑦ 可从而从之:从,跟从。按杜牧、曹操注,这里可解释为"进攻"。可从而从之:这里的意思是说,要视火发以后的情况,可以进攻便进攻。

⑧ 火发上风:上风相对于下风而言,指火焰起时,烟雾飞行的顺风方向。火发上风:在上风方向起了火。

⑨ 无攻下风:下风,火焰飞行的逆风方向。无攻下风:不要从逆风方向进攻。

⑩ 昼风久,夜风止:昼风,白天刮的风。昼风久,夜风止:白天刮风刮得时间很长,晚上的风就会止息。

⑪ 凡军必知有五火之变:军,这里是指领军、用兵。凡军必知有五火之变:这里的意思是说,凡是用兵的人都必须懂得有五种火攻形式及其所引起的敌情变化。

⑫ 以数守之:数,规律、法则,这里是指气象变化的规律。守,守候。以数守之:这里的意思是说,按照气象变化的规律,等候火攻的时机。

译文

凡是进行火攻,都必须根据以上五种火攻形式所引起的敌情变化而采取相应的举措。如果是从敌军营内放火,便应提前以部队从外进行攻击,使敌军疏于对内部的防范;敌军营内已经起火,却仍表现得非常镇静,就应耐心等待观察,而不可急于进攻;要等到火势十分旺盛,到了顶点,再看情况,可以进攻便发起进攻,不可以进攻便要停止进攻。能够从外面纵火就不必等着有人从敌营内部策应,只要能适时放火就行了;从上风纵火,就不能从下风进攻(以免烧到自己);白天的风刮得很大,晚上的风就会止息。凡是领兵打仗,都必须懂得以上五种火攻形式的变化,并且要按照气象变化的规律,等待火攻的时机。

原文

故以火佐攻者明[①]，以水佐攻者强[②]。水可以绝[③]，不可以夺[④]。

注释

① 以火佐攻者明：佐，辅佐、辅助。明，明显，这里是指效果明显。以火佐攻者明：这里的意思是说，以火攻作为向敌军进攻的辅助方法效果很明显。

② 以水佐攻者强：强，增强、加强，这里是指增强攻势。以水佐攻者强：这里的意思是说，用水攻的方法来辅助进攻，就能使攻势大大增强。

③ 水可以绝：绝，断绝、隔绝。水可以绝：用水攻的办法可以隔断敌军的联系或者是断绝敌军的粮道。

④ 不可以夺：夺，夺走，这里是指烧毁掉。不可以夺：用火攻的方法可以烧毁掉敌军的人马和物资。

译文

所以,用火攻作为向敌军进攻的辅助方法,效果会非常明显,以水攻作为向敌军进攻的辅助方法,只能使我军的攻势大大增强。这是因为水攻只能隔断敌军的联系或者是断绝他们的粮道,而火攻则可以烧毁掉敌军的人马和物资。

原文

夫战胜攻取,而不修其功者凶①,命曰费留②。故曰:明主虑之③,良将修之④。非利不动,非得不用⑤,非危不战⑥。主不可以怒而兴师,将不可以愠而致战⑦。合于利而动,不合于利而止。怒可以复喜⑧,愠可以复悦,亡国不可以复存,死者不可以复生。故明君慎之,良将警之,此安国全军之道也。

注释

① 不修其功者凶:修,按杜牧注,“修者,举也”。修即是修举。凶,凶险。不修其功者凶:这里的意思是说,对于进行火攻有功的人不举功行赏,就会有凶险。

② 费留:按贾林注,“费留,惜费也”。费留就是吝惜费用。

③ 明主虑之:虑,思虑、考虑,这里是指认真思考。明主虑之:英明的君主要认真思虑这一点。

④ 良将修之:修之,认真地对待。良将修之:这里的意思是说,优秀的将领都要认真地对待这件事。

⑤ 非得不用:得,得到,这里是指取得胜利。用,这里是指用兵。非得不用:这里的意思是说,非有取得胜利的把握不可轻易用兵。

⑥ 非危不战:危,危险、危急。非危不战:不是十分危急,不可轻易开战。

⑦ 将不可以愠而攻战：将，将领、主将。愠，愤懑。将不可以愠而攻战：主将不可以一时的愤懑而轻易出战。

⑧ 怒可以复喜：复，回复、变回。怒可以复喜：愤怒可以重新变为高兴。

译文

对于打了胜仗、攻取了敌军阵地的人，不论功行赏，是会有危险的。这种作法叫做“费留”——吝惜费用。因此，英明的君主应该认真地思考这个问题，优秀的将领也应该认真地对待这件事。没有利益可得，就不要轻易行动，没有把握取得胜利就不要轻易用兵，不是形势十分危急，不可轻易开战。君主不能因一时的愤怒而兴师动众，主将也不可因一时的愤懑而轻易出战。要算计确实有利才能用兵，无利可得便要停止出战。这是因为一时的愤怒还可以转为欣喜，一时的愤懑还可以转为高兴，而一旦亡国便不可复存，一旦死亡便无法复生。所以，在这个问题上，英明的君主一定要慎重，优秀的将领一定要警惕，这才是维护国家安定、保全军队实力的道理。

火攻者明，水攻者强

“故以火佐攻者明，以水佐攻者强。水可以绝，不可以夺。”

孙武这段话，其大意是：用火辅助军队进攻效果明显，以水辅助军队进攻威力强大。但水可以把敌军分隔开来，却不能像火那样使敌人失去军需物资。

这段文字论述了水火佐攻的重要和作用。这是孙子关于利用自然力量，增加战斗进攻效果的一种主张。利用水、火等自然力量助战具有悠久历史，也是一个重要问题。孙子在总结这些实践经验的基础上写了《火攻篇》，对人们运用最普遍的水、火助攻，第一次做了理论概括。

用水、用火佐攻，二者又有差异。从客观实际情况看，用水比用火受客观条件限制更大;从进攻的实际效果看,用火可以毁灭敌物资储备和有生力量,而用水可以断绝或部分消灭敌军而不能夺取敌人积蓄。这是具体运用中必须考虑的。

以水佐攻会使攻势增强,有时会使战斗发生决定性的作用,这类战例很多。

明崇祯十五年(1642年),李自成起义军自朱仙镇大捷后,回军围攻开封。此时,河南境内的明军已被起义军消灭殆尽,无力再援开封。9月,河南巡抚高名衡掘开黄河,以水淹起义军。李自成不得不移军高地。河水灌注开封城,城毁,百姓逃脱者不及两万。数十万平民被洪水吞没。围攻开封城的起义军因大水不得不西撤,其军事计划受挫。这一战例,亦为"以水佐攻"之战例。不过,高名衡丧尽天良,淹杀数十万无辜,成了历史罪人。

"以火佐攻",较之水攻,又更为显著。

东汉灵帝中平元年(公元184年),黄巾军在各地同时起义,声势浩大,组织有方。他们迅速攻占了许多州郡,迫使许多地方官员纷纷逃命。这给予即将灭亡的东汉朝廷以极大震动。朝廷命令皇甫嵩为左中郎将,和右中郎将朱儁一起,共发五校兵、三河骑兵及招募来的精兵四万多人,共同讨伐颍川(今河南颍水流域)一带的黄巾军。

颍川地区的黄巾军是在一个叫波才的人率领下活动的。朱儁率领的那一支军队被波才击败后,颍川一带的形势对汉军十分不利。于是,黄巾军乘胜进攻皇甫嵩,皇甫嵩进驻长社(今河南长葛东北)自保。波才遂率领黄巾大军包围了长社。当时,皇甫嵩的兵力大大地少于黄巾军,被困于孤城中的汉军,人人心中滋生出了一种害怕恐惧的情绪,它就像一团浓雾一样弥漫开来,对士气形成了极大影响。皇甫嵩对此有所察觉,就召集军中的大小将领,给他们鼓气,并说:"用兵有奇正的变化,不在哪方的兵力多少。现在我观察了下敌情,发现敌人是在柴草多的地方安营,这就容易受到火攻。如果我们乘着夜间放火,烧掉敌人的军营,敌人一定会惊慌失措大乱不止。我们的军队再乘机出城发起猛烈攻击,一定能打败敌人。当年田单以火攻破敌的场面,在我们这里就可以出现了。"在皇甫嵩的鼓舞下,军中的情绪稳定下来了,而且火攻作战的计划也布置下去了。

这一天晚上,老天似乎在帮助汉军,刮起了大风,顺风点火,风助火势,正是实施火攻的有利时机。皇甫嵩命令士兵每人拿一束柴草登上城墙,又从军中招募勇士,命他们偷偷出城,四下放火,并且高声大呼。顿时,黄巾军周围火光四起,城上的士兵也举起火把呼应。皇甫嵩乘机擂鼓,率领一支军队出城冲向敌人，黄巾军果然惊慌失措，纷纷溃散。

长社一战，皇甫嵩利用火攻，变被动为主动，成功地击败了黄巾军。

希腊火是一种以石油为基本原料的物质，据称它是在公元668年被一个叫加利尼科斯的叙利亚工匠带往君士坦丁堡的。

在公元8世纪，由陆路和海路攻击的阿拉伯人被一种秘密武器——“希腊火”所打败。这是一种由液态易燃物制造出来的化学武器“石油”，由一个喉管把它喷出。阿拉伯的海军就是被“希腊火”摧毁的。

加利尼科斯信奉基督教，曾在叙利亚的赫里奥波利斯城（今黎巴嫩的巴尔拜克）从事建筑业，在寻找和研究建筑防水材料时，对化学特别是炼金术多有研究，并且进行了一些实验。随着阿拉伯人的崛起和扩张，叙利亚成为战火纷飞之地，加利尼科斯便逃往君士坦丁堡，在途经小亚细亚地区时，他发现了当地出产的一种黑色黏稠油脂可在水上漂浮和燃烧（其实这种油脂就是石油）。加利尼科斯突发灵感，产生了以之为武器的念头，并借助自己掌握的化学配制技术，进行了多次实验，并获得了成功。

公元678年，阿拉伯哈里发穆阿维叶一世对拜占庭帝国发动了陆地和海上的联合进攻，在陆战受阻后，便集中海上力量，攻占了马尔马拉海东南沿海的基兹科斯，作为发动大规模海上进攻的基地。6月25日，阿拉伯舰队向君士坦丁堡发动总攻。拜占庭海军出动装有希腊火的小船，对载有攻城器械和士兵的阿拉伯军舰展开了火攻。阿拉伯舰队总指挥法达拉斯命令舰队撤离，但已有大约三分之二的船只被焚毁。

为了躲避拜占庭海军的反围攻，穆阿维叶一世命令剩余的阿拉伯船只向南撤退。但拜占庭海军乘胜进攻，在西莱夫基亚附近再次动用希腊火，使阿拉伯海军几乎全军覆没。拜占庭人欣喜若狂，于是把拯救了自己命运的神秘火焰称为“防备之火”或“海洋之火”。

公元717年夏季，阿拉伯人兵分两路，再度攻打拜占庭。一路十余万的陆军由哈里发奥马尔二世的弟弟莫斯雷马萨统率，跨过了赫立斯滂海峡（即达达尼尔海峡），从色雷斯方向严密封锁了君士坦丁堡与欧洲的陆地联系。同时，阿比杜斯率领近两千艘阿拉伯战船团团围住了君士坦丁堡的水上进出口，此外还有后备部队不断地从其他地区调拨过来。阿拉伯军队在尝试了陆上进攻未果之后，便决定采取封锁的战术，把君士坦丁堡变为一座死城。9月1日，阿拉伯人的一支舰队企图封锁金角湾，拜占庭皇帝利奥三世立即命令舰队出战，使用希腊火烧毁了二十艘阿拉伯战舰，其余的军舰则均被俘获。此后，因惧怕希腊火的攻击,阿拉伯舰队再也不敢突入金角湾,坐视拜占庭运粮船向君士坦丁堡运去补给。公元718年春天,利奥三世在得到了准确情报之后,伺机出兵,使用希腊火摧毁了阿拉伯舰队。在这次围城战中,阿拉伯军队一共使用了2560艘船只,回到叙利亚和亚历山大港的却只剩下5艘。

这次战争结束后,在海战中发挥了重大作用的"海上之火"被给予极大的关注,深受其苦的阿拉伯人称之为"希腊火"(一说"希腊火"一词是西欧十字军的创造,而阿拉伯人则将之称为"罗马火")。

鄱阳湖之战,是元朝末年朱元璋和陈友谅为争夺南部中国而在鄱阳湖水域进行的一次战略决战,决战以朱元璋的完全胜利而告终。

至正二十年(1360年)闰五月初一,陈友谅率水军10万越过朱军占据的池州(今安徽贵池),攻占太平,夺取采石,并派人和张士诚联系,企图上下夹击,一举吞灭朱元璋。朱元璋决定利用应天城池坚固、地形复杂的有利条件,防止张士诚乘机袭击、陷入两面受敌的困境,又针对陈友谅求战心切、骄傲轻敌的心理,采取诱敌深入、设伏聚歼的方针,诱使陈军巨舰由大江深入较狭窄的新河,舍舟登岸,以扬己之长,迫使陈军舍长用短。为了诱使陈军速来,朱元璋让陈友谅的老友、元朝降将康茂才写信向陈友谅诈降,表示愿为内应,并约定在江东桥(今南京江东门附近)会合,以呼"老康"为暗号。与此同时,朱元璋根据应天的地形条件作了如下部署:常遇春等率兵3万埋伏于石灰山(今南京幕府山)侧;徐达等率兵列阵于南门外;赵德胜率兵横跨新河(今南京城西南)驻虎口城;杨璟驻兵大胜港(今南京城西南15里);张德胜等率水师出龙江关(今南京兴中门外);朱元璋自率主力埋伏于卢龙山(今南京狮子山)。并派胡大海自婺州、衢州率兵西攻信州(今江西上饶),威胁陈友谅侧后,进行牵制。急躁、轻敌的陈友谅接到康茂才的信后,信以为真,不待张士诚答复,便于五月初十率军自采石进抵大胜港。待到江东桥连呼"老康"不应,方知受骗,仓促派万人登陆立栅。朱元璋看到陈军进入伏击圈,乘其登岸立足未稳之际,发出信号,伏兵四起,水陆夹击,陈军大乱,争相登舟而逃。时值退潮,陈军巨舰搁浅,士卒被杀和落水而死者甚多,另有两万余人被俘。陈友谅遗弃巨舰一百余艘,乘小舟逃回江州(今江西九江)。朱元璋挥军乘胜追击,夺回安庆、太平,又继续取得信州、袁州(今江西宜春)等地。陈友谅自应天之战失败后,内部矛盾激化,朱元璋乘其内顾不暇,不断向西推进,仅仅一年间,就攻占了蕲州、黄州、兴国、黄梅、广济、乐平、抚州等地,收编龙兴(即洪都,今南昌)守军,连下瑞州、吉安和临江(今江西清江西),实力大大增强,控制区迅速扩展。至正二十三年(1363年)二月,张士诚派兵围攻小明王的最后据点安丰。小明王向朱元璋告急求援。安丰是应天的屏障,救安丰即是保应天,朱元璋于是于三月率兵渡江救援安丰。四月,陈友谅乘朱军主力救援安丰,江南空虚之机,以号称60万的水陆大军于十一日围攻洪都,占领吉安、临江、无为州。洪都地处赣北平原,位于赣江下游,由赣江向北经鄱阳湖与长江相连,军事地位甚为重要。陈军登陆后,用各种攻城器械从四面八方向洪都城发起猛攻。守城朱军浴血奋战,死守洪都,坚持月余。此时,朱元璋已回到应天,但主力仍由徐达率领正在围攻庐州。当朱元璋获悉陈友谅全军出动围攻洪都而未直取应天,并悉江水日涸,不利陈军巨舰行动,以及陈军缺粮,士卒多死等消息后,认为这正是消灭陈友谅的大好时机。遂一面命洪都守军再坚守一月,疲惫陈军,争取时间;一面命徐达撤庐州之围,回师应天。七月初六,朱元璋亲率水军20万,往救洪都。十六日进抵湖口。首先派兵守住泾江口(今安徽宿松南),另派一军屯于南湖嘴(今江西湖口西北),切断陈友谅归路;又派兵扼守武阳渡(今江西南昌县东),以防陈军逃跑;朱元璋则亲率水师由松门(今江西都昌南)进入鄱阳湖,形成关门打狗之势。陈友谅听说朱元璋大军来援,即撤洪都之围,东出鄱阳湖迎战。一场规模空前激烈异常的生死大决战,就此在鄱阳湖面展开。二十日,两军在康郎山(今江西鄱阳湖内)湖面遭遇。时陈军巨舰联结布阵,展开数十里,“望之如山”,气势夺人。朱元璋针对其巨舰首尾连接,不利进退,将己方舰船分为20队,每队都配备大小火炮、火铳、火箭、火蒺藜、大小火枪、神机箭和弓弩,下令各队接近敌舰时,先发火器,次用弓弩,靠近敌舰时再用短兵器进行格斗。次日,双方展开激战。朱军大将徐达身先士卒,率舰队勇猛冲击,击败陈军前锋,毙敌1500人,缴获巨舰一艘。俞通海乘风发炮,焚毁陈军二十余艘舰船,陈军被杀和淹死者甚众。但朱军伤亡也不少,尤其是朱元璋座舰搁浅被围,险遭不测。战斗呈胶着状态。从早晨至日暮,双方鸣金收兵,战斗告一段落,双方互有伤亡,不分胜负。二十二日,朱元璋亲自率领水师出战。但陈舰巨大,朱军舰小不能仰攻,接连受挫。这时朱元璋及时采纳了部将郭兴的建议,决定改用火攻破敌。黄昏时分湖面上吹起东北风,朱元璋选择勇敢士兵驾驶7艘渔船,船上装满火药柴薪,迫近敌舰,顺风放火,风急火烈,迅速蔓延。一时烈焰飞腾,湖水尽赤,转瞬之间烧毁陈军数百艘巨舰,陈军死伤过半,陈友谅的两个兄弟及大将陈普略均被烧死。朱元璋挥军乘势发起猛攻,又毙敌两千余人。二十三日,双方又有交锋,陈友谅瞅准朱元璋旗舰展开猛攻。朱元璋刚刚移往他舰,原舰便被陈军击碎。二十四日,俞通海等人率领6舰突入陈军舰队,勇敢驰骋,势如游龙,如入无人之境。朱军士气大振,发起猛烈攻击。最后,陈军不支败退,遗弃的旗鼓器仗,浮蔽湖面。陈友谅只得收拢残部,转为防御,不敢再战。当天晚上,朱元璋乘胜进扼左蠡(今江西都昌西北),控制江水上游,陈友谅亦退保诸矶(今江西星子南)。两军相持3天,陈军屡战屡败,形势渐渐不利。陈友谅两员大将见大势已去,于是投降了朱元璋,陈军内部军心动摇,力量更加削弱。陈友谅又气又恼,下令把抓到的俘虏全部杀掉以泄愤。而朱元璋却反其道而行之,将俘虏全部送还,并悼死医伤,瓦解陈军士气,从而大得人心。陈军内部分崩离析,士气更加低落。朱元璋判断陈军可能突围退入长江,乃移军湖口,在长江南北两岸设置木栅,置大舟火筏于江中,又派兵夺取蕲州、兴国,控制长江上游,堵敌归路,待机歼敌。经过1个多月的对峙,陈友谅被困湖中,军粮殆尽,计穷力竭。于是孤注一掷,冒死突围。八月二十六日,由南湖嘴突围,企图进入长江退回武昌。行至湖口时,朱军以舟师、火筏四面猛攻,陈军无法前进,复走泾江,又遭伏兵阻击,左冲右突,打不开生路,陈友谅中箭而死,军队溃败,五万余人投降。至正二十四年(1364年)二月,朱元璋攻下武昌,陈友谅儿子陈理投降,朱元璋的势力扩大到原陈友谅的所属地区。此次水战,从七月二十日开始到八月二十六日结束,前后历时37天,其时间之长、规模之大,投入兵力、舰只之多,战斗之激烈都是空前的。陈友谅的失败,一个重要的原因是战略指挥上的失误。本来,朱元璋率主力北救安丰,造成应天空虚。如果陈友谅不是先攻洪都,而是以一部兵力对洪都进行牵制,主力顺流东下直攻应天,那么朱元璋将处于陈张夹攻、进退失据的不利处境。但陈友谅却把矛头指向小而坚的洪都城,致使数十万大军局处于狭小地域,难以展开,且又没有派兵扼守江湖要津,置后路于不顾。屯兵坚城之下,苦战3月,师老兵疲,士气低落。朱元璋之所以能以少胜多,以弱胜强,以小胜大,正是巧妙地利用了陈友谅错误的结果。面对舰只庞大、装备精良的陈军,朱元璋冷静、敏捷地捕捉敌方的弱点和失误,化不利为有利,进入湖口之初,就在武阳水与鄱阳湖、长江与鄱阳湖各隘口,层层派兵阻扼,限制其兵力展开,阻止其发挥兵多舰大的优势,形成了对陈友谅的战略包围,因此从开始便掌握了战略主动权。然后又集中大部战船和兵力逐次打击陈军,并善于利用风向、水流等自然条件,及时抢占有利攻击阵位,不失时机地实施火攻,充分发挥火器的作用,终于以少胜多、以小击大、以弱胜强,创造了我国水战海战史上的著名战例。此战的胜利,奠定了朱元璋平定江南的基础,并为以后的北伐和攻灭元朝,统一全国创造了极为有利的条件。

孙子认为,战争中无论是使用火攻还是使用水攻,都是一种特殊的战斗形式。战争是追求胜利的,只要能打败敌人,使用什么样的手段并不重要,重要的是所使用的手段,应该在什么样的时机和场合下使用。

孙子说,火攻必须有有利的天气条件,火攻的目的是烧营寨、积蓄、辎重、仓库、粮道,给敌方增加困难,扰乱敌人,乘机取胜。从古至今,我们可以清楚地看到,作为极其有效的战争手段,火攻和水攻时常被兵家所使用。

“将不可以愠而致战”

孙武这句话,其大意是:将帅不可因一时的怨恨而出阵交战。

孙子在《火攻篇》中论述了将帅心理素质的重要性。两军交战,不仅仅是双方军事实力的较量,而且还是双方将帅心理素质的较量。那些轻浮、易焦躁、好恼怒的将帅,那些缺乏胆识、目光短浅、优柔寡断、心胸狭窄、见利忘义的将帅,往往最先败下阵来。那些稳重、冷静、清醒理智的将帅,那些有胆有识、高瞻远瞩、果断勇敢、胸怀大度、不屈不挠的将帅,常常能驾驭全局,取得最后的胜利。

一个不能控制自己的心理、不能把握自己情绪的将帅,也很难控制战争的局势,很难把握战争发展的趋势。于是,孙子提出了“将不可以愠而致战”。孙子总结的是战争的规律:避免由于将帅个人的怒与喜,决定战争的败与胜,国家的亡与存。

东周襄王十九年(公元前633年),楚成王与陈国、蔡国、郑国、许国联合出兵,攻打宋国。宋国派公孙固到晋国求救。先轸说:“报答宋国赠马的恩惠,同时确定我国的霸主地位,这正是一个大好时机。”狐偃说:“楚国刚与曹国订交,又与卫国新婚,如果我们派兵去攻打曹、卫,楚兵一定会前往救援,那么宋国或许可以免除兵灾。”重耳在当年流亡的过程中,曹国国君曾经对他有无礼行为。所以晋国出兵首先攻打曹国。

第二年的春天,晋文公向卫国借路攻打曹国,卫人不答应,晋军只得迂回从河南渡水袭击曹国,同时攻打卫国。卫君想与晋国订立盟约,晋人不答应。卫侯又打算与楚人联合,国人却不愿意,国人就将卫侯赶出国都以求晋人的谅解。楚军前来救援卫国,已经来不及了。晋军围困曹国,并攻入他们的都城。而在宋国,楚军并没有分出大军前来救援,反而加紧了对宋国的攻打。宋国苦苦防御,再次向晋国求援告急。晋国的国君重耳曾经因内乱在外流亡十九年,他先后得到了许多国家的帮助，其中宋国和楚国都对重耳有恩惠。晋文公重耳如果救宋国，则必须进攻楚国，可楚国对他有过大恩，他并不想攻打楚国；另一方面，他又十分想救援宋国，以报答宋国的恩惠。为此，重耳对救与不救宋国进退两难，犹豫不决，不知如何是好。先轸说："将曹伯逮捕起来，并分曹国、卫国的土地给宋国，楚军一定会救援曹、卫，就此形势看，必定会解脱宋国的围困。"于是，文公听从了这一计谋，而楚成王也就从宋国退兵了。

但是楚国的大将子玉却说："君主对晋侯重耳极为厚道，如今他明知道楚国急于拉拢曹、卫两个国家，却故意攻打他们，这简直是轻蔑君王您。"楚成王说："晋侯在外流亡了十九年，遭受困厄的时间也很久了，如今他能够得以回国为君，真是尝尽了各种患难，所以他能使用他的国民。这是上天所要帮助的，谁也阻止不了他的行动。"楚成王不同意出兵与晋国交战。子玉见楚成王不出兵，就又要求自己带一支部队去与晋国较量一下，他说："虽然不敢说这一行动一定能成功，但愿以此行动来阻止国内那些好进谗言的口舌。"楚王对子玉的自大非常生气，所以只给了他少量的军队。子玉在当年重耳流亡到楚国的时候，就有杀死重耳的想法，因为他意识到以后与楚国争夺霸权的将会是重耳，只是由于楚王的阻止才没有实现。

于是，子玉派宛春去通知晋侯，只要他恢复卫侯的君位并封曹君，那么楚军也愿意解除对宋国的围困。舅犯说："那子玉简直是无礼，我们的国君只取得了其一，楚臣却要求其二，不可答应他。"先轸又说："镇抚他国是一种符合礼的措施，楚人一句话而安定卫、曹、宋三国，却由于你的一句话而失去和平，这是对我国的无礼行为，不答应楚人的要求就等于弃绝宋国，不如我们暗中答应曹、卫来引诱楚国，逮捕宛春以激怒子玉，等两国交战以后再作打算。"于是，晋侯在卫国将宛春逮捕起来，并私下答应恢复曹、卫，曹、卫两国随即与楚国断绝邦交。子玉对此十分愤怒，立刻率领部队攻打晋军。晋文公命令军队后退，军士们说："我军为什么后退？"文公说："以前我流亡到楚国的时候，受到了楚成王的热情接待，曾经答应他们一旦不幸两国交兵，我就退避三舍。现在已经这样了,我怎么可以违背原先的诺言。”一舍三十里,三舍九十里。楚军上下见到晋军后退了,也都想乘机离去,因为楚军统帅作为子臣而迫使晋侯后退,在气势上已经足够有面子了。但是愤怒不已的子玉却不肯后退,而是命令军队紧追不舍。晋侯后退的同时,又向其他的盟国求助。晋军退到城濮(今山东鄄城西南)的时候,已经后退了九十里,这时宋、齐、秦三国的军队也赶来助阵楚军尾随而来。双方经过交战,楚军失败。楚成王本不愿与晋国交战,失败的消息传来,他就派人去责备子玉,子玉在回国的路上只好自杀了。

晋楚城濮之战,楚将子玉的要求被晋人拒绝后,他恼怒万分,求战心切,在晋军退避三舍的情况下,依然求战不已,最后终于导致了楚军的失败。

孙子所谓“将不可以愠而致战”的告诫,在此战中得到了说明。

第十三篇 用间篇

〔简述〕

本篇专题论述在战争中如何运用间谍的问题。包括使用间谍的意义,间谍的种类和作用,对待间谍的态度和政策,以及为将者必须善于用间等等,其中特别强调使用“反间”对于克敌制胜的重要性。

全篇大体分为五部分:1. 从战略大局角度,阐述用间的意义,指出是否能不吝惜爵禄财物使用间谍,是一个对国家、对民众百姓、对战争胜败负责的重大原则问题,是衡量统军将领是否具仁爱之心,是否懂得用人,是否配做国家辅佐,是否能成为战争胜利的主宰的重要尺度。2. 分析要克敌制胜，关键在于能预知敌情，而要预知敌情必须用间，一切依靠鬼神迷信，依靠类比推理和主观测度，都是不能了解真实敌情的。3. 提出间谍可分为“因间”“内间”“反间”“死间”“生间”等五种，分析各种间谍活动的特点和作用。4. 指出只有高超智慧和精细作风的人才会善于用间，才能对间谍采取应有的亲密态度和厚赏政策，提出“三年之事，莫亲于间，赏莫厚于间，事莫密于间，非圣贤不能使间，非仁义不能用间，非微妙不能得间之实”等一系列用间的重要原则。5. 突出强调“反间”的作用。因此，用间便成为“兵之要”，也成为事实上一切军事行动的重要根据。

原文

孙子曰：凡兴师十万，出征千里，百姓之费①，公家之奉②，日费千金；内外骚动③，怠于道路④，不得操事者⑤，七十万家⑥。相守数年⑦，以争一日之胜，而爱爵禄百金⑧，不知敌之情者，不仁之至也；非人之将也⑨，非主之佐也，非胜之主也⑩。故明君贤将，所以动而胜人⑪，成功出于众者，先知也⑫。先知者，不可取于鬼神⑬，不可象于事⑭，不可验于度⑮，必取于人，知敌之情者也。

注释

① 百姓之费：百姓，民众百姓。费，耗费。百姓之费：民众百姓的耗费。

② 公家之奉：公家，国家、政府。奉，供奉。公家之奉：国家开支的费用。

③ 内外骚动：内外，里里外外。骚动，骚动不安。内外骚动：全国上上下下，每家每户里里外外骚动不安。

④ 怠于道路：怠，倦怠、疲劳。怠于道路：老百姓因长途辗转运输军用物资疲劳不堪。

⑤ 操事：操，操持。操事：操持农事。

⑥ 七十万家：按曹操、李筌注，古代制度是，一家从军，需要七家负担运输国粮等各种劳役。因此，出兵十万，便有七十万家不能正常操持家事。

⑦ 相守数年：相守，这里是指与敌军对峙。相守数年：与敌军对峙数年。

⑧ 爱爵禄百金：爱，爱惜，这里是指吝惜。爵禄：官位与俸禄。百金，这里泛指钱财。爱爵禄百金：吝惜赏给人们以官位、俸禄和钱财。

⑨ 非人之将也：人，这里是指用人。非人之将：不懂得用人的将领。

⑩ 非胜之主：胜，战胜、打胜仗。主，主宰。非胜之主：不是能主宰打胜仗的人。

⑪ 所以动而胜人：动，行动，这里是指打仗的军事行动。胜人，战胜敌人。所以动而胜人：之所以每次打仗都能战胜敌人。

⑫ 先知：先，预先。先知：预先知道、预先掌握。

⑬ 不可取于鬼神：取，取得、获取。鬼神，指相信鬼神的迷信活动。不可取于鬼神：不能从相信鬼神的迷信活动中了解到敌情。

⑭ 不可象于事：象，比象、比推、类比。事，事情。不可象于事：不可能用对等相似事物的类比去推想出敌情。

⑮ 不可验于度：验，检验。度，计度。不可验于度：不可以用主观机械的计度去检验所获得的敌情是否准确。

译文

孙子说：大凡兴兵十万，远征千里，民众百姓的耗费，国家开支的费用每天平均需要花费千金之巨！全国上上下下，里里外外，都会因之而骚动不安；百姓们还要为长途辗转运输军用物资而疲劳不堪，以致不能正常操持农事的达七十余万家之多，如此两军对峙数年，为的是争求一朝的胜利。所以，那些吝惜爵禄钱财，不愿通过重用情报人员以确知敌情，最终打了败仗的人，实在是太没有仁爱之心了。这样的人是不懂得善于用人的将领，他们不配做国家的辅佐，也不能成为打胜仗的主宰。英明的君主和贤能的主将，他们之所以能每战必胜，取得超乎常人的成功，就在于他们能预先掌握敌情。而要预先掌握敌情，决不能依靠迷信鬼神的启示，也不能依靠对某些相似事物的类比推想，更不可以用主观机械的计度去检验所获得的敌情是否准确，而必须依靠深知敌情的人。

原文

故用间用五①：有因间，有内间，有反间，有死间，有生间。五间俱起，莫知其道②，是谓神纪③，人君之宝也④。因间者，因其乡人而用之⑤；内间者，因其官人而用之⑥；反间者，因其敌间而用之⑦；死间者，为诳事于外⑧，令吾间知之，而传于敌间也；生间者，反报也⑨。

注释

① 间：这里是指间谍。

② 莫知其道：其，指示代词，这里是指，泄露军事机密的事情。道，道路、途径。莫知其道：这里的意思是说，不知道究竟是怎样泄露了军事机密的。

③ 神纪：神，神妙莫测。纪，纲纪。神纪：神妙莫测的纲纪。这里的意思是指，一种能使人感到神妙莫测的法则或诀窍。

④ 人君之宝：宝，法宝。人君之宝：这里的意思是指，君主在战争中，用以克敌制胜的法宝。

⑤ 因其乡人而用之：因，依靠、利用。乡人，这里是指故乡之人，包括身居敌国的老同事，老同乡。因其乡人而用之：这里的意思是指，利用故乡的人做我方

的间谍。

⑥ 因其官人而用之:官人,按杜佑、李筌、杜牧等人说,是指敌方的官吏(诸如贪财好色的官吏,特别是那些失去职务、受过刑罚的官吏和他们的子孙)。因其官人而用之:意思是说,利用敌方为官者或他们的子孙做我方的间谍。

⑦ 因其敌间而用之:敌间,敌方的间谍。因其敌间而用之:意思是说,收买利用敌方的间谍做我方的间谍。

⑧ 为诳事于外:诳,欺骗、造谣。为诳事于外:在外面散布谣言或虚假情报。

⑨ 反报:反,返回。反报:回来报告,这里是指回来报告敌情。

译文

所以,使用间谍的方法有五种:有"因间",有"内间",有"反间",有"死间",有"生间"。五种间谍活动一起进行,敌人就不能知道,究竟是从哪里泄露了军事机密。这就是所谓"神纪",是一种能令人感到神妙莫测的克敌制胜法则,它是君主克敌制胜的法宝。所谓"因间",是利用故乡的人,包括老同事、老同乡做我方的间谍。所谓"内间",是利用敌国的官吏(贪财好色的,特别是被罢黜的或受过刑罚的官吏以及他们的子孙)做我方的间谍。所谓"反间",是利用敌方的间谍做我方的间谍。所谓"死间",是指故意在外面散布谣言,并通过我方间谍使敌方间谍上当受骗,一旦真相败露,我方间谍就难免一死。所谓"生间",是指能活着回来报告敌情的间谍。

原文

故三军之事,莫亲于间①。赏莫厚于间②,事莫密于间③,非圣智不能用间④,非仁义不能使间⑤,非微妙不能得间之实⑥。微哉!微哉⑦!无所不用间也。间事未发⑧,而先闻者,间与所告者皆死⑨。

注释

① 莫亲于间：亲，亲爱，亲信。莫亲于间：指没有比间谍更应成为亲信了。

② 赏莫厚于间：赏，奖赏。厚，丰厚。赏莫厚于间：指没有比间谍更应得到丰厚的奖赏了。

③ 事莫密于间：密，机密、保密。事莫密于间：没有比间谍的事更应保守机密的了。

④ 非圣智不能用间：圣智，极高的智慧，这里是指，具有极高的智慧的人。非圣智不能用间：不是具有极高智慧的人是不能使用间谍的。

⑤ 非仁义不能使间：仁义，这里是指仁义之心。非仁义不能使间：不是具有仁义之心是不能使用间谍的。

⑥ 非微妙不能得间之实：微妙，精微巧妙，这里是指用心处事精微巧妙。实，这里是指实情。非微妙不能得间之实：意思是指，不是用处事非常精微巧妙，是不能从间谍那里获得真实敌情的。

⑦ 微哉：微，微妙。微哉：微妙呀！

⑧ 间事未发：间事，用间之事。发，出发，开始进行。间事未发：意思是指，用间之事还没有开始进行。

⑨ 间与所告者皆死：间，间谍。所告者，指告知间事的人。间与所告者皆死：意思是指，间谍和告知用间之事的人都要处死。

译文

所以，作为主将，在军队中最亲信的人莫过于间谍，给予奖赏的丰厚也莫过于间谍，能够交代最机密事情的也莫过于间谍。不是具有极高的智慧与才能的人是不能运用间谍的，不是具有仁义之心的人也是不能使用间谍的，不是用心处事十分精细的人更是不能获得间谍的真实情报的。微妙呀！微妙呀！简直没有什么地方不可以使用间谍。如果用间谍的事还没有开始进行，就有人来告知这件事，就应将间谍和这个告发的人一同处死。

原文

凡军之所欲击，城之所欲攻，人之所欲杀，必先知其守将、左右、谒者、门者、舍人之姓名[1]，令吾间必索知之。

注释

①必先知其守将、左右、谒者、门者、舍人之姓名：守将，这里是指主将。左右，指主将的幕僚、秘书、参谋等亲近人员。谒者，负责通报和传令的官吏。门者，卫士。舍人，室内勤务人员。必先知其守将、左右、谒者、门者、舍人之姓名：必须先探知敌方主将以及他的幕僚亲信、负责通报和传令的官吏、卫士以及勤务人员的姓名。

译文

大凡我方想要攻击的敌军，想要攻取的城市，以及想要诛杀的敌方人员，都应事先了解敌军守将及其幕僚亲信、负责通报和传令的官吏、卫士乃至内室勤务人员的姓名，要命令我方间谍人员务必把这些情况侦察清楚。

原文

必索敌人之间来间我者[1]，因而利之[2]，导而舍之[3]，故反间可得而用也。因是而知之[4]，故乡间、内间可得而使也。因是而知之，故死间为诳事，可使告敌。因是而知之，故生间可使如期[5]。五间之事，主必知之，知之必在于反间[6]，故反间不可不厚也。

注释

①必索敌人之间来间我者:此句前一个"间"字是名词,是指间谍。后一个"间"字是动词,是间谍活动。必索敌人之间来间我者:意思是说,一定要搜索到敌方派到我方从事间谍活动的人。

②因而利之:按杜佑注,因而利之是指给以重金收买。

③导而舍之:导,开导。舍,同舍,引申为放走。导而舍之:这里的意思是说,对被我方搜索到的敌方间谍经过开导后,交予任务,将其放走。

④因是而知之:因,从。是,这里是指反间提供的情报。因是而知之:这里的意思是说,从反间提供的情报而知道……

⑤生间可使如期:生间,能活着回来报告敌情的间谍。如期,按期。生间可使如期:生间可以使他们按期回来报告敌情。

⑥知之必在于反间:知之,这里是指,了解五种间谍活动的情况。反间,按李筌注,反间有两种:一种是收买敌方的间谍,一种则是对敌方派来探听虚实的人,假装不知,并给予假情报让其带回,使敌方上当。知之必在于反间:这里的意思是说,要掌握五种间谍活动的情况,都可以依靠反间的作用。

译文

必须搜索出敌方派来的间谍,并且用金钱收买他们,还要对他们加以开导,然后交给他们任务,放他们回去,这样就可以利用"反间"了。依据"反间"提供的情报,便可以使用"乡间"和"内间",同样根据"反间"提供的情报,也可以让"死间"制造虚假情报,以"反间"形式告诉敌方,使他们上当受骗。同样,根据

"反间"提供的情况,也可以使"生间"能如期回来报告敌情。总之,五种间谍活动情况,君主都应该知道,而关键又在于通过"反间"了解这些情况。因此,对于"反间"的赏赐便不能不更为优厚了。

原文

昔殷之兴也①,伊挚在夏②;周之兴也,吕牙在殷③。故惟明君贤将,能以上智为间者④,必成大功。此兵之要,三军之所恃而动也。

注释

①殷之兴也:殷,指殷商。兴,兴起。殷之兴也:殷商的兴起。

②伊挚在夏:伊挚,即伊尹,原为夏桀的大臣以后归附商汤为相,在灭夏的过程中,伊尹发挥了很大的作用。

③吕牙在殷:吕牙,即姜尚,又名姜子牙,原是商纣时期的隐士,后归附周武王。武王伐纣,命姜尚为"师"。

④以上智为间者:上智,高超的智慧,这里是指具有高超智慧的人。以上智为间:用智慧高超的人做间谍。

译文

从前,殷商兴起,而殷商的相国伊尹本来是在夏朝为官;西周兴起,而西周的太师姜尚本来却是商朝的隐士(由于他们最了解情况,所以他们分别在商汤灭桀和武王伐纣的过程中起了重要作用)。所以,英明的君主和贤能的将领能够使用有很高智慧与才能的人为间谍,就必定会取得极大的成功。这是用兵的要领,也就是说,三军都要依据间谍提供的情报来决定自己的行动。

先知先觉，必取于人

“先知者，不可取于鬼神，不可象于事，不可验于度，必取于人，知敌之情者也。”

孙武这段话，其大意是：要做到事先了解敌情，不能用占卜等迷信鬼神的方法取得，不能靠对同类事物的类比推理来获得，也不能用观察日月星辰的运行位置作验证，而一定要取之于人，从了解敌情的人那里获得。

这段文字主要表明了孙子的一种朴素的唯物论思想。孙子明确指出“先知必取于人”，他认为求神问卜、灾异征兆、主观臆断，都是不可信的，一定要从了解敌情的人那里获得第一手的可靠资料。基于这一点，孙子十分强调“用间”，极其重视“用间”，高度评价“用间”。并说：“明君贤将，能以上智为间者，必成大功。此兵之要，三军之所恃而动也。”就是说：君主如果英明，将帅如果贤能，就应当用最有谋略的人去做间谍，那才一定能够建立大的功业。这是用兵最重要的一招，全军都要根据间谍提供的情报而行动。

战国时期，魏国信陵君有一天与魏安厘王下棋时，边境报警，以为赵国犯境，魏王惊恐而欲罢棋，准备召集大臣商量对策。而信陵君从容以待，对魏王解释说：“是赵王到边境打猎，并非赵军入侵。”不久，传来的消息证实了信陵君之说。魏王很惊奇，问道：“你怎么知道的？”信陵君回答说：“我有‘客’在赵国，他们能侦探到赵王的机密，赵王有什么动静，‘客’会很快报告给我。我是用这种办法知道的。”这种办法，就是用间，用到可以刺探邻国最高机密的地步。

如果有人告诉你，一架战斗机竟能被间谍神不知鬼不觉地偷走，你一定不相信这是真的。不过，这事真的发生过。1965 年 1 月的一天，以色列空军司令埃泽·魏茨曼来找谍报机关摩萨德首脑梅厄·阿米特将军。他对阿米特将军说：“我需要一架货真价实的米格-21。”阿米特将军沉思了片刻，说：“好吧，让我们来试试看。”

空军司令魏茨曼领导下的以色列空军是一支精干的很有战斗力的队伍，被称为“以色列的长臂”。

其主力飞机是法国的“幻影”Ⅲ战斗机。以色列空军当时也正是凭借着这种先进战斗机，在周围的几个阿拉伯国家面前趾高气扬，不可一世。可是，现在以色列空军司令感到了来自空中的威胁,这就是米格-21 的威胁。原来,和以色列对立的几个国家在二十世纪六十年代初的几年里先后引进了一批苏联生产的米格-21 战斗机。

米格-21 是米高扬设计局的杰作。1955 年第一架米格-21 诞生,它具有优良的战术技术性能,轻巧、灵活、爬升快、跨音速和超音速操纵性能好,火力强。北约给它取了个绰号,叫“鱼窝”。二十世纪六十年代,米格-21 是苏军的主力战斗机,最多时装备了 2500 架以上。为扩大在阿拉伯世界的影响,并确保阿拉伯人对以色列人的空中优势,苏联向叙利亚、伊拉克和埃及提供了米格-21。以色列要偷米格-21,当然要从邻近的阿拉伯国家入手,但是要从对方的严密控制下完整地偷出一架飞机,真是谈何容易。

摩萨德行动计划处的沙龙处长决定从伊拉克空军下手。他选中了伊拉克空军的飞行大队长穆尼尔·雷德法少校为策反对象。沙龙明白:以色列要偷飞机必须先“偷”人。因为让任何一个间谍亲自去偷一架飞机,都是不可能的,必须在对方的飞行员中打主意,让对方的飞行员把飞机开过来。

伊拉克空军的飞行大队长穆尼尔出身于伊拉克一个非常富有的家庭,其家人都是天主教马龙派教徒。在伊拉克,非穆斯林普遍受到歧视,穆尼尔一家也不例外。此外,穆尼尔对其部队曾经轰炸和扫射北部库尔德人总感到内疚。摩萨德认为,这些都是策反他的有利条件。

在派往巴格达的间谍当中,有一个持有美国护照的犹太美女,她是实施策反的关键人物。在摩萨德的精心安排下,这个女间谍在一次有伊拉克军政首脑参加的招待会上“结识”了英俊潇洒的穆尼尔,并在极其秘密的情况下把他带到了以色列。

在以色列,穆尼尔受到了大人物般的礼遇,在特拉维夫一下飞机,就被直接带到了内格夫的一个秘密空军基地。摩萨德头子阿米特将军亲自接见他。阿米特直截了当地问他:“你愿意重返巴格达带着你的飞机再来以色列吗?”穆尼尔没有拒绝,但是也没有立即表示同意。“你会得到报酬的。”阿米特将军拍着他的肩膀说。在穆尼尔表示愿意“成交”之后,刚刚接替魏茨曼担任空军司令的莫迪凯·霍德亲自帮助他拟定了出逃计划,精心安排了各种细节。

几天后,穆尼尔在他的“美国女友”陪伴下返回了巴格达。接下来的几周对穆尼尔和摩萨德来说都是不轻松的,首先必须说服穆尼尔的全家人,让他们以不同的借口,在不同的时间一个一个地出国,而又不引起怀疑。这项工作难度极大,万一露出马脚,不仅穆尼尔性命难保,而且摩萨德一年多来的苦心经营也将付诸东流。其次,摩萨德将许诺给穆尼尔的百万美元存进了一家瑞士银行。穆尼尔必须耐心地等待例行飞行的时机。

机会终于来了。

1966年8月15日早晨,穆尼尔镇定自若地走向自己的飞机。他命令地勤人员给飞机加满油。这使地勤人员十分吃惊,因为苏联顾问曾三令五申,要将燃油限定在执行任务所必需的最低数量之内。这是一项所谓“安全措施”。但伊拉克人都明白,这是不信任伊拉克飞行员,他们为这种不信任而感到耻辱。地勤人员服从了穆尼尔的命令。这首先是因为穆尼尔是一位高级军官;其次,谁不恨那些傲慢的俄国佬呢。他们当然没有想到,一个精心策划的驾机外逃计划正在实施。

穆尼尔多年来单独执行任务时总是“循规蹈矩”,俄国人从不怀疑他。这一点帮了他的大忙。而且,此时此刻,基地的苏联警戒人员正在吃早饭,无心过问伊拉克人的事。

穆尼尔驾着加满油的米格-21从容不迫地起飞了。他先沿着例行航线朝巴格达方向飞去,然后突然改变航向朝南飞行,接着又对准西方,直飞以色列。他准确地按霍德规定的航线和高度飞行。当他到达约旦河上空时,苏联人和伊拉克人还没发觉出了事呢。

当穆尼尔驾驶的米格-21以约定的方位出现在以色列雷达的荧光屏上时,一个中队的“幻影”战斗机紧急起飞,前往迎接护航。穆尼尔操纵飞机做了一连串事先约定的动作,消除了以色列飞行员的怀疑,顺利实现了会合。十几分钟之后,穆尼尔降落在以色列的一个机场上,受到了以色列空军司令霍德的欢迎。

以色列空军就这样偷走了米格-21,这对其称雄中东蓝天起了很大作用。

在军事上“用间”的事例不可胜数。在当今国际经济竞争中,一些企业、公司不惜成本地在世界各地建立庞大的工商业情报机构,窃取、探听对方机密,寻找对方弱点,发挥自己优势,力图击败对手。美国《时代》杂志在一篇介绍企业间谍战的文章中,引用了华盛顿律师、著名的安全问题专家贝奎的一段话说:“在美国,现在是小公司偷大公司,大公司偷小公司,人人都在相互偷窃。”这位安全问题专家估计,由于科技成果被窃,使美国厂商每年损失200亿美元以上。现在一些企业公司情报网花样之多、手段之奇、范围之广、情报之准确迅速,堪与国家军事情报机关相媲美。尽管时代发展变化了,但他们“用间”的那一套,没有超过孙子归纳的几个方面。

当今世界上,美日之间的情报战十分激烈、精彩。日本日立公司神奈川工厂计划部主任工程师林健治为了窃取美国国际商用机器公司(IBM公司)的最新技术方法,用重金收买了原IBM公司的雇员坎迪特。联邦调查局获知日立公司的窃密意图后,没有让IBM公司起诉,而是将联邦调查局的老手凯莱德逊装扮成IBM公司的专家与格莱曼公司的经理哈里逊同林健治打交道。凯莱德逊老谋深算,虚虚实实,步步设饵,引诱林健治,终于使日立公司在日美"电脑战"中败北。美方"设圈套进行侦察",实际上就是一种"反间"手段。

巧用"反间",除掉逆敌

"必索敌人之间来间我者,因而利之,导而舍之,故反间可得而用也。……五间之事,主必知之,知之必在于反间,故反间不可不厚也。"

孙武这段话,其大意是:一定要查出敌方派来刺探我方情报的间谍,根据情况收买利用,诱导并把他放回敌方。这样,反间就可以为我所用。……五种间谍的派遣使用,国君一定要掌握,掌握真实敌情的关键在于反间的使用,所以,对反间不可不予以厚待。

孙子这段文字,主要讲述了"反间"的运用问题。

"知己知彼,百战不殆。"要"知彼",最常用的办法是谍报活动,派遣谍报人员进入敌方内部,刺探敌方情报。因此,伴随战争的每每就是谍报战。为此,孙子专门写了《用间篇》,对用间作了全面论述,他归纳用间有五种,主张"五间俱起",而又特别重视反间的运用。

"反间"运用的战例,在古代历史上非常常见。

南宋时候,曹成聚合十余万乌合之众由江西至湖湘,占据道、贺二州。皇上命令岳飞代理潭州行政长官,并兼任荆湖东路的安抚都总管,交给他金字牌和黄旗,招降曹成。曹成得知岳飞将至便把军队化整为零,分成几路逃走。岳飞来到茶陵,以皇上的诏书招降曹成。曹成不肯从命,不得已,岳飞改抚为剿。

岳飞率军进入贺州境内,抓到了一个曹成派出的间谍,岳飞灵机一动,便把间谍捆绑在自己的军帐之外。岳飞在帐中调遣军粮,管事的官吏有意大声说:"军粮已经用尽,怎么办?"岳飞则说:"暂时先到茶陵去。"说完装作刚刚看到那个绑着的间谍,便做出因泄露军机而后悔莫及的样子,跺着脚走进帐内,暗地里放松对间谍的警戒让他逃跑。间谍回去向曹成报告,岳飞将撤军,曹成大喜,决定第二天追击岳飞的军队,岳飞趁曹成无备,率军悄悄地绕岭而去,天还没亮,就赶到曹成驻军的太平场,攻破曹成的兵寨。曹成无奈,只得向岳飞投降。

1130 年,金人在大名府(河北大名南)封宋朝的投降官员刘豫做大齐皇帝,以后刘豫多次配合金人攻打宋军,成为宋军北伐的最大障碍。宋将岳飞认为,要想驱逐金兵必须先除去刘豫。他了解刘豫与金将粘罕狼狈为奸,金国元帅金兀术对此十分忌恨,于是就想利用敌人之间的矛盾铲除刘豫。恰好这时宋军捉到了一个金兀术派来的间谍,岳飞便故意将他认作是自己派出去的谍报人员,责问他说:"你不是张斌吗,前些日子派你送信给刘豫,要他设法把金兀术引诱出来杀掉,不料你竟一去不复返,以后我又派人去联系,刘豫已经答应到冬天把金兀术引诱到清河,和我共同夹击,消灭金兀术。你为什么不把信送到呢?"间谍怕岳飞杀死他,也就顺水推舟,冒认张斌,岳飞要他再给刘豫送信,信中叙述谋杀金兀术的事,封成蜡丸。然后嘱咐间谍说:"我饶恕你了,这回你一定要保守秘密,把信送到。"这个间谍以为既保住了性命,又窃得重要情报,好不欢喜,回到金国,马上把信献给金兀术。金兀术一看,勃然大怒,立即撤销了刘豫的皇帝名号,并把他充军到临潢(今内蒙古自治区西林县),宋朝的一个逆敌就这样被岳飞用离间计除掉了。

理查·佐尔格是德俄混血裔,二十世纪著名苏联间谍,他的化名是"拉姆齐"。1933 年 5 月,苏联派佐尔格建立在日本的间谍网。佐尔格接受任务以后,像往常一样需要到柏林找个合适的掩护身份。还是现成的记者身份最合适,他在中国装扮得蛮像回事,而且确实赢得了优秀记者的名声。不过,由于佐尔格在《社会学杂志》和《农业报》上所发表的文章产生的巨大影响,他这次是以熟悉远东事务记者的声誉回到柏林的,好几家报纸和杂志都竞相前来与佐尔格签订合同。佐尔格最后选定影响很大的《柏林交易所报》、《每日展望》、《地理政治》和荷兰的《商业评论》四家报刊。

为了逃避审查,佐尔格重新申请了一张德国护照,使之从履历看来,他是从中国,而不是途经莫斯科返回德国的。同时他还准备了一些身份证明,确保不对他过去的历史追究太多。

1933 年 7 月,一切准备就绪。佐尔格怀里揣着高级介绍信、记者证和崭新的德国护照登上了旅途,他先到法国港口瑟堡,从那里乘船经纽约到横滨,于 1933 年秋天抵达东京。

当佐尔格到达东京时,那里的政治气氛像台风即将来临的九月天气一样沉闷,暴力威胁慑人、人人自危。一年多以前,首相犬养毅在官邸遭一伙年轻军官的枪击。就在他到达前两个月,发生了一起企图刺杀全体内阁成员的阴谋事件。在西方人眼里,日本确实是个荒诞的国家。它在理论上是由一位神化的天皇统治,但天皇并不能直接行使权力。因此,这个国家实际上由一个官僚机构集中掌管着权力,在重大方针政策上遵循某一军队所实行的路线。由于日本陆海空三军之间存在着嫌隙,尤其是陆军内部存在着尖锐的矛盾,因而它执行的是一条目标飘浮不定的、甚至是轻举妄动的路线。而这个民族则出名地坚韧、尊孔和勇于自我牺牲。他们规矩礼节往往叫人看不清他们的本来面目,但他们笑容可掬、彬彬有礼也使欧美客人感到安详自在,有宾至如归之感。佐尔格到达东京的第一件事是去访问德国大使馆。新任大使还没上任,佐尔格受到使馆高级人员的热情接待。几个月前,希特勒政府开始执政。他刚从德国来,大家立刻围住他,抢着向他提出种种问题,迫不及待地想了解祖国的情况。佐尔格从容不迫地回答他们的提问。他的话都很有分量,显示出他是个有地位的消息灵通人士。初次见面就给使馆官员们留下深刻印象,他们一见如故,谈得很投机。

第二天,佐尔格手里持着日本驻华盛顿使馆给外务省情报司司长天羽荣二的介绍信登门拜访。天羽是外务省数一数二的新闻发言人,红极一时。他每周主持一次记者招待会,只有各国驻东京的首席记者才有资格被邀请参加。与天羽会面后,佐尔格被介绍给驻东京的许多知名的日本记者和外国记者。不久之后,东京小组的核心成员克劳森和大崎陆续来到东京。他们不定期地与佐尔格交换和分析情报。大崎当时已是日本的名人了,更重要的是,他的一位老同学是近卫的私人秘书,而近卫在内阁中是强有力的,他后来出任首相,两次组阁。

佐尔格还吸收了宫木佑德作为小组的第四名成员,宫木是位善于收集情报的"艺术家",他总是孜孜不倦地搜集各种情报。

佐尔格认为,"假若我真能在日本开始我的学者生活的话,宫木倒是位理想的助手。"与此同时,佐尔格开始申请加入纳粹党,一年以后就得到批准。之后,他又提出申请,要求加入德国记者协会。

在佐尔格看来,作为一个外国人,即使像他那样是个德国人,要想直接打入神圣不可侵犯的日本政界去获取情报也是不可能的,必须从德国大使馆着手。为了获得藏在大使馆保险柜里的绝密材料,必须博得大使的绝对信任。这就是他的主攻方向。他的信条是:不要把手伸向保险柜,而要让保险柜自动打开,让机密材料自动来到自己的办公桌上。

1933年底,新任大使到东京上任。在此之前,佐尔格给《每日展望》撰写的一篇有关日本的文章在德国颇受重视,大使在柏林曾仔细地阅读过。这位记者的博学多才,他的文章材料之翔实、见解之深邃、论述之深刻无不给大使留下了极其深刻的印象。以后他又获悉,德国外交部并非完全根据大使馆的例行报告来对日本的政治状况作出判断,更多的倒是根据无所不晓,分析透彻精辟的佐尔格所写的文章。于是大使便决定,在起草致柏林的报告前先同深知日本国情的佐尔格交换资料和意见。佐尔格与使馆人员的关系本来就搞得不错,这下他在人们心目中的地位更是灿若明星。佐尔格与使馆武官尤金·奥特上校的交情给他帮了大忙。佐尔格到日本后不久,便拿着奥特的一位密友、《每日展望》的一位编辑的介绍信拜访奥特。信中对佐尔格的能力大加赞赏,认为他在人品上和政治上也完全可信,是个不可多得的人。奥特当时正为没受到柏林的重视而发愁。他送在柏林的报告由于内容空洞、言之无物,根本不受注意,而他本人则一心想着飞黄腾达。

在这种情况下,佐尔格的光临自然受到欢迎。奥特从心底里感激他的老朋友给他推荐的这位能人。由于佐尔格显得很有教养、风趣、开朗活跃而大方,又当过兵,跟奥特一样还上过前线,这使他俩一见如故。正像佐尔格自己说的:"这种友谊可能由于我曾经是一个德国军人,在第一次世界大战中打过仗、负过伤。奥特作为一名年轻的军官也参加过那次战争。"另外,奥特和佐尔格都属于同一代人,那年奥特40岁刚出头,佐尔格刚满39岁,这又使他们的交情容易得到进一步的发展。

无论在中国,还是在日本,佐尔格总是特别能跟德国军官搞好关系。他可以凭老经验,海阔天空地谈论战争,既不危及他人,又不损害他的秘密使命。在与奥特的交往中,佐尔格的这种能力发挥得淋漓尽致。

佐尔格经常给奥特提供关于日本军事方面的有用情报,或者是关于日本形势的精辟见解,这充实了奥特交给柏林的汇报,增加了他的分量。由于他的帮助,奥特升了官,由助理武官升为武官,并从名古屋调到了东京。奥特在东京落户后,佐尔格便成了他家里的常客。佐尔格与大使及使馆武官的特殊关系,使得他与使馆人员的交往和大使馆的关系更进一层。

1936年初,佐尔格发现日本的政局正面临严重的危机。日本军部中的青年军官集团势力越来越大,他们要求有权监督生产,控制财政收支和干预政治事务,并要求把日本的人力和资源用于战争。他们提出的口号是"让那些无能的政客们滚下台去"。

总之,军部青年军官集团是个极为凶恶的法西斯组织,为达到目的,他们不惜孤注一掷,以兵刃相见,甚至采取恐怖手段。佐尔格一直密切注视着这一集团的行动,根据对大崎和宫木收集到的情报的分析,他得出结论:青年军官集团正准备发动武装政变,一切取决于2月20日国会选举的结果。然而,对于这场迫在眉睫的叛乱,德国使馆却一无所知。

青年军官起事前夕,佐尔格写了一份分析报告,在这份报告还没送往莫斯科之前,他决定向德国大使、武官和助理武官通报此事。但他们三人谁都不相信,对佐尔格提供的情报未予重视。

2月26日清晨,一千四百多名士兵在青年军官们的指挥下冲出营房,迅速地占领了东京政府所在的几幢大楼和国会。与此同时,他们还袭击了首相官邸和几位显贵的公馆。现任首相死里逃生,而两名前首相则死于非命。武装叛乱事件果真爆发!德国大使馆陷于一片慌乱,一时不知如何处置,而消息灵通的佐尔格的威望则更高了。此后,大使和武官对佐尔格更是言听计从。

按照佐尔格的打算,在东京这样戒备森严的环境下获取日本人的情报,得花几年的时间做准备。现在一切就绪,他可以开始行动了。

他的第一个任务是调查德日两国关系的发展状况和日本对苏联的秘密意图。他从奥特和大使那里获悉,迄今为止,德日之间的秘密谈判尚未取得任何结果。但是,谈判是否可能在更高一级秘密地进行呢?一天,喝得酩酊大醉的奥特无意中漏出了这样一句话:德日之间的谈判重新又开始了。佐尔格警觉地等着他说下去,但新任武官却不再提这件事。同一天晚上,大崎通知佐尔格,英国和法国大使馆里也流传着德日恢复谈判的消息,并为此而感到紧张。

宫木从日方那里也了解到同样的情报。

佐尔格要求大崎和他的朋友摸清这些传闻的真实含义,自己则从德国使馆方面着手。在向莫斯科发出报告之前,他开始密切观察事态的发展。

一年一度的樱花又盛开了,景色宜人的上野公园里照旧游人如梭,日本人似乎没有发觉战争的乌云早已密布苍穹。在这鸟语花香、春意盎然的大好时节里,佐尔格却因为无法获得德日谈判的确切消息和内容而忧心忡忡。4月、5月、6月飞逝而过,其间他只收到大崎的报告:1936年4月,日本驻德国大使同德国外交部就签订同盟条约一事举行过多次谈判,因日方不愿立即同德国签订军事同盟,故谈判困难重重。此后,无论从奥特还是从大使那里都捕捉不到一点有关谈判的消息,很可能谈判对他们也是保密的。佐尔格真是心急如焚。

一天,奥特把佐尔格叫到自己的办公室告诉他,大使和他本人从日本陆军总参谋部得知,德日谈判正在柏林进行,德国外事局根本未参加谈判,谈判负责人是日本驻柏林使馆武官小岛及德国情报局局长卡纳里斯海军上将。奥特让他帮忙拟一份密码电报给柏林德军司令部，要求提供有关谈判的情报，他还让佐尔格发誓，决不能把这件事告诉任何人。佐尔格同意。很快，一封军用密码写成的电报便发往柏林。柏林一时没有答复，奥特感到很烦恼。他又让佐尔格再发一封电报给柏林。德军司令部终于复电了。佐尔格从那里了解到许多细节情况，但总的来说，谈判仍在进行当中，结果尚不知晓。

一件偶然的事帮了佐尔格的忙。柏林派来了一位特别信使哈克来到东京，他是代表德国外交部和卡纳里斯秘密来到东京的。

他给大使带来一个秘密指令，并在日本制造气氛，以利于达成德日同盟。佐尔格在奥特的办公室里遇到哈克。一看到佐尔格，哈克顿时容光焕发、异常兴奋，张开双臂奔向佐尔格。

“你好，佐尔格，还记得吗？当年是我和你一起同坐一架飞机飞抵日本的！”哈克紧紧握住他的手，亲热地说。

佐尔格也喜出望外。接着，与奥特一起，他们 3 人便去东京一家著名的大饭店，要了一个单间喝酒叙旧，为哈克的到来接风，并为他们的重逢表示祝贺。几杯酒下肚，他们的话就越来越多了。哈克告诉佐尔格，他深受卡纳里斯的信任，曾参与德日谈判，并告诉佐尔格这次东京之行的使命。

谈到谈判的进展时，哈克一再叮咛佐尔格：“我所讲的可不能外传，更不能见报！”他谈到谈判的障碍来自日本方面，因为他们不想过早地同苏联人打仗。为了签订军事同盟条约，使苏联腹背受敌，希特勒甚至同意不再提及原来属于德国、而现在被日本人占领的太平洋中一些岛屿的归属问题。为了达成这一协议，希特勒不得不给拟议中的军事同盟披上“防共协定”的外衣。所谓“同世界共产主义作斗争”，这仅仅是掩人耳目而已，实际上还是针对苏联。哈克还说，德国方面相信谈判决不会半途而废，他们会给协定附加上一些秘密条文。

这样，在全世界知道德日两国签订“防共协定”之前，苏联政府早就掌握其内情了。

1937 年，近卫爵出任日本首相，这对佐尔格他们是极为有利的，大崎成了近卫的密友和谋士。像大崎这样一位有敏锐观察力和分析能力的中国问题专家正是新首相所需要的。果然，近卫上台后组织了一个“科学协会”作为他的智囊团，特邀大崎参加，并要他担任中国部的领导人。这样，大崎得以直接参与国家政治事务，并可对首相直接施加影响。从此，佐尔格便可因此而获得更多的重要机密材料。

不久,佐尔格从大崎那里获得了许多重要情报,如政府同军部政策的统一问题、军需物资生产计划和对华行动计划等。根据对所获情报的分析,佐尔格得出结论:近期内日本不会对苏作战,但它正准备全面进攻中国。他将这一结论报告了莫斯科。

7月7日,卢沟桥事件爆发。7月10日,日本首相近卫、陆相杉山及外相一起举行记者招待会,佐尔格作为外国记者也参加了招待会。会上,近卫宣布日本全面对华作战,要求新闻界支持日本的行动。这对日本来说是决定命运的一天,从那时起,一直到1945年8月15日为止,无论是中国或是日本,都没有一天安宁。

不管是日本还是欧洲的绝大多数观察家都认为,中国和日本在华北的冲突仍像其他冲突一样,无疑要牺牲中国的利益,会很快地举行停火谈判而告平息。但是,1937年夏天,中国政府却一反常态,拒绝了日本的局部调停要求,开始增援部队。南京政府与中国共产党已联合起来,共同抗日。日本一面向华北增兵,一面却声明不想扩大战争。但种种迹象说明,日本将碰到一场恶战。

佐尔格想知道德国对这场战争的态度,所以他问大使:“我们德国记者是否应支持近卫?”大使把刚从柏林发来的电报给他看。电文中提到,由于日本对中国的战争牵制了日本的大部分力量,因而必然不利于进攻苏联。关于德日同盟条约的谈判一事,德国外交部宣称,他们不打算没有报偿而白白奉送礼品,由于两国意见不同,无法结成同盟。

第二天,佐尔格从大使那里知道,现在是日本向德国提出请求了。外相要求德国政府停止向蒋介石政府提供武器,陆相则坚持要德国从南京召回他的军事参谋人员。

经过对来自各个方面的情报进行分析之后,佐尔格给莫斯科发送了一份密电:“日本人企图在其他一些大国中制造假象,似乎他们打算对苏作战。但实际上,近期内日本不可能大规模进攻苏联。”

佐尔格并没有在大使馆里白白浪费时间,现在他已成为大使和陆军武官的非正式助手,武官奥特更是少不了佐尔格。佐尔格有意促成奥特的升迁,使他官运亨通,这样他才能控制德国驻日本大使馆。

1938年3月,柏林来电,提升尤金·奥特为少将,并任命他为德国驻东京大使。前任大使奉命回到柏林,出使伦敦。奥特终于如愿以偿,他紧紧地握住佐尔格的手表示感谢。此后,佐尔格就公开在大使馆办公。大使的保险箱终于对他敞开了。现在,他可以一连几小时地研究第三帝国的绝密材料,有时干脆把材料带回自己办公室拍照或收藏在自己的保险箱里。

1939年初,欧战爆发后,佐尔格与德国使馆第一次正式发生联系,他负责把柏林发来的官方电讯稿编成新闻简报。佐尔格说:“我的第一件事是把来电分门别类地加以整理,挑选较重要的新闻给使馆高级人员过目;然后着手编新闻摘要,发给侨居日本的德国人。”此外,他还编新闻通报,分发给日本的报刊。他的正式办公室设在使馆的二楼,紧挨着德国新闻社的监听室。佐尔格因干这份差事而定期从使馆获取报酬,但他不愿在使馆的编制之内,以免引起不必要的追查。1940年,佐尔格终于加入了纳粹党记者协会,他是以著名作家和记者的身份入会的。在此之前,他还应德国《法兰克福日报》之邀,正式成为该报驻东京的特派记者。他的忠实的纳粹党记者形象终于塑成。接着,他还被任命为纳粹党日本地区的负责人。

当时,欧洲处于战争的密云之中,纳粹德国已占领了波兰和法国。德意日三国军事同盟条约经过几星期的谈判后已在东京签署。苏联处在腹背受敌的恐惧之中。佐尔格知道,虽然三国军事同盟条约中没有提到缔约国同苏联的关系,但这并不意味着这几个国家不发动对苏战争。

佐尔格及时研究和分析了希特勒所采用的手法:秘密备战、声东击西、突然袭击,等等。在计划进攻波兰时是这样,在侵占法国前也是这样。现在大家都知道德国准备大举入侵英国,而关于苏联则无声无息。很可能希特勒又在玩弄花招,进攻英国只是一个幌子,一种战略上的伪装。真正的目的到底是什么呢?佐尔格直接问大使,但奥特什么也不知道,反正他对希特勒是绝对相信的。这时从柏林来了一位信使,他是途经莫斯科到达日本的。佐尔格随便问了一句:“苏联人对德国向西扩张有什么反应?”信使耸了耸肩说道:“管他有什么反应呢!反正元首已在7月会议上确定了消灭苏联有生力量的计划!”佐尔格的每一根神经都震动了。

1940年11月18日,佐尔格首次向莫斯科发出警报:希特勒准备发动对苏战争!

莫斯科马上回电,要他们提供确凿的证据,仅根据信使的话是不足为信的。

佐尔格尽一切可能搜集情报,并对它细加分析。这时,佐尔格与大使馆的关系充分地派上了用场,各种情报源源不断地从柏林发来。佐尔格终于发现,原来德国预定进攻英国的师团都是虚假的,而且3个月前,希特勒已把第四和第十二集团军秘密调到东线苏联边境上。

1940年12月30日,佐尔格又发出如下密电:“在苏联边境地区已集结了

80个德国师。德国打算沿哈尔科夫—莫斯科—列宁格勒一线挺进,企图占领苏联!”

1941年3月5日,莫斯科收到佐尔格的密电:“德国已集中了9个集团军共150个师,以进攻苏联。”

接下来的两个月间,德国信使及柏林国防部的警卫人员川流不息地从欧洲来到驻东京的德国使馆,开始仅是顺便提到,继而则频频谈论德国部队从西线向苏联边境的移动,还报道德国东线防御工事已经完成,等等。风声日紧,佐尔格煞费苦心地捕捉德国可能入侵苏联的任何一点迹象,无线电技术专家克劳森则一个接一个地向莫斯科发报。与此同时,日本特种部队的报务员们越来越频繁地截获到一个身份不明的密电码,但一时还无法破译出来。安装着无线电测向仪的汽车到处巡回搜索,整个东京的反间谍机关都投入了行动。

大使也曾对佐尔格提过,日本反间谍机关头子曾到使馆拜访过他。奥特说,这些日本人因为东京有一个外国间谍网而惶惶不安。佐尔格深知,如此频繁地向莫斯科发报,会加速暴露自己的组织,自己也处于危险之中。但是他认为,个人的生命同千百万人的生命、同世界上第一个工农国家的安全相比,又算得了什么呢?现在时间已经不多了,必须加快行动……早在这场战争爆发前3个月,在与大崎的热烈辩论中,佐尔格就指出了这场战争的危险。大崎说:“如果德国需要苏联高加索的石油、乌克兰的粮食,那么苏联可能会作出经济上的让步,以求免于一战。”佐尔格回答说:“如果德国提出这种要求,苏联当然会屈服。但我所担心的是德国根本不提这类要求,而是进行突然袭击。”他强调存在着爆发苏德战争的极大的可能性。

5月下旬,德国国防部特使抵达东京。经过与特使谈话,佐尔格发现德国对苏战争已成定局。德国决心占领乌克兰粮仓,利用一二百万苏联战俘,以弥补德国劳动力的短缺。希特勒确信,袭击苏联现在恰是时候,因为对英战争一旦爆发,便无法迫使德国人打苏联,只有进攻苏联,才能消除东线的威胁。几天后,德国总参谋部另派了一位军官来到东京,他带来了给东京大使的绝密指示:“有关德苏战争应采取的必要措施已完全确定,一切已准备就绪。德国将在6月下旬发起进攻。德军170到190个师已聚集在东线,一下最后通牒,立即进攻。红军将崩溃,苏维埃政权将在2个月内瓦解。”接着,德国外交部的有关电报也到了。

5月30日,佐尔格向莫斯科发出如下电报:“德国将于6月下旬进攻苏联,这是确凿无疑的。所有驻日德国空军技术人员已奉命飞返德国。”

发出电报后佐尔格回到自己的寓所,这时已是东方欲晓了。

在寓所门口他突然看到了大崎。大崎直接来寓所找他是违反秘密工作规定的,一定是有什么紧急情况。大崎脸色苍白地告诉他:希特勒亲自接见了日本驻德大使,正式通知日本,6 月 22 日德国将不宣而战地进攻苏联。希特勒要求日本于同一天在远东地区向苏联发起进攻。对此日本大使宣称,在同本国政府磋商前,他不能作出任何允诺。

佐尔格连寓所的门都没进,立即跳上车,掉头驶向克劳森的寓所急促地对他说:"快发报,快发报……战争将于 1941 年 6 月 22 日爆发!"

急电发出后,佐尔格及其战友们十分焦急地等待莫斯科的复电,盼望苏联政府在外交上、军事上作出相应的反应。他们全都明白这个情报的重要性,然而他们什么答复也没得到,莫斯科一直保持沉默,不作答复。佐尔格百思不得其解。

6 月 1 日,5 日,10 日……日复一日。奥特兴致勃勃地研究着拿破仑在俄国进军的路线,同时沾沾自喜地揣摸着他的元首将如何向莫斯科挺进。在苏联西部边境,早已聚集着的德军机械化部队正跃跃欲试……然而,莫斯科中央却始终杳无音信。

佐尔格按捺不住焦急的心情,以嘶哑的声音口授克劳森立即发出如下的电文:"再次重复,170 个师组成的德国 9 个集团军将于 6 月 22 日不宣而战,向边境发动进攻。"

莫斯科终于给他们拍来了一个无线电报表示感谢。这是很不寻常的。但电文中并未提及苏联政府的反应,这令佐尔格感到不甚满意。

6 月 22 日,星期日,德国法西斯背信弃义,撕毁苏德互不侵犯条约,不宣而战,悍然发动对苏战争。全世界陷于震惊之中。

佐尔格向莫斯科口授了一封电文:"值此困难之际,谨向你们表示我们最良好的祝愿。我们全体人员将在这里坚持完成我们的任务。"

毫无疑问,佐尔格就德国袭击苏联事先提出警告,是他的小组作出的最大贡献,它可能挽救了整个苏联的命运。

事实终于证明,他们冒着风险进行的活动是值得的。他们所提供的无比准确和意义重大的情报是谍报史上的杰作,令人叹为观止。

苏德战争爆发之后,苏联陷于两难处境,一方面他们要抵御德国法西斯的疯狂进攻,同时又担心日本在远东地区发动对苏战争,导致腹背受敌的局面。

1941 年 6 月 23 日,即德国入侵苏联的第二天,德国使馆高级官员举行谈话,奥特将军指示在日本的全体德国军官集中力量向日本当局施加压力,促使日本进攻苏联。德国武官甚至还为此制定了日本进军西伯利亚和海参崴的作战计划。日本方面对此的反应不一。尽管外相松冈4月份访问莫斯科时与苏联签署了日苏中立协定,但他不止一次地向德国保证,一旦德苏开战,日本不能信守中立,它仍将袭击苏联。日本军方则认为,日本可能在一两个月内与苏联交战。大崎从对政府内部情报的分析中得出的结论是:这绝不可能发生,因为日本的利益集中在南方。但又补充说,这似乎取决于苏德战争的结果,即斯大林政府什么时候垮台。

莫斯科陷入极度的惶恐之中,6月26日他们电告佐尔格:"告诉我们日本政府做出的有关我们国家和德苏战争的决定,日本军方因苏德战争而进行动员,并调遣部队到大陆的资料,以及有关日本军队向我们边界移动的情况。" 接着,佐尔格围绕这些问题所搜集的材料,将作为典范载入间谍史册。

在此之前的3个月里,佐尔格和大崎一连好几个星期专心致志地研究了日本在北方的军事部署,他们就已收集到的日本军队的作战状态、军队的数目、驻扎地点、师长及主要军官姓名等情报逐条加以核实,勾画出一张草图,由"艺术家"宫木描绘制成。在这张草图的基础上,他们还着手进一步收集和修正情报。

佐尔格根据已掌握的情报和近来的形势分析得出结论:日本军队已进入完全作战状态,但向北方进攻的意图不明显。

与此同时,日本军队则摆出另一副架势。7月2日,日本政府和军队举行御前会议,天皇参加并批准了重要政策决定。陆海军制定了新作战计划,制定了北方前线与西伯利亚边境以及华南前线与太平洋的作战部署。会议通过了重要决议:日本将争取支那事件的圆满解决,但同时准备,一旦北方或南方发生紧急情况则将进行普遍动员,以便向不论哪个方向调遣军队。

会议后一周,奥特收到日本政府有关会议决策的扼要报告。

大使把这一声明解释为日本的真实意图是在北方进行动员,他们将在北方增兵,进攻西伯利亚,而在南方持守势。大崎则告诉佐尔格,近卫首相的看法是,日本为支那事件忙得不可开交。由于他对正在进行的日美谈判究竟会产生什么结果还未摸底,因此不愿与苏联交战。佐尔格得到的印象是,日本将采取措施保住它在北方的地位,而不是真向苏联进攻,但在南方向印度支那发动进攻是无疑的。佐尔格将此看法电告了莫斯科。

与此同时,日本政府一个大规模的普遍动员计划开始了。佐尔格、大崎和莫斯科都忧心如焚,担心日本政府会把如此大规模的动员作为既成事实而加以接受，而动员本身则可能导致对苏战争。他们关心的重要问题是：各师动员起来后，准备开往何地。

他们各自加紧执行自己的主要任务：大崎计划制作一张包罗万象的图表、摸清调往东北的部队的数目，以及日本为进攻苏联在满洲进行准备的状况和规模；动员计划的细节由宫木提供，他可以从他军队里的情报员那里搜集到材料；佐尔格则负责从德国使馆搞情报。

大崎的第一批报告未免有点让人感到紧张："不难证实，日本既向北，又向南调兵，但我无法找出到南北方向去的比例。"

接着，他便前往中国东北实地调查去了。来自宫木的报告也支持这种看法："应征入伍者组成若干小组，有的人发冬装，有的人则发夏装，然后把他们分派到已经建制的部队。"接着，来自大崎和宫木的报告又补充说："因为美日关系进一步复杂化，部队大部分将开往华南。"

佐尔格日夜苦思，勾画出了总部署的轮廓。行动分三个阶段进行，总共为两个月的时间，第一阶段为 15 天，计划 7 月 8 日前完成，征兵共 130 万人，7 月底以前军队征用 100 万吨商船运输。佐尔格还注意到，动员进展缓慢，根本不能按计划完成。

尽管有柏林方面不断施加的压力和德国军官对日本人施加的影响，经过与土肥原、冈村两位将军的谈话后奥特才不得不相信，日本的进攻非得等到红军溃败到日本进攻有绝对把握的时候，否则，他们绝不会轻举妄动。土肥原指出，日本由于石油匮乏，不能参加一场旷日持久的战争。除非确信能够速战速决，否则决不发动对苏战争。奥特还说，日本认为苏联能维持到今年冬天。8 月 20 日至 23 日，日本最高统帅部在东京召开会议，讨论对苏作战问题。会议决定，当年不向苏联宣战，但有以下保留，陆军在下面两个条件得到满足时便开始作战：一，关东军力量超过红军 3 倍时；二，有明显迹象说明西伯利亚军队内部瓦解时。

大崎把这个情况向佐尔格作了汇报。佐尔格亦将此情况电告了莫斯科。

佐尔格为了分析战争而钻研日本政策、计划，其详尽无遗和准确无误，真可谓达到了尽善尽美的程度。上自大崎在近卫左右的好友，下至宫木的军人关系，以及他本人与德国大使馆高级官员的谈话，凡是他搜集到的情报都要相互验证，对从 7 月 2 日御前会议到 8 月 20 至 23 日，日本最高统帅部会议不断透露出的高级决策，他都要全面考虑，仔细加以分析。他工作之认真细致，堪称谍报活动的楷模。

从春季以来,由于远东和平与战争的局势变幻莫测,佐尔格的工作更显得格外谨慎,这是他长期谍报经验的结果。

大崎终于完成了小组的调查任务,从中国东北回来。佐尔格对他的工作感到非常满意。

佐尔格以日本春秋两次动员的调查和大崎调查报告作为基础,结合日本的资源、生产、经济结构、国家财政收支和军事力量等大量数据和材料的分析,从中得出结论:日本无力进行长期的战争,不可能同时多面出击。

9 月 6 日,他致电莫斯科:"只要远东红军保持一定的战斗力,那么日本就不会发动进攻。"

之后他又从探讨日本与美国以及日本在南方、亚洲和太平洋地区的战争与和平问题入手,加紧研究日本的意图。

1941 年 10 月 4 日,佐尔格向莫斯科发出最后一封、也许是最重要的一封电报:"苏联的远东地区可以认为是安全的,来自日本方面的威胁已排除。日本不可能发动对苏战争。相反,日本将在下几周内向美国开战。"

莫斯科很快复电,对他们的工作感到非常满意,并宣布:佐尔格及其东京小组的使命已告完成。佐尔格和他的战友们感到无比的激动和欣慰。

接着,苏联远东地区的步兵和坦克部队用军用列车一列接着一列日夜不停地调往西部前线去保卫莫斯科。苏联最高统帅部下令从东部转移 11 个步兵师和坦克师,这一举动涉及 25 万人。

幸亏有佐尔格提供的情报,这些部队才能增援莫斯科,使苏联乃至全世界幸免于纳粹德国的长期蹂躏。

孙子说:"五间之事,知之必在于反间。"这也充分说明,反间在军事活动中的重要作用。文中的两个小例子,都是利用"反间"而成功的,这种"反间计"需要精心策划与高超的技巧,既要让对方相信自己,又要掩盖真实意图,千万不能弄巧成拙。

现代战争中间谍的作用举足轻重,甚至能改变战争及人类的历史。二战中最著名的苏联间谍佐尔格被称作 20 世纪最大的间谍,他不仅拯救了苏联,也改变了整个第二次世界大战的战争进程。

三十六计

“三十六计”一词语出自《南齐书·王敬则传》提到的“三十六策”：“敬则曰：‘檀公三十六策，走是上计。汝父子唯应急走耳。’”檀公，指南朝宋时名将檀道济，“走为上计”指檀道济伐魏不利，主动退兵事，三十六计的典故由此而来。三十六本为虚数，极言多的意思。历史上并没有所谓三十六计。

明清年间，有人取书籍中的成语或典故，凑足三十六之数，写成《三十六计》一书，作者姓名至今尚无确考。全书以《易经》为依据，引用《易经》27处，涉及六十四卦中的二十二个卦。根据其中的阴阳变化，推演出一套适用于兵法中的刚柔、奇正、攻防、彼己、主客、劳逸等对立转换变化，其计谋体现了极强的辨证哲理。

第一计　瞒天过海

〔简述〕

瞒天过海出自一个传说。相传唐贞观十七年(公元643年)唐太宗李世民率军三十万御驾亲征高丽国。这一日,太宗来到海边,对怎样才能渡过大海发起愁来了。前部总管张士贵见状,赶忙与众将商议对策,只有部将薛仁贵于情急之中,想出了一个主意,说道:“皇上担心大海阻隔,难于征伐高丽,我今有一计,定叫大军平安渡过大海,取得东征的胜利。”

几天后,张士贵领着薛仁贵一道拜见唐太宗,奏道:“今有一位老人,精通干海之术,能将海水变干,可帮助我军东征成功。”太宗听说有此神奇老人,龙颜大喜,立即命张、薛二人带路,前去会见老人。于是君臣三人,在薛仁贵引领下,穿过一条用帷幕遮蔽的通道,来到一个处所,只见这里绣幔锦彩,茵褥铺地,百官迎候。太宗召见了老人,夸奖了他的法术,并且大张筵席,召集群臣与老人一道饮宴作乐……过了许久,忽闻风声四起,涛声如雷,杯盏倾倒,周围一片摇晃,太宗询问缘由,近臣便揭开帷幕让太宗看,只见大海茫茫,水天一色。太宗问道:“这是什么地方?为何如此波涛汹涌?”这时,张士贵、薛仁贵才从实奏道:“这是为臣用的‘瞒天过海’计,得一风势,三十万大军已经渡过大海,就要到达东岸了。”这就是传说薛仁贵用的“瞒天过海”计。可见,这里所说的“天”,本意是指天子,所谓“瞒天过海”,是指哄瞒着天子在不担惊受怕的情况下,平安地渡过大海。以后,人们把“瞒天过海”作为用兵打仗三十六计中的第一计。

原文

备周则意怠[1];常见则不疑。阴在阳之内,不在阳之对[2]。太阳,太阴[3]。

注释

①备周则意怠:备,防备。周,周密、周到。意,意志、思想。怠,懈怠、松懈。全句意为:防备十分周密,容易使自己有恃无恐,意志松懈。

②阴在阳之内,不在阳之对:阴,这里指的是秘密谋略。阳,这里指公开的行动。对,对立、相反的方面。全句意为:秘密的谋略就隐藏在公开的行动之中,而不与公开行动相对立。

③太阳,太阴:太,这里是指极端、特别、非常之意。全句意为:在最公开的行动后面往往隐藏着最秘密的阴谋。

译文

防备周密,往往容易导致思想麻痹,意志松懈;常见的事情就不会产生疑惑,以致丧失警惕。密谋就隐藏在公开的行动之中,并不是与公开行动相对立的。最公开的行动当中往往隐藏着最秘密的阴谋。

原文

阴谋作为，不能于背时秘处行之[①]。夜半行窃，僻巷杀人，愚俗之行[②]，非谋士之所为[③]。昔孔融被围[④]，太史慈将突围求救[⑤]，乃带鞭弯弓，将两骑自从，各作一的持之[⑥]。开门出，围内外观者并骇。慈竟引马至城下堑内，植所持的射之[⑦]，射毕，还。明日复然，围下之人，或起或卧。如是者再，乃无复起者。慈遂严行蓐食，鞭马直突其围，比敌觉[⑧]，则驰去数里矣。

注释

① 不能于背时秘处行之：背时，趁着没人在的时候。秘处，隐秘之处。全句意为：（机密的谋略）不能在背着人的时候或者是隐蔽之处进行。

② 愚俗之行：愚，愚蠢。俗，庸俗、鄙俗。全句意为：这是愚蠢、鄙俗的人的行为。

③ 谋士：智谋之士。

④ 孔融被围：孔融，东汉末年曾任北海相。孔融被围，是指孔融任北海相时，被黄巾军首领管亥率军包围之事。

⑤ 太史慈：东汉末年人，智勇兼备，曾奉母命前往救援被黄巾军围困的孔融。

⑥ 的：这里是指箭靶。

⑦ 植：这里是指树立。

⑧ 比：这里作“等到”解。

译 文

施行秘密的谋略，不必选择背着人、隐蔽的地方进行。趁黑夜行窃，钻进僻静的巷子里杀人，这些都是愚蠢、鄙俗的人的行为，真正的智谋之士不屑于这样干的。昔日孔融被围，太史慈要设法突围救援，便骑着马，执着鞭，带上弓箭，领着两名骑士做随从，并让骑士各自拿着一个箭靶，打开城门走了出去。这时城内的守军和城外的围兵见了都大吃一惊！却只见太史慈等人牵着马走进了城下的堑壕里，立上箭靶，在那里练习射箭；练完了箭，便又回城了。第二天又照样如此，那些围城的敌兵便有的躺着，有的站着观看，神色不显得那么惊奇了。如此这般地一连练习了好几天，那些围城的敌兵便渐渐习以为常，一个个躺在地上，连看都懒得起来看了。这时，太史慈认为时机已到，便整好装，吃饱饭，扬鞭策马，径直突围而去。等到敌兵醒悟过来时，他已经驰出数里之远了。

唐太宗乘屋过海

唐朝太宗时期，曾进行一次大规模的征东战事。公元 643 年的一天，太宗李世民上朝，忽报辽东一个小国有使臣到来，太宗立即宣旨召见。入唐的使臣，本是唐朝一个属国派来的，他奉命来唐，为的是该国受邻国欺压，向太宗乞师救援。

面对这种情况，太宗李世民考虑到东部不宁，对大唐江山的巩固不利，便答应了这个辽东小国的要求，决定派兵增援，并决定御驾亲征。当李世民率军来到海边，准备渡海时，望着“无风三尺浪，有风浪滔天”的茫茫大海，不知如何东渡彼岸？唐大军在海边驻扎几日后，前部总管张士贵在与其参谋薛仁贵商议后，得出一计，管教千里海水来日消失，上自皇上，下至士卒，如登平地，安稳过海。

一天早晨，正当太宗与士贵等人再次商议渡海之策时，忽见一侍臣上前奏道："启禀万岁爷，有一豪民，近居海上，特来请求见驾，并说三十万大军过海之粮，由他一家承担。"太宗听说大喜，立即宣召老人进帐。

老人进至御案之下，山呼万岁毕，侍立一旁。太宗看他童颜鹤发，风度高雅，很是喜欢，就向他询问海情，老人对答如流。

老人最后恭请太宗到他家饮宴，以表敬意。太宗欣然应允，命令："摆驾！"并邀文武百官一齐赴宴。于是太宗乘辇，百官上轿，跟随老人缓缓而行。

行不数里，只见约有百户人家，全围在一个彩色帷幔之中，可见富有至极。老人这时引领太宗、百官进入室内坐下。室内彩幕遮围，地毡铺陈，甚为讲究。太宗坐定之后，百官各居其位。老人高呼一声："上酒！"一时乐声悠扬，如临仙境。席上水陆杂陈，数不尽的山珍海味，美酒佳肴。文武百官、老人相继向太宗献觞敬酒。就这样一连数日，日日舞影翩翩，觥筹交错，人人自醉。

一天，太宗及百官正在畅饮，忽听风声呼呼，波响如雷，桌上杯盏倾侧，身子摇晃不定。太宗还以为是多吃了几杯美酒，有些头晕目眩，但稍镇定，又觉不像，于是就叫侍臣揭开彩幕观看，真是不揭则已，一揭惊心！原来太宗根本不是在什么豪民家中做客，而是航行于大海之上。只见白浪滔天，一片汪洋，无边无际。

太宗急忙问道："我这是在哪里？"张士贵想冒领薛仁贵之功，急忙站立，躬身奏道："此乃臣过海之计，幸得一路顺风，三十万军士乘船过海，现在快到东岸了。"太宗环视左右，果在船上，又见东岸景物历历在目，心中十分喜悦。薛仁贵见船到东岸，大功告成，又见太宗已经察觉，赶紧伏地请罪。

太宗见老人伏地，问其姓氏，才知这老人乃薛仁贵所扮，又得知"瞒天过海"之计出自仁贵，于是对他大加褒奖。从此薛仁贵深得太宗青睐，以后累官升迁。这就是著名的瞒天过海的故事。

第二计　围魏救赵

〔简述〕

本计出自《史记》记载的齐魏桂陵之战。计名则见于明罗贯中《三国演义》第三十回："此孙膑围魏救赵之计也。"

公元前354年，魏惠王派兵攻打赵国都城邯郸。赵国向位于山东的齐国求救。齐王招募八万军队。任命田忌为统帅，孙膑为军师，前往援救赵国。田忌原想率兵直奔赵都邯郸，与魏军决一死战。军师孙膑建议说："魏国出动全部精锐部队攻打赵国，国内空虚，无重兵把守。因此，我们应攻打魏国都城大梁（今河南开封）。这样，魏军必定会停止对邯郸的包围，回兵救援本土。"田忌听从了孙膑的建议，带领齐兵向魏都大梁进军。消息一经传开，魏将庞涓慌忙从赵国退兵，火速赶回魏国。这时，齐军在魏军回国必经之地桂陵一带（今河南长垣县西）设下伏兵，以逸待劳，做好充分准备。魏军长途跋涉，筋疲力尽，遭到齐军的突然伏击，大败亏输，赵国之围也很快被打破了。

这就是历史上有名的围魏救赵的战例。后人把这次战例的经验加以升华、概括，列为三十六计的第二计。可是，此计主要是用于解围的。它的特点是：以迂为直，避实就虚，攻敌所必救，以解除敌军的围困。具体地说，就是：当本军某部遭敌围困不得突围时，救援的军队不是直接进攻围困的敌军，而是以迂为直，选择敌方防守相对空虚而又地处要害的地区进行攻击，以迫使敌方撤围回援，并趁敌军在回援途中，发起奇袭，以克敌制胜。

原文

共敌不如分敌①，敌阳不如敌阴②。

注释

① 共敌、分敌：这里是指集中的敌人与分散的敌人。

② 敌阳、敌阴：敌，攻打。阳，这里是指公开、正面、先发制人；阴，这里是指隐蔽、侧面、后发制人。敌阳不如敌阴，指正面攻敌，不如从侧面攻敌。

译文

攻打集中之敌，不如攻打分散之敌。从正面攻敌，不如从侧面攻打防守相对薄弱之敌。

原文

治兵如治水。锐者避其锋，如导流；弱者塞其虚，如筑堰。故当齐救赵时，孙子谓田忌曰：“夫解杂乱纠纷者，不控拳[①]；救斗者，不搏撠[②]；批亢捣虚[③]，形格势禁[④]，则自为解耳。”（《史记》卷六五《孙子吴起列传》）

注释

① 解杂乱纠纷者，不控拳：控，抓紧。全句意为：要解开杂乱纷繁的纽结，不能握紧拳头。

② 救斗者，不搏撠：搏，打。全句意为：要解救打架的人，自己不能参与打斗。

③ 批亢捣虚：批，用手打击，攻击。亢，咽喉，比喻要害之处。全句意为：攻击要害之处，攻打薄弱环节。

④ 形格势禁：格，受阻碍。全句意为：受阻碍的困难局面。

译文

治兵就像治理洪水一样：对于来势凶猛的敌人，要避开它的锋芒，就好比治理洪水要导流一样；对于弱的敌人，要堵住它，歼灭它，就好比治理洪水要修筑河堤一样。所以，当齐国派兵去解赵都邯郸之围时，孙膑对田忌说：“要解开杂乱纷繁的纽结，不能握紧拳头；要解救打架的人，不能自己参与打斗，只要抓住敌方要害,攻其虚弱之点,使敌方处于受阻的困难局面,赵都之围便自然而然解除了。”

孙膑:避开强势,攻其必救

战国时期,不仅战争频繁,也是军事人才辈出的年代。庞涓、孙膑就是其中的佼佼者。相传二人同出于鬼谷子门下,一个事魏,一个事齐,且各为其主,战场相逢,斗智斗勇。

魏惠王仿效秦孝公,要找一个商鞅式的人才,于是用重金招徕天下豪杰。当时有个叫庞涓的魏国人前来求见,向魏惠王讲了些富国强兵的道理。魏惠王听了挺高兴,就拜庞涓为大将。

庞涓天天操练兵马,先从附近几个小国下手,一连打了几个胜仗,后来连齐国也给他打败了。打那时候起,魏惠王更加信任庞涓。

庞涓自以为是了不起的能人,可是他知道,他的同学齐国人孙膑,对用兵之法谙熟精通。魏王用重金聘到他,庞涓自觉能力不及孙膑,恐其贤能高于自己,便施毒刑将孙膑致残,折断孙膑的两脚并在他的脸上刺上字,企图使孙膑既不能行走,又羞于见人。后来孙膑装疯,幸得齐使者救助,逃到齐国。

齐国大将田忌听说孙膑是个将才,把他推荐给齐威王。齐威王也正在改革图强。他跟孙膑谈论兵法后,大为赏识,见孙膑不仅熟习兵法,而且对指挥作战有一系列独到的见解,便拜孙膑为老师,对孙膑的军事才能深信不疑,只恨没早点相识。

公元前353年,魏惠王为了报复失去中山的旧恨,便派大将庞涓前去攻打。中山原本是东周时期魏国北邻的小国,被魏国收服,后来赵国趁魏国国丧之机将中山强占了。魏将庞涓认为中山不过是弹丸之地,距离赵国又很近,不如直打赵国都城邯郸,既解了旧恨又攻占了赵国都城,一举两得。魏王听从了庞涓的建议,踌躇满志,以为宏伟的霸业从此就开始了,于是立即调拨五百战车,命令庞涓为将,直奔赵国包围了赵国都城邯郸。赵王危难中只好求救于齐国,并许诺解围后以中山相赠。齐威王应允,任命田忌为元帅,孙膑为军师,率领一支八万人的军队去救援赵国。

当田忌与孙膑率兵进入魏赵交界之地时,田忌想直逼赵国邯郸,以解赵围。

孙膑制止,就对田忌说:"要解开乱麻,不能用蛮力强拉硬扯;要排解打架的纠纷,不能手持武器帮着击刺而把自己也卷进去。避开其强势,直接攻击其空虚部位,利用形势迫使他们不得不停止,则事情自然便解决了。现在魏国和赵国互相攻打,精锐部队必然都在外面战斗。而留在家里的都是些老弱残兵。将军不如率领军队直接攻打魏国首都大梁,占据魏国的交通要道,攻打魏国防务空虚的地方。那么魏国必然会放弃赵国,回军来救魏国。这样齐军既可以救赵,又可以调动魏军跋涉奔走,趁魏军疲惫之时一举击败魏军。我们不但解了赵国的围,而且也坐享魏国疲惫之师的利益。"

田忌依计而行。果然,庞涓得知这个消息,十分慌张,在攻下赵都邯郸后,顾不得部队的休整和喘息,被迫留下少数兵力留守邯郸,抛弃辎重,急忙率领轻车锐骑,昼夜不停地急忙回救大梁。庞涓这样做,虽是出于无奈,却犯了兵家大忌!庞涓仓皇回救大梁,早已在孙膑的意料之中,孙膑就设伏在魏军回师的必经之地桂陵。魏军离开邯郸,归路中又陷伏击与齐战于桂陵,齐军以逸待劳,士气旺盛,如同猛虎下山,魏军部卒长途疲惫,溃不成军,很快,疲惫不堪的魏军就被打得大败!庞涓勉强收拾残部,退回大梁,齐师大胜,赵国之围得以解决。后来,魏国被迫与齐国议和,并且将赵国都城邯郸归还给赵国。

"围魏救赵",变攻坚为击虚,变被动趋战为以逸待劳,变击敌有备为出其不意,比直趋邯郸参战确实高明得多。它的基本思想是趋利避害、机动歼敌。对敌作战,好比治水:敌人势头强大,就要躲过冲击,如用疏导之法分流;对弱小的敌人,就抓住时机消灭它,就像筑堤围堰,不让水流走。

生活中也是这样,有的时候以硬碰硬并不是好的方法,只需避实就虚,改变一种方式就能达到以逸待劳,化被动为主动。这样做事往往就会变得轻松顺利,也避免了消耗过大的精力,最后成功也是一种"惨胜"。

费边智破"围罗救卡"计

公元前 219 年春,罗马人挑起第二次布匿战争,三次败于迦太基军队的 26 岁统帅汉尼拔。罗马统帅费边总结了三次败北的教训,认为汉尼拔善于用计,指挥有方,几次大胜,攻势正旺,但他远离国土,兵源不足,补给困难,不利于持久战。因此决定采用消耗敌人的战术,避免和汉尼拔的主力决战,只以主力跟

踪追赶汉尼拔军队,袭击其零星部队,破坏粮食储备,使其无法建立永久性的补给基地。费边这一招非常厉害,汉尼拔拿他毫无办法。而费边却因罗马宫廷责怨他长期不主动出击,被撤职回家了。新当选的执政官改变了战略,集中十万兵力进攻汉尼拔,结果伤亡七万余人。

罗马人从失败中痛切感到费边战略策略的英明,重新任命他为独裁官。费边一上台,又采取当年的策略,使汉尼拔的军队力量不断消耗,难以为继,费边的军队则扩大到二十五万,开始转守为攻,重点打击汉尼拔的同盟和后方补给基地。罗马人集中十万兵力,向汉尼拔的战略地卡普亚进攻。这座城市和汉尼拔结为同盟,为其提供大量的粮食和战略补给,一旦失守,汉尼拔将难以在意大利立足。所以,汉尼拔率精锐步兵日夜兼程,试图解除卡普亚的压力。汉尼拔见到罗马军队在卡普亚周围建立了坚固的防线,灵机一动,立即命令部队向罗马进攻,企图"围罗救卡"。罗马军队见迦太基军队掉头而去,个个迷惑不解。忙派出侦察骑兵,得知汉尼拔去进攻罗马,大惊失色,纷纷要求拔营追赶汉尼拔。费边识破了汉尼拔的真正意图,只派出一支小部队从卡普亚赶回来协助保卫罗马。汉尼拔满以为罗马人又中了他的计了,便立即率兵赶回卡普亚,准备消灭留守的罗马人,没想到罗马大军仍在围攻卡普亚,回援罗马的只是一小队骑兵而已。这时,汉尼拔感慨地说:"费边啊,费边,你使我英雄无用武之地啊!"只好下令撤军。不久,卡普亚弹尽粮绝,被迫投降。

第三计　借刀杀人

〔简述〕

本计内容在春秋战国的史书中多次可见，而“借刀杀人”一语，则见于明代戏剧《三祝记》“这所谓借刀杀人，又显得恩相以德报怨，此计何如”一语中。这出戏是写范仲淹的政敌企图让他任军队统帅——环庆路经略招讨使，去平息西夏人赵元昊，企图借西夏人的刀杀害范仲淹的故事。

本计的主要特点是：通过利用矛盾，借敌方内部的力量，或者是盟友的力量，削弱或消灭敌对势力。而其关键所在，则是善于捕捉和利用敌方的矛盾，包括敌方内部的矛盾以及敌方与盟友的矛盾，想方设法使这些矛盾扩大、激化，直至引起敌方自相争斗，或者是引起敌方与盟友的争斗，以达到削弱或消灭敌方实力的目的。因此，在军事上，此计的运用多是与使用间谍相联系的。

原文

敌已明，友未定[1]，引友杀敌[2]，不自出力，以《损》推演[3]。

注释

① 敌已明，友未定：指打击的敌对目标已经明确，而盟友的态度却一时尚未确定。

② 引友杀敌：引，引诱。引友杀敌，即引诱盟友的力量，去消灭敌人。

③ 以《损》推演：根据《损卦》“损下益上”“损阳益阴”的逻辑去推演。

译文

敌人已经明确，盟友的态度尚在犹豫之中，这时应极力设法诱使盟友去攻打敌人，而无需自己出力。这是从《损卦》卦义的逻辑推演出来的。

原文

敌象已露，而另一势力更张①，将有所为，便应借此力以毁敌人。如：郑桓公将俗袭郐②，先问郐元豪杰、良臣、辩智、果敢之士，尽与举姓名，择郐之良田赂之，为官爵之名而书之，因为设坛场郭门之处而埋之，衅之以鸡豭，若盟状③。郐君以为内难④也，而尽杀其良臣。桓公袭郐，遂取之。（《韩非子·内储说下》）诸葛亮之和吴拒魏，及关羽围樊、襄，曹欲徙都，懿及蒋济说曹曰："刘备、孙权，外亲内疏，关羽得志，权心不愿也。可遣人蹑其后⑤，许割江南以封权，则樊围自释。"曹从之，羽遂见擒。（《兵知经》卷九《格形》）

注释

①敌象已露，而另一势力更张：敌象，攻击的对象。张：伸展。全句意为：打击对象已经明确，而另一种势力正在扩张。

②郐：周朝国名，在今河南密县东北。

③衅之以鸡豭，若盟状：衅，杀牲以血涂于器皿上祭祀。豭，公猪。盟：在血祭前发誓缔约。全句意为：用公鸡、公猪等牺牲品举行血祭，好像发誓缔约结盟一样。

④ 内难：内乱。

⑤ 蹑其后：蹑，跟踪。蹑其后，在后面跟踪。

译文

打击的目标已经显露出来，而另一种势力又有所扩张，且将有所行动，这时便应借此势力，摧毁敌人。比如，郑桓公将要攻打郐国，先列了郐国的豪杰、良臣及辩智、英勇、果敢之士的名单，公开张贴布告，说要选择郐国的良田赠送给他们，封给他们各种名称的官爵，并在城郊设起祭坛，把名单埋在地下，用公鸡、公猪作祭品，装作盟誓的样子。郐国国君以为国内这些豪杰、良臣要勾结郑国作乱，便按照以上公布的名单把他们一个个杀掉了。桓公看到郐国豪杰、良臣都已除尽，便马上攻打郐国，并占领了郐国。（见《韩非子·内储说下》）诸葛亮与吴国结盟，抗拒魏国。当关羽围攻魏地襄阳、樊城时，曹操想迁都，司马懿及蒋济劝说曹操道："刘备、孙权表面上是亲戚，内心里却有很深的隔阂。关羽得志，孙权内心是不甘愿的，因此，可以派人跟随孙权身后做说客，答应割让江南的土地封给孙权，这样，樊城的包围就会自然解开。"曹操听从此计，关羽终于兵败麦城，束手被擒了。（见《兵知经》卷九《格形》）

晏子：争功论赏，自相残杀

春秋时期，齐国有田开疆、古冶子、公孙接三勇士，很得国王齐景公的宠爱。三人结义为兄弟，自诩"齐国三杰"。他们挟功恃宠，横行霸道，目中无人，甚至在齐王面前也"你我"相称。乱臣陈无宇、梁邱据等乘机收买他们，阴谋夺取政权。

相国晏婴眼见这种恶势力逐渐扩大，危害国政，暗暗担忧。他明白奸党的主力在于武力，三勇士就是王牌，屡次想把三人干掉，但他们正得宠，如果直接行动齐王不从，反而弄巧成拙。

有一天，邻邦的国王鲁昭公带了司礼的臣子叔孙来访问，谒见齐景公。景公立即设宴款待，也叫相国晏婴司礼，文武官员全体列席，以壮威仪；三勇士也奉陪左右，威武十足，摆出不可一世的姿态。

酒过三巡，晏婴上前奏请，说："眼下御园里的金桃熟了，难得有此盛会，可否摘来宴客？"

景公即派掌园官去摘取，晏婴却说："金桃是难得的仙果，必由我亲自去监摘，这才显得庄重。"

金桃摘回，装在盘子里，每个有碗口那么大，香浓红艳，清芳可人。景公问："只有这么几个吗？"

晏婴答："树上还有三四个未成熟，只可摘六个！"

两位大王各拿一个吃，佳美可口，互相赞赏。景公乘兴对叔孙说："这仙桃是难得之物，叔孙大夫贤名远播，有功于邦交，赏你一个吧！"

叔孙跪下答："我哪里及得上贵国晏相国呢，仙桃应该赐给他才对！"

景公便说："既然你们相让，就各赏一个！"

盘里只剩下两个金桃，晏婴复请示景公，传谕两旁文武官员，让各人自报功绩，功高者得食此桃。

勇士公孙接挺身而出，说："从前我跟主公在桐山打猎，亲手打死一只吊睛白额虎，解了主公的围，这功劳大不大？"

晏婴说："擎天保驾之功，应该受赐！"

公孙接很快把金桃咽下肚里去，傲视左右。古冶子不服，站起来说："虎有什么了不起，我在黄河的惊涛骇浪中，浮沉九里，斩骄龟之头，救主上性命，你看这功劳怎样？"

景公说："真是难能，若非将军，一船人都要溺死！"于是就把金桃和酒赐给他。

可是，另一位勇士田开疆却说："本人曾奉命去攻打徐国，俘虏五百多人，逼徐国纳款投降，威震邻邦，使他们上表朝贡，为国家奠定盟主地位。这算不算功劳？该不该受赐？"

晏婴立刻回奏景公说："田将军的功劳，确比公孙接和古冶子两位将军大十倍，但可惜金桃已赐完了，可否先赐一杯酒，待金桃熟时再补？"

景公安慰田开疆说："田将军！你的功劳最大，可惜你说得太迟了。"

田开疆再也听不下去了，按剑大嚷："斩龟打虎有什么了不起？我为国家跋涉千里，血战功成，反受冷落，在两国君臣面前受辱，为人耻笑，还有什么颜面立于朝廷上？”于是拔剑自刎而死。

公孙接大吃一惊，亦拔剑而出，说：“我们功小而得到赏赐，田将军功大，反而吃不着金桃，于情于理，绝对说不过去！”手起剑落，也自杀了。

古冶子跳出来，激动得几乎发狂地说：“我们三人是结拜兄弟，誓同生死，今两位已亡，我又岂可独生？”话刚说完，人头已经落地，景公想制止也来不及了。

俗话说：“再坚固的堡垒也能从内部攻破。”晏婴送桃之举显然是在离间三兄弟引发争斗，三人争长，齐王肯定难以制服，使三人自相残杀，不需一兵一卒就可以将其铲除。可见晏婴（奸猾）之高明。不过，应用此计最关键在于抓住堡垒内部的弱点，对症下药，才能一举成事，否则就有弄巧成拙之虞。

孙权：力求自保，移祸他人

东汉建安二十四年，夏侯渊与刘备在阳平交战，被刘备斩杀，曹操亲自率领大军来到阳平，准备与刘备决战，为他的爱将夏侯渊报仇。刘备依据险要的地势采取坚守策略，曹操无功而返回长安，只好派遣于禁协助曹仁攻击关羽。

正当于禁、庞德大军屡战屡胜之时，上天却下了一场大雨，使得魏军被困于汪洋之中。关羽闻讯大喜，立即带兵前往，将魏军四面围住。魏军四面冲杀，结果全部都被关羽活捉了。于禁一时动了求生之念，便跪下投降了关羽。关羽大笑道：“还算识时务，把他关进荆州大牢，等候汉中王发落。”蜀军又带庞德过来，关羽说道：“你兄长庞羲，故主马超都在汉中王处，你也投降了吧？”庞德大骂道：“魏王束甲百万，定能踏平西蜀！你的什么汉中王和你都不会有好下场的！”关羽大怒，让人将庞德斩首。事后，关羽又觉得庞德还算是英雄，就厚葬了庞德。

许昌城内，曹操听到于禁投降后，不觉流下泪来。众人不解，曹操说道：“于禁随我多年，立有战功无数，本是一员大将，怎么会晚节不保呀？”贾诩说道：“魏王，现在还需要想救援樊城之事。”曹操说道：“是的，谁愿意再领兵前往？”徐晃说道：“魏王，末将愿往！”曹操说道：“一定要小心，不可重蹈于禁等人的覆辙。”徐晃说道：“末将一定不辱使命！”

而就在关羽大战樊城的同时，东吴的都督吕蒙突然告病，陆逊继任成为都督。陆逊给关羽写来了书信，说明自己对关羽的种种敬佩，关羽一时得意，就将荆州城全部驻军都撤了出来，支持樊城。关羽听到徐晃前来，说道："徐晃与我是多年的朋友，这一下可能他不会全力攻我。"两军阵前，关羽上前说道："公明，多年不见，公明一向可好？"徐晃也施礼道："云长，头发可都是白了，故人在这里有礼了。"关羽正要说话，就见徐晃提大斧说道："众士兵有谁能取得关羽首级的，赏金千两，封万户侯！"关羽大惊道："公明，你这是何意呀？"徐晃说道："我与云长的交情，是私事；现在为魏王效力，救援樊城，是公事。徐晃虽只是一介武夫，也不能因私废公！"说完，大斧一摆，魏军就冲杀了过来。关羽见状，只得摆青龙偃月刀大战徐晃。

正在两边大战之时，樊城内的曹仁也终于带兵冲了出来，这样蜀军就受到了两面魏军的夹击。关羽见势不妙，就说道："众人随我撤回荆州，以后再图樊城。"蜀军一阵冲杀，终于冲了出来，但是人马死伤过半。

就在关羽返回荆州的途中，却听说了荆州已落入东吴之手的消息。关羽却不信，他说道："吕蒙已是一个病人，陆逊又是一介书生，荆州定然不会有失。"但再向前走着，荆州守将赵累却狼狈地逃了出来。关羽大惊道："莫非荆州真的丢掉了？"赵累对关羽哭诉了荆州的丢失经过。原来就在关羽调全部荆州守军支持樊城时，东吴的都督吕蒙用白衣渡江之计，成功越过了长江。荆州防备已是形同虚设，吕蒙不费吹灰之力就成功突袭取了荆州。关羽无奈之下，只得退往麦城暂驻，又让人去四周请求援军。但关羽驻守荆州时太过狂妄，早已将四周围的同僚都得罪完了。结果将军傅士仁、南郡太守糜芳投降了东吴，上庸守将孟达则投降了曹魏，全部都没有发来援军。东吴都督吕蒙四面围住了麦城，终于活捉了关羽。

吕蒙将关羽带往建业，孙权对关羽父子好生劝慰，但关羽誓死不降。孙权无奈，只得将关羽父子斩首。张昭从外面视察回来，听说孙权杀了关羽，大惊道："吴侯，这一下大祸将至呀！"孙权问道："什么大祸将至？"张昭说道："关羽早年和刘备、张飞结拜，三人不愿同生但愿同死。刘备一旦得知吴侯杀了关羽，必然会起倾国之兵前来复仇呀！刘备已得益州全境，士兵有数十万之多，我们很难应敌呀！"孙权后悔道："也是孤一时气愤，才错杀了关羽。那孤现在应该如何？"张昭道："不如将关羽首级送往许都，让刘备以为杀关羽是曹操之意，则西蜀之兵不向东来，而向北去。"孙权点头称是，立即将关羽首级送往许都。

曹操接到关羽首级后问道："孙权送关羽首级来，是什么意思呀？"司马懿说道："魏王，这是孙权的移祸之计。他一定是一时气愤才杀了关羽，事后又怕刘备前来报复，才将关羽首级送给魏王。他想一旦这样，刘备就会认为杀关羽是魏王之意。”曹操笑道:“碧眼小儿,竟会有这样的计谋!不过我不会上当。传令百官,将关羽按王侯之礼安葬,文武百官和我都要挂孝前往。”曹操感叹道:“当年我与云长相识,谁想竟会有今日!”次日,许都城内一片白色,曹操带着文武百官,亲自为关羽挂孝。曹操在关羽坟前站了很长时间,最后才慢步回到王府去。

虽然曹操没有上孙权的当,但是我们还是从中体会到了借刀杀人的运用。其实我们不用将借刀杀人的含意仅仅局限在“杀人”上面,这个计策的精华是“借”字,如何深刻理解这个“借”字才是关键所在。在我们现实的生活中,真的把人杀了是要坐牢甚至自己的性命都可能不保,我们所指的“刀”就是能够击中要害的东西,所谓“杀人”,就是打败敌人。这个计策的关键在于合理地利用矛盾双方的关系,让“鹬蚌相争,渔翁得利”。

图哈切夫斯基:无辜被杀,自毁长城

图哈切夫斯基是苏联红军的创始人之一,功勋卓著的军事指挥家和理论家,第一批被授予元帅军衔的5名将领之一。他身经百战,屡建奇功,并且精通军事理论,被誉为“红色拿破仑”。可是,令敌人闻风丧胆的图哈切夫斯基元帅,却被自己人的无端猜疑和不信任毁掉了本该辉煌的一生。

图哈切夫斯基,1893年2月6日生于俄罗斯斯摩棱斯克省多罗戈布日县的一个衰败的贵族家庭,自幼勤奋好学,兴趣广泛,尤爱军事。1911年,进入莫斯科叶卡捷琳娜第一武备学校学习。次年,以第一名的成绩被选入亚历山大军事学院继续深造,1914年毕业,到谢苗诺夫禁卫团服役。第一次世界大战爆发后,图哈切夫斯基随部队开赴前线,1915年2月19日被德军俘虏。1917年10月逃跑回国,回原部任连长。“十月革命”爆发后,图哈切夫斯基经人介绍加入苏联红军和共产党,成为第一个加入共产党的原沙俄军官。

后来,图哈切夫斯基被任命为全俄中央执行委员会军事部代表,后任莫斯科防区的军事委员。1918年5月捷克斯洛伐克军发生叛乱,图哈切夫斯基被派往东部前线,协助东部前线总司令穆拉维约夫组建红军高级兵团,并担任第一集团军司令。后因穆拉维约夫叛变被处决,图哈切夫斯基担任东线的临时总指挥,为平定叛乱立下了汗马功劳,开始受到列宁等领导人的重视。1918年秋,在平定原沙皇黑海舰队司令高尔察克将军的武装叛乱中,图哈切夫斯基深谋远虑、勇毅果敢，彻底消灭了叛军主力，解放了西伯利亚的大片土地，被共和国军事委员会授予红旗勋章和荣誉宝剑。尔后，图哈切夫斯基又先后被派往南方对付邓尼金白匪军和反击波兰干涉军，消灭了邓尼金的主力部队，将波兰军队一直赶到华沙城下。接着，他又奉命平定了喀琅施塔得叛乱。图哈切夫斯基就像“万金油”一样，为处于风雨飘摇中的红色苏维埃政权驰骋疆场，为红色苏维埃政权的建立做出了不可磨灭的贡献。

国内战争结束后，图哈切夫斯基历任工农红军军事学院院长、西部军区司令、工农红军参谋长、苏联革命军事委员会副主席兼工农红军装备部长、副国防人民委员等要职，为红军建设呕心沥血，勤奋工作。他还非常注重对未来战争的研究，创立了大规模使用坦克、机械化步兵和航空兵实施大纵深战役的理论，被誉为“红色拿破仑”。

1936 年，苏联根据图哈切夫斯基的建议举行了一次大型战略军事演习，旨在制定苏联遭到德国进攻时积极反击的方法和手段。不久，图哈切夫斯基又写了《目前德国的军事计划》，阐述了德国武装的总规模、进行现代战争的观点、希特勒的反苏计划和复仇主义计划。他指出，“德国帝国主义对地面、空中、海上全面战争的大规模准备……不得不迫使我们严肃地展望我国西部边界的防卫，建立必要的防御体系。”虽然图哈切夫斯基的高瞻远瞩和对未来战争的真知灼见没有在苏联引起足够的重视，却在德国引起来不小的反响，于是他被法西斯视为眼中钉、肉中刺，决意除之而后快。

1937 年，德国党卫军保安局头子海德里希得到一份重要情报，称苏联元帅图哈切夫斯基等正与德国参谋本部若干人员共商推翻苏维埃政权的计划。海德里希凭借其敏锐的职业嗅觉，感到这份情报即使不真也大有文章可做，于是他立刻上报希特勒。希特勒闻讯大喜，如果把这一“阴谋”揭露出来，多疑的斯大林不但不会饶过图哈切夫斯基，还会感谢德国并放松对德国的警惕，真是一箭双雕。于是，希特勒决定借斯大林之手除掉图哈切夫斯基，以削弱红军实力。他责令海德里希具体负责此事，设法把这份情报交给苏联政府，务必使苏方深信不疑。

为了让苏联人上当，海德里希绞尽脑汁，终于找到了突破口。原来，苏联政府为了打破帝国主义的封锁，曾在二十年代与德国进行过一些经济和军事交流。当时作为红军主要领导人之一的图哈切夫斯基与德国一些高级将领有过书信往来。这些书信还保存在德国最高司令部情报局的档案室里。海德里希决定利用这些书信伪造证据。于是，经过特工专家精心编造、模仿和加工后，一封封信件从笔迹、语气到签名都达到了以假乱真的地步。特工人员甚至还在信纸的边缘伪造了一些德国将军的签名，暗示图哈切夫斯基的谋反计划已经得到德国国防军的支持。除信件之外，纳粹特工还伪造了红军将领们开出的大额款项的收据以及德国军事谍报组织负责人卡纳利斯写给图哈切夫斯基等人的复信，信中对他们提供的关于红军的情报表示感谢。

怎么把这些材料交给斯大林呢？海德里希选中了捷克总统贝奈什。因为如果斯大林倒台，希特勒将失去掣肘，捷克就将面临严重威胁。于是，德国有关人员在与捷克驻柏林大使马斯特内酒后交谈时，“不小心”地透露出，德国人正与红军的一个反斯大林集团保持接触。马斯特内迅速将这一消息报告捷克总统贝奈什。贝奈什立刻又通知了苏联驻巴拉格大使亚历山大罗夫斯基。

果然，苏联方面很快通过贝奈什传达了希望与德国有关人员接触的要求。

海德里希知道鱼儿咬钩了。他立刻派党卫军旗队长贝伦茨到布拉格与苏联方面的全权代表会面。贝伦茨从伪造的案卷中拿出两封信交给苏联代表，对方看过之后没有任何表示，而是问起了材料的价钱。为了进一步欺骗苏联，贝伦茨竟然开出了世界谍报史上的天价——300 万卢布！来人默默无语，接过了贝伦茨手中的案卷。很快，一个装满卢布的大包裹就被抬了上来。看着苏联“全权代表”急匆匆离去的身影，贝伦茨露出了得意而又阴险的笑容：他知道，苏联人花巨款买去的将是一个弥天冤案和永远的悲剧。

1937 年 5 月 1 日，苏联举行传统的“五一节”游行，图哈切夫斯基元帅和斯大林一起站在列宁墓前，检阅了游行队伍。随后，他将代表苏联政府参加英国国王乔治六世的加冕典礼。然而，就在图哈切夫斯基与斯大林一起接受苏联人民最崇高的敬意和爱戴的时候，他并不知道，这是他最后一次出现在苏联的历史舞台上。

几天后，正当图哈切夫斯基准备起身前往英国时，苏联政府突然决定，改由海军司令奥尔洛夫前往。毫不知情的图哈切夫斯基完全被搞蒙了，可他得到的解释是“伦敦有人要暗杀你”。图哈切夫斯基满腹狐疑。5 月 11 日，他又被解除了副国防人民委员职务，降职到伏尔加河军区任司令员。图哈切夫斯基把这一决定看做是对自己的侮辱，他写信给斯大林要求彻底退役，复员还乡。然而信件如泥牛入海，杳无音信。

5 月 28 日，别无选择的图哈切夫斯基只得收拾行装，告别妻子和儿女前去赴任，途中被内务部人员逮捕。与他一起被捕的还有伏龙芝军事学院院长科尔克等七位将军。

6月10日，苏联成立了以总检察长维辛斯基为首的特别军事法庭，对图哈切夫斯基等人进行了秘密审讯。审讯从上午10点钟开始。特别法庭向被告们出示了从德国买来的“证据”，图哈切夫斯基先是惊愕不已，终于明白过来后则由于愤怒而变得暴躁不安。他坚决否认对他的一切指控。他说：“……至于跟德国参谋总部，跟他们的驻苏联武官处的代表会见、谈话，都是官方性质的，……而且，这些接触都是希特勒上台以前的事……”然而，图哈切夫斯基的话被打断了，总检察长维辛斯基在历数了元帅及七位将军的“谋叛罪行”后，要求从红军中开除这些被告，并处以最严厉的惩罚。

晚上9点，图哈切夫斯基等八人被判处死刑，当夜就被处死在内务部的地下室里。刑前，图哈切夫斯基神情呆滞、目光游离，极度凄苦地说：“我好像在做梦……”仿佛高速行驶的汽车突然翻到了路边的阴沟里，如日中天的图哈切夫斯基元帅在不到一个月的时间里就完成了由开国元勋到死刑犯的转变。苏联红军中一颗耀眼的明星陨落了。

消息传到德国，希特勒喜出望外。他得意地说：“苏联高级军事干部最优秀的部分人员已被斯大林消灭了。这样一来，那些正在成长的接班人，暂时还缺乏作战必需的智慧。”四年后，德国进攻苏联。具有讽刺意味的是，德国人的战术正是借鉴了图哈切夫斯基一贯主张但被苏联人忽略了的“大纵深战役”理论。军中缺将的苏联人一溃千里，被德国人一口气打到了斯大林格勒城下。

二十年后，苏联最高军事法庭撤销了对图哈切夫斯基等人的判决。苏共中央监察委员会恢复了他们的党籍，苏共二十大为他们彻底平反。但是，苏联人为这一过错付出的代价是巨大的，是永远无法挽回的。

第四计　以逸待劳

〔简述〕

本计语出《孙子兵法·军事篇》："以近待远，以逸待劳，以饱待饥，此治力者也。"《虚实篇》也说："凡先处战地而待敌者佚，后处战地而趋战者劳。故善战者，致人而不至于人。"

本计的特点是：强调把握战场的主动权，以引诱敌人，"调动"敌人，疲劳敌人，然后抓住战机，克敌制胜。按"损"卦的说法，就是：以静制动，"损刚益柔"。

原文

困敌之势①，不以战。损刚益柔②。

注释

① 势：情势、趋势，这里主要是指军事态势。

② 损刚益柔：语出《周易·损卦·彖传》："……损刚益柔有时……"损卦为兑下艮上，是由泰卦乾下坤上变来的。泰卦的九三变为损卦的上九，而泰卦的上六则变为损卦的六三，说明由奉卦变为损卦是损乾益坤、损刚益柔的结果。但这种损刚益柔只要因时也会吉利。

译文

迫使敌人处于困难的局面，不一定用直接进攻的手段（而可采取疲惫、消耗敌人的手段）。这是从《周易》损卦彖辞中"损刚益柔有时"一语中悟出的道理。

原文

此即致敌之法也①。兵书云："凡先处战地而待敌者佚②，后处战地而趋战者劳③。故善战者，致人而不至于人④。"（《孙子·虚实篇》）兵书论敌，此为论势，则其旨非择地以待敌，而在以简驭繁，以不变应万变，以小变应大变，以不动应动，以小动应大动，以枢应环也⑤。如管仲寓军令于内政，实而备之⑤。（《史记》卷六二《管晏列传》）孙膑于马陵道伏击庞涓⑦（《史记》卷六五《孙子吴起列传》），李牧守雁门，久而不战，而实备之，战而大破匈奴⑧（《史记》卷八一《廉颇蔺相如列传》）。

注释

① 致敌之法：致，招引，引申为调动。致敌，即调动敌人。

② 佚：同"逸"，安闲，指从容休整，养精蓄锐。

③ 劳：疲劳。

④ 致人而不至于人：即调动敌人而不被敌人所调动。

⑤ 以枢应环：枢，枢纽，引申为事物的关键。环：圆形之物。大意指把握事物的关键，从容应付周围事物的变化。所以，《庄子·齐物论》说："枢，始得其环中，以应无穷。"

⑥ 实而备之：实，充实，坚实。备：准备。

⑦ 马陵道伏击庞涓：马陵，今山东范县西南。周显王 27 年（公元前 342 年），魏国联合赵国攻打韩国。韩国忙向齐国求救，齐威王任命田忌为将，孙膑为军师，率军直逼魏国国都大梁（今河南省开封市西北），迫使魏军弃韩自救。孙膑用退兵减灶的计谋，在道路狭窄，地势险要的马陵道设埋伏，一举歼灭魏军追兵。魏将庞涓知败局已定，愧愤自杀。

⑧ 李牧守雁门……大破匈奴：李牧为赵国良将，驻守在代地的雁门（今山西代县），防御匈奴入侵。他一面照顾士兵，加强训练，养精蓄锐，一面注意保持实力，不与匈奴发生正面冲突，使匈奴产生李牧怯弱的错觉。两军相峙几年，匈奴未得利，赵国士兵也以为李牧惧敌，纷纷要求与匈奴决一死战，士气高昂。在匈奴对李牧完全放松警惕的情况下，李牧挑选战车一千三百乘，骑兵一万五千人，勇士五万人，善射的弓箭手十万人，做好战斗准备，诱敌深入，巧布奇阵，从左右包抄敌人，斩杀匈奴骑兵十余万，重创敌人，使赵国北方边境十余年得到安宁。

译文

这是调动敌人的计策。兵书上说："凡是先进入战地等待敌人，就会显得安逸；后进入战地仓促应战，就会处于疲劳奔命的被动局面。所以，善于用兵的人，总是能调动敌人而不被敌人牵着鼻子走。"（见《孙子兵法·虚实篇》）兵书上是讨论作战，这里主要是讨论政治斗争态势。其主旨主要不在于选择有利地形以待机歼敌，而是强调以简单驭繁杂，以不变应付万变，以小变应付大变，以静制动，以小的动作应付大的动作，以抓住关键应付周围各种环境和事变的各个环节。像管仲将军令寓于内政事务之中,以扎扎实实加强战备(见《史记》卷六二《管晏列传》);孙膑在马陵道伏击庞涓(见《史记》卷六五《孙子吴起列传》);以及李牧坚守雁门,久不出击,只是不断充实、装备自己,最终打败了匈奴(见《史记》卷八一《廉颇蔺相如列传》)。

唐太宗:以守为攻,寻机作战

唐太宗即位不满二十天,东突厥的颉利可汗率领人马十多万,一直打到离长安只有四十里的渭水边。

唐太宗不理颉利的威胁,把使者扣押起来。他先布置长安的唐军摆开阵势。接着,又亲自带了房玄龄等六名将领,骑马到渭水边的便桥,指名要颉利出来,隔河对话。

唐太宗隔着渭水对颉利说:“我们两家早已订立盟约,几年来也没有少给你们金帛,为什么要背信弃义,带兵进犯?”颉利被责备得无话可说,表示愿意讲和。过了两天,双方在便桥上订立盟约。接着,颉利就退兵了。

打这以后,唐太宗加紧训练将士,每天召集几百名将士在殿前练习弓箭。他跟将士们说:“外敌进犯,这是常有的事,并不可怕。怕只怕边境稍为安定,人们就贪图安逸,忘记战争,敌人来了就抵挡不了。从现在起,平时我做老师,教你们弓箭;战时我当将帅,带领你们抵抗敌人。”

经过唐太宗的鼓励,将士专心练武,不出几年,就训练出一批精锐军队。

这一年,北方下了一场大雪,东突厥的牲畜死了不少,大漠以北发生饥荒。颉利可汗加紧对其他部族的压迫,又引起各部族的反抗。颉利派他的堂兄弟突利去镇压,反被打得大败。突利逃回去后,被颉利责打一通。两人因此翻了脸,突利投降了唐朝。

唐太宗抓住这个时机,派出李靖、徐世勣等四名大将率领大军十多万,由李靖统率,分路出击突厥。

公元630年,李靖亲自率领三千精锐骑兵,从马邑出发,趁颉利不防备,连夜进军,逼近突厥营地。颉利毫无戒备,发现唐军突然出现,大惊失色。将士们也慌了手脚,说:“这次一定是唐朝发动全国兵力来了,要不然,李靖怎敢孤军深入呢?”

还没到唐军发起攻击,突厥兵就先乱了起来。李靖又派间谍混进突厥内部活动,说服颉利一个心腹将领投降。颉利一看形势不妙,就偷偷逃跑了。

李靖攻下定襄,得胜回朝,唐太宗十分高兴,说:“从前汉朝李陵带兵五千,结果不幸被匈奴所俘虏;现在你以三千轻骑深入敌人后方,克服定襄,威震北方,这是自古以来少有的事啊!”

颉利逃到阴山以北,怕唐军继续追赶,派使者到长安求和,还说要亲自朝见。唐太宗一面派唐俭到突厥,表示安抚;另一方面又命令李靖带兵前去察看颉利动静。李靖领兵到白道和徐世勣会师,两个人商量怎样对付。李靖说:“颉利虽然打了败仗,但是手下人马不少。如果让他逃跑,以后我们再要捉他,就很困难了。我们只要选一万精兵,带二十天粮,跟踪袭击,一定能把颉利活捉。”徐世勣也赞成这个意见。两支军队就向阴山进发。

颉利可汗求和实际上只是缓兵之计,想等草青马肥的季节来到,再逃到漠北。他看到唐俭来到,以为唐太宗中了他的计,暗暗高兴,防备也自然松懈下来。

当天晚上,李靖和徐世勣率领唐军到了阴山,命令部将苏定方率领二百名轻骑,冒着夜雾悄悄进军。到突厥前哨发现唐军的时候,唐军离颉利营帐只有七里地了。

颉利得知唐军骑兵来到,就急忙去找唐俭,而唐俭已经乘机脱身回到唐营。无奈之下颉利慌忙骑上他的千里马逃走。李靖指挥唐军追杀,突厥兵没有主帅,乱成一团。唐军歼灭突厥兵一万多,还俘获大批俘虏和牲畜。

颉利东奔西逃,最后带着几个亲兵躲在荒山里,被他的部下抓住后交给唐军,后来被押送到长安。

一度很强大的东突厥灭亡了。这次胜利,提高了唐太宗在西北各族中的威信。这一年,回纥等各族首领一起来到长安,朝见唐太宗,拥护唐太宗为他们的共同首领,尊称他为“天可汗”(古代西北各族君长称可汗,为对唐太宗表示拥戴,故尊称为“天可汗”)。

对于强敌劲旅,唐太宗往往不正面歼敌,而是以逸待劳、以守为攻,寻机作战。敌人粮草用尽、士气消退之时,就是唐太宗用兵之日。

以精锐之众攻打疲乏之旅,无异于以石击卵。迫使敌人处于困难的局面,不一定采取直接进攻的手段,可以根据刚柔相互转化的原理,实行积极防御,逐渐地消耗、疲惫敌人,使他由强变弱,我军就自然会变被动为主动了。

伍子胥：以逸待劳，疲楚败楚

春秋时期，吴王阖闾在大将孙武、大夫伍子胥、太宰伯嚭的辅佐下，国力大增。公元前512年，阖闾认为可以攻打楚国了，于是召集孙武、伍子胥、伯嚭共议出兵大事。

孙武道："大王要远征楚国，时机尚不成熟。楚国地大物博、兵多将广，而我们吴国是个小国，人口少，物力也不够富足，要想打败楚国，还需要几年的准备。"

伍子胥因自己的父兄都被楚王杀害，急于报仇，在同意孙武的意见时，又提出了一个"疲楚"的妙计：把吴国的士兵分为三军，每次用一军去袭扰楚国的边境，一军返回，另一军则出发，这样，自己的军队可以得到充分的休整，而使楚国的军队疲于奔命，劳苦不堪。

孙武和伯嚭都认为伍子胥的计策切实可行。于是，第二年，阖闾开始实施伍子胥的"疲楚"计划：派一支部队袭击楚国的六城和潜城（均在安徽境内），楚国急忙调兵援救潜城，吴兵则已离开潜城攻破了六城。过了一些日子，吴兵又攻击楚国的弦（河南境内）。楚国慌忙调兵奔走数百里援救弦，但是，援军还没有赶到弦，吴兵已撤退回国了。一连六年，吴国用此"疲楚"之计使楚国士卒疲于奔走，消耗了大量实力。

公元前203年，楚国令尹囊瓦攻打蔡国，蔡国联合唐国向吴国求救，阖闾认为这是一个出兵攻楚的大好时机，再次召集伍子胥、孙武和伯嚭商议出兵之计，伍、孙、伯三人一致同意阖闾的意见。这一年冬天，阖闾亲率伍子胥、伯嚭、孙武，倾全国的军队共计六万多人誓师伐楚。

楚军连年奔走作战，实在是"疲劳"至极，因此，吴军长驱直入，迫近汉水方才遇到囊瓦的"阻挡"。决战时刻，吴军士气旺盛，而楚军战战兢兢，勉强应战。双方军队一接触，楚军就土崩瓦解，囊瓦率先逃走，大夫史皇战死。吴军乘胜追击，迅速攻占楚国都城郢（今湖北江陵），楚昭王跑得快了一步，才没有成为吴军的俘虏。

坦伦堡战役:洞察敌情,以逸待劳

第一次世界大战初期,德国完全按照“史里芬计划”来布置整个战争,把绝大部分德军布置在西线,想借助优势兵力,通过闪电战术,一举攻克巴黎,打败法国。他们认为,俄国国内充满危机,不可能在战争一爆发,就立即进攻东普鲁士,因而,在东线只配备一个集团军——第八集团军,来抵御俄国的进攻。

但俄国的军事计划,是与英、法共同制定的。这份计划规定,一旦德国集中精力对付法国,俄国就在东线同时进军东普鲁士和奥地利的加利西亚,迫使德国东、西两线作战,以分散他们的兵力。

因而,战争刚刚开始,俄国参谋总长吉林斯基将军向法国保证,在两个星期内,将有 80 万俄军作好战斗准备。1914 年 8 月中旬,吉林斯基将军率领两个集团军开辟东线战场,由莱宁堪普和萨松诺夫各率一个集团军,兵分两路,进攻东普鲁士。

守在东线的德国第八集团军毫无防备,一时措手不及,只得向西撤退。

俄军初战告捷,傲气顿生。两个集团军各行其是,互相之间毫不配合,长驱直入,突进普鲁士。但过了不久,因战线过长,后方供给不及,全军缺乏食物、弹药和运输工具,部队饥疲交加,士气低落,毫无斗志。尤其是两个集团军之间,很快出现一条 100 公里的空隙地带。

德军在向西撤退之中,了解到了俄军这些弱点,霍夫曼上校根据这种情况,拟了一份作战计划,建议对俄军进行各个击破,首先攻击萨松诺夫的第二集团军。

“本来我军数量就少,如若进攻萨松诺夫,莱宁堪普定会援助,到时我们将有被包围吃掉的危险。”参谋长看了作战计划,顾虑重重地说道。

“我认为不会!”霍夫曼上校坚决地说,“它们之间有 100 公里的间隔地带,到时恐怕来不及,即使来得及,莱宁堪普也不会援救萨松诺夫!”

参谋长看了上校那么胸有成竹,似乎想到了什么:“你有什么秘密情报?”

“这算什么秘密!”霍夫曼上校笑了笑说,“这两位将军是冤家对头,这已是 10 年前的事了。”接着,霍夫曼上校就讲起他 10 年前亲眼所见的一件事。

那是 1905 年初日俄战争期间,在中国沈阳的火车站月台上,萨松诺夫因为在一次战斗中得不到莱宁堪普支援,致使几乎全军覆没而破口大骂对方。莱宁堪普见对方在大庭广众之下当面侮辱他,一怒之下,两人大打出手!后经上司调解,才勉强分开。从此,两人结下不共戴天之仇,这次俄国派两名冤家共同战斗,怎能谈上配合?

众军官听了这个故事,禁不住大笑起来。正在这时,参谋人员送来一份报告:"这是我方通讯兵刚刚截获的电报,上面有俄军兵力调动的情况。但是用明码拍发的。"

"什么?是用明码?!"参谋长感到惊奇,怀疑地说道:"难道这是俄军的阴谋?"

众军官也同时瞪大了眼睛。

"我认为这不是他们的阴谋,"霍夫曼上校说道,"据我所知,俄国野战军不搞密码,他们根本没有密码人员,指挥作战,用的就是这种明码电报。"

大家都知道霍夫曼是俄国问题专家,他在一战之前曾多次到过俄国,对他们的情况了解很多。因此,大家认为,还是根据电报所提供的情报,相应地采取行动。

经过一番讨论,德军决定按照霍夫曼的作战计划,首先向萨松诺夫发起进攻。

参谋长命令一个师去牵制莱宁堪普的第一集团军,而将大部分兵力迅速调集到萨松诺夫的第二集团军两翼。

德军先派一股小部队去吸引萨松诺夫。双方刚一接触,德军便溃不成军,掉头向西就跑。萨松诺夫误认为这是德军的全线溃退,便根据明码电报的指令,不顾粮少弹缺,拼命向西追击。

追击一天后,全军疲惫不堪,那股德军也转眼不见踪迹。萨松诺夫正在迟疑,就接到骑兵侦察报告,说发现两翼出现大量的德军,很可能是冲我们来的。

萨松诺夫先是一惊,接着便明白过来,急忙给吉林斯基将军发电,请求暂停追击,以免遭到德军夹攻。

吉林斯基这时正待在离前线三四百公里的一个指挥部,喝酒庆贺自己的胜利,他一直认为,德军根本无暇东顾,认定这只是小股德军在做垂死挣扎,根本不把萨松诺夫的请求当做一回事儿,回电斥责萨松诺夫懦怯,命令他继续进攻。这份明码电报转到德军参谋长手里后,德国人放心大胆地对萨松诺夫分割包围。

8月26日夜间,德军趁俄军休息之际,突然向萨松诺夫发起进攻。疲惫不

堪的俄军连招架之力全无,仓皇后退,慌乱之中有几个连的士兵掉进湖里淹死。

次日清晨,德军在坦伦堡附近包围了萨松诺夫的第二集团军十几万人。无奈之中,萨松诺夫发电求救,请求第一集团军迅速靠拢。

果不出霍夫曼所料,在东普鲁士境内的莱宁堪普根本不予理睬,甚至总参谋长吉林斯基还一口咬定,德军根本没有大规模作战的能力。萨松诺夫见一次次电报均无回音,只好硬着头皮布置了一下。

不久,德军便从四面八方向俄军阵地发起进攻,猛烈的炮火在俄军阵地处处开花。阵地愈来愈小,每发炮弹都炸出一洼血来。

紧接着德军一阵冲锋,饥疲交加、士气低落的俄军,被德军像羊群般地兜捕起来。俄军官兵见大势已去,纷纷放下枪来,向德军投降。

结果,十几万俄军顷刻之间,土崩瓦解,除战死和失踪的三万多人外,近十万名俄军被俘,五百多门大炮被毁,第二集团军不复存在。

萨松诺夫在战火中,仰天长叹一声,独自慢慢地走进一片树林,绝望地举枪对准自己的脑袋,"呯!"的一声,结束了自己的生命。

吉林斯基当发现第二集团军失去联系,才意识到自己的判断失误,急忙命令莱宁堪普去寻找已经不存在的第二集团军。

当解决了第二集团军之后,德军掉头过来迎击莱宁堪普的第一集团军。

莱宁堪普还不知道自己已是孤军,仍傻乎乎的向前挺进。一头扎进德军猛掉过来的怀抱。一时不知所措,只好掉头就逃。

德军势头正旺,一鼓作气,包抄过来,经过一场激战,俄第一集团军伤亡14.5万余人。莱宁堪普见势不妙,飞快逃回俄国,但马上就被撤职。

霍夫曼上校因作战有功,晋升少将军衔,并担任德军东线总参谋长,由他提议,这次战役被命名为"坦伦堡战役"。

第五计 趁火打劫

〔简述〕

本计出自《孙子兵法》“乱而取之”的思想，计语最早见于明代吴承恩的小说《西游记》中。唐玄奘法师离开大唐国，往西天取经。一天晚上，他和大弟子孙悟空来到一座庙中投宿。这座庙有上下房间共七十多间，僧客二百多人。庙中老方丈命人敬茶。闲谈间，问唐僧有何宝物，可以让他开开眼界。于是，悟空把带来的袈裟拿出来炫耀。方丈一见，顿生歹念，假托老眼昏花，看不清楚，要求当夜借袈裟到后房仔细看看。就这样骗得了袈裟。晚上，方丈和手下僧人商议，将禅堂放火烧毁，把睡在里面的师徒两人一起烧死，以便将袈裟据为己有。可晚上悟空并未睡着，方丈的阴谋被他听到了，便变成一只小蜜蜂飞出禅堂，一个跟头翻进南天门，向广目天王借到“避火罩”，回去罩住了唐僧和白马。到了半夜，和尚们果然放火烧禅堂，火愈烧愈旺，把观音院烧得通红，唯有唐僧所在禅堂安然无恙。这时，观音院正南面一座山，有一黑风洞，洞中妖怪被火光惊醒，他与观音院方丈素有交情，便纵起云头去帮众僧救火。火光中，见前后大殿被烧成断垣残壁，唯有方丈室案上有一青毡包袱，里面透出一道道霞光彩气，打开一看，是一件锦襕袈裟，乃佛门宝贝。妖怪一见此宝，救火之意顿失，拿着那袈裟，趁火打劫，驾着黑云，径直回到了黑风洞。可见，本计的主要特点是，趁敌人处于危险、混乱的时机，坚决果断地攻击敌人，从中取利。

原文

敌之害大①,就势取利,刚决柔也②。

注释

① 敌之害大:害,这里是指遇到严重灾难,处于困难、危险的境地。

② 刚决柔也:决,冲开、去掉,这里引申为摈弃、战胜。王夫之《周易内传》卷三说:"夫之为言决也,绝而摈之于外,如决水者不停贮之。决而任其所往。"全句意为:趁刚强的优势,坚决果断地战胜柔弱的敌人。

译文

敌人的处境艰难,我方正好乘此有利时机出兵,坚决果断地打击敌人,以取得胜利。这是从《周易·夬卦·彖传》"刚决柔也"一语中悟出的道理。

原文

敌害在内,则劫其地;敌害在外,则劫其民;内外交害,则劫其国。如越王乘吴国内蟹稻不遗种而谋攻之①,后卒乘吴北会诸侯于黄池之际②,国内空虚,因而捣之③,大获全胜。(《国语·吴语·越语下》)

注释

① 蟹稻不遗种：蟹，螃蟹。种，种子。全句意为：螃蟹和稻谷连种子都没有留下，说明发生大旱灾，处于危急之中。

② 乘吴北会诸侯于黄池之际：黄池，中原地名。吴，这里指吴王夫差。全句意为：趁吴王夫差到黄池与诸侯会盟的机会。

③ 因而捣之：因，凭借。捣，打击。全句意为：趁此有利时机，打击敌人。

译文

敌人国内处境艰难，就乘机占领其土地；敌人受到邻国的侵略，就乘机掠夺其民众；敌人内外交害，就乘机占领其国家。例如：越王勾践乘吴国发生大旱灾、连螃蟹和稻谷的种子都没有留下的机会策划进攻吴国。后来终于等到吴王夫差率领精锐部队到黄池与诸侯会盟、国内空虚的机会，乘势发起大举进攻，很快灭亡了吴国，取得大胜。（见《国语·吴语·越语下》）

苏峻：敌有外患，趁火打劫

东晋明帝死后，成帝即位。成帝年幼，外戚庾亮秉政。庾亮觉得苏峻在历阳终究是一个祸根，主张把他征调进京，剥夺他的兵权。此议一出，满朝皆以为不可，但大多不敢吭声，唯有王导、卞壶等数人表示反对。苏峻指挥苏、祖联军两万多人从横江渡口抢渡长江，进抵陵口。晋中军抵挡不住，连战败北。

有人建议在小丹杨打伏击战，庾亮不予采纳。而苏峻果真绕道小丹杨，且因夜里行军而迷了路。这样一个歼灭苏峻、扭转危局的大好机会又被庾亮贻误了。苏峻攻陷宫城后，放纵士兵奸淫掳掠，残忍无道。一时间，引得人民怨声载道。苏峻自任骠骑将军，录尚书事，任用祖约为太尉、尚书令。同时，他分兵攻占义兴、晋陵等地。

陶侃督东晋水军驶向石头城讨伐他。苏峻统领八个人迎战，其子苏硕与将领匡孝分兵冲击东晋赵胤军，将赵胤打败。苏峻见赵胤军溃逃，大叫："匡孝能破贼，我还不如他吗？"只带领数骑急追赶，没有赶上。在回马白木陂时，他的马突然被绊倒，又被陶侃部下门将彭世、李干投过的长矛击中。苏峻坠落下马，立刻被斩首、割肉、焚骨，三军齐呼万岁。苏峻之乱平定后，东晋进入相对安定时期，事后七十年无战乱，社会经济逐渐得以恢复。

从苏峻、祖约之乱来看，他们串起仓促，只是想拼死一争。庾亮是西忧陶侃，北忧苏峻，外患缠身，正好给苏、祖趁火打劫的机会，被苏峻一举攻下京城，并控制天子，获得胜利。

但苏峻没有利用这有利的形势，拉拢东晋兵权在握的陶侃，而是大肆屠杀，竟将陶侃之子也杀掉，与陶侃结下了冤仇，使原本为庾亮忧患的陶侃变成为自己之患。这种力量的转化，决定了苏峻必然要失败。由此可见，使用趁火打劫之计的"敌有外患"，应该清醒看到对方的外患能否对自己有帮助；即使没有帮助，也不能让对方的外患成为对方的外力。

苏联：经济危机，引进技术

1929~1933 年，西方损失 2500 亿美元，但是，被西方重重封锁的苏联却在 1928 年到 1932 年的第一个五年计划期间获得突飞猛进的发展。1932 年前，苏联从农业国转变为工业国，1937 年，苏联工业生产总值跃居欧洲第一，世界第二。

短短十年间，苏联从整个发达国家的严密技术封锁和地球上空弥漫的经济阴霾中脱颖而出，其中的秘密，不能不引起我们的重视。

在危机袭来时，资本和商品过剩，迫切需要向外国输出资本、技术以寻找摆脱危机的出路，各国开展了激烈的经济战，竞相对外倾销商品、输出资本。这个时候，意识形态不同、资金实力并不雄厚的苏联并没有什么抄袭海外企业的经典案例，但却独辟蹊径，大量引进西方的先进技术、技术人员和资金，在各主要工业部门建立了一大批骨干企业，使社会主义工业化发展到了一个新阶段。

1929 年 5 月，苏联在最高国民经济委员会建设委员会下设立了"外国咨询中央局"，专门负责设备、技术和人才的引进业务。1930 年以后，苏联将租借外国企业的方式，改为以技术援助为主，购买成套设备或招请外资包建的方式。

同时，在外国建立贸易机构和银行等，以这些机构作为引进技术和贸易往来的重要枢纽。

1929年10月，苏联政府批准70多个有关外国技术援助和技术咨询的协议，其中美国占55个，为苏联接受援助项目的78%。1930年执行的104个技术援助协议中，约有84个是和美国、德国公司签订的。1929~1945年间，苏联和外国公司之间约有200个技术援助协议在执行中。可以说，30年代苏联所有的骨干大型企业都是利用外国的先进技术武装起来的。在苏联约有2/3的大型企业是在美国的帮助或技术援助下建成的，其余的1/3是在德国、法国、英国、瑞典、意大利、捷克、丹麦、芬兰和日本的"帮助或技术援助下"建成的。苏联的三大钢铁厂，马格尼托哥尔斯克钢铁厂、库兹涅茨钢铁厂和札波罗热钢铁厂都是美国援建的。苏联最大的第聂伯河水电站是引进美国技术设备，雇用美国技术专家，于1933年建成的。著名的高尔基汽车厂是三十年代初由美国福特汽车公司援建的新厂，而莫斯科和雅罗斯拉夫尔这两个老厂则是得到了扩充，用新的外国工作母机全部重新装备。这三个厂加上1940年开工的一个较小的莫斯科装配厂，构成了二战苏联汽车工业。

在大量引进西方先进技术的同时，西方技术人员和专家成为更受关注的引进要点。1932年，在重工业部门工作的各种外国专家达到了6800人。同时，苏联政府广泛派出领导干部和技术人员出国考察和学习，学习外国先进技术或搜集技术情报。1929年1月到1930年6月的18个月中，就有1000多名苏联人进入美国。有90%左右的苏联公民去美国的目的是为了把美国的技术转移到苏联去。三十年代前期苏联人进入美国，主要是为了执行技术援助协议中的训练、计划和谈判、购买设备，三十年代后期派出的人员多是接受较长期、更专业的培训。

为了获得宝贵的技术，苏联建立了全苏科学技术情报研究所和它的海外分支机构，以及大量专业研究所，使情报工作系统化。由于苏联的情报机构获取了比较准确的情报，并对西方的技术和工艺过程进行了高度细致的比较分析，使苏联在吸取西方技术方面"相当精明"。如在25种西方运输机中,苏联恰恰选中问世不到两年的道格拉斯的DC-3型;在100多种汽车样品中选中福特A型。几乎在每一个领域里,苏联人都做了精明的选择。他们毫无例外地选择了最成功的、最便宜的工艺。

利用危机,对西方工业技术和人员的精心吸纳,造就了苏联工业(后来主要为俄罗斯所承袭)迄今为止众多国家难以企及的高度。

第六计　声东击西

〔简述〕

声东击西计,出自杜佑(公元735~812年)所著《通典》第153卷《兵六》一章:"声言击东,其实击西。"其实,《孙子兵法》早有"攻其不备"的思想。《淮南子·兵略训》更把"将欲西而示之以东"作为重要的"用兵之道",《韩非子·说林上》也说:"今荆人起兵将攻齐,臣恐其攻齐为声,而以袭秦为实也。不如备之,戍东边,荆人辍行。"

本计的特点是:以假象造成敌人的错觉,采用灵活机动的军事行动,忽东忽西,不攻而攻,攻而不攻,似可为而不为,似不可为而为之,伪装攻击方向,出其不意,夺取胜利。

原文

敌志乱萃[①],不虞[②],坤下兑上之象[③],利其不自主而取之[④]。

注释

① 敌志乱萃：萃，野草丛生。全句意为：敌人神志慌乱，失去明确的主攻方向。

② 不虞：虞，预料。不虞，意料不到。

③ 坤下兑上之象：《周易》萃卦下卦为坤，上卦为兑。此卦三阴聚于下，二阳聚于上，各依其类以相保，群阴虽处致用之地，高居最上之位，都为了保阳，所以萃卦六爻都说"无咎"。如果使这种群阴保阳的局面受到扰乱，就将祸乱丛集，有意料不到的困难与危险。

④ 利其不自主而取之：不自主，即不能自主地把握自己的前进方向和攻击目标，全句意为：敌人不能把握自己的前进方向，对我方有利，应乘机进攻、打击敌人。

译文

敌人神志慌乱，不能正确预料和应付事变或复杂局面，正如坤下兑上的萃卦受到扰乱一样，要利用敌人这种不能自主地把握前进方向的时机，对敌人发起攻击。

原文

西汉七国反[①]，周亚夫坚壁不战[②]。吴兵奔壁之东南陬[③]，亚夫使备西北。已而，吴王精兵果攻西北，遂不得入。此敌志不乱，能自主也。汉末，朱儁[④]围黄巾于宛[⑤]，起土山以临城内，鸣鼓攻其西南，黄巾悉众赴之。儁自将精兵五千，掩东北[⑥]，遂乘城虚而入。此敌志乱萃，不虞也。然则声东击西之策，须视敌志乱否为定。乱则胜，不乱将自取败亡。险策也！

注释

① 七国反：指西汉景帝时（公元前154年），吴、楚、胶西、胶东、苗川、济南、赵等七国联合叛乱。西汉初年，因统治力量达不到全国，便采取封同姓王分地统治的办法。后来，诸王力量逐渐扩大，形成割据。景帝采纳晁错建议，削减诸王权势。以吴王刘濞为首，联合六国，借诛晁错为名，起兵叛乱，后来被周亚夫用武力讨平。

② 周亚夫坚壁不战：周亚夫（？～公元前143年）：西汉名将周勃之子，沛（今江苏沛县）人。七国叛乱，奉命讨伐，坚毅果敢，三月而平息叛乱。因功升丞相职。坚壁不战：即固守寨堡不出战，等敌人粮尽力竭后，再进行反击。

③ 东南陬：东南角落。

④ 朱隽（？～公元195年）字公伟，东汉会稽上虞（今浙江上虞）人。公元184年黄巾起义，朱隽同皇甫嵩等前往颍川、汝南、陈国等地进行镇压，又围攻韩忠10万人于宛城，获大胜。

⑤ 宛：今河南南阳。

⑥ 掩东北：突然袭击东北角。

译文

西汉景帝时，吴、楚、胶西、胶东、苗川、济南、赵等七国叛乱。周亚夫固守寨堡，不向叛军出战。吴国叛军攻打东南角，亚夫识破敌人声东击西之计，在西北方向加强防备。不久，吴王精兵果然进攻西北面，结果没有攻进。这是面对敌人的迷惑神志不乱，能够自有主张的结果。西汉末年，朱隽包围了宛城（今南阳）的黄巾军。在城外堆起一座土山，面对城内，吹响鼓角，进攻西南角，黄巾军立即集结到西南面进行抵抗，朱隽却亲自率领5000精兵，突然从东北面进行袭击，得以乘虚而攻入。此是敌人神志慌乱，对战场形势不能正确预料和判断的结果。这样说来，声东击西的计策，必须看敌人是否真能被迷惑而定。敌人慌乱不能自主，就能取胜；敌人不慌乱，不上当，用此计，就可能自取灭亡。所以，这是一个有风险的计策。

韩信：虚张声势，迷惑敌人

明知敌人欲攻之处，敌人不一定来攻；明知敌人不攻之处，敌人可能就会来攻。防敌如防贼，你防他千日，他趁得一时。韩信明里强攻临晋渡口，暗中却选择敌人毫无防范的夏阳，好一个声东击西！真正的军事家打仗，从来都靠头脑。

汉二年四月，汉王刘邦兵败彭城，退到荥阳、成皋一线与项羽相持。五月，原与刘邦结盟的魏王豹背汉降楚，派大将柏直、冯敬扼守黄河临晋渡口，企图阻挡汉军北进。八月，刘邦为了消除身后之患，任命韩信为左丞相，率曹参、灌婴二将，领兵伐魏。

韩信率领大军来到临晋渡口，遥见对岸魏军把守严密，不好强攻，于是就下令暂且安营扎寨。一面派人收集船只，与魏军隔河相距；一面派探马暗察上游地势。不久，探卒来报，说上游夏阳地方，魏军防守很松。韩信就带领曹参、灌婴二将前去查看地形，但到夏阳实地一看才明白为什么魏军不在此防守了，只见夏阳河段，水深滩险，汹涌澎湃，别说是行船就是羽毛只怕也很难浮起来，而且河中布满了礁石，船只根本无法通行。曹参、灌婴二将看后都摇头作难。韩信却皱眉苦思了好一阵。

回到汉军营地，韩信仍然决定利用夏阳河段，采用声东击西之计，出其不意击败魏军。当即，传来曹、灌二将，命曹参领兵上山伐木，大小都行，越快越好；又令灌婴带人前往市场，购买数千瓦罂，每个瓦罂能容纳二石的物品。二人听后，都感到很意外，一齐问道："将军要这些东西有什么用？"韩信说道："二位不必急问，到时自知。"二人只得奉命退出，分头行事。

两天之后，曹参、灌婴二人将所需物品都办齐了，就向韩信复命。韩信又命令道："你二人再将所备物品制成木罂，制法均在这封函中。制成后，立刻回报。"说完，将一封函信交到二人手中。

二人受命出帐，马上指挥将士，按函中要求，用四木夹住一个瓦罂，捆绑牢固，然后再将木罂用绳连起，数十个连成一排，分别连成数十排。由于日夜赶制，几天后，木罂已制造完毕。

韩信见准备工作已经做好，等到黄昏，又召来曹、灌二将，命灌婴率领数千人马，守住前些天收集来的船只，命令士兵只准击鼓呐喊，不准擅自渡河，违令者斩。而自己与曹参统领大队人马，暗中搬运木罂，连夜赶到夏阳。然后指挥将士把木罂放入河中，每个木罂内载二至三人，用桨划水，缓缓向对岸渡去。因木罂体轻，浮力又大，四周都是木头，即使撞到河中礁石也不会破损，因此顺利渡过了这段险峻的河段。

与此同时，扼守临晋渡口的魏将柏直、冯敬，忽然听到对岸汉军鼓响如雷，喊声震天，只当韩信要强行渡河，急忙调动人马，严密注视对岸动静。他们哪里知道，对岸汉军只是虚张声势，而真正汉军主力，正在韩信指挥下，在他们认为滩险水急、难以行船的夏阳，用木罂徐徐渡过了黄河。

汉军过了河，魏军尚未发觉。韩信率领大军，以迅雷不及掩耳之势，下东张，拔安邑，直逼魏都平阳。魏王豹兵败后，逃到东垣，被汉军包围，魏豹走投无路，只得下马就擒。不到一个月，韩信就平定了魏地。

"声东击西"，是自古以来兵家常用的一种战术。"声东"者，为明，以虚充实，虚张声势，迷惑敌人；"击西"者，为暗，以真正的实力，迅雷不及掩耳的速度，将敌人击败。这样的例子颇多，韩信平魏首战成功就是运用这种战术。韩信在临晋渡口布置了一部分兵力，虚张声势，给敌人造成一种假象，目的正是在于掩盖自己的真正意图，然后率领主力，从魏军意想不到的地方，用常人意想不到的工具——木罂，载军过河，打了个魏军措手不及。

第七计　无中生有

〔简述〕

本计语出自中国古代哲学家（也有的称为兵家）老子《道德经》第40章："天下万物生于有，有生于无"。老子揭示了万物的有与无相互依存，相互变化的规律。我国古代军事家尉缭子把老子的辩证法思想运用到军事上，进一步分析虚无与实有的关系。《尉缭子·战权》中说："战权在乎道之所极，有者无之，安所信之？"主张无的假象迷惑敌人，乘敌人对"无"习以为常之际，化无为有，化虚为实，出其不意，打击敌人。可见，本计的特点是制造一种假象，有意让敌人识破，使之失去警惕，然后又化无为有，化假为真，化虚为实；真的攻击敌人了，而敌人却仍然以为是假的，不作防备，从而为我所乘，战而胜之。

原文

诳也，非诳也①，实其所诳也②。少阴，太阴，太阳③。

注释

① 诳也，非诳也：诳，欺骗，迷惑。《武经三书·孙子·用间》即把诳事作为"虚假之事"。全句意为：虚假之事，又非虚假之事。

② 实其所诳也：实，实在，真实。实其所诳，是说把真实的东西充实到假象之中。

③ 少阴、太阴、太阳：原指《周易》中的兑卦（少阴）、巽卦（太阴）、震卦（太阳）。这里少阴是指稍微隐蔽的军事行动，太阴是指大的秘密军事行动，太阳则是指大的、公开的军事行动。全句意为：在稍微隐蔽的行动中隐藏着大的秘密行动。大的秘密行动，也许正是在非常公开的、大的行动掩护下进行。参考第一计“太阴，太阳”解。

译文

用虚假情况迷惑敌人，但又不完全是虚假情况，因为在虚假情况中又有真实的行动。在稍微隐蔽的军事行动中，隐藏着大的军事行动；大的隐蔽的军事行动，又常常在非常公开的、大的军事行动中进行。

原文

无而示有，诳也。诳不可久而易觉，故无不可以终无。无中生有，则由诳而真，由虚而实矣。无不可以败敌，生有则败敌矣。如令狐潮围雍丘[①]，张巡缚藁为人千八[②]，披黑衣，夜缒城下[③]，潮兵争射之，得箭数十万。其后复夜缒人，潮兵笑，不设备，乃以死士五百斫潮营，焚垒幕，追奔十余里。

注释

① 令狐潮：唐代安禄山的部将，原是雍丘（今河南杞县）县令，张巡的同学。安禄山、史思明在叛乱时投降叛军，后率军围攻雍丘，被张巡打败。

② 张巡：唐代南阳（今河南南阳）人，原为真源县令。安史之乱时，受到群众拥戴，率军坚守雍丘，与数倍于己的叛军激战，击败令狐潮。后移守睢阳（今河南商丘南），坚持数月。张巡足智多谋，善于用计，打了很多漂亮仗，后因兵尽粮绝，壮烈牺牲，人们为他建祠以表纪念。

③ 缒：用绳子系住人或物，从上往下送，为古代防守时一种出城方法。

译文

无而装作有，这就是欺骗。欺骗行为不能长期使用，长期使用容易被对方发觉，因此，空无不能始终空无。使无转变为有，这就是由假转变为真，由虚转变为实。自始至终是无，那是不能打败敌人的。由无变为有，就能击败敌人。如唐朝叛将令狐潮围攻雍丘城，雍丘城守将张巡命士兵扎一千个草人，披上黑色衣服，夜里用绳子缒下城去。令狐潮的士兵争先恐后地朝草人射箭，张巡一夜之间得到几十万支箭。以后，张巡夜里再把人缒下城去，令狐潮的士兵看着好笑，以为又是草人，并不防备。于是，张巡选派五百名敢死队员，连夜缒下城去，攻击令狐潮的军营，烧毁营帐，把令狐潮的部队追杀到十多里之外去了。

盟军无中生有施妙计

1941年秋,大西洋战场上海军力量的较量进入胶着状态。德军海上力量发展势头依然强劲不衰。盟军的高级将领为“如何削弱德军的海上作战潜力”伤透了脑筋。正在他们一筹莫展之际,收到情报部门密报:德军越冬食品供应严重困难,被迫将数千吨土豆运至挪威海军基地军需库实行冷冻,以作为海上部队越冬的主食。

盟军将领得信后,喜上心头,很多人提出集结海、空精锐力量,对德军的挪威军需库实施突袭。可冷静地坐下来制定作战计划时,他们又犯了难:从当时双方力量对比看,长途奔袭困难重重,而且面对防卫严密的基地,毫无取胜的把握,贸然突袭无异于自投罗网。

一计不成,又生一计!盟军心理战宣传部的专家们闻讯后想出了一个对策。不几天,多家备受欧洲民众信赖的医学报刊和电台节目在传授保健知识的同时,陆续向人们透露了一份流行疫病调查报告。报告指出:“连日来,在欧洲尤其是沿海地区,发现了一种形似感冒却类似鼠疫的怪病。此病传染性强、潜伏期长,病发者看似像感冒患者一样头痛、咳嗽、疲乏无力、发烧虚脱,实则是十分危险的不治之症。病源调查分析的结果显示,此病完全是由于人们食用了冷冻马铃薯所致。”

医学权威和专家们还为此病起了个名字叫“马铃薯感冒症”。许多报纸杂志开辟了专栏,连续发表享有盛誉的医学专家和流行病防治专家的文章,提醒民众这种无法医治的疫病的严重性。有些专家还专门分析了在沿海地区尤其是与海洋打交道的人易发此病的原因。

治疗不如预防,好心的专家当然忘不了提醒人们:千万提高警惕,切莫吃冷冻马铃薯!出海作业的渔民船员不仅要禁食马铃薯,还要提防这种病毒的传染。

这一由心理战专家精心策划的宣传取得了巨大成功。很多德军官兵提出了“宁愿挨饿也不吃马铃薯”的口号。“马铃薯感冒症”的爆发流行使德军好不容易运到基地的土豆变成了一堆废物,对原本就很困难的食品给养问题无异于雪上加霜。填不饱肚子的德国海军官兵怨声载道,士气大跌。

出乎这些心战专家意料的是,“马铃薯感冒症”还激化了德军内部的矛盾。这一系列的宣传在德军官兵中引起了极大的恐惧和焦虑。一些本是患了正常伤风感冒的官兵偏偏认为自己得了无法医治的“马铃薯感冒症”。周围的官兵不仅对这些患者避而远之,而且怀疑自己也被传染了这种病毒。一时间,德军官兵人人自危,个个心神不安,互相不敢靠近。

更具讽刺意味的是德军并不知道这是盟军的宣传,还暗自庆幸得知了这一消息,一直把那些编造“马铃薯感冒症”的医学专家视为救星,对他们提出的防病建议言听计从。德国海军萎靡不振的时候,盟国海军则抓紧进行调整补充,并不失时机地展开军事行动,赢得了大西洋上的优势和主动。

第八计　暗度陈仓

〔简述〕

本计全称为“明修栈道,暗度陈仓”,出自司马迁《史记·淮阴侯列传》。秦末农民起义后,项羽与刘邦为争夺天下,进行为期四年的“楚汉战争”。刘邦首先攻入咸阳,自立为关中王。项羽军事力量强大,刘邦把咸阳和关中让给了项羽,自己到了汉中。与刘邦的守地汉中相邻的是章邯。刘邦为了迷惑项羽,防止章邯入侵,把出入汉中的栈道烧毁了。后来,刘邦逐渐强大起来,命韩信为大将,出兵与项羽一决雌雄。为了迷敌惑人,韩信派了一万多人马去修复烧毁的栈道。栈道修复工程艰巨,进展缓慢。章邯料定栈道修复绝非易事,毫无戒备,殊不知韩信的主力已抄小路向陈仓进军,很快攻下咸阳,占领关中,韩信采用一明一暗,以明掩暗的计谋,取得了夺取关中的重大胜利。这就是“暗度陈仓”计的由来。

本计的特点是,将真实的意图隐藏在不令人生疑的行动的背后,将奇特的、非一般的、非正规的、非习惯的行动隐藏在普通的、一般的、正规的、习惯的行动背后,迂回进攻,出奇制胜。“明修栈道”表示公开的行动,“暗度陈仓”表示隐藏的真实意图。

原文

示之以动①，利其静而有主②。益动而巽③。

注释

① 示之以动：动，行动，动作，这里是指军事行动。全句意为：把佯攻的行动故意显示在敌人面前。

② 利其静而有主：静，平静。主，主张。全句意为：利用敌人已决定固守的时机。

③ 益动而巽：益和巽，都是《周易》的卦名。《周易·益卦·彖传》说："益动而巽，日进无疆。"是说益卦，下卦为震、为动，上卦为巽，为风、为顺。意思是说，行动合理、顺理，就会天天顺利，无有止境。又解：益，收益；巽，为动、为前进。联系本计，意为：表面上，努力使行动合乎常情；暗地里，主动迂回进攻敌人，必能有所益。

译文

故意采取佯攻行动，利用敌人已决定固守的时机，暗地里迂回到敌后进行偷袭，乘虚而入，出奇制胜。

原文

奇出于正[①],无正则不能出奇。不明修栈道[②],则不能暗度陈仓。昔邓艾屯白水之北[③],姜维遣廖化屯白水之南而结营焉[④],艾谓诸将曰:“维今卒还,吾军少,《法》当来渡而不作桥[⑤],此维使化持吾,令不得还,必自东袭洮城矣[⑥]。”艾即夜潜军,径到洮城[⑦]。维果来渡。而艾先至,据城,得以不破。此则姜维不善用暗度陈仓之计,而艾察知其声东击西之谋也。

注释

①奇、正:古代兵法术语之一。正,是正面常规作战,奇,是侧翼暗中袭击。《孙膑兵法·奇正篇》:“发而为正,其未发者奇也。”明攻为正,暗袭为奇。《百战奇略·正战》:“正兵者,拣士卒,利器械,明赏罚,信号令,且战且前,则胜矣。”《百战奇法·奇战》“凡所谓奇者,攻其无备,出其不意也。”

②栈道:我国西南地形险要多悬崖。悬崖间,用木头架路通行,叫栈道。

③邓艾屯白水之北:邓艾(公元197~264年)三国时棘阳(今河南新野)人,每见高山大泽,就地研究军事部署,被司马懿赞为奇才。初为司马懿掾属,建议屯田开渠。公元249年,与郭淮共同抵抗姜维。姜维撤退,郭淮向西攻打羌,邓艾说:“贼兵撤退不远,恐将卷土重来,以分兵防备不测为宜。”后来果然在洮城打败姜维。公元263年,他同钟会分兵出击,偷渡阴平,一举灭掉蜀国。白水之

北,即今四川松潘县东北。

④ 姜维:(公元202~264年)三国时天水冀县(今甘肃甘谷)人。蜀汉诸葛亮死后,为军权继承人,多次率兵伐中原,劳而无功。魏军攻蜀,他坚守剑阁。后来后主刘禅降魏,才被迫向钟会投降。后企图恢复蜀汉,事败被杀。廖化:三国时襄阳(今湖北襄阳)人,曾参加黄巾起义,后归蜀汉,为关羽部将。姜维北伐中原时,廖化被任为先锋官、太守、刺史等职,封中公侯。

⑤ 法:这里泛指兵法、兵书。

⑥ 洮城:即洮阳城,在今甘肃岷县西百里处。

⑦ 经到洮城:抄小路到洮城。

译文

出奇制胜的用兵之法来自正常的用兵原则。如果没有正常的用兵原则,也就没有出奇制胜。不公开地修筑栈道,暗度陈仓就不会成功。三国时代,邓艾屯兵于白水的北面,姜维派廖化在白水的南岸安营扎寨。邓艾对他的将领们说:"姜维突然把他的部队开回去了。我们的兵力少,按照兵法,他应该不等架桥就渡河攻击我军。我断定姜维是为了切断我军退路,派廖化驻扎在河边牵制我们,他自己率大军去袭击洮城去了。"于是,邓艾带领部队连夜偃旗息鼓,抄小路赶到洮城。姜维果然正在那里渡河。邓艾先一步赶到,据守洮城,因而洮城未被姜维攻陷。这不是姜维不会运用"暗度陈仓"计,而是因为邓艾识破了他"声东击西"的计谋。

韩信:明修栈道,暗度陈仓

自从韩信被拜为大将,就开始计划出关东进。

一天,韩信高坐中军帐内,召先锋樊哙进帐听令:"将军拜受先锋之职,汉王马上就要出征,但是通往三秦的栈道已经被张良放火烧毁了,三军不便通行。命令你带领一万人夫,重修残缺,疏通险阻。周勃、陈武协助监修,限期一月完工。违反规定,军法从事。樊将军勿辞辛劳,星夜带人前去!"

樊哙说:"元帅将令,不敢不依。但是栈道艰险,三百余里尽烧毁,一月之内怎么能够完成?”韩信摆摆手说:“遇到困难切不可推辞!素闻将军忠义,正当去建如此奇功。勿要推诿,立即启程。”

樊哙本来还要推辞,但又害怕犯了军令被韩信杀头,只得忍气吞声,带领一万人夫,连夜赶赴栈道抢修。

栈道山路崎岖,树木丛生,三军无立足之地,修复工作无从着手。

樊哙思量:“一定是韩信不能伐楚,把这个责任推到我的头上,他迁延时间,不肯发兵。”不管怎样,樊哙也只好带着周勃、陈武攀山越岭,查看地形……

樊哙三人看到如此险境,面面相觑,彼此相顾说:“高山如此险峻,即使十万壮士,恐怕一年也甭想修完!”

樊哙作为主将,也不敢太过泄气,只得说:“韩信军令甚严,更受汉王宠爱,我等只好吃苦耐劳,加紧修筑才是!”

樊哙带着一万人夫,高处插木,断处架桥,隘处凿石,隐处开路,精疲力竭,气乏神劳,心里咒张良,脑中骂韩信。士卒疲苦,受伤者众,樊哙一筹莫展。

不过开工三五天,只见中大夫陆贾,带领数十从人,扛着一块大木牌,传檄而来。木牌上赫然写着:

“大兵即日东征,樊哙加紧督催人夫,按期修好栈道,准时出师;违反限期,军法从事!”

樊哙见此,叫苦不迭,忙向陆贾求情:“栈道工程十分浩大,一万人夫,一月怎么修得?敢劳大夫大驾,与我在元帅和汉王面前方便一言。”

樊哙把陆贾请到工所,准备酒肉招待,叩请陆贾为他方便一二。

陆贾趁无人之际,在樊哙耳边说了一通。樊哙听了转愁为喜。酒毕茶罢陪着陆贾走出工所之外,樊哙一路嚷嚷而行。

樊哙扬言说:“如此浩大工程,一个月怎么能够完成?就是一年,也未必能够完成!”

樊哙千声怒,万声苦,声称要派人去求他的连襟刘邦,借请人马前来修筑。

陆贾告辞欲归,又高声反复吩咐:“樊将军不可自误,违了元帅期限。元帅军法甚严,先锋应该知道。”

陆贾一走,樊哙当日叫人写表送到南郑去找刘邦借请民夫。刘邦忙叫御史周苛火速往普安郡借得一千人夫,送给樊哙,反复叮嘱樊哙,务必如期完成!樊哙收到人马,心中大喜,把人夫编成排甲,每五十名为一甲,立总甲一名,小甲五名,管理修筑……

樊哙暗中叫来周勃、陈武授以韩信密计。

大散关守将名叫章平，是雍王章邯之侄，得知刘邦派樊哙带兵修筑栈道，准备东征。近日多次收到亚父范增檄书，令章平用心把守散关，一有消息，立即传报三秦。章平立即将此等情况飞报章邯。

章邯闻报，对左右说："韩信在楚，毫无建树；进去汉中，不过凑数而已。刘邦无知，拜为大将！韩信素来没有威望，一日之间拜为大将，怎么能服三军之心？数百里栈道，怎么一时可以完工？这等用兵，不过拖延时间而已，实属纸上谈兵！"

章邯左右劝说："亚父范增多次传来檄文，大王还是严加防范，派遣一员大将协助章平把守散关，可保万无一失。"章邯说："栈道工程浩大，一时难以修完，真有汉兵入寇，那时兴兵不迟。不要自我惊慌，空费人力物力。"遂收下章平文书，打发差人说："待有新的情况，快来报告。"

差人回报章平，章平也不作防御汉兵的准备。

一日，守关军士报告："汉家修建栈道民夫一百人受苦不过，逃来投降。"章平说："我正要探听修建栈道消息，快叫他们上关来。"

守关兵士带着一百名汉家人夫，上关来见章平。

章平说："你等是何处之人，为何逃来？如来诈降，自送其死！"

众人纷纷说："我们是普安郡民工，汉王借来帮助樊哙修筑栈道，但是整天供给不足，被樊哙催逼得紧。栈道工程艰险，却要一月完成，就是一两年也未必能完……刘邦拜韩信为将，众人不服，逃兵日多，空说兴兵，不见动静，岂能成事！我们虽是民夫，但有两位总甲，猎户出身，最有武艺，情愿归附将军，干些事情，携带我们吃顿饱饭，哪里敢有二心？"章平询问两位为首之人，一个叫做姚龙，一个叫做靳武。两人的话，与他探听情况一般无二。姚龙、靳武二人做事谨慎，得到章平信任，很快被提拔为大旗牌官，与章平经常参与关上大小事情。

韩信自从派遣樊哙修筑栈道去后，加紧了对军队的训练。经过一段时间训练，韩信又请刘邦去阅军。

刘邦对萧何说："前些日子已经阅兵，已知韩信用兵规矩，何必再去看呢？"

萧何说："大王必须亲自一观，看看韩元帅遣将调兵，大王也好安心东征！"

刘邦最大的特点就是听劝，所以排驾又去校场观看阅兵。刘邦进入大营，到中军坐定，接受韩信率领诸将朝拜完毕，韩信又请刘邦登上将台观看。

刘邦看完，赞叹说："将军治兵，孙子、吴起不及！元帅之师足以东征。"

韩信说："只因樊哙修筑栈道未完。"

刘邦说："栈道工程浩大，将军限期一月，恐怕难以完成。"

韩信说:“到时候我自会礼请大王出师,大王不用担心,不必过问。”

韩信整顿军马完备,奏请刘邦择日起兵。各位将士面面相觑,但是不敢动问,只得密奏刘邦。刘邦也不知详情,忙唤萧何询问。

于是,萧何去询问韩信详情。韩信回答说:“这叫明修栈道,让三秦不做准备,汉军却从陈仓小路进军,不出十日,抵达散关,让章平以为我军从天而降。这叫明修栈道,暗度陈仓。丞相只将此言密告汉王,不必圣虑。”

萧何将韩信的话语密奏刘邦,刘邦大喜。

次日,刘邦下旨,大小文武群臣随驾东征,只留萧何镇守汉中、巴蜀。

韩信派牙将孙兴换回修筑栈道的樊哙,只留两三千继续修理栈道,方便过往行人。韩信将人马分为四队:

第一队先锋樊哙。带着牙将八员,逢山开路,遇水搭桥。遇到敌情,不可轻动,飞报后军,听候将令。

第二队主将夏侯婴,带领牙将二十名,骁将十名。先锋得胜,催军抢杀;先锋不胜,出兵救援;情况紧急,再报中军,只可稳住,不可后退。

第三队韩信自己统领,将佐四十员,分为四个支队。

第四队刘邦与大小文武百官总领,傅宽、周昌来回照应。

汉元年八月,韩信四路兵马向关中挺进。

韩信大队人马,不走栈道,直往陈仓小道前进。樊哙前队开路,大军鱼贯而进。

散关守将章平,时时派人探听樊哙修筑栈道进展情况,只听得回报,栈道修建已经换了主将,改由牙将孙兴管理,人夫减少了许多,工程完工遥遥无期,没有任何东征迹象。章平与姚龙、靳武等人自认为平安无事,毫无防备。

突然间,守关士卒飞报汉军遍地蜂拥而来,先锋樊哙已经杀到关下。

章平大惊:“栈道尚未修好,汉兵从何而来?”

姚龙说:“是不是樊哙吃苦不过,逃来投降?可再派人探听,以便发兵。”

靳武说:“也是!”

章平等人商议未定,樊哙已经开始打关。章平忙一边差人飞报章邯,一边准备出兵攻打樊哙。章平与姚龙、靳武商议,自己带兵迎战樊哙,姚龙、靳武二人带兵把守四门,严防汉兵偷袭。

章平带兵下关与樊哙交战,章平抵挡不住,大败回关,下令闭门不出,坚守待援。樊哙催军攻打,关上坚守不出;樊哙一时没有妙计,忙差人飞报中军元帅韩信。

韩信带着一干文臣武将来到关下,登高细看一遍,发现暗号,也知章平中计,下令火炮手一连放了三十个风火大炮。

关上守军一时惊惶失措,不敢上关把守。章平只得催促士兵守关。姚龙、靳武以及所带一百人夫,各持兵器,紧紧跟随。

关下韩信出马阵前,大呼:“告诉关上守将,速到关上答话。”

章平带着姚龙、靳武等人,一齐来到关上。

韩信扬鞭大声说:“西楚霸王暴虐无道,背约自立,放弑义帝,天下百姓咬牙切齿,如今汉王刘邦亲统义兵,你等本该束手请降,怎敢闭关自守,抗拒天兵?你若开关投降,免你一死,敢说一个‘不’字,管叫你片甲无回!”

章平向前骂道:“我是雍王贵族,怎肯投降一个胯夫?”

章平尚未说完,姚龙、靳武猛扑上去,劈头揪住,立即捆绑起来,一百人夫也一齐刀出手,剑出鞘,四周保护。

姚龙大呼:“关上军士,汉王仁义天下归心。速来投降,一律免死;企图顽抗,格杀勿论。大兵围困关下,我等把住关口,你们只有投降,才是活路!”

守关士兵自知进退无路,纷纷缴械投降。

姚龙、靳武下令打开关门,迎接韩信大军入关。姚龙、靳武不是别人,正是跟着樊哙一起修筑栈道的周勃、陈武。两人密受韩信之令,逃到关上诈降,乘机擒拿章平,结果不费吹灰之力,攻下了最难的一关。

这就是韩信东征所用的计谋:明修栈道,暗度陈仓。

第九计　隔岸观火

〔简述〕

隔岸观火最初见于唐代僧人乾康的诗:“隔岸红尘忙似火,当轩青嶂冷如冰。”而其思想,则早见于《战国策·燕二》鹬蚌相争、渔翁得利的故事:蚌张开壳晒太阳时,鹬去啄它的肉,被蚌夹住了嘴,互相争持不下,结果被渔翁一起捉住了。此计的特点是:以静观变,随变而动,使敌人内部自相残杀、自相削弱。当两股敌对势力相争时,既不援助,也不鲁莽干涉,静观其变化,直到事情发展到有利于自己的地步,才相机行动,及时出击,坐收渔利。

原文

阳乖序乱，阴以待逆[①]，暴戾恣睢[②]，其势自毙，顺以动豫，豫以顺动[③]。

注释

① 阳乖序乱，阴以待逆：阳、阴，指敌我双方两种势力。乖：分崩离析。逆：混乱，暴乱。全句意为：敌方众叛亲离，混乱一团，我方应静观以待其发生大的变乱。

② 暴戾恣睢：穷凶极恶。

③ 顺以动豫，豫以顺动：语出《周易·豫卦·彖传》："豫，刚应而志行，顺以动豫。豫以顺动，故天地如之，而况建侯行师乎？"豫即喜悦。豫卦坤下震上。顺以动，坤在下，是顺。震在上，是动。意思是说：阴阳相应，天地之间也能任你纵横，何况建诸侯国、出兵打仗呢？这些目的一定能达到。用在本计上，即以欣喜的心情，静观敌方发生有利于我方的变动，以便顺势而制之。

译文

当敌人内部产生争斗、秩序混乱时，我方应静观待其发生变乱。敌人穷凶极恶，自相仇杀，必然自取灭亡。顺应时势而行动，就能像豫卦所说的那样，要达到令人喜悦的目的，必须顺应时势行动，不宜操之过急。

原文

乖气浮张,逼则受击[①],退而远之,则乱自起。昔袁尚、袁熙奔辽东,尚有数千骑[②]。初,辽东太守公孙康[③],恃远不服。及曹操破乌丸[④],或说操遂征之,尚兄弟可擒也。操曰:"吾方使康斩送尚、熙首来,不烦兵矣。"九月,操引兵自柳城还[⑤],康即斩尚、熙,传其首。诸将问其故,操曰:"彼素畏尚等,吾急之,则并力;缓之,则相图[⑥]。其势然也。"或曰:此兵书火攻之道也。按兵书《火攻篇》[⑦],前段言火攻之法,后段言慎动之理,与隔岸观火之意,亦相吻合。

注释

① 乖气浮张,逼则受击:乖气,即敌方分崩离析的情势、氛围。全句意为:敌人内讧的情势出现时,如果去逼迫它,就会遭到它的还击。

② 袁尚、袁熙:三国时袁绍的儿子。袁绍死后,他的一个儿子袁谭在南皮城被曹操杀害,袁尚、袁熙被魏将焦触、张南攻打,逃奔到辽西的乌丸(即乌桓);乌丸被打败,又逃到公孙康那里,后被公孙康用计抓获,斩首。

③ 公孙康:三国时公孙度的儿子。辽东襄平(今辽宁辽阳北35公里)人,因斩袁氏兄弟有功,被曹操拜为左将军。

④ 乌丸:即乌桓,东胡族。居乌桓山(今辽宁省昭乌达盟阿鲁尔科沁镇西北)。汉末曹操灭乌丸,其遗族后迁那河(今嫩江)之北,自称"乌丸国"。

⑤ 柳城:在今辽宁省朝阳县十二台乡袁台子村。

⑥ 急之,则并力;缓之,则相图:并力,联合起来对外。相图,相互图谋,相互倾轧。全句意为:逼得太急,敌人就会联合起来,一致对外;慢慢耐心等待,敌人以为没有外敌,就会内部相互倾轧。

⑦《火攻篇》:《孙子兵法》篇目之一。该篇论述了火攻的种类、方法,以及

将帅慎重用兵的道理。篇中说：贤明的君主和优良的将领，没有利益可图的时候不采取行动，没有收获的计谋不轻易采用，敌人没有遭遇危险，不急于用它作战……明智的君主对于用兵要十分谨慎，良将对用兵要十分警惕，这是保证国家和军队安全的策略。

译文

敌人自相倾轧的势头出现时，不要急于去逼迫它，逼迫它你就会受到反击。如果退避得远远的，敌人就会自己出现内乱。古时候袁尚、袁熙两兄弟逃到辽东去时，还有几千骑兵。开始，辽东太守公孙康凭着自己离曹操很远，不肯服从曹操。后来曹操攻破乌桓，有人劝说曹操立刻乘胜去征讨公孙康，擒捉袁氏兄弟。曹操说："我会让公孙康乖乖地把袁氏两兄弟的头送来，不用劳烦我们动兵啊！"九月，曹操带兵从柳城回来，公孙康果然砍了二袁的头送来了。诸将问曹操，这是怎么回事。曹操说："公孙康向来害怕袁氏二兄弟，我如果急于去攻打公孙康，他们就会联合起来对付我；我放松警惕一下，他们就会自相残杀。这是必然的情势。"有人说，这是《孙子兵法·火攻篇》的原理。兵书《火攻篇》前段讲火攻的方法，后段讲用兵要十分谨慎，这和隔岸观火计，意思是相吻合的。

苏代：从中挑拨，暗中点"火"

战国时期，中原被分割成许多小国。列国诸侯互相争夺统治地位，经常兵戎相见，中原大地连年战祸不断。周王室已日益没落，战国群雄各自称强，纷纷割地自立为王。经过长期的战争，秦、楚、齐、赵、燕、韩、魏，七雄称霸各占一方。其中秦国因其长期与北方少数民族作战，将领作战经验丰富，士兵也骁勇善战，逐渐成为七国霸主。这时能抵抗强秦南下的国家首推赵国了。

秦国因急于进入中原终于向赵国发动了进攻，在长平地区秦赵爆发了一场大战，赵国中了秦国的反间计，阵前换将，换下了老将廉颇，用只会纸上谈兵的赵括率领四十万赵国精锐军队同秦国作战。秦国使用名将武安君白起大败赵国。白起在长平一战，全歼赵军四十万，赵国国内一片恐慌。白起乘胜连取赵国十七城，直逼赵国国都邯郸，赵国指日可破。赵国情势危急，春秋四公子赵国平原君的门客苏代向平原君献计,愿意冒险赴秦,以解燃眉之急。平原君报于赵王,赵王与群臣商议,决定依计而行。

苏代携厚礼到咸阳拜见应侯范雎,对范雎说:“武安君这次长平一战,威风凛凛,现在又直逼邯郸,他可是秦国统一天下的头号功臣。我可为您担心呀!您现在的地位在他之上,恐怕将来您不得不位居其下了。这个人不好相处啊!”苏代巧舌如簧,说得应侯范雎沉默不语。过了好一会儿,范雎才问苏代有何对策。苏代说:“赵国已很衰弱,不在话下,何不劝秦王暂时同意议和。这样可以剥夺武安君的兵权,您的地位就稳如泰山了。”范雎点头称赞,并立即进宫面奏秦王。

范雎进宫就立即面奏:“秦兵劳苦日久,需要修整,不如暂时宣谕息兵,允许赵国割地求和。”范雎是秦王最宠信和依赖的大臣,凡有所奏无所不应,秦王果然同意罢兵休战。结果,赵国献出六城,两国罢兵。赵国得到一个苟延残喘的机会,避免了眼前的亡国灭族之忧!

但白起突然被召班师,心中不快,眼看到手的大功劳白白就这样没了。后来知道是应侯范雎的建议,因范雎位高权大,也无可奈何。

两年后,秦王又发兵攻赵,白起正在生病,就改派大将王陵率十万大军前往。这时赵国已起用老将廉颇,设防甚严,秦军久攻不下。秦王大怒,决定重新让白起挂帅出征。白起说:“赵国统帅廉颇,精通战略,不是当年的赵括可比;再说,两国已经议和,现在进攻,会失信于诸侯。所以,这次出兵,恐难取胜。”

秦王又派范雎去动员白起,范雎来到白起的住处,见到白起好言劝说。但范雎、白起两人矛盾很深,白起便装病不答应。

范雎回到秦王处,告诉了秦王白起称病不愿挂帅的事情,秦王很生气地说:“除了白起,难道秦国无将了吗?”于是又派王陵攻邯郸,攻了五个月也没攻下来。秦王只好再次令白起挂帅,白起仍然伪称病重,拒不受命。秦王怒不可遏,范雎又在一旁煽风点火,于是秦王就削去白起官职,赶出咸阳。这时范雎又对秦王说:“白起心怀怨恨,如果让他跑到别的国家去,以他的军事才能与对我国的了解,肯定是秦国的祸害。”秦王一听,急派人赐剑白起,令其自刎。

可怜为秦国立下汗马功劳的一代名将武安君白起,最后落到这个下场。秦国失去了一员大将,而赵国则解了心头之恨,去了心腹大患。

当白起围困邯郸时,秦国国内本无“火”,可是苏代点燃范雎的妒忌之火后,秦国国内的文武失和之火就燃起来了。赵国隔岸观火,自己免遭损失。

曹操坐山观虎斗

曹操与袁绍官渡一战之后,袁绍大败。公元201年,袁绍又败于仓亭津,从此一蹶不振。袁绍率军遭失败,心中十分恼怒,不久,口吐鲜血而死。袁绍死后,留有三子,即袁谭、袁熙、袁尚。三位兄弟都想夺取地盘,貌合神离,互相不满,但是面对曹操的大兵压境,仍然联合一起共抗曹军。建安八年(公元203年)春,曹操以重兵围攻黎阳外城,袁氏兄弟被迫出城迎击,被曹操打得大败,连夜溃逃冀州,曹军直追到冀州治所邺县。曹操诸将领都建议曹操乘胜攻取,曹的谋士郭嘉却对曹操说:“袁绍死后,其妻刘氏废嫡立庶,谭、尚之间,矛盾重重,且各立党羽,迟早必有所争斗。现我军压境,彼等自然团结对外,一旦我军撤退,他们为自身利益所系,必将互相攻伐。我等不如暂时放弃冀州,先南下征伐荆州刘表,以等其变,如谭、尚发生火并,或一伤一亡,或一弱一走,那时我再回师,冀州即可一举而定。”曹操认为郭嘉之言有理,于是撤军南下,直指荆州,征伐刘表。

曹军撤退之后,袁熙、高斡撤回本州,袁谭、袁尚果真为争夺冀州互相攻打起来。袁谭不是袁尚对手,只好退守平原(今山东平原县西南)。袁尚亲自率兵追击,并将平原城团团围定。袁谭的谋士郭图进言道:“今城中粮少,势难久持,不如派人到曹操处暂时乞降求援,如曹军能攻打冀州,袁尚势必回救,那时曹军在前攻打,我再尾追击之,袁尚能往哪里逃?袁尚就擒,尚军本你父旧部,你集合冀、青两州人马,再抗曹操。曹操远道而来,粮饷艰难,久必自退,河北之地仍可保存。”袁谭听郭图分析有理,便依计而行。选派谋士辛评之弟辛毗,作为特使,向曹操乞降求援。辛毗到许昌,曹操已挥师南进,辛毗随即追至军中,向曹操说明来意,并送上袁谭书信。当时曹操诸将领都怀疑袁谭乞降有诈,郭嘉、荀攸等谋士则极力劝曹操许其投降,回师北上。他们对曹操说:“河北不平,终成大患,今应乘其内乱,一举平定青、冀两州。至于荆州刘表,乃庸碌之辈,只知空发议论,徒有虚名而已,不足为患,可留待以后再图不迟。”于是曹操又回师北上,向冀州进发。

袁谭听说曹操真的回师北上,攻打冀州,以为曹操中计,心中大喜。当曹操回军进入冀州地界,袁尚闻报,撤离平原,回救冀州。袁尚将领吕旷、吕翔兄弟投降了曹操,袁谭知道后,却暗送两颗将军印给吕氏兄弟,令其以后攻曹时作内应。他哪知曹操早在辛毗乞降求援时,已知其诈,这时为安定袁谭之心,合力攻取冀州,便假意将女许配给袁谭。

在曹操围攻冀州治所邺县时,袁谭并没有出兵协助曹操攻打邺县,却从平原直取冀州之甘陵、安平、渤海、河间等地。袁尚哪里抵得过曹操及袁谭的两路兵马,惨败逃入中山,投向袁熙。袁谭遂收袁尚之众,欲与曹对抗。曹操闻之大怒,便回军攻打平原,袁谭终不能敌,败守南坡,在混战中为曹军所杀。于是曹操平定了青、冀两州。建安十一年(公元206年)春又平定并州,高斡逃走。

袁尚、袁熙知曹操已杀袁谭,占据青、冀、并三州,又领兵向幽州进逼,自知难以抵抗,遂投奔乌桓。曹操欲乘此一举平定东北方,彻底解除今后进兵南方的后顾之忧,遂又向乌桓进兵。

乌桓为东胡的一支,居住在辽西草原,其部落首领过去都曾受过袁绍的恩惠,其中辽西单于蹋顿,与袁绍关系密切。当曹操大军进抵白狼山(今辽宁喀喇沁左翼东境)时,正遇袁尚、袁熙、蹋顿等带领乌桓人马数万,前来复仇。白狼山下一仗,蹋顿战死,人马全散,袁尚、袁熙又率少数亲随投奔辽东太守公孙康。

曹操平定乌桓后,诸将都主张一鼓作气,征伐辽东,擒拿袁尚、袁熙。但曹操却下令回师许昌。他的一些文臣武将对曹操这一决定非常不解:因为辽东从地理、气候条件来说,都便于行军作战,且辽东公孙康自恃远离许昌,没有臣服,现正好乘尚、熙逃奔辽东,一举平之,既能诛袁氏兄弟,又收辽东一郡,怎么不出军向东,反而班师回许昌?

可曹操却抚须而笑,说道:“毋庸再劳诸将征战,我不日即可得二袁之头。”大家疑惑,但只得依令拔营起程。行不数日,忽报辽东太守公孙康遣人送来二袁首级。曹操接见来使,使者捧出两个木盒,打开一看,果然是袁尚、袁熙之头。来使还呈上公孙康表示臣服的书信一封。

这时曹操才对诸将说:“公孙康久畏袁氏吞并,今二袁往投,会疑心重重,当时我若以兵出之,必同心合力迎战,反而欲速则不达;若缓之,公孙康和袁氏兄弟必自相图,到时,示用出兵,辽东即可平定。今公孙康送尚、熙首级,果不出我所料。”

大家听到曹操一番言论,无不称赞曹操料事之明。原来辽东太守公孙康见曹兵势众,兵多将广,文谋武略,料自己定不是曹操的对手。现袁尚、袁熙投奔自己,知其目的不过是鸠占鹊巢,所以权衡利弊之后,感到不如杀了袁氏,献之曹操,以保全自己。

曹操与其谋士郭嘉对此早已揣测在胸,因此,他们审时度势,认为应不战而坐等袁兵的溃败,于是处处采用“无为而无不为”的做法,隔岸观火,坐山观虎斗，最终不费一兵一卒，轻松地取得了对袁氏割据政权的胜利，并收服了辽东郡，彻底解除了东北之忧，从而专心与吴、蜀抗争。

第十计　笑里藏刀

〔简述〕

本计语出自唐白居易诗《天可度》中“笑中有刀潜杀人”，是白居易对唐高宗宠臣李义府为人的评价。《引日唐书》载：“义府貌状温恭，与人语必嬉怡微笑，而褊忌阴贼。既处权要，欲人附己，微忤意者，则加倾陷。故时人言：义府笑中有刀。”《资治通鉴》评李林甫“口有蜜，腹有剑”，也与此义相近。

本计的特点是，以表面上的友好、善良和美丽的言词、举止作为假象，掩盖阴险毒辣的用心和企图。在军事谋略上，一般指通过政治外交手段，欺骗麻痹对方，以掩盖其突然的或重大的军事行动。

原文

信而安之，阴以图之①，备而后动，勿使有变②。刚中柔外也③。

注释

① 信而安之，阴以图之：阴，暗地里。图：图谋。全句意为：表面上使对方深信不疑，从而安下心来，暗地里却另有图谋。

② 备而后动，勿使有变：备，这里是指充分准备。变，这里指发生意外的变化。

③ 刚中柔外也：表面上软弱，内里却很强硬，表里不相一致。

译文

表面上要做得使敌人深信不疑，从而使其安下心来，丧失警惕；暗地里我方却另有图谋。要做好充分准备，然后再采取行动，不要引起敌方发生意外的变故。这就是外表上要柔和，骨子里却要刚强的谋略。

原文

兵书云："辞卑而益备者，进也[①]；……无约而请和者，谋也[②]。"故凡敌人之巧言令色[③]，皆杀机之外露也。宋曹武穆玮[④]知渭州，号令明肃，西夏人惮之[⑤]。一日，玮方召诸将饮，会有叛卒数千，亡奔夏境。堠骑报至[⑥]，诸将相顾失色，公言笑如平时。徐谓骑曰："吾命也，汝勿显言。"西夏人闻之，以为袭己，尽杀之。此临机应变之用也，若勾践之事夫差[⑦]，则竟使其久而安之矣。

注释

① 辞卑而益备者，进也：辞卑，言词谦卑。益备，更加紧战备。进，进攻，或以退为进。

② 无约而请和者，谋也：约，预先邀请，相约。谋，计谋。

③ 巧言令色：花言巧语和虚伪的面孔。

④ 曹武穆玮（公元973～1030年）：宋代名将曹彬的第三个儿子。字宝臣，十九岁时，治理渭州。喜读(春秋)三传，精研左氏兵法，多谋善断，智勇双全。带兵四十多年，从来没有稍微失利过。唃厮罗听说曹玮的名字，都向他所在的方向合掌致敬。契丹的使者从天雄经过，马上传下命令："曹公驻在这里，任何人也不准在这里随意骑马横冲直撞。"

⑤ 西：古国名，为党项族（西羌族的一支）领袖李元昊所创建，建都于兴庆（今宁夏银川东南），史称西夏，1227年被成吉思汗灭亡，共传十帝，统治一百九十多年。

⑥ 堠骑：堠，古代观察敌情的土堡。堠骑：骑兵侦察员。

⑦ 勾践（？～公元前465年）：春秋末越国国王，其父允常，被吴国阖闾打败，勾践为父报仇，击败了阖闾，又为阖闾之子夫差所击败，当了俘虏，被囚于会稽，勾践靠十年发愤图强，又献美女、珍宝给夫差，使其思想麻痹，然后突然攻破吴国，夫差被迫自刎。夫差（？～公元前473年）：春秋末年吴国国王，吴王阖闾之子，曾在夫椒（今苏州附近）打败越国军队，并迫使越王勾践屈服，后在黄池和晋国争霸时，被越国乘虚攻入，国破，自杀而死。

译文

《孙子兵法》写道："敌人的言辞谦卑，却又加紧战备，这是要发起进攻的时候；……没有预先相约而请求讲和，一定是另有阴谋。"所以，凡是花言巧语、满脸堆笑的敌人，皆是内藏杀机的外在表露。宋代曹玮在渭州做知州时，军纪严明，西夏人都很害怕他。有一天，曹玮正在同部将饮酒，突然有几千名士兵叛变，逃到西夏去。当边防侦骑前来报信时，许多部将都大惊失色，而曹玮却谈笑自如，好像没事一样，并且缓缓地告诉侦骑说："他们是遵照我们命令去做的，你不要声张!"西夏人听到这个消息,以为这些叛军是被派来杀他们的,就把他们都杀死了。这是曹玮临机应变谋略的应用。再比如越王勾践被俘后臣服吴王夫差,竟使夫差长期受蒙蔽而丧失警惕,也是这样。

李林甫口蜜腹剑

唐玄宗在执政早期,政治清明,国势强盛,出现了"开元盛世"的好局面。但到了晚年,他开始宠信奸臣,逐渐昏聩起来。他第一个信用的奸臣,便是当时人都称之为"口有蜜,腹有剑"的李林甫。

李林甫表面上装得待人和善,十分厚道,实际上一肚子的坏水。谁得罪过他,他总要千方百计设法陷害,使用的方法又十分阴险,让人防不胜防;哪个才能超出他,或者不肯跟他同流合污,他不把人家踩翻在地决不肯罢休,使起坏来杀人不见血。

李林甫讨好唐玄宗,一步步往上爬,靠的是巴结唐玄宗身边的嫔妃宦官。他知道玄宗最宠爱的是武惠妃,宫中最亲近的宦官是曾参加过政变的高力士,便在这两人身上下足了功夫,让他们在唐玄宗面前举荐自己,就这样逐渐取得了玄宗的信任。

唐朝的宰相虽然有的特别受皇帝的重用,但当时朝廷里可以有好几个宰相。李林甫往上爬的时候,宰相中最有威望的应该是张九龄,唐玄宗便来听张九龄的意见,能不能提拔李林甫当宰相。张九龄毫不客气地说:"李林甫为人不正派,他当宰相只会给朝廷带来祸患。"唐玄宗没听张九龄劝告,终于在公元735年,即他上台后的第23年,把李林甫提拔到宰相的位置上,这就种下了李林甫陷害张九龄的祸根。

唐玄宗有好几个儿子,大儿子李瑛已经立为太子。后来,玄宗宠爱武惠妃,对武惠妃生的儿子李瑁便也另眼相看。武惠妃于是生了异心,在玄宗面前造谣说太子和两位皇弟结成朋党,在背后说了皇上许多坏话,还要陷害她母子。糊涂的玄宗听了,大发雷霆,要废了太子。张九龄表示反对,他说:"太子一向没离开宫廷,也没有什么过失,总不能凭一些没根据的话就废了他吧?自古以来,废太子总会招来祸害,隋文帝听独孤皇后的话废太子的教训,陛下可不能忘了。假如陛下一定要废太子,臣下可不敢听命。"一旁的李林甫盯着屋顶一言不发,以后又偷偷对宦官们说:“这种事是皇上的家事,皇上做主就行,何必去问外人呢。”唐玄宗听到这话,觉得正符合自己心意,虽然一下子不敢废了太子,但对敢于反对自己的张九龄不觉疏远了许多。

李林甫一计得逞,立刻加紧在唐玄宗面前说张九龄的坏话,唐玄宗终于削了张九龄的权,只给他留了个徒有虚名的右丞相的职务,把李林甫提拔起来,顶替张九龄的职位。

李林甫为了独揽朝政,找了个大字不识的武将牛仙客当宰相,张九龄当然反对。可这时候唐玄宗只听得进李林甫的话了,居然把牛仙客调到宰相位置上。

听到这个消息,有位叫周子谅的监察御史上书说牛仙客不学无术,不能当宰相。唐玄宗大怒,当场把周子谅打得死去活来,把他贬到蓝田去了。这时候,李林甫立即对玄宗说:“周子谅这狂妄的家伙,原本是张九龄举荐的人,陛下是不是知道?”唐玄宗怒火未熄,立即把张九龄也贬到荆州去当了个小小的长史,不久,张九龄便病死在荆州。

张九龄一死,就有人密告太子李瑛谋反。玄宗问李林甫该怎么办。李林甫还是那句话:“这是陛下的家事,不是臣下能够干预的。”一句话,无疑置太子于死地。于是唐玄宗把太子李瑛和另外两位皇子李瑶、李琚统统贬为庶人,紧接着又把他们杀了。这时候,李林甫又来提议让李瑁当太子。唐玄宗一时裁决不下,便听高力士的意见。幸亏高力士头脑还算清醒,建议立年长的李玙为太子,这才避免了宫廷内另一场惨剧。

对于李林甫来说,张九龄一死,他就可以为所欲为了。他有一次把御吏们都找来,对他们训话:“当今圣上英明仁惠,当臣子的顺从都来不及,怎么能说三道四呢?列位看到宫内仪仗队的马匹没有?它们每天吃三品草料,待遇不能说不高了,可是,哪一匹敢乱叫一声,就会被淘汰出去,到那时后悔就来不及了。”以后,有位“不识相”的谏官大胆上书言事,第二天就被李林甫罢了官,到外地当了个七品县令。从此,御吏们个个哑口无言,唐玄宗跟李林甫更可以肆无忌惮了。

跟李林甫一同当宰相的,还有位李适之。李适之办起事来非常认真,从未有什么过失。只因为他才学高出李林甫,李林甫便设了个圈套陷害了他。

有一次,李林甫假装知己地跟李适之说:“听说华山有金矿,开采出来朝廷就更富足啦,可惜天子还不知道。”李适之一时疏忽,在向玄宗奏报时把这件事顺便禀报了。玄宗这便问起李林甫。李林甫回答说:“这件事臣早就知道了,华山是我大唐的根本,挖山会动摇皇气,所以一直不敢上奏。"唐玄宗听了,觉得只有李林甫爱护自己,便把李适之找来训斥一通,告诉他今后上奏些什么,一定要跟李林甫商量。李适之这才知道上当受骗,吃了哑巴亏。不久便辞去宰相职务。

但是,李林甫对李适之还不放手,又在制造冤案时把他卷了进去,李适之被远远地贬到宜春当太守。不多时,李林甫又派出御吏到各地查办被贬官员,一路上杀害了许多人。李适之不愿受污辱,服毒自杀了。到了这步田地,李林甫还不肯放过他,听说李适之的儿子要把李适之的棺木迎回洛阳,又派人诬告李适之的儿子,在河南府用一顿乱棍把李适之儿子打死了。

李林甫就这样两边当好人,暗中使手段,让别人受到陷害还不知道是怎么回事,这样的例子还多着呢!

一次,玄宗在勤政楼上隔着帘子观看歌舞,兵部侍郎卢绚以为玄宗已经走了,就垂着马鞭,拖着缰绳,慢慢穿过楼下。卢绚风度翩翩,玄宗一边看着他,一边赞叹道:"好一个卢绚!"宦官高力士在旁边听到了,就暗中告诉了李林甫。

李林甫看玄宗又喜欢上了卢绚,害怕威胁到自己,就把卢绚的儿子叫来,说:"你父亲在朝中很有威望,现在交州、广州一带经常发生动乱,皇上想派你父亲去那里整顿整顿,不知道你们愿意不愿意去?"交州是个十分偏远的地方,经常闹瘟疫,李林甫自然知道卢绚一家不愿意去,故意撒谎这样说。接着他又进一步威胁说:"如果拒绝圣上的旨意,龙颜不悦,恐怕会获罪啊。"卢绚的儿子一时慌张起来,没了主意,就请求李林甫在皇帝面前说情。

李林甫故作为难的样子,想了一会儿,说:"这样吧,我帮你们一个忙,就让你父亲到东都洛阳去担任太子宾客或者太子詹事,怎么样?那也是块肥缺,你回去劝劝你父亲。"卢绚不愿意到远处去任官,又怕被降职,只好上书请求担任太子詹事。李林甫为了掩人耳目,就先让他到华州当刺史。过了不长一段时间,李林甫便向明皇打小报告说卢绚身体不好,难以管理州事,打发他到东都去做太子詹事了。

李林甫一共当了19年宰相,就在这19年中,唐皇朝江河日下,局势一发不可收拾。天宝十一年,李林甫终于病死在家中。可是,他尸骨未寒,由他一手提拔的杨国忠勾结安禄山,诬告李林甫跟阿布思谋反。结果李林甫被开棺剥去官服,全家也被流放到岭南。这时候,离安史之乱爆发,已只有不到三年的时间了。

第十一计　李代桃僵

〔简述〕

本计语出《乐府诗集·鸡鸣》。诗中说:“桃生露井上,李树生桃旁。虫来啮桃根,李树代桃僵。树林身相代,兄弟还相忘?”此诗的本意是比喻兄弟休戚与共的情谊。后人借“李代桃僵”的成语,表示为借助某种手段,以一事物的损失、牺牲,来换取另一事物的安全、成功,以局部的牺牲换取全局的转危为安的谋略。三国时,曹操与袁绍的南坡之战,曹军故意沿途抛弃粮食、衣物,使袁军争夺,曹军乘势反击,获取大胜,就属运用此计。

原文

势必有损①,损阴以益阳②。

注释

① 势必有损:势,局势。损,损失。

② 损阴以益阳:阴,这里是指局部利益。阳,这里是指全局利益。全句意为:舍弃某一部分利益,使全局得到增益。

译文

当局势发展到损失已不可避免的时候，要舍弃局部的利益，以求得全局更大的增益。

原文

我敌之情，各有长短[1]。战争之事，难得全胜。而胜负之决，即在长短之相较。而长短之相较，乃有以短胜长之秘诀[2]。如以下驷敌上驷，以上驷敌中驷，以中驷敌下驷之类[3]，则诚兵家独具之诡谋，非常理之可推测也。

注释

① 我敌之情，各有长短：短长，即短处，长处，缺点、优点，劣势、优势。全句意为：敌我双方各有其长处和短处、优势和劣势。

② 以短胜长之秘诀：这里是指发挥自己的长处以弥补自己的短处；限制敌人的长处，专门攻击敌人的短处的秘诀。

③ 以下驷敌上驷，以上驷敌中驷，以中驷敌下驷：见《史记·孙子吴起列传》。战国时期，齐国的将军田忌常常和王族们赛马。孙膑看到他们的马相差不远，都有上、中、下三等，于是向田忌献策：用下等马对上等马（输），用上等马对中等马（赢），用中等马对下等马（赢），比赛结果，两胜一负，因而获得胜利。这就是上述"以短胜长之秘诀"的一个典型例子。

译文

我方与敌方的情况，各有长处与短处。在战争中，各方面都超过敌人是难以做到的。决定战争胜负，即在于双方力量、长处与短处、优势与劣势的较量。而在优势与劣势的较量中，也有劣势战胜优势的诀窍。比如赛马，用下等马对上等马，用上等马对中等马，用中等马对下等马这一类事例，就是军事谋略家具有的独特的谋略，这可不是用一般道理可以推测出来的啊！

程婴：忍痛割爱，舍子救主

公元前607年，晋灵公被势力强大的赵氏家族的成员所杀。数年后，晋景公上台主持政务。宠臣屠岸贾乘机进谗言说："赵氏家族曾弑灵公，现在又密谋造反。"晋景公信以为真，命屠岸贾将赵氏家族满门抄斩。

有位不赞成这样滥杀无辜的大臣，把这个消息告诉了赵氏家族的主要成员赵朔。赵朔就先把已怀孕的夫人——原晋侯的女儿送入宫中躲藏，然后他自杀身亡。过了不久，屠岸贾率领军队冲进了赵家，杀死了所有的家族成员。赵朔的夫人因事先躲入宫中而幸免于难。后来赵朔的夫人分娩，生下一子，取名为赵武。不料消息走漏，屠岸贾派人四处搜寻赵氏孤儿，并下令把晋国半岁以下、一月以上的婴儿全部杀掉，帮助和隐匿赵氏孤儿者将被处以极刑。

在赵氏家族将会被斩尽杀绝的危急时刻，赵家的两位忠实门客程婴和公孙杵臼挺身而出，抱定"士为知己者死"的宗旨，决心舍命保赵氏之后。程婴有一个儿子与赵武同龄，他愿献出自己的儿子代赵武去死。公孙杵臼说："你既肯舍弃自己的儿子，就将他交付于我，我带你的儿子躲藏于太平庄上，你去屠岸贾那儿报告，屠岸贾将率军队来捉拿，将我与你儿一并处死。你将赵氏孤儿抚养成人，为他父母报仇，这才是一个上策。"二人商量好后，程婴就去向屠岸贾告发。这样公孙杵臼和程婴的儿子都被屠岸贾处死了，而真正的赵氏之后赵武则被秘密从宫中送出，交程婴抚养成人。

在赵武十五岁那年，晋悼公为赵氏家族恢复了名誉和地位。赵武也知其中的一切原委，就对晋悼公说："屠岸贾为非作歹，死有余辜。我与他有不共戴天之仇，请允许我杀掉屠岸贾的全家，为赵氏家族报仇，为程婴、公孙杵臼等忠良雪恨！"晋悼公同意了赵武的请求，屠岸贾全家遂被赵武杀掉。

屠岸贾为杀掉赵武而下令把与赵武年龄相仿者全部杀掉，程婴用自己的儿子冒充赵武，以"李代桃僵"之法保存了赵氏孤儿，为赵氏家族最终报仇雪恨留下了一条根。

第十二计　顺手牵羊

〔简述〕

本计语出《草庐经略·游失》："伺敌之隙，乘间取胜。"后人以顺手牵羊，形象化地比喻乘敌人的小间隙，向敌的薄弱处发展，创造和捕捉战机的一种谋略。关汉卿著元剧《尉迟恭单鞭夺槊》台词中，就出现了顺手牵羊这一计名。《水浒传》第99回写道："前面马灵正在飞行，却撞着一个胖大和尚，劈面抢来，把马灵一禅杖打翻，顺手牵羊，早把马灵擒住。"但这些都不是说战争的。战争史上"顺手牵羊"之计，不乏其例。如春秋时，晋献公途经虞国灭掉虢国，回师途经虞国时，又乘其不备，灭掉虞国；秦穆公攻打郑国，兵至滑国时，知郑人已有戒备，灭郑没有希望，就顺手灭了滑国，然后班师回秦，都是典型的例子。这里，"顺手牵羊"的"羊"，指防守有间隙、有薄弱环节的地区。在不影响进攻主要目标、完成主要任务的前提下，利用时机，出动小股部队，神出鬼没地发动攻击获得意外的、原先未料到的战果，就叫"顺手牵羊"。

原文

微隙在所必乘，微利在所必得[①]。少阴，少阳[②]。

注释

① 微隙、微利：指微不足道的间隙，微小的利益。
② 少阴，少阳：阴，这里指疏忽、过失；阳，指胜利、成就。

译文

敌人出现微小的漏洞，必须及时利用，发现微小的利益，也一定要争取到。即使是敌人的微小疏忽、过失，也要利用来为我方的微小胜利服务。

原文

大军动处[①]，其隙甚多。乘间取利[②]，不必以战。胜固可用，败亦可用。

注释

① 大军动处：动，指兵力调遣，运动、展开。全句意为：在大部队调遣的过程中。

② 乘间取利：间，间隙，机会。全句意为：利用敌人的空隙和过失，乘机取得有利的成果。

译文

在大部队调遣、调动的过程中，可以利用的间隙很多。利用敌人的空隙和过失便可获得利益，就不一定要通过战争的途径。打胜仗时可以用此计，打败仗时也可以用此计。

李愬：以静观动，微隙必乘

“顺手牵羊”的主旨是“微隙在所必乘”。所谓微隙，是指微小的空隙，也就是敌方的某些漏洞、疏忽。我们要善于捕捉时机，伺隙捣虚，变敌人小的疏漏为我们小的得利。

在战争中，大部队在运动的过程中，漏洞肯定很多，比如，士兵急于前进，各部运动速度不同，给养可能造成困难，协调可能不灵，战线拉得越长，可乘之机也就更多。看准敌人的空隙，抓住时机一击，只要有利，不一定完全取胜也行。这个方法，胜利者可以运用；失败者也可以运用；强大的一方可以运用，弱小的一方也可以运用。战争史上一方经常用小股游击队，钻进敌人的心脏，神出鬼没打击敌人，攻敌薄弱处，出手得利。这样用顺手牵羊之计取胜的例子，不胜枚举。

唐朝中期，各镇节度使都拥有军事、经济大权，根本不把朝廷放在眼里。蔡州节度使的儿子吴元济在父死之后，起兵叛乱。唐宪宗派大将李愬担任唐州节度使，剿灭吴元济。

李愬到任，放风麻痹吴元济。散布说，我是个懦弱无能的人，朝廷派我来，只是为了安顿地方秩序，至于攻打吴元济，与我无关。吴元济观察了李愬的动静，见他毫无进攻之意，也就不把李愬放在心上了。

其实李愬一直在思考攻打吴元济老巢蔡州的策略。他趁机擒获了吴元济手下的大将李祐，对他施礼有加，感动了李祐。李祐告诉李愬，吴元济的主力部队都部署在洄曲一带，防止官军进攻，而防守蔡州城的不过是些老弱残兵。蔡州是吴元济最大的空隙，如果出奇制胜，应该迅速直捣蔡州，活捉吴元济。

李愬在一个雪天的傍晚，率领精兵抄小路，神奇地直抵蔡州城边，趁守城士兵呼呼大睡时，爬上城墙，杀了守兵，打开城门，部队静悄悄涌进了城。等吴元济从睡梦中惊醒，发现宅第已被围困，负隅顽抗已不敌，终于被捉。李愬将吴元济装进囚车，押往长安。驻扎在洄曲的董重质见大势已去，也向李愬投降。

第十三计　打草惊蛇

〔简述〕

计名“打草惊蛇”，原是借用了一句民间俗语来喻指某种军事谋略。原意是蛇在草丛中，草被搅动，蛇便受惊而走。也有人认为，“打草惊蛇”一语，源出宋代郑文宝《南唐近事》：“王鲁为当涂宰，渎物为务，会部民连状诉主簿贪。”鲁乃判曰：“汝虽打草，吾已蛇惊。”意思是说：南唐时，有个叫王鲁的人，在任当涂（属今安徽省）县令时，把主要精力放在为自己捞取钱物上。一天，老百姓联名控告他手下的主簿有贪污，王鲁因自己屁股不干净，胆怯心虚，故而在看状纸时，便下意识地信手在状纸上写了“汝虽打草，吾已惊蛇”八个字，此后，“打草惊蛇”一语便逐渐流传开了。

原文

疑以叩实[1]，察而后动。复者[2]，阴之谋也[3]。

注释

① 叩实：叩，询问，查究。叩实，问清楚、查明真相。

② 复：反复、一次又一次地。

③ 阴之谋：隐秘的计谋。

译文

真相不明就应查实，洞察了实情之后再采取行动；反复侦察，是实施隐秘计谋所必需的。

原文

敌力不露，阴谋深沉，未可轻进；应遍探其锋。兵书云[1]：“军旁有险阻、潢井[2]、葭苇[3]、山林、翳荟[4]者，必谨复索之，此伏奸之所也。”

注释

① 兵书：这里是指《孙子·行军篇》

② 潢井：低洼沼泽地带。

③ 葭苇：芦苇丛生之地。

④ 翳荟：翳，荫蔽。荟，草茅繁衍。翳荟，指被繁茂草茅遮蔽的地方。

译文

当敌方的实力还没有显露，而将其阴谋深藏着的时候，切不可轻敌冒进；此时，应先采用多种方式从各个不同方面去探明其锋芒所在。《孙子兵法》上说：“军队近旁如有险地阻碍、低洼沼泽、丛生芦苇、繁草荫蔽的地方，必须仔细地反复搜索，因为这些都是可能隐匿伏兵和奸细的地方。”

诸葛亮：大张旗鼓，假戏真做

赤壁之战后，东吴孙权派鲁肃去见刘备，想讨还荆州。刘备自视为汉室宗亲，荆州乃军事要地，费尽心机才得到，岂肯轻易放手。结果，鲁肃空手而归，只带回了“暂借荆州，将来交还”的一纸空文。不久，刘备的妻子去世，周瑜立即想到假意将孙权之妹孙尚香嫁与刘备，并请刘备入赘东吴；刘备一到东吴，就将其扣押起来，以为人质，讨还荆州。孙权认为此计可行，便派吕范前往做媒。孔明识破此计，但强行拒绝有碍联吴抗曹的大业，于是决定将计就计。

公元209年，刘备在大将赵云的陪护下前往东吴结亲。临行前，孔明将三个锦囊妙计交予赵云，并如此这般作了交代。第一个妙计即让赵云分派五百军士披红挂绿，一面在东吴城内大肆购置结婚物件，一面散布刘备将入赘东吴的消息。同时又叫刘备先去拜见乔国老。乔国老是东吴美女二乔——孙策夫人和周瑜夫人之父，刘备拜见乔国老就是为了要向其说明自己将娶孙尚香为妻之事。随后乔国老便前往孙权之母吴国太处贺喜。吴国太突闻此事又惊又气。惊的是此事如从天降，煞是突然；气的是孙权、周瑜胆大妄为，竟置自己女儿的名誉而不顾。为了不让女儿做望门寡，她要求假戏也得真做，放了刘备，让其与女儿成亲。乔国老也认为如不让刘备与孙权之妹成亲，以此计求得荆州，将为天下人耻笑。

就这样，刘备与孙权之妹如约成亲，并把她带回荆州。周瑜带兵追赶，又中了孔明设的埋伏，吴军大败，这便是“赔了夫人又折兵”。向吴国太说明周瑜的计谋为“打草”，“惊蛇”则是惊孙权，让他明白孔明已识破此计。

萧衍：两封空函，引蛇出洞

南北朝齐永元二年，雍州刺史萧衍拥兵自重，南齐王萧宝券甚为不安。当时，南康王萧宝融任荆州刺史，西中郎长史萧颖胄具体负责州府事务，在地方很有实力。萧宝券派遣辅国将军、巴陵和潼两郡太守刘山阳率领三千兵士，会同萧颖胄的兵力一起袭取军事重地襄阳,进而翦灭萧衍的势力。

萧衍得知这一阴谋后,就派遣参军王天虎去江陵,给荆州和西中郎府的官员们每人送去一封信,信中说:“刘山阳率兵西进,要同时袭击荆州和雍州。”萧衍对部将们说:“荆州本来就惧怕襄阳人,加上唇亡齿寒,不怕萧颖胄他不有所畏惧。”

萧颖胄收到萧衍的信件之后,果然迟疑不决。刘山阳到了巴陵,萧衍再次命令王天虎送信与萧颖胄、萧颖达兄弟。王天虎出发之后,萧衍对幕僚张弘策说:“用兵之道,攻心为上。前不久,我派遣王天虎去荆州,给每个人都送了信。近来驿使四处传信,忙个不停,但只有两封信给萧颖胄、萧颖达兄弟两人,信中只写:‘王天虎口述’。他们问具体情况时,王天虎又一句也说不上来,因为我压根就没有向他交代过一句话。王天虎是萧颖胄信得过的心腹之人,所以萧宝融肯定会认为萧颖胄与王天虎一起隐瞒着什么事情,不知道朝廷的用意何在。于是人人心中都会疑窦丛生。刘山阳被众人的议论搞迷糊了,就一定会对萧颖胄产生疑心,他们互相之间将不信任。这样的话,萧颖胄将进退两难,无论如何也解脱不清自己,因此就必定要落入我的圈套之中。这是以两封空函定一州之妙计啊。”

刘山阳到了江安,迟疑了十多天,不往前开进。萧颖胄对此大为恐惧,然而又想不出什么良策妙计来,夜里,他叫来幕僚一起商议对策。众人说:“萧衍在雍州招兵买马,已经不是一天两天的事了。要收拾他们是难上加难,即使能制服他们,最终也不会为朝廷所容忍。如果斩了王天虎,把王天虎的首级送给刘山阳,那么他的疑虑就可以消除。等他来了之后,再把他收拾掉,一定可以成功。”

第二天早晨,萧颖胄令人斩了王天虎,把首级送给刘山阳,并且调用民众的车,声称派遣步军去征讨襄阳。刘山阳见状便打消了疑虑,只带了几十个随从,去见萧颖胄。萧颖胄在城内埋伏了兵力,待刘山阳进入城门之后,就在车中把他斩首。襄阳之围随之不战而解。

在这场斗争中,萧衍以“打草惊蛇”之计取得了胜利。他在身处险境下不动声色,以两封空函引出了处于暗处的敌人,先打王天虎这棵微不足道的“草”,从而惊动了刘山阳这只“小蛇”,最后惊扰了萧颖胄等“大蛇”。小蛇被消灭了,受惊的大蛇龟缩在洞穴不敢轻举妄动,为萧衍厉兵秣马,建立梁朝奠定了基础。

第十四计　借尸还魂

〔简述〕

“借尸还魂”可能源于一个有关“八仙”之一的铁拐李得道成仙的传说。相传铁拐李原名李玄，曾遇太上老君得道。一次，其魂魄离开躯体，飘飘然游玩于三山五岳之间。临行前，曾嘱咐徒弟看护好遗体，但李玄魂魄四处游山玩水，流连忘返。徒弟们等待久了，见师父的遗体老是僵在那里，总也活不过来，便误以为他已经死去，便将其火化了。待李玄神游归来时，已不见了自己的躯体，魂魄无所归依。恰好当时附近路旁有一饿死的乞丐，刚刚断气不久，尸体还算新鲜，李玄于慌忙之中，便将自己的灵魂附在了这具乞丐尸体之上。借尸还魂后的李玄，与原来的李玄已面目全非。蓬头垢面，袒腹露胸，并跛一足。为支撑身体行走，李玄对着原乞丐用的一根竹杖喷了一口仙水，竹杖立即变为铁杖，借尸还魂后的李玄也因此被称为铁拐李，而原来的名字却反被人们忘却了。铁拐李借尸还魂的故事还见于元代岳伯川所写杂剧《吕洞宾度铁拐李岳》，后《东游记》也有记载，只情节不尽相同罢了。借尸还魂这一带有迷信色彩的民间传说，后来被人们喻指某些已经死亡的东西，又借助某种形式得以复活的现象；有时也可以用来喻指某些新的事物或新的力量借助某种旧的事物或旧的形式求得发展的现象。在上述两种情况下，所谓“尸”“魂”“借”“还”的喻义便都不尽相同了。

原文

有用者，不可借①。不能用者，求借②。借不能用者而用之，匪我求童蒙，童蒙求我③。

注释

① 有用者，不可借：意为凡自身可以有所作为的人，就不会甘愿受别人利用。

② 不能用者，求借：意为那些自身难以有所作为的人，却往往有可能被人借以达到某种目的。

③ 匪我求童蒙，童蒙求我：语出《周易·蒙卦》卦辞。蒙卦为周易六十四卦的第四卦，也是阴阳相交后的第二卦（因第一卦乾为纯阳，第二卦坤为纯阴，皆无阴阳相交之象）。在这里，蒙字本义是昧，指物在初生之时，蒙昧而不明白。蒙卦的卦象是下坎上艮。艮为山，坎为水；山下有水，是险的象征；人处险地而不知避，便是蒙昧了。童蒙，幼稚而蒙昧。此句意为，不需要我去求助蒙昧的人，而是蒙昧的人有求于我。

译文

凡是自身能有所作为的人，往往难以驾驭和控制，因而不能为我所用；凡是自身不能有作为的人，往往需要依赖别人求得生存和发展，因而就有可能为我所用。将自身不能有作为的人加以控制和利用，这其中的道理，正与幼稚蒙昧之人需要求助于足智多谋的人，而不是足智多谋的人需要求助于幼稚蒙昧的人一样。

原文

换代之际[1],纷立亡国之后者[2],固借尸还魂之意也[3]。凡一切寄兵于人[4],而代其攻守者,皆用此也。

注释

① 换代:改朝换代。

② 亡国之后:已被推翻的王朝国君的后代。

③ 固:本来。

④ 寄兵于人:寄,依托。此语意为,手中实际握有兵权,却在名义上依托在别人门下。

译文

每当改朝换代的历史时刻,那些纷纷将某个已被推倒的王朝君主的后代暂时捧为新君的做法,原来就是借尸还魂的计谋。凡是将兵权寄托在某人的名下,而以代理之名实际掌管征伐大权的人,也是用的"借尸还魂"的谋略。

项梁:假立楚王,师出有名

秦灭六国后,楚人对秦的怨愤最深,反抗最烈。所以当时即有人预言:"楚虽三户,亡秦必楚。"首先举起义旗的是以陈胜、吴广为首的农民军,他们的大多数原为楚国人;他们建立的农民政权,即号为"张楚"。响应陈胜、吴广而继起的是项梁、项羽叔侄。他们杀了会稽(今江苏省苏州市)郡守殷通,举兵反秦。当

时有广陵人召平，过江来找项氏叔侄，并假传张楚王陈胜的命令，拜项梁为张楚政权的上柱国（相当于丞相之位），要他领兵过长江参战。于是项梁、项羽便率领江东精兵八千，西渡长江，转战于江淮之间，屡战屡胜；又先后收编了陈婴、黥布、蒲将军等多路起义军，部队迅速发展到六七万人。

公元前 209 年（秦二世元年），当项梁、项羽部队进驻薛城（在今山东省南部）不久，突然传来陈胜在陈县（今河南淮阳）被秦将章邯打败，为车夫庄贾所杀的消息。项梁听说后，便召集部属商议应变之策。当时有些部将、谋士极力怂恿项梁自立为楚王，项梁一时拿不定主意。恰在这时，从居鄛（今安徽省巢县）来了一位已过七十的老人求见。老人姓范名增，很有些知识和见解，常能给人出些奇特计谋。项梁当即接见了范增，范增说："依我看，陈胜的失败是必然的。陈胜本来不是出身名门大族，声望不高，又无大的才干，虽首先起义抗秦，但骤然据地称王，而不立楚国王室的后裔为王。上柱国如能顺应民心，扶植楚王的后裔，楚地百姓自然会闻风而至，聚集于你的麾下，天下便一举可定了。"项梁很高兴地采纳了范增的建议，派人四处访寻楚国王室的后裔。

事有凑巧，正好在民间寻访到一个名叫熊心的牧童，查问起来，确实是九十年前客死于秦的楚怀王的孙子。于是项梁立即将牧童迎来奉为楚怀王，定盱眙为国都，项梁则自称武信君。之后，楚项部众迅速扩大到数十万。公元前 208 年项梁战死。公元前 207 年项羽在巨鹿以破釜沉舟的决心与胆识，击溃秦军主力章邯军四十万，与刘邦等部共同推翻了秦王朝的暴虐统治。灭秦之后，项羽自称西楚霸王。而依范增借尸还魂之计借来的楚怀王熊心这具政治僵尸，由于已再无利用价值，便被项羽改号义帝流放异地。

第十五计 调虎离山

〔简述〕

"调虎离山"一语可能源于《管子·形势解》。该篇中有一段这样的话："虎豹，兽之猛者也，属深林广泽之中则人畏其威而载之。入主，天下之有势者也，深居则人畏其势。故虎豹去其幽而近于人，则人得之而易其威。入主去其门而迫于民，则民轻之而傲其势。故曰：'虎豹托幽而威可载也。'"意思是说，虎豹，是兽类中最威猛的。当它们居住在深山大泽之中时，人们就会因惧怕其威风而敬畏它们。君王是天下最有势力的人，如果深居简出，人们便会害怕他的势力。虎豹若是离开他们所居的深山幽谷而走近人类居住的地方，人们就可以将它捕捉而使之失去原有的威风。做君王的若是离开王宫的门而与普通的人混在一起，人们就会轻视他而以傲慢的态度看待他。所以说，虎豹只有不离开它们居住的幽谷深山，其威风才会使人感到畏怯。这里虽然尚未使用"调虎离山"一语，但已经包含只有将老虎调离深山，才能将其制服的意思。后来在民间语言、文学作品中便逐渐出现了"调虎离山计"的说法。如明代吴承恩的《西游记》第五十三回写着孙大圣对如意真仙说："才然来，我是个调虎离山计，哄你出争战，却着我师弟取水去了。"清代钱彩的《说岳全传》第三十四回也写着："吉青道：'我前日在青龙山，中了这番奴调虎离山之计。'"

原文

待天以困之[①]，用人以诱之。往蹇来返[②]。

注释

① 待天以困之：天，指天时、地理等客观条件。困，作动词用，困扰、困乏。全句意为：期待不利的客观条件去困扰它。

② 往蹇来返：语出《周易·蹇卦》九三爻辞。原文为“往蹇，来返。”蹇卦的卦象为艮下坎上。艮为山，坎为水。王弼注曰：“山上有水，蹇难之象。”故在此处，“蹇”，有难的意思。返，李镜池《周易通义》注：返，犹反反，广大美好貌。往蹇来返，意为去时艰难，来时美好。

译文

利用不利的天时地理条件困扰敌人，用人为的方法诱惑敌人。主动进攻有危险，诱敌来攻则有利。

原文

兵书曰：下政攻城。[1]若攻坚[2]，则自取败亡矣。敌既得地利，则不可以争其地。且敌有主而势大：有主[3]，则非利不来趋；势大，则非天人合用不能胜。汉末[4]，羌率众数千[5]，遮虞诩于陈仓崤谷[6]。诩军不进，宣言上书请兵[7]，须到当发[8]。羌闻之，乃分抄旁县[9]。诩因其兵散，日夜进道[10]，兼行百余里[11]。令军士各作两灶，日倍增之[12]，羌不敢逼，遂大破之。兵到乃发者，利诱之也；日夜兼进者，用天时以困之也；倍增其灶者，惑之以人事也[13]。

注释

① 下政攻城：下政，下策。语出《孙子·谋攻第三》："故上兵伐谋，其次伐交，其次伐兵，其下攻城，攻城之法，为不得已。"意思是说，凡是用兵打仗，上策是以智取胜，次策是运用外交手段取胜，再次策是以兵对兵取胜，最下策才是攻打城池。强攻城池，是不得已才采取的办法。所以说，攻城是"下攻"。

② 若：假如、如果。

③ 有主：主，主动。有主，处于主动地位。

④ 汉末：东汉末年，此处具体指

汉安帝元初元年(公元114年)。

⑤ 羌:中国西部地区古代民族。

⑥ 遮虞诩于陈仓崤谷:遮,阻挡、围困。虞诩,东汉安帝时曾任武都(今甘肃成县西北)郡太守。陈仓崤谷,在今陕西省宝鸡市西南。

⑦ 宣言:扬言。请兵:向朝廷请求援兵。

⑧ 须到当发:一定要等候援兵来到后,方可进军。

⑨ 分抄旁县:分散到近旁的县抄掠财物。

⑩ 进道:赶路。

⑪ 兼行:兼程,以加倍的速度赶路。

⑫ 日倍增之:每日以翻倍的数目增加。

⑬ 惑之以人事:用人为的假象迷惑对方。

译文

《孙子兵法》说:"攻城是最下策。"如果去强攻坚城,就可能自招失败或灭亡。敌人既已占据有利地形,就不能去同他争夺这块地盘;况且敌人还居于主动地位,而力量又占优势。敌人既是居于主动地位,如果不是对他有利,是不会离开驻地来向我进攻的;敌人既是在力量上占优势,除非我方能够综合运用天时、地利、人和等条件,就难以取胜。东汉末年,羌人首领统率数千兵马,将武都太军虞诩的部队围困在陈仓崤谷中。虞诩便让部队停止前进,同时扬言要请求朝廷派援兵来,而且一定要等援兵到来后再进军。羌人听到这个消息后,认为援军一时到不了,便将部众分散到近旁各县去抄掠财物。虞诩便趁羌兵分散之机,日夜进军,每昼夜以加倍的速度行军百余里。又令军士在驻军做饭时,同时做两个灶,并使灶的数目每天增加一倍。羌人误以为援军已陆续到达，便不敢追逼攻击，结果虞诩大破羌兵。虞诩扬言要等候援军到后再进军，就是故意让羌人误以为可以利用援军到来之前的空隙分兵抄掠，用利诱的办法将其调开；他不分昼夜地急行军，就是要争取时间，出其不意，置敌于困境；而加倍修灶，就是用人为的假象迷惑敌人，使之误以为援军已陆续到达。

诸葛亮：诱敌出战，速战速决

蜀后主建兴十二年(公元 234 年)，诸葛亮领兵三十四万伐魏，分五路进军，六出祁山。魏明帝曹睿闻报，命司马懿为大都督，领兵四十万至渭水之滨迎战。诸葛亮与司马懿可谓是沙场老对手了，双方都知道对方兵法娴熟，足智多谋，不好对付。所以战前各自都做了周密部署，严阵以待。诸葛亮在祁山选择有利地形，分设前、后、左、右、中五个大营，并从斜谷到剑阁一线接连扎下十四个大营，分屯军马，前后接应，以防不测。司马懿则屯大军于渭水之北，同时在水上架起九座浮桥，命先锋夏侯霸、夏侯威领兵五万渡河至渭水南岸扎营，又在大营后方的东原筑城驻军，进可攻，退可守，稳扎稳打，务使魏军立于不败之地。

司马懿受命离开魏都时，曾受曹睿手诏："卿到渭滨，宜坚壁固守，勿与交锋。蜀兵不得志，必诈退诱敌，卿慎勿追。待彼粮尽，必将自走，然后乘虚攻之，则取胜不难，亦免军马疲劳之苦。"所以，在经过两次规模不大的交锋，双方互有胜负之后，魏军便深沟高垒，坚守不出。

由于蜀军劳师远来，粮草供应颇为困难，因而利于速战；而魏军以逸待劳，利于坚守。因而诸葛亮的主要策略目标，就是要诱敌出战，调虎离山，速战速决。然而司马懿老谋深算，素以沉着、谨慎、稳重著称，加上有魏明帝临行手诏，也不必担心那些急于求功的部将鼓噪攻讦。

在这种情况下，要调动司马懿这只"老虎"离山，谈何容易！然而再狡猾的狐狸，也斗不过好猎手。司马懿这只擅长谋略、经验丰富的"深山之虎"，终究被诸葛亮调出来了，还险些丢了性命。那么，诸葛亮究竟使了什么样的奇招，使司马懿这只老狐狸也难免上当呢？诸葛亮深知，己方最根本的弱点是远离后方，粮草供应困难；同时他也深知司马懿正是看准了自己这一弱点，并利用这点做文章，期待并设法使蜀军断粮，从而将蜀军困死或逼蜀军撤退，然后乘机取胜。

于是诸葛亮便将计就计，也在粮草供给问题上做文章、设诱饵，以此引司马懿这只“虎”离山。措施之一是分兵屯田，与当地老百姓结合就地生产粮食，以供军需，摆出一副打持久战的架势。这就等于宣告司马懿：你不急，我也不急；若是我不急，看你急不急。

果然司马懿的长子司马师沉不住气了，对其父司马懿说：“现在蜀兵以屯田作持久战的打算，如此下去，如何是了？何不约孔明大战一场，一决雌雄！”司马懿口头上虽说“我奉旨坚守，不可轻动”，心里其实也很着急。

诸葛亮的另一个措施，是自绘图样，令工匠造木牛流马，长途运粮，据传这东西很好使，“宛如活者一般，上山下岭，各尽其便”，蜀营粮草由木牛流马源源不断从剑阁运抵祁山大寨。

司马懿闻报大惊道：“吾所以坚守不出者，为彼粮草不能接济，欲待其自毙耳。今用此法，必为久远之计，不思退矣。如之奈何？”诸葛亮看出了司马懿急于破坏蜀军屯田、运粮、屯粮计划的心情，于是进一步利用这一点引他上钩。办法是：一方面在大营外造木栅，营内掘深坑，堆干柴，而在营外周围的山上虚搭窝铺草营造成蜀兵分散扎营，与百姓共同屯田屯粮，而大营空虚的假象，引诱魏军前来劫营；另一方面在上方谷内两边的山坡上虚置许多屯粮草屋，内设伏兵，同时让军士驱动木牛流马，伪装往来谷口运粮。而诸葛亮自己则离开大营，引一支军马在上方谷附近安营，以引诱司马懿亲领精兵来上方谷烧粮。

而司马懿呢？他虽烧粮心切，却又极为谨慎小心，深恐中了诸葛亮调虎离山的诡计。于是便也使了个声东击西、调虎离山计来应战。他亲领魏兵去劫蜀兵祁山大营，却一反过去每战必让主攻部队走在前面的惯例，让手下的部将冲锋在前，直扑蜀营，自己反而在后引援军接应。他这样做，一是担心蜀营有准备，怕中了埋伏；二是他指挥魏军劫蜀军大营本属佯攻，目的是调动蜀军各营主力，甚至诸葛亮本人领军前来营救，而他却自领精兵奇袭上方谷，烧掉蜀方的粮草。然而，司马懿的这个调虎离山计，却未能跳出“如来佛的手心”。

诸葛亮早料到司马懿有这一招。因而当魏军直扑蜀军大营时，诸葛亮只是事先安排蜀军四处奔走呐喊，虚张声势，装作各路兵马都齐来援救的态势，而诸葛亮却趁司马懿这只“虎”已离山之机，另派一支精兵去夺了渭水南岸的魏营，自己却在上方谷等待司马懿来“烧粮”，以便“瓮中捉鳖”。司马懿果然中计。他见四处蜀军都急急忙忙奔回大营救援，便趁机率领司马师、司马昭及一支亲兵杀奔上方谷来。接着又被蜀将魏延依诸葛亮的安排，用诈败的方法诱进谷中，截断谷口。一时山谷两旁火箭齐发，地雷突起，草房内干柴全都着火，烈焰冲天。

司马氏父子眼看就要葬身火海，亏得突来一场倾盆大雨，才救了司马氏父子三人及少数亲兵的性命。司马懿这只“虎”原本拿定了深沟高垒、坚守不出、决不离山的主意，结果却仍被诸葛亮调下了山；他原想用“调虎离山”计烧掉蜀军的粮草，想不到却反而中了诸葛亮的“调虎离山”计。真是计中有计，天外有天，军机难测，由此可见变计之重要。

第十六计　欲擒故纵

〔简述〕

计名“欲擒故纵”，它的哲理源头，可追溯到《老子》三十六章：“将欲夺之，必固张之；将欲弱之，必固强之；将欲废之，必固兴之；将欲夺之，必固与之”。又《鬼谷子·谋篇》：“去之者纵之，纵之者乘之”。中国军事史上成功运用此计，并对此计的定名有重大影响的，当数诸葛亮了。当初诸葛亮率蜀军远征南蛮时，七擒七纵蛮王孟获。对诸葛亮来说，七擒七纵皆手段，而目的只有一个：征服南蛮首领和百姓的“心”。因而这一战役胜利的意义，不仅是军事上的，更重要的是政治上的，是诸葛亮在当时历史条件下所实行的民族政策的胜利。

原　文

逼则反兵①，走则减势②。紧随勿迫，累其气力③，消其斗志④，散而后擒，兵不血刃⑤。需，有孚，光⑥。

注释

① 反兵:回师反扑。

② 走:逃走。势:气势。

③ 累:消耗。

④ 消:瓦解。

⑤ 兵:兵器。血刃:血染刀刃,即作战。

⑥ 需,有孚,光:语出《周易·需卦》。需卦的卦象为乾下坎上,乾为刚、健;坎为水、险。需,有等待之意。以刚、健遇水、险,故须等待,不要急进,以免陷入险境。孚,信用、信服;有孚,有信用,有诚意,为人所信服。光,光明、通达。此句意为,身处险境要善于等待,如果有诚信,就会前途光明,大吉大利。

译文

逼得敌军太紧,对方就会回师反扑。如果让敌军逃跑,就可以削减其气势。追击敌人,只需紧随其后而不要过于逼迫它,以消耗其体力,瓦解其斗志,待其溃散时再捕捉它,就可以避免流血。这是《周易》需卦卦辞"需,有孚,光……"一语中悟出的道理。

原文

所谓纵者,非放之也,随之,而稍松之耳。"穷寇勿追"①,亦即此意。盖不追者②,非不随也③,不追之而已。武侯之七擒七纵④,即纵而蹑之⑤;故展转推进⑥,至于不毛之地⑦。武侯七纵,其意在拓地⑧,在借孟获以服诸蛮⑨,非兵法也。若论战⑩,则擒者不可复纵。

注释

① 穷寇勿追：语出《孙子兵法·军争篇》，原为“穷寇勿迫”。穷，穷途，无路可走；穷寇，指陷于困境、绝境的敌人。勿追，不可逼得太紧。

② 盖：发语词。

③ 随：跟随。

④ 武侯：三国时蜀丞相诸葛亮，蜀后主建兴元年（公元223年）封武乡侯、领益州牧。“七擒七纵”：见《计名由来》。

⑤ 蹑：跟随、追踪。

⑥ 展转：同“辗转”，反复。展转推进：迂回曲折地向前推进。

⑦ 不毛：不生长草木，不种五谷桑麻，指荒凉贫瘠或未开辟的地方。

⑧ 拓地：开辟、拓宽新地域。

⑨ 孟获：三国时蜀汉建宁（治所在今云南曲靖）人，彝族首领。刘备死后，他和建宁豪强雍闿等起兵反蜀，多次为诸葛亮所收，经七擒七纵，终于降服。后仕蜀，为御史中丞。诸蛮：古代对我国南方各少数民族的贬称。

⑩ 论战：从战争角度看。

译文

这里所说的“纵”，并不是说要将敌人放掉，而是说的要跟随他，只是稍许放一些罢了。《孙子兵法》所讲的“穷寇勿追”，也就是这个意思。所谓“不追”，并非说不必追赶了，只是说不要把敌人逼迫得太紧。诸葛亮对孟获七擒七纵，就是采取放了他而又跟踪他的办法。正因此，才需要迂回曲折地向前推进，一直跟踪孟获进军到五谷不生的荒僻地方。诸葛亮的“七纵”孟获，本意在开辟和拓展蜀汉的地盘，因此需要借助蛮王孟获来收服南方各少数民族，严格地讲，并不属于兵法的范围。如果从战争角度讲，那么，既然已经把敌人逮住了，就不能轻易放了他。

郑庄公杀弟

郑国国君郑武公为人有主见，比较开明。他一生共有两个儿子，长子叫寤生，次子叫段。郑武公对两个儿子都很喜欢，尤其是长子寤生为人忠厚、孝顺、知礼节；而小儿子却有一些顽皮，生性爱玩。但是他们的母亲武姜却喜欢段，讨厌寤生。原因很简单，因她生寤生时难产，险些丢了性命，因此怪罪于长子寤生。

武姜心胸狭窄，而且偏心。由于讨厌寤生，她总想让小儿子将来继承王位，所以经常在郑武公面前夸小儿子如何如何聪明，志向如何如何远大，言外之意让郑武公立次子为世子。郑武公为人有主见，不轻易听别人的话，他知道夫人偏心，便按照祖先留下的规矩立了长子寤生为世子，而只把共城这个不起眼的城封给了段。

后来武公去世，去世前他对长子寤生说："儿啊，你母亲偏心于你弟弟，你不可不防备他们。但也不能太过分，因为那毕竟是你母亲和亲弟弟。"寤生牢记父亲的教导。

寤生当了国君，就是历史上的郑庄公。寤生一当国君，气坏了武姜和弟弟段。他们的如意算盘落空之后，武姜不甘心，觉得小儿段太没有权力了，就想让寤生把制邑（今河南省荥阳）封给段。制邑是有名的军事重地，父亲在世时，不止一遍和寤生讲过这里的重要性。于是郑庄公拒绝了母亲的要求，说父亲说过绝不能把制邑分封。武姜一看庄公不听话，十分生气，对庄公说："生你险些丢了我的命，如今你长大成人了，当了国君了，就不认我了。"

庄公心里十分难过，庄公是个大孝子，不想惹母亲生气，可又没办法。

武姜并不死心，她又提出让庄公把京城封给段。庄公知道京城是郑国的要地，也不能分封，但若是不答应母亲，母亲定会更生气，庄公只好同意了。

大夫祭足知道此事后，劝阻郑公说，京城如若分封，就等于国中建国，国家将一分为二。况且共叔段为人心术不正，如果他依仗太夫人的势力发展壮大自己的力量，恐怕对庄公要构成很大威胁，对郑国也十分不利，请郑庄公三思而后行。庄公也知道后果的严重性，但已答应了母亲，没法收回，否则母亲又要生气。

小儿子段果然心术不正，在母亲的宠爱下，为所欲为。他到京城后立即招兵买马，积草屯粮，做好准备，想等到兵广粮足之时，取代寤生做国君。段进了京城后，人们改称他为太叔段。

太叔段的势力在短短的时间里迅速向四面扩大，直到京城北部和西部。这些地方本来归地方官管辖，但是地方官哪里敢得罪他，只好忍气吞声，听从太叔段的命令。

太叔段一看庄公对他不闻不问，更加胆大，在京城又招兵买马。一次他竟以打猎为借口，夺取了廪延（今河南省延津东北）等地。

庄公知道此事后，十分生气，但一想若是把弟弟灭了，母亲必定会生气，只好装成若无其事的样子，这可急坏了公子吕。公子吕很担心太叔段会得寸进尺，迟早有一日会举兵攻打庄公，于是便提醒庄公应采取措施。庄公也没有办法，打也不是，不打也不是，叹了口气道："随便他去吧。"

祭足是位忠臣，才智过人，他也很担心庄公的江山。他对公子吕说："主公一定知道太叔段这样放纵的目的，但是有些事，他没法说明，不过我们可以助主公一臂之力。"

公子吕如梦方醒，到了晚上，公子吕又去见庄公。庄公说："太叔段眼里早已没有我这个君王存在，在我眼皮底下胡作非为。如今他是向我示威，但还不是叛乱。如果现在攻打他，还为时过早，母亲怪罪下来，我也没有办法，要落个不孝之名。所以我要等他叛乱时才采取行动。"

公子吕明白了庄公的心思，知道庄公早有防患之心，一块石头落了地。公子吕对庄公说："我们不如先施一计，看他有无造反之心，如果没有，大可不必理他，如果有就将他铲除。"

第二天，朝廷传出庄公要出朝很长时间的消息。姜氏得知后，心里十分高兴。早想让太叔段继位的她觉得这是一个千载难逢的好机会，马上派人把她写的密信送给太叔段。信在半路上被公子吕截住，交给了庄公。庄公一看是母亲给太叔段写的，定于五月初五，里应外合，准备推翻庄公。庄公看过信之后，命人重新封好，另派了一个亲信把信交给了太叔段。太叔段接到信一看，是母亲写的，马上回信，约定五月初五袭取郑都，推翻庄公，自己登位。太叔段把回信交给了刚才送信的使臣，使臣把信交给了庄公。庄公拆开信一看，果不出所料，太叔段早有造反之心，心想：何不利用此时，将你打败。于是带领军队悄悄地去了廪延。公子吕也调拨了二百多辆战车，埋伏在京城附近，等待太叔段出城。

太叔段于五月初五果然带兵前来，刚一到城外便得知京城失守。原来庄公早已派十辆兵车假扮商人混入城中。太叔段五月初五这天带领全部人马出城直奔郑都。他刚一走，混进京城的士兵立即抢占城门，杀死了守城的将士。公子吕没费吹灰之力占领了京城，并出榜安民，对百姓秋毫无犯，百姓非常拥护庄公。

太叔段看着自己所剩无几的军队，望了望廪延，廪延早已被庄公占领，走投无路的太叔段拔剑自杀。庄公将武姜写的信和太叔段的回信放在一起，让祭足交给姜氏，并转告她说他一辈子都不想和她见面了，除非到了黄泉之下。

姜氏见到信，知道事情已败露，又得知小儿子已自杀，顿时傻了眼。当她得知庄公再也不想见她了，不禁泪流满面，也觉得对不起庄公。庄公派祭足把姜氏安排去了颍地。

庄公是个孝子，时间一长，渐渐忘了母亲的坏处，十分想见姜氏。可作为一国国君，他发过誓，君无戏言，庄公很矛盾。

颍地的地方官颍考叔，为人忠孝，而且智谋高，他决心劝谏庄公。庄公一见颍考叔，得知他是一个好官，便留他一起吃饭，以示慰问。两个人谈得很投机，庄公高兴之余，把羊肉赐给了他。而颍考叔将羊腿包起来放在一边。庄公不知何意，问其因。颍考叔说："我家贫穷，母亲常常吃不到肉，主公赐给我的好肉我怎么舍得吃呢？我母年岁已高，不能再吃几年肉了，我想把肉带给母亲。"庄公听了此话，心感惭愧，不禁想起了母亲。弟弟已死，母亲身边没有一个亲人，自己也不忍心啊！想着想着，庄公不禁落泪。颍考叔其实知道庄公是想母亲，可他故意装作不知道，问庄公为什么落泪。庄公也不再隐瞒，把内心的矛盾说给了颍考叔。

颍考叔沉思片刻，对庄公说："主公，我有一办法可以两全其美，既不违背你的誓言，又可以见到你母亲。"庄公一听，止住哭声，忙问道："什么办法快快讲来。"颍考叔答道："黄泉就是地下泉水，不一定只有死人才可以见到黄泉。您可以挖一个地道，在挖出泉水的地方建一个地下宫，到时候你便可把你母亲请出来。"

庄公听了非常高兴，又赏给了颍考叔一些羊肉，颍考叔说："主公，我就是想给您办妥此事才专程从颍地赶来的。”庄公一听十分感动。他将此事交给颍考叔去办。颍考叔几天就把事情办好了。颍考叔先把姜氏接到地下宫，又派人去请庄公。

庄公来到地下宫，一见母亲苍老了许多，立即跪倒在母亲面前说道：“孩儿不孝，请母亲恕罪。”姜氏又惭愧又感动，扶起儿子，母子俩抱头大哭。自此，庄公又把姜氏接到了宫中，侍候母亲。

第十七计　抛砖引玉

〔简述〕

“抛砖引玉”一语，其来源说法不一。一种说法是相传唐代诗人赵嘏甚有诗名，求诗者盈门。诗人常建慕其名，想求其诗，却不得其门而入。赵嘏游苏州时，常建料他必游灵岩寺，便先于寺壁题诗两句。赵嘏来到寺中见壁上此诗尚未写完，就补了两句，成为一首绝句。后人因赵嘏补的两句优于常建的前两句，便说常建是“抛砖引玉”。然而，常建是唐玄宗开元15年(公元727年)中的进士，而赵嘏是唐武宗会昌二年(公元842年)中的进士，两者相距115年。可见赵嘏补诗一说是不可能的。然而由这个有悖历史事实的讹传，引出一个有关“抛砖引玉”一词来源的说法，却已是一个历史事实。另一种说法出自宋真宗景德年间(1004~1007年)高僧道原所编《景德传灯录·从谂禅师》：“师云：比来抛砖引玉，却引得子。”这句话也来源于一个佛门故事。传说活了120岁的唐代禅师从谂，一天晚上，同弟子们一同参禅悟道。刚入座，从谂便宣布：今晚要你们回答问题，谁对禅学已有深刻理解，可以跨前一步。众僧皆息虑疑心，静坐参禅，唯有一个小和尚大胆跨步向前，躬身一揖。从谂见了，缓缓地说：刚

才我是抛砖引玉，不想却引来一块土砖坯子。此语后来还见于元代贯云石(1286~1324年)所作《斗鹌鹑·佳偶》曲："见他眉来眼去，俺早心满意足；他道是抛砖引玉，俺却道因祸致福。"

原文

类以诱之[1]，击蒙也[2]。

注释

① 类：类似，同类。类似：有相类似的东西。

② 击蒙：击，打击；蒙，蒙昧。语出《周易·蒙卦》上九爻辞："击蒙，不利为寇，利御寇。"蒙卦的卦象为坎下艮上。其上九爻，为阳爻处于蒙卦之终，按王弼的解释，其喻义为"外蒙之终，以刚居上，能击去童蒙，以发其昧也，故曰'击蒙'也。故'不利为寇，利御寇'也"。大意是，上九爻以阳刚之象居于前五爻之上，所以能给蒙昧者以开导、启迪。为盗寇之人，自然属于蒙昧者之列，所以，如果占卦时占到本爻，则对为盗寇者不利，而对防御盗寇者有利。此处借用此语，意思是，打击那因受我方诱惑而处于蒙昧状态的敌人。

译文

用相类似的东西诱惑敌人，乘其迷惑懵懂之时去打击他。

原文

诱敌之法甚多，最妙之法，不在疑似之间[①]，而在类同[②]，以固其惑[③]。以旌旗金鼓诱敌者[④]，疑似也；以老弱粮草诱敌者，则类同也。如楚伐绞[⑤]，军其南门[⑥]，莫敖屈瑕曰[⑦]："绞小而轻[⑧]，轻则寡谋[⑨]，请无捍采樵者以诱之[⑩]。"从之[⑪]，绞人获利。明日绞人争出，驱楚役徒于山中[⑫]。楚人坐其北门[⑬]，而伏诸山下[⑭]，大败之，为城下之盟而还[⑮]。又如孙膑减灶而诱杀庞涓[⑯]。

注释

① 疑似：模糊、近似。

② 类同：相同。

③ 固：坚固、不动摇。固其惑，将敌人牢牢地迷惑住。

④ 旌：古代旗的一种，缀旄牛尾于竿头，下有五彩羽毛，用以指挥或开道。金：锣。诱骗敌人，从而达到诱使敌人进攻，或诱骗敌人不敢进攻的目的。

⑤ 楚伐绞：楚、绞，均为春秋时期的诸侯国。楚为大国，其地域以今湖北为中心，国都郢（今湖北江陵）。绞为小国，其地在今湖北郧县西北。楚伐绞，事见《左传》鲁桓公十二年（公元700年，楚武王四十一年）。

⑥ 军其南门：屯兵于绞国的南门。

⑦ 莫敖屈瑕：莫敖：春秋时楚国的官名，其地位仅次于令尹（楚国掌军政大权的最高长官）。屈瑕：人名，楚武王之子，卦于屈地，故以屈为姓。

⑧ 轻：轻狂。

⑨ 寡谋：缺少计谋。

⑩ 无捍采樵者：捍，捍卫。全句意为：不以士卒去捍卫采樵的人。

⑪ 从之：采纳其计谋。

⑫ 役徒：这里是指为楚军采樵的人。

⑬ 坐其北门：这里是指坐守绞国的北门，以断其归路。

⑭ 覆：伏兵。

⑮ 城下之盟：在兵临城下的情势下，被迫订立的盟约；这对被迫订盟的一方是一种耻辱，且往往条件苛刻。

⑯ 孙膑：战国时兵家，曾任齐威王军师。曾先后设计大败魏军于桂陵和马陵。庞涓：战国时魏将，曾与孙膑同学兵法；魏惠王十六年（公元前354年）、二十八年（公元前342年），先后两次在桂陵之战和马陵之战中败于孙膑。孙膑减灶诱杀庞涓：事见《史记·孙子列传》。

译文

诱惑敌人的方法有很多，最巧妙的办法，不是在模糊近似、使人感到相像又不像，而是要以类同的东西，去牢固地迷惑敌人。用虚张旌旗、鸣锣击鼓的方式去诱惑敌人，就是属于疑似的一类；出示年老体弱的士兵，或制造有粮或无粮的假象去诱惑敌人，就是属于类同的一类。例如：春秋时楚国出兵征伐绞国，陈兵于绞国都城的南门外。莫敖屈瑕献计说："绞国小且其君臣很轻狂，轻狂的人往往缺少计谋。请求采取不派士兵保护为我军打柴的人的办法去诱惑他们。"楚王采纳了屈瑕的计策。于是，头一天，让绞国人获得了利益。次日，绞国士兵争相出城，将楚方的打柴人往山中驱赶。而楚方则一方面派兵把守绞城的北门，截断绞兵的归路，一方面派兵埋伏在山下，因而大败绞军。结果，楚军迫使绞国与楚订立城下之盟，得胜而归。又如春秋时，齐国军师孙膑，用减灶的办法，将魏兵诱入埋伏圈，而杀了魏将庞涓，也是一例。

芒卯：以小易大，诈献邺城

战国时期，秦国和赵国约定共同攻打魏国，因为秦国和赵国都是当时的大国，两相联合来攻打相对弱小的魏国，魏国根本就不是对手。为此，魏王非常惊恐不安。国相芒卯却很镇定地对魏王说："大王不必发愁，臣有一计，可以一试。"魏王问："爱卿有何妙计？快快讲来。"芒卯说："请大王允许我派张倚对赵王说：'秦国和赵国联合起来攻打我们魏国，我们自知不是对手，邺这个地方看样子是保不住了，现在如果大王和秦绝交而连魏抗秦，魏王就把邺地献给大王。'赵王对邺城垂涎已久，必定会同意。等到他答应与秦国断绝关系后，来接受邺城的时候，臣就推说不知道这件事情，那时，秦赵联盟已经瓦解，赵王必定不敢以强硬的态度来对付我们，也只能不了了之。同时，没有赵国的支持，秦国也不会远道而来单独地攻打我们，我们也许就可以转危为安。"魏王听了非常高兴，认为此计可行并立即让芒卯着手去做这件事情。

于是芒卯便派张倚去赵国见赵王，告诉赵王说只要赵国与秦国绝交连魏抗秦，魏王就愿意献出邺地。赵王听后非常高兴，就找来赵国的相国，对他说："魏王请求把邺地献给我们，要我们不再和秦国联合，而和魏国联合抗秦，你认为我们与秦绝交收下邺地，这样做可以吗？"相国说："如果我们和秦国联合攻打魏国，我们得到的好处也不过就是得到邺地，秦君不会给我们更大的好处，现在我们不用兵就可以得到邺地，这样的好处，为什么不答应呢？请大王还是速速地答应魏国的请求吧！"赵王答应了魏国的请求，这时使者张倚对赵王说："我国负责交割城池给贵国的人，已经在邺地等候了，既然大王答应收下邺地，那么大王又打算怎样来报答魏国呢？"赵王想到自己垂涎已久的邺地现在已经唾手可得，就下令关闭秦国通向魏国的所有关口，秦赵的关系恶化，秦赵联盟彻底瓦解了。

随后，赵王派人去接受邺城。邺城的守将芒卯对赵国的使者说："我国所以要侍奉赵王，为的是保住邺城，把邺城献给赵国是张倚的过错，芒卯不知道这件事，所以不会将邺城献给赵国。"任凭他们万般解释，芒卯依旧不开城门，赵国的使者也无可奈何，只得回去回复赵王。

赵王知道后，明白自己中了魏国的计谋，又害怕魏国乘机攻打赵国，或者是秦国来攻打赵国，因此也不敢强逼魏国献邺城，反而立即割让五座城池给魏国，请求魏国共同对付秦国。

芒卯是战国时期杰出的智谋之士，他利用赵王的贪心，用魏王以献邺城这一虚假的许诺，轻易地瓦解了秦赵联合攻魏的约定，反而迫使赵割让五城争取与魏联合起来抗秦。人们称这种办法为“抛砖引玉”，即以没有价值的砖块换来价值极高的白玉，历史上采取这种计谋诱使敌方上当的例子还有很多，在此就不一一列举了。

在当今现实生活中，很多人因为贪图一时的便宜见利忘义而上当受骗，蒙受巨大损失的例子也有很多，我们应该从这些事例中吸取教训。

秦楚丹阳之战

公元前 313 年，秦国准备攻打齐国。当时六国（齐、楚、燕、韩、赵、魏）合纵抗秦，以楚怀王为纵约长，尤其是齐、楚两大强国结成相当牢固的联盟，对秦构成严重的威胁，秦惠王深为忧虑，问计于丞相张仪。张仪说：“请大王免掉臣的丞相之职，让我南游楚地，凭臣三寸不烂之舌，伺机向楚王进言，必定要使楚国与齐国断交，而与秦国亲近。”秦惠王同意了。张仪来到楚国，先以重金贿赂了楚怀王的亲嬖近臣靳尚，然后拜见楚怀王，陈说楚国联齐抗秦的利害得失，还假作谦卑地向楚怀王表示：秦王本来有意要侍奉大王（指楚怀王），就是我张仪也愿意给大王做守门的臣仆，只因楚与齐结盟，才使我秦国国君感到不好办。如果大王能与齐绝交，我们国君愿意将往日商君从楚国夺去的商於（在今河南淅川县西南）之六百里归还楚国，并送秦王室的女子给大王做妾，让秦、楚两大国永结婚姻之好。楚怀王果然中计，群臣也因能不费一兵一卒便收复商於之地六百里而向怀王贺喜。当时只有客卿陈轸、大夫屈平看出了张仪的诡计，劝怀王不要上当，但怀王利迷心窍，拒不采纳，还授予张仪楚国相印，赐黄金百镒，以示嘉奖。张仪返秦后却一面装病不出，不与楚使会面落实割地之事，让楚使在咸阳白等了三个多月，一面却遣使入齐，暗地与齐结盟。待楚齐绝交后，张仪方才接见楚使逢侯丑，并赖账说：所谓归还商於之地六百里，那是你们大王听错了，我说的只是我张仪的俸地六里。秦国的土地都是将士们身经百战得来的，岂肯以尺寸让人。楚怀王听了逢侯丑带回来的消息勃然大怒，立即宣布与秦断交，并命屈丐为大将，逢侯丑为副将，起兵十万攻秦，进军蓝田（今陕西西安以南），结果为秦齐联军所败，被追至丹阳（今陕西汉中），次年春，屈丐聚集兵力与秦齐联军决战于丹阳，结果又遭大败。楚军前后被斩首者八万余人，大将屈丐、副将逢侯丑被俘，又丧失汉中之地六百里。在这一战役中，秦以暂免张仪丞相职（以便他以平民身份往楚游说）、诈称归还商於之地六百里、表示愿与秦结通婚之好、卑称秦王愿意侍奉楚王等“砖”抛给楚王，从而引得破坏齐楚联盟，击溃楚军擒获楚大将，得汉中之地六百里等数块大“玉”。张仪之计虽卑劣，但却不可谓不高明哩！

第十八计　擒贼擒王

〔简述〕

“擒贼擒王”一语，现今可见的最早且影响较大的文字记录，则是唐代“诗圣”杜甫的五言古诗《前出塞》：“挽弓当挽强，用箭当用长。射人先射马，擒贼先擒王。杀人亦有限，立国自有疆。苟能制侵陵，岂在多杀伤?”从当时历史背景看，此诗原本寓含对唐玄宗李隆基无节制地对外用兵的讽谏之意。玄宗开元十八年（公元730年），西域吐蕃在数败于唐军之后，遣使求和，在玄宗李隆基勉强允准后，吐蕃人撤走了边境的驻军，双方恢复了和平。七年后，玄宗利用吐蕃人没有防备，又派兵入侵吐蕃，重创吐蕃军，深入敌境两千里。公元739年（玄宗开元二十七年），金城公主（中宗景龙四年，即公元710年，奉命与吐蕃赞普弃隶缩缵联姻）去世，吐蕃遣使报丧，并乘便求和，而玄宗却不许。一年后，吐蕃军攻占唐边境重镇石堡（在今青海省会西宁西南）。玄宗天宝七年（公元748年），唐遣陇右节度使、大将哥舒翰统军3万3千人与吐蕃军激战。石堡收回了，此役唐军战死者数以万计。杜甫的《前出塞》诗，大约是针对此一情况，有感而发的。意思是说，只要能够制服敌国的首领，保住本国的疆土，防止异国的入侵就可以了，何必杀人太多。诗中“射人先射马”“擒贼先擒王”等警句，透露了诗人杜甫对我国古代某种军事经验的概括和他个人的军事眼光，因而成为后世脍炙人口的名言，常为众多军事家、政治家以及各色人物所引用。

原文

摧其坚，夺其魁[①]，以解[②]其体。龙战于野，其道穷也[③]。

注释

①夺：抢夺、抓获。魁：第一、大，此处指首领、主帅。

②解：瓦解。体，躯体、整体、全军。

③龙战于野，其道穷也：语出《周易·坤卦·上六象辞》。坤，在《易经》中为纯阴之象。上六爻是本卦的最终爻，为纯阴发展到极盛阶段之象。坤卦上六爻的爻辞是："龙战于野，其血玄黄。"龙，本为乾卦（纯阳之卦）的象征物，为什么作为纯阴之象的坤卦，其上六爻却以原本属纯阳之象的"龙"为象征物呢？按照朱熹《周易本义》的解释是："阴盛之极，至与阳争。"《周易·文言传》在阐释坤卦上六爻辞时则说："阴疑与阳，必战。为其嫌于无阳也，故称龙焉。"按照《周易》物极必反的矛盾转化思想，上六爻表示纯阴已发展到极盛，故必然向阳转化。虽然此时尚处于转化前夕，但却已急于以阳自比，以龙自称了。故有"龙战于野，其道穷也"之说。野，郊野。道，道理；道穷，无路可走。群龙战于郊野，相互杀伤，血渍斑斑，以致陷入穷途末路。本计引用此语，其意当为：贼王被擒，群贼无首，其战必败。

译文

打击敌人的主力，抓获其首领，便可瓦解其全军。好比群龙无首，战于郊野，必然陷于穷途末路。

原文

攻胜，则利不胜取[1]。取小遗大[2]，卒之利[3]，将之累[4]，帅之害[5]，功之亏也[6]。全胜而不摧坚擒王，是纵虎归山也。擒王之法，不可图辨旌旗[7]，而当察其阵中之首动[8]。昔张巡与尹子奇战[9]，直冲贼营，至子奇麾下[10]，营中大乱，斩贼将五十余人，杀士卒五千余人。巡欲射子奇而不识，剡秸为矢[11]。中者喜，谓巡矢尽，走白子奇[12]，乃得其状[13]，使霁云射之[14]，中其左目，几获之[15]。子奇乃收军退还。

注释

① 攻胜：进攻取得了胜利。利：利益。不胜取：不趁着胜利去掠取过多的敌方装备、资财等战利品。

② 取小：贪取小利。遗大：遗忘了战争的大局。

③ 卒之利：士卒可得到物质小利。

④ 将之累：对为将的来说，是增加了拖累、包袱。

⑤ 帅之害：给统帅造成危害。

⑥ 功之亏：亏损了战功、丢掉建立战功的机会。

⑦ 图辨旌旗：旌旗，指挥旗。全句意为：只看敌军的指挥旗在什么方位。

⑧ 首动：这里是指首先发号施令之处。

⑨ 张巡：(公元709年~757年)唐开元间进士。安史之乱时，以真源县(今河南鹿邑县东)令的身份起兵守雍丘(今河南杞县)，抵抗安禄山军。公元757年移守睢阳(今河南商丘)，与太守许远共同作战，在内无粮草、外无援兵的情况下坚守数月不屈。睢阳失守后遇害。尹子奇：安禄山部将。

⑩ 麾：古代用以指挥军队的旗帜。麾下：主帅的部下。此处指敌军的中军帐。

⑪ 剡：削、刮。秸：谷类植物的茎秆。剡秸为矢：削秸秆做箭用。

⑫ 白：禀告。

⑬ 状：形状、相貌。

⑭ 霁云：南霁云，唐天宝末年抵抗安禄山叛军的名将。安禄山反，随钜野尉张诏起兵，提拔为将。后从张巡守睢阳，曾射中叛将尹子奇左目。城中断粮，引精骑三十，突破围敌万余人，往贺兰进明处求援。贺兰进明拒不发兵，再突围返睢阳，后城破被俘，誓死不降，被杀。

⑮ 几：几乎。

译文

打了胜仗，不急于乘胜掠取敌方的装备、资财，这样对我方才会比较有利。贪取小利而遗忘了战争的大局，其结果，只能是让士卒得些小利，给为将的背上包袱，对主帅造成危害，以至前功尽弃。取得了全面胜利，却不致力于摧垮敌军的中坚，捉拿敌军的主帅，那将等于放虎归山。捉拿敌军主帅的方法，不能只看敌军的指挥旗在何处，而应仔细观察敌军军营中的行动首先是从哪里发出的指令。昔日张巡与尹子奇打仗，张巡直冲敌军阵营，杀到尹子奇的指挥旗下，敌营顿时大乱，被张巡军斩将五十余人，杀死敌军士兵五千余人。张巡想要射死主将尹子奇，但却又不认识他。于是张巡便命令部下削秸秆做箭，被射中的敌军发现后很高兴，以为张巡军的箭已射尽了，便跑去禀告尹子奇。张巡抓住这个机会看清了尹子奇的面貌，立即叫部将南霁云用箭射他。南霁云一箭射中了尹子奇的左眼，几乎抓获了他。这样，尹子奇才被迫收兵退回去了。

张巡：夺其魁首，震慑其余

唐朝中后期，被唐玄宗、杨贵妃收为干儿子的节度使安禄山举兵反唐。叛军势盛，潼关失守，玄宗也弃都西奔巴蜀避难。在此危亡之际，张巡起兵讨贼，在宁陵、雍丘屡破敌军，后来雍丘县令令狐潮反叛投敌，协同叛军围攻县城。张巡扼守六十多个昼夜，因城墙单薄，率众至睢阳，与太守许远会合共同抗敌。

至德二年，安禄山手下的一员大将尹子奇率领十三万大军兵临城下，把睢阳城团团围住。睢阳太守许远知道张巡善于用兵，智勇双全，就请张巡指挥守城。叛将尹子奇带了十三万人攻城，张巡、许远的兵力合起来才六千多人，双方兵力相差很大。张巡带兵坚守，和叛军激战十六天，俘获敌将六十多人，歼灭敌军两万多人，使尹子奇不得不退兵。

过了两个月，尹子奇得到了增援兵力，再次率军来到睢阳，又把睢阳城紧紧围住，千方百计进攻，打算一雪前耻，发誓一定要攻下睢阳。张巡虽然接连打了几次胜仗，但是叛军兵力远胜于己，而且不停地攻击，形势越来越紧急。

太守许远召集张巡和南霁云诸将商议对策。他说："城中粮草、弓箭已经不多，只有火速杀退叛军，才能解睢阳之围。可是，敌人的兵力是我们的几十倍，即使不战，我们也会被困死啊！"

张巡胸有成竹地对许远说："大人，俗话说'擒贼先擒王'，我们只要能设法杀死尹子奇，让他们群龙无首，这就是最好的退兵解围之计。"同时，他还请教得力的手下大将南霁云。南霁云善于射箭，在战场上射敌，百发百中。南霁云回答道："只要我们接近敌营，认出尹子奇，就能射中他。"但是尹子奇是个狡猾的家伙，平时上阵，总让几个将领伴随着。他们穿着一色的战袍，骑着同样的战马，叫唐军无法辨认出哪个是主将。于是，张巡想出了一个办法。

这天夜间，天色昏暗，星月无光。城外的叛军在营地中刚刚准备休息，忽听城头战鼓隆隆，喊声震天，尹子奇急令部队准备与冲出城来的唐军激战。而张巡方面"只打雷不下雨"，不时擂鼓，像要杀出城来，可是一直紧闭城门，没有出战。到了凌晨，鼓声在苍茫的薄明中停止了，也没见一将一卒出城叫战。尹子奇的哨兵在搭起的飞楼上察看城中的动静，可城楼上连个人影都没有。尹子奇听到汇报后，就命令军士们脱下战服休息起来。尹子奇的部队被折腾了一整夜，没有得到休息，接到命令将士们疲乏已极，眼睛都快睁不开了，倒在地上就呼呼大睡。

就在这时，张巡和南霁云等十几个将领，每人带领五十名骑兵，打开各城门杀出来，分路猛冲敌营。叛军没有防备，营中顿时大乱，许多士兵在混乱之中被杀死。

尹子奇和几个部将在惊愕之中慌忙带领主帅营附近军营中的一些士兵与张巡、南霁云等厮杀起来。谁是尹子奇呢？南霁云拉开弓箭，在搜索目标。旁边的张巡已指挥其他将士射出一支支“箭”，这是用青蒿杆削尖后做成的，轻飘飘的，射不远，即使射到身上也伤不了人，只有射中脸部才有些作用。

尹子奇部下见对方射来的箭没什么杀伤力，拾起一看，原来是“青蒿箭”，忙跑到尹子奇跟前报告这一重要情况。尹子奇心想：哈，原来睢阳城里没有箭了。正在狂喜之际，神箭手南霁云已判断出谁是尹子奇了，弯弓搭上真正的利箭，“嗖”的一声射了出去，正中尹子奇左眼，只见尹子奇鲜血淋漓，抱头鼠窜，仓皇逃命。敌军一片混乱，大败而逃。

擒贼擒王，此计用于军事上，是指在战争中要抓住主要矛盾，抓住关键，打垮敌军主力，擒拿敌军首领，使敌军彻底瓦解的谋略。此计中的“王”，指敌人的主力，敌军的首领。只有擒住首领，摧毁主力，才是抓住了诸多矛盾中居于领导和支配地位的主要矛盾，才能瓦解对方的整体力量，使其他矛盾迎刃而解。张巡大胜尹子奇的战术，就是运用此计的一个典型战例。

吴王：假示信任，行痹“贼王”

五代十国时，吴国太祖杨行密建国称帝，而朱延寿、安仁义则是他的得力战将，更是朝中的权臣。但此两人自恃功高权重，一向怀有政治野心，特别是他们率军将淮、徐地区平定之后，两人更是十分骄纵放肆，且图谋反叛吴国朝廷。

吴王杨行密对此早有觉察，且决定施用擒贼擒王之计，伺机将这两个政治上的心腹大患一举除掉。作为政治家的杨行密，政治上足智多谋。他诡称眼睛有恶疾，当接待朱延寿派遣来朝打探动静的朱延寿夫人时，便装作因眼病而将一切东西均看错了，甚至行走时也故意装作看不见而撞在宫殿的柱子上，以至于仆倒在地。

这时，杨行密趁机伏地，佯装哭泣着说：“朕虽然立国之大业已成，然而却已双目失明。这是上天让我成为废人啊！我的儿子都不足以继承我立下的大业，如能让朱延寿这位有本领、有功劳的臣下来接替我的位置的话，那么吴国的江山可保，我也就没有什么遗恨了。”朱夫人听了这话便信以为真，万般感激，又将朱延寿亲自召来，要他面听吴王的传位诏谕。然而，当朱延寿刚走进吴王杨行密的寝殿之门时，吴王便令人刺杀了他，随即又迅速将安仁义擒住，斩首示众，遂使欲行反叛的“贼王”被擒杀。而一场即将爆发的叛乱，也很快被粉碎。

这是吴王向企图反叛的权臣政敌示病、示弱、示虚位、示信任，以引擒、诱招朱延寿入宫加以歼灭的成功用计，也是他对拥有重兵大权在握的权臣“贼王”的“智擒”之术。其成功的关键是借眼疾失明而做幌子，行痹“贼王”，诱“贼王”，擒“贼王”，斩杀“贼王”，消灭政敌，断绝后患之实。

新汉昆阳之战

新王莽地皇四年（公元 23 年）二月，新市、平林、下江数支农民起义军与刘秀兄弟领导的反对新莽政权的部队会师进攻王莽军据守的重镇宛城（今河南省南阳市），兵力达十余万人。为加强反新莽军的统一领导，各部首领商议共立汉室后裔刘玄为帝，恢复汉制，号为更始，于是声威大震。为保障主力夺取宛城，更始帝刘玄派王凤、王常、刘秀率军两万攻下宛城东北的昆阳（今河南叶县）、定陵（今河南舞阳北）、郾县（今河南郾城）等地。刘秀乘胜率军数千北抵阳光（今河南禹州西北），威胁新莽之东都洛阳。王莽闻报大惊，急令心腹大司徒王寻、大司空王邑召集各郡国兵马四十二万，号称百万，名为虎牙五威兵，并授权王寻、王邑便宜行事，得专封赏，必欲一举全歼中原各路义军，摧毁更始政权。五月，新莽军进抵颍川（今河南禹县）。鉴于新莽军势大，刘秀被迫撤军昆阳。新莽军随即包围昆阳。当时昆阳汉军不足万人，粮草仅可支持十来天，形势十分危急。当时王凤、王常见大军压境，十分恐慌。然刘秀却镇静自若，建议一面固守，一面派要员赴定陵、郾城调集分驻之汉军来援。当时，王凤、王常等皆不敢冒险出城。刘秀遂自告奋勇，选精骑 10 人，加上愿与刘秀同往的两名将领，共 13 人，乘夜潜出南门，直奔定陵、郾县。新莽军统帅王寻、王邑依恃己军势大，下令强攻；围昆阳数十层，列营数百，金鼓之声远振数十里，并造楼车，高 10 余丈，俯瞰城内,依高以强弩射敌城内守军。又造冲车,以巨木撞击城门、城墙,城体为之震栗,其声惊心动魄。又掘地道攻城,给汉军造成极大威胁。六月,刘秀率步骑1万回救昆阳,初战斩敌一千余。又假造汉军已攻下宛城的消息,以动摇新莽军心。但王寻、王邑恃众无恐,仍不将刘秀率领的近万名汉军放在眼里。一面以部分兵力抵御援军,一面继续加强攻城。刘秀为了以不及敌四十分之一的兵力,早日解除昆阳之围,遂决定以擒贼先擒王的战法,亲率精兵三千从城西水道,直撞敌军主帅王寻、王邑的中营。王寻、王邑亲率中营万人迎战,却怎么也抵不住刘秀三千敢死兵的猛烈冲击,很快便阵脚大乱。刘秀乘势率尖兵直取王寻,斩王寻于马下,王邑乘乱逃之夭夭。城中汉军见状也乘势出击。新莽四十余万大军一时失了主帅,迅速全线溃败。加上当时恰遇洪水暴涨,敌军在溃逃中淹死者无数,王邑仅收得残部数千人逃回洛阳。新莽军主力被歼,宛城守军随即投降。汉军乘胜分兵于当年秋攻入洛阳、长安,王莽被杀。新莽政权只存在不到十五年便一命呜呼了。

陈汤矫诏灭郅支

陈汤少年时喜欢读书,作文思路开阔,但因家庭贫困,有时靠乞讨度日,所以陈汤不为乡里看重。后来他流浪到长安,认识了富平侯张勃,张勃觉得他很有才能。初元二年(公元前47年),汉元帝下诏,要求公侯大臣推荐年轻的人才,张勃便向朝廷推荐了陈汤。在等待分配期间,陈汤的父亲去世,陈汤听到了死讯,没有奔丧回家。那个时代对奔丧、守孝十分看重。陈汤就因为这件事被人检举为缺乏起码的孝道,不遵守常规行事,于是朝廷又谴责张勃,以他举荐不当而削减了他的食邑二百户,同时将陈汤拘捕下狱。

后来又有人大力举荐,陈汤终于被任为郎官。陈汤主动请求出使外国,几年后被任为西域都护府副校尉,与校尉(正职)甘延寿奉命出使西域。

当时西域的情况较为复杂。宣帝时期匈奴内乱,五个单于争夺王位,其中郅支单于以武力兼并呼偈、坚昆、丁令三国,日益强盛,先囚禁汉朝的使者江乃始,后又杀死使者谷吉。郅支单于自知有负于汉朝,害怕汉朝出兵报复,就向西跑到康居(今新疆北境至俄领中亚)。康居王尊敬郅支,将女儿许给他做妻子。郅支便借兵多次袭击邻国乌孙,深入到赤谷城(乌孙国都,在今吉尔吉斯斯坦伊塞克湖东南)杀掠人口,抢夺牲畜财物。乌孙不敢还击,而是远远地逃避,于是郅支拥有千里之远的势力范围,自以为大国之主,很不尊重康居王,竟至一怒之下杀死了康居王的女儿、贵人等数百人,还把一些尸体肢解后扔进都赖水中。同时他又派出使者到阖苏、大宛等国,胁迫他们年年给他进贡。那些小国不敢不给。汉朝也曾三次派出使者到康居,索要使者谷吉等人的尸体,郅支非但不给,而且侮辱汉使,以嘲讽的口吻说:"居困厄,愿归计强汉,遣子入侍(《汉书傅常郑甘陈段传》)。"汉使听出他的言外之意,还有取代皇帝的野心,真是狂妄至极。

陈汤与甘延寿了解了郅支单于的这些情况后,于建昭三年(公元前36年)出兵西域。陈汤为人"沉勇有大虑,多策谋,喜奇功(《汉书傅常郑甘陈段传》)。"每当路过城镇或高山大川时,他都登高远望,认真观察、记忆。这次出使西域,只带着一支护卫军队,而不是征讨大军。当他们走出国境时,陈汤便对甘延寿说:"郅支单于剽悍残暴,称雄于西域,如果他再发展下去,必定是西域的祸患。现在他居地遥远,没有可以固守的城池,也没有善于使用强弩的将士,如果我们召集起屯田戍边的兵卒,再调用乌孙等国的兵员,直接去攻击郅支,他守是守不住的,逃跑也没有可藏之处,这正是我们建功立业千载难逢的大好时机啊!"甘延寿认为他的分析很有道理,便说要奏请朝廷同意后行动。陈汤说:"这是一项大胆的计划,那些朝廷公卿都是些凡庸之辈,一经他们讨论,必然认为不可行。"甘延寿考虑还是应该履行奏请的手续,这时他得病了。陈汤等了一天又一天,焦急之中便果断地采取了假传圣旨的措施,调集汉朝屯田之兵及车师国的兵员。甘延寿在病榻上听到这一消息时大吃一惊,想立即制止陈汤这种犯法的举动,陈汤愤怒地手握剑柄,以威胁的口气呵叱甘延寿:"大军已经汇集而来,你小子还想阻挡大军吗?不抓住战机出击,还算什么将领?"甘延寿只好依从他,带领起各路、各族军兵四万多人,规定了统一的号令,编组了分支队伍序列,大张旗鼓向北进发。

甘延寿与陈汤将大军分为六校,三校走南道,过葱岭(喀喇昆仑山脉西部)经大宛;另三校走北道,入赤谷,过乌孙与康居境,陈汤沿路捕获康居副王的亲属及一些贵族,经过解释,他们愿做向导,并将郅支的情况作了详细介绍。而后大军便直抵郅支城都赖水边,在距城三里远的地方安营布阵。只见城头上彩旗飘展,数百名披甲兵士登高守备,有的向汉军招手挑逗,甘延寿与陈汤观察之后便令军士四面包围其城,以箭杀伤守城兵士,于是展开了一场对射。郅支单于得到汉军进攻的消息时,先打算逃跑,因为他怀疑康居人对他怀恨在心,有做汉军内应的人。可是又听说乌孙等国也发兵参战,他便有走投无路之感。带了一些人走出去又返回来,说:“不如坚守。汉兵远来,不能久攻(《汉书傅常郑甘陈段传》)。”

当汉兵猛烈攻城时,郅支单于身穿甲衣带领他的妻妾数十人一齐登上城楼,他的妻妾也都拉弓射箭。攻城的飞箭射死他几个妻妾,又射中了他的鼻子。郅支单于便发怒了,下楼骑马跑回了他的宫室。第二天,陈汤命令将士四面齐用火攻,又击鼓助威,汉军冒着烟火突破外围的木栅,并且趁机冲进土城。郅支单于身边只有男女数百人及一些吏士,毫无抵御能力。汉兵勇猛击杀,将郅支单于刺死。军侯杜勋割下郅支单于的首级,又从狱中解救出两名汉朝的使者,从宫中搜出已故使者谷吉所带的文书信件。入城将士搜捕敌军,诛杀了郅支单于的妻妾、太子以及得封的王公等共一千五百一十八人,生擒官吏一百四十五人。另外俘虏敌兵一千余人,都交给了参与打击郅支单于的小国军队。

大胜之后,甘延寿、陈汤给汉元帝发去那封流传千古、扬眉吐气的疏奏:

“臣闻天下之大义,当混为一。匈奴呼韩邪单于已称北藩,唯郅支单于叛逆,未伏其辜,大夏之西,以为强汉不能臣也。郅支单于惨毒行于民,大恶逼于天。臣延寿、臣汤将义兵,行天诛,赖陛下神灵,阴阳并应,陷阵克敌,斩郅支首及名王以下。宜悬头槁于蛮夷邸间,以示万里,明犯强汉者,虽远必诛!”

李愬雪夜入蔡州,奇袭斩首吴元济

李愬雪夜袭取蔡州,擒获吴元济之役,是一成功的奇袭战和斩首战的典型战例。唐宪宗元和九年(公元 814 年)闰八月,彰义军(淮西)节度使吴少阳卒。其子吴元济隐匿少阳死亡的消息,径自接掌军务,拥兵自立。淮西一镇仅有蔡(今河南汝南)、申(今河南信阳)、光(今河南潢川)区区三州之地,周围都是唐朝州县,势孤力单。十月,一向有志于削平藩镇的唐宪宗以严绶为蔡、申、光招抚使,决定对淮西用兵,讨伐吴元济。

元和十年(公元 815 年),吴元济在唐军的四面围攻下负隅顽抗,并派人向成德王承宗、淄青李师道求援。王、李一面上表请求赦免吴元济,一面出兵策应淮西,派人烧毁朝廷储藏的钱帛粮草,刺杀力主讨伐的宰相武元衡。宪宗不为其所动,擢升主张用兵的裴度为宰相,令其主持征讨,并以韩弘取代作战一年、无功可言的严绶。同时,又将刺杀武元衡之罪归之于王承宗,下令对成德用兵。

元和十一年(公元816年),唐军进攻成德。各路唐军因缺乏最高统帅,难以协调行动,被王承宗逐一击破。淮西战区的唐军因主帅韩弘养寇自重,只能各自为战。东路唐军击败淮西军,攻占鏊山(今河南丘东)。北路唐军连败淮西军,南路唐军亦攻破申州外城。西路唐军先败淮西军于朗山(今河南确山),但随即大败于铁城(今河南遂平西南)。中外为之震惊。但宪宗决意继续用兵,并以名将李晟之子太子詹事李愬为西路唐军统帅。

元和十二年(公元817年),讨伐淮西的战事进入了关键的一年。五月,宪宗下令停止对成德用兵,决心集中力量,先平定淮西。这时,北路李光颜率河阳、宣武、魏博、河东、忠武诸镇唐军渡过溵水,进至郾城,击败淮西兵三万,歼灭十之二三。郾城令董昌龄、守将邓怀金举城降唐。吴元济得知郾城不守,十分恐慌,将亲兵及蔡州守军全部调往北线,以增援董重质防守的洄曲。淮西军的主力和精锐都被吸引到了北线。这就为西路唐军奇袭蔡州创造了条件。

这一年六月,吴元济见部下多降唐,兵势不振,上表请罪,声称愿束身归朝。宪宗派中使赐诏,允许免其死罪。但吴被其左右及大将董重质所挟制,无法归朝。淮西已到了穷途末路、指日可下的地步。

七月,唐宪宗因对淮西用兵四年,馈运疲敝,民力困乏,深以为患,遂任命主战最得力的裴度兼领彰义军节度使、淮西宣慰招讨使,赴前线督战。

八月,裴度到达郾城后,上表说诸道皆有宦官监阵,将士进退均取决于中使。胜则被其冒功,败则被其凌辱,将士谁也不愿出力奋战。宪宗准其所奏,悉去诸道监阵中使。诸将始得独断专行,战多有功。李愬因此也就得以不受阻拦地发挥其才能。

李愬抵达唐州(今河南泌阳)后,采取了种种措施和行动,为奇袭的成功奠定了基础。

首先,他下车伊始,即亲自行视慰问将士,存恤安抚伤病员,以稳定军心。同时,又有意示弱,故作柔懦懈惰,御军宽怠,以麻痹敌军。淮西军因屡败西路唐军,见李愬名位卑微,行事又如此不堪,遂掉以轻心,对西路唐军不再严加防范。

其次,为增强西线的军事力量,实施、完成奇袭计划,李愬又上表奏请朝廷,调来昭义、河中、鄜坊士卒步骑两千人。

再次,为争取淮西民心,孤立、瓦解吴元济,李愬还利用淮西连年用兵,农业生产荒废,仓廪空虚,民多无食,纷纷逃往唐军控制区的机会,设县安置淮西百姓五千余户，为其择县令，责成其妥善抚养，并派兵予以保护。

复次，为动摇、瓦解淮西军的士气，争取淮西将士为己所用，李愬还采取了优待俘虏，大胆重用降将的政策。他在俘获淮西骁将丁士良后，不仅未加杀戮，反而署以官职。丁士良感激之余，献计擒获文城栅（今河南遂平西南）吴秀琳部谋主陈光洽，招降吴秀琳部三千人。西路唐军因之士气高涨，连下多城，淮西将士降者络绎于道。李愬谋取蔡州，问计于吴秀琳。吴秀琳以为欲攻取蔡州，非李佑不可。李愬设计生擒李佑，免其一死，并委任他为自己牙队的将领——六院兵马使。李佑被李愬的亲信和重用所感动，尽心设法为袭取蔡州出谋划策。李愬在优待投诚和被俘的淮西将士及其家属的同时，十分注意询问有关淮西的内情。他还废除了藏匿淮西间谍者满门抄斩的旧命令，优待被捕的间谍，其结果是使敌方间谍尽吐实情，反为李愬所用。这样，李愬很快摸透了敌方的险易、远近和虚实，为避实击虚，奇袭蔡州的成功奠定了基础。

最后，为扫除外围，孤立蔡州，建立接近蔡州的奇袭基地，李愬先后出兵攻取蔡州以西和西北的文城栅、马鞍山、路口栅、嵖岈山、冶炉城和西平等据点，与北线郾城一带的唐军兵势相接，连成一气。他还遣将攻克蔡州以南和西南的白狗、汶港和楚城诸城栅，切断了蔡州与申、光二州的联系。李愬军的主力进驻距蔡州仅六十五公里的文城栅。

九月，李佑见奇袭的条件已经成熟，向李愬进言说，淮西精兵都在洄曲和边境，守卫蔡州的全是老弱，可以乘虚直捣其城，出其不意，一举擒吴元济。李愬深以为然，派人将奇袭计划密呈裴度。裴度十分赞赏，同意出兵。

十月初十，李愬利用风雪交加，敌军放松警戒，利于奇袭的天气，命史旻留镇文城，命李佑等率训练有素的敢死队三千人为前锋，自己与监军将三千人为中军，命李进城率三千人殿后。军队的行动十分秘密，除个别将领外，全军上下均不知行军的目的地和部队的任务。李愬只下令说向东。东行三十公里后，唐军在夜间抵达张柴村，趁守军不备，全歼包括负责烽燧报警士卒在内的守军。待全军稍事休整和进食后，李愬留五百人守城栅，防备朗山方向之敌，另以五百人切断通往洄曲和其他方向的桥梁，并下令全军立即开拔。诸将问军队开往何处，李愬才宣布说，入蔡州直取吴元济。诸将闻说皆大惊失色，但军令如山，众将只得率部向东南方向急进。

此时夜深天寒，风雪大作，旌旗为之破裂，人马冻死者相望于道。张柴村以东的道路，唐军无人认识，人人自以为必死无疑，但众人都畏惧李愬，无人敢于违令。

夜半,雪愈下愈大,唐军强行军三十五公里,终于抵达蔡州。

近城处有鸡鸭池,李愬令士卒击鸡鸭以掩盖行军声。自从吴少诚抗拒朝命,唐军已有三十余年未到蔡州城下,所以蔡州人毫无戒备,未发现唐军的行动。四更时,李愬军到达蔡州城下,守城者仍未发觉。李佑、李忠义在城墙上掘土为坎,身先士卒,登上外城城头,杀死熟睡中的守门士卒,只留下巡夜者,让他们照常击柝报更,以免惊动敌人。李佑等既已得手,便打开城门,迎纳大唐军。接着,又依法袭取内城。鸡鸣时分,雪渐止,李愬进至吴元济外宅。这时,有人觉察情形有异,急告吴元济说,官军来了。吴元济高卧未起,笑着回答说,俘囚作乱,天亮后当杀尽这些家伙。接着,又有人报告说,城已陷。元济仍漫不经心地说,这一定是洄曲守军的子弟向我索求寒衣。起床后,吴元济听到唐军传令,响应者近万人,才有惧意,率左右登牙城抗拒。

李愬入城后,一面派人进攻牙城,一面厚抚董重质的家属,遣其子前往招降。董重质单骑至李愬军前投降,吴元济丧失了洄曲守军回援的希望。

十二日,唐军再次攻打牙城,蔡州百姓争先恐后地负柴草助唐军焚烧牙城南门。黄昏时分,城门坏,吴元济投降。申、光二州及诸镇兵两万余人亦相继降唐,淮西遂平。李愬奇袭的成功并非出于偶然。就主观而言,李愬治军有方,奉己俭约,待将士丰厚,能得士心;又明于知人,敢于重用降将,能得敌情;他见可能断,敢于抓住蔡州空虚的时机,实施奇袭;又长于谋略,善于麻痹敌方,瓦解其民心和士气。这些,都使他能利用风雪阴晦,烽火不接的天气,孤军深入,置全军于死地而后取得奇袭的胜利。从客观来说,唐宪宗和裴度始终未改其平定淮西的决心,又能集中力量对吴元济用兵,甚至撤去监阵中使,而北线唐军则牵制、吸引了淮西的主力,这都为奇袭的胜利创造了有利的条件。

淮西平定后,各藩镇恐惧不安。横海节度使程权奏请入朝为官,朝廷收复沧、景(治今河北景县东北)二州。幽州(今北京)镇刘总上表请归顺。成德镇亦上表求自新,献德、棣(治今山东惠民东南)二州,并请朝廷任命其余诸州录事以下官吏。王承宗病死后,其弟王承元上表归降。朝廷又挟平定淮西之声威,讨平淄青李师道,收复淄(今山东淄博南)、青(今山东青州)等十二州。藩镇割据的局面因之暂告结束,唐朝又恢复了统一。

土木堡之变，明英宗被擒

公元1449年（明正统三年），统一中国仅八十余年的明王朝爆发了一个惊天动地的大事变——“土木堡之变”。

自从公元1387年朱元璋统一中原，将元朝残余势力驱逐到塞北以后，为解决军粮补给问题，在全国实行了且战且耕的军屯制，使军队成为担负作战、生产两大职能的特殊武装集团。为控制军队，又实行太监监军制，赋予太监与各级将帅同等的权力，从而形成将不如兵，兵不习战的状况，军队作战能力日趋低下。而与此同时，作为战败的蒙古族一支的瓦剌部，却在塞北高原乘机崛起。1439年，作为部落首领之一的也先，统一了蒙古各部落，并使其领地迅速扩展到西起中亚，东接朝鲜，北达西伯利亚，南抵长城的广大地区，并建立起一支迅疾如风，能征惯战的强大骑兵队伍。

1449年7月初，也先认为攻明时机已经成熟，便以明廷刁难其贡使和毁其婚约为理由，发兵分4路攻明。自领一路约三、五万人直取大同。长期务农的大同守军，久不习战，漫无纪律，又处于不知兵的太监郭敬节制之下，接连失利。7月11日，右参将吴浩兵败被杀；7月15日，大同总督宋瑛等四万余人全军覆没。

警讯传到北京，明廷一片混乱。本来，也先入关，只不过是一种报复性的掠夺行为，并无大的企图。明廷边防据有重要的城镇塞堡，京师有数十万机动部队，实力强于瓦剌数倍。明军只要严守边关，坚壁清野，主力伺机而动，完全可以打败瓦剌的进攻。但把持朝政的太监王振为炫耀其威势，竭力怂恿九岁即位，是年仅二十三岁的英宗皇帝亲征，企图以此吓退瓦剌。兵部尚书邝野、侍郎于廉极力劝阻，吏部尚书王直也率文武百官谏阻。但王振不听。7月15日，英宗下令率英国公张辅、成国公朱勇、户部和兵部尚书、内阁大学士等大批文武官员，以及号称五十万的唯一战略机动部队——京军亲征，并且不要准备，于即日出发。

由于抱有一厢情愿的“吓退瓦剌”的初衷，仓促调来的五十万大军几乎没有后勤准备。出发前两天，才给每个官兵发放了一两白银及衣物、炒麦等物资。军队长期屯田，兵器残破，临时从武库中拿出八十万件兵器分发部队。平时存于库房中舍不得给部队使用的先进火器也匆忙拿出来配给部队。为了携运物资,给每三个人配备了一头毛驴,队伍中人驴掺杂,混乱不堪。

7月16日,在兵将不相习,士兵不能熟练使用新配发的兵器,没有随行后勤保障措施的情况下,五十万明军被一个“目不辨旌旗,耳不谙鼙角”皇帝和一个专横跋扈、一无所长的宦官指挥着,如用儿戏一般,北出居庸关,向大同前进。一路行阵如蚁,首尾难顾。出发前,明知此战必败的内阁大学士曹鼐,曾与部分大臣密谋,企图先杀王振,再劝阻英宗。但群臣惧怕王振,其谋难以实行。随行群臣中,英国公张辅是德高望重的名将,兵部尚书邝野也很有才干,但英宗不许他们参与军政,一切听由王振指挥。

军队出发之日即风雨交加。由于没有随行后勤保障措施,“不到十日,军中已绝粮”。为此,兵部尚书邝野等力劝回军,被王振“罚跪草中至天黑”。行动中,王振专横跋扈、作威作福,成国公朱勇等陈述事情,都需要“膝行听命”,众百官皆战战兢兢,唯王振马首是瞻。

24日,也先侦察得知明军主力出征的情形,佯装畏惧,主动北撤,隐蔽埋伏在塞外,纵明军骄兵,以寻找最佳作战时机。而此时,已到达战区的明军目睹尸横遍野,人人恐惧,皆无战意。8月1日,经风沐雨、饥饿疲惫的明军到达大同,但不见瓦剌军踪影。这时,王振仍要继续向北进军,以炫耀兵威。后来,镇守大同的亲信太监郭敬向王振密报了与瓦剌军交锋时惨败的情景,加之出征以来风雨一直未停,刚到大同又突降暴雨,人人惊异,王振这才决定撤军回京。

从大同回北京,主要有两条路线:一条经今河北易县西紫荆岭上的紫荆关返回;一条经宣府返回。经紫荆关返回,虽然路途略远,但易于避开瓦剌追兵,比较安全。开始王振决定走紫荆关,并打算让英宗到其家乡山西蔚州(今河北蔚县)炫耀。当大军已经行进了四十里时,王振猛然想想,军队路过时会踩坏其家乡的庄稼,便下令全军折返北上,改由宣府回京。这样,就使部队拐了一个弯,正好把明军的侧背暴露在瓦剌军的攻击之下,并因道路崎岖,使随行的辎重车无法跟上行进的队伍。众大臣纷纷劝阻,但王振不听,执意走宣府。

也先从侦查中得知明军状况,立即率军突入,跟踪追击,势如疾风。8月13日,也先袭击长途辗转、饥渴疲惫的明军后卫吴克忠部,吴部匆忙交战,但不久即全军覆没。英宗得悉,急派成国公朱勇等率兵四万迎敌。朱勇有勇无谋,行至今河北新保安西北四十里的鹞儿岭时,遭到瓦剌军的埋伏,又是全军覆没。

8月14日,惊恐万状、又饥又渴的明军退至今河北怀来东南的土木堡,距怀来城仅二十里,因等候王振的千余辆辎重车,没有进入怀来城。兵部尚书邝野急忙上疏,请英宗速入居庸关,并派精兵断后,但王振不报告英宗。邝野要直接求见,遭王振斥责。邝力辨,王振命人将他拽出。就这样,英宗只好同几十万大军在旷野就地露营。当夜,瓦剌军分数路包抄而来,将土木堡围住。

土木堡当时是宣府通向居庸关的重要驿站,位于狼山西麓,周围百里范围内,群峰耸立,地势很高。明军掘地二丈无水,堡南十五里的一条河是唯一的水源,然而已被瓦剌军所控制。数十万明军断水,军心大乱。

8月15日,也先屡胜不骄,慎重决策,遂遣使前往明营讲和,并使军队后撤,行佯退之计,以麻痹明军。这时,明军已断水两天,兵马饥渴难熬。英宗见瓦剌军已退,又见使者前来,便让内阁大学士曹鼐拟制了同意讲和的诏书,派人与瓦剌使者一同前往瓦剌军营。这时,王振以为议和将成,便匆忙下令拔营,前往堡南的河里取水。一时间,明军人人争先恐后,阵势大乱。队伍南移不到三四里,瓦剌的骑兵就从四面围攻而来。明军惊恐,人人争先逃命,使指挥失灵。加之官兵不熟悉战前新配发的火器性能,无法使用,未经激战,即全军大溃。瓦剌铁骑左冲右突,大肆砍杀,明军死伤达数十万人。英国公张辅等五十多名随从大臣死于乱军之中,明英宗被俘。英宗被俘前,王振被护卫将军樊忠愤而击杀。这就是历史上著名的"土木堡之变"。

此战,明军以五十万对付瓦剌军的三、五万人,竟以全军覆没,实为中外战争史上所罕见。其原因,首先是最高层腐败无能。像战争这样关乎国家安危的大事,听任一个宦官摆布,如同儿戏,最后丧师辱国,连皇帝也成了敌人的俘虏。其次是战略指导上犯了一系列错误:进军中采取冒险主义,回师时采取逃跑主义。在后勤上,平时不进行战争准备,军队去搞生产,导致兵不习战,军队战斗力低下;战前没有后勤准备时间,临时匆忙地发放粮饷、衣物、武器,在士兵不熟悉武器装备的性能,缺乏随行后勤保障措施的情况下,即匆忙出发;行程中后勤保障不力,还没到战场,五十万大军就已经断了粮;一路上不仅自然界风雨交加,领导层也矛盾重重,勾心斗角,致使军心动摇;回军时,数十万大军扎营于没有水源的绝地,对远处唯一的水源又不加控制,使军队处于饥渴之中;轻信瓦剌和谈之言,在没有达成协议的情况下,即匆忙移营就水,致使营中大乱,最后全军陷于覆灭境地,教训十分深刻。

第十九计　釜底抽薪

〔简述〕

“釜底抽薪”计的策略思想渊源，可追溯到战国时代成书的《尉缭子》。该书《战威第四》说：民之所以战者，气也；气实则斗，气虚则走；“讲武料敌，使敌之气失而师散，虽形全而不为之用，此道胜也”。这些话的意思是：部队所赖以作战的是勇气；士兵勇气旺盛就敢于战斗，勇气丧失就会溃逃。讲究武备，判明敌情，设法促使敌人丧失勇气而军心涣散，使敌军虽然结构形式完整却不能作战，这就是靠的政治谋略取胜。《尉缭子》在这里提出了一个采用某种谋略，以消减、削弱敌方的气势和斗志，然后战而胜之的策略思想。后世提出的“釜底抽薪”计，应当说，正是在这种策略思想基础上发展和形成起来的。继《尉缭子》之后，相继提出或提到类似思想的，有西汉《淮南鸿烈》：“故以汤止沸，沸乃不止；诚知其本，则去火而已矣。”东汉董卓《上何进书》：“臣闻扬汤止沸，莫若去薪。”北齐史学家魏收《为侯景叛移梁朝文》：“若抽薪止沸，剪草除根。”至明代以后，便在更多的书面语言中出现了“釜底抽薪”这一更为概括、简明的语言。如明代嘉靖年间戚元佐《议处宗潘疏》：“谚云：扬汤止沸，不如釜底抽薪。”清代吴敬梓《儒林外史》第五回：“如今有个道理，是釜底抽薪之法：只消失个人去，把告状的安抚住了，众人递个拦词，便歇了。”可见，明清以后，“釜底抽薪”已成为广泛使用的民间语言，其策略思想已在许多场合下被使用。

原文

不敌其力[1]，而消其势[2]，兑下乾上之象[3]。

注释

① 敌：对抗，攻击。力：强力、锋芒。

② 消：削弱、消减。势：气势。

③ 兑下乾上之象：兑下乾上为《周易》六十四卦中的履卦。兑为泽，为阴柔之象；乾为天，为阳刚之象。整个卦象为阴胜阳、柔克刚。其卦辞为："履虎尾，不咥人，亨。"履：小心蹑足前进。咥：咬。亨：通达顺利。其寓意是：虎为凶猛阳刚之兽，但只要以阴来克制，小心谨慎行事，即使踩着了虎的尾巴，它也不会咬人。若占得此卦，预示事情将经历险阻而后通达，终于顺利。此处借用此卦，意在说明，遇到强敌，不要去与之硬碰，而要用阴柔的方法消灭刚猛之气，然后设法制服他。

译文

不要迎着敌人的猛劲去与之硬拼，而要设法削弱敌方的气势，采取以柔克刚的策略制服敌人。

原文

水沸者，力也，火之力也，阳中之阳也[①]，锐不可当。薪者，火之魄也[②]，即力之势也，阳中之阴也，近而无害。故力不可，当而势犹可消。《尉缭子》曰[③]："气实则斗，气夺则走。"而夺气之法[④]，则在攻心。昔吴汉为大司马[⑤]，有寇夜攻汉营，军中惊扰。汉坚卧不动。军中闻汉不动，有倾乃定[⑥]。乃选精兵夜击，大破之。此即不直当其力[⑦]，而扑消其势力。宋薛长儒[⑧]为汉州通判[⑨]。州兵数百叛，开营门，谋杀知州[⑩]、兵马监押[⑪]，烧营以为乱。有来告者，知州、监押皆不敢出。长儒挺身徒步，自坏垣入其营中[⑫]。以福祸语乱卒曰[⑬]："汝辈皆有父母妻子，何故作此？叛者立于左，胁从者立于右！"于是，不与谋者数百人立于右，独主谋者十三人突门而出，散于诸村野，寻捕获[⑭]。时谓非长儒，则一城涂炭矣[⑮]。此即攻心夺气之用也。或曰：敌与敌对，捣强敌之虚，以败其将成之功也。

注释

① 阳：与下面的阴相对。阴与阳，在中国古代哲学中，指贯穿于一切事物的两个对立面；两者相反相成，对立统一。

② 魄：古代指人体中依附于形体而显现的精神，以区别于可以离开形体而存在的魂。一说，魄指有精神的形体。火之魄：火赖以发生的物质。

③《尉缭子》：中国古代兵书。传为战国中期尉缭所作。《汉书·艺文志》有《尉缭》三十一篇，今存五卷二十四篇。

④ 夺气：削弱、瓦解敌方的气势和意志。

⑤ 吴汉(? ~公元44年):东汉宛县(今河南南阳)人,字子颜。新莽末年亡命渔阳(今河北密云),贩马为业。后归刘秀,为偏将军,征发渔阳等地骑兵,助刘秀灭王朗等割据势力,并镇压铜马等部农民军。后任大司马,封广平侯。大司马:古官名,负责掌管全国军事、汉时位列三公(司徒、司空、司马)。

⑥ 有倾:倾同顷,短时间、一会儿。

⑦ 不直当其力:避开对方的锋芒。

⑧ 薛长儒(1000~1061年):宋代绛州(今山西新绛)人,字元卿。历任州通判、知州。

⑨ 通判:官名。宋初开始,于州、府设置通判,其地位略低于州、府长官,但握有连署州府公事和监察官吏的实权,号称"监州"。汉州:今四川广汉。

⑩ 知州:官名。宋代掌管全州政事的文官。

⑪ 兵马监押:宋代掌握全州军事的武官。

⑫ 坯垣:破损的墙。

⑬ 以祸福语乱卒:向参与叛乱的士卒说明利害。

⑭ 寻:查找。

⑮ 涂:泥淖。涂炭:比喻极困苦的境地。

译文

水的沸腾,是靠的力量,即火力。猛火烧沸水,其锐气自然是不可阻挡的。干柴,是产生火力的燃料,猛烈的火势就是靠着它形成的。但干柴本身是温和而柔弱的东西,人们靠近它是不会受到伤害的。所以,凶猛的火力虽然难以阻挡,但要削弱火势还是有办法的。《尉缭子》说:"士兵勇气十足,就敢于战斗;勇气丧失,就会溃逃。"瓦解敌军气势的办法,就是要在精神上征服对方。东汉初年,吴汉任大司马时,有敌寇乘夜袭击汉军的军营。军营中因之一片惊慌混乱,而吴汉却安然在床上静卧不动。将士们听说吴汉这般冷静沉着,情绪顿时稳定,不一会儿,军营中也就安定下来了。这时,吴汉便起床挑选了一支精兵,乘夜出击，从而大败了敌军。这里，吴汉采用的就是不与敌人正面交锋，而是先设法削减对方气势的策略。北宋时，薛长儒做汉州通判时，数百名驻守州城的士兵叛变。他们打开营门，企图谋杀知州和兵马监押。有人前来报告，知州和监押都不敢出面。长儒挺身而出，步行到军营前，从破损了的营墙翻身入营，对参与叛乱的士卒晓以利害，说："你们皆有父母妻子，为什么做出这样的事情！凡策划叛乱的都站到左边来，凡被迫跟随的站到右边来。"于是，没有参与策划的数百名士兵都站到了右边，只有策划叛乱的十三个头头冲出营门逃走，分散躲进野外的村庄里，不久都被抓获。当时人们说：如果不是薛长儒挺身而出，全城就要遭殃了。这里用的就是攻心夺气的计谋。或者说：当两军对垒时，突然攻击强大敌军的弱点，破坏它即将取得的胜利，这也是"釜底抽薪"计的运用。

宣帝：免其要职，逐削其势

霍光是骠骑将军霍去病的同父异母弟，为人深沉安详，办事仔细谨慎，因而深受汉武帝的信任和器重。武帝，临终时，任命他为大司马大将军，让他与车骑将军金日殚、左将军上官桀、御史大夫桑弘羊一起受遗诏辅佐幼主昭帝。昭帝年仅八岁，朝中的大政方针一律由霍光裁决。霍光主持朝政长达二十多年，共历昭帝、昌邑王、宣帝三世，并且擅废立大权，掌生杀之刑，"威震海内"。不过霍光本人倒能公忠体国，一心事上，所以在朝廷内外享有很高的威望。但是，他的家族却因此而势力大大地膨胀起来，且多为不法之事。还在霍光活着的时候，他的妻子霍显为将自己的女儿纳入宫中，就曾设计害死宣帝落魄时婚娶的妻子许皇后。此事经霍光竭力遮掩，当时总算没有暴露出来。霍光死后，霍家更加横行无忌。霍显骄奢不法，任意妄为，竟与仆人冯殷勾搭成奸。霍氏子弟霍禹、霍山、霍云等，同样是骄纵淫佚，不守臣道，甚至发展到了欺君罔上的地步。

御史大夫魏相，对霍氏家族的所作所为，早已看不上眼，因而愤然上书，要求宣帝削弱霍家的权势。其实，宣帝对霍家也未尝不怀疑忌，只是因为念着霍光的功劳，才尽量忍耐，以示包容。在这种情况下，他看了魏相的奏章，当然不会有什么异议。由于霍山以奉车都尉领尚书事，有拆阅官吏百姓奏章的大权，宣帝接受魏相的建议，首先变更旧制，允许吏民的奏章可以直接送达皇帝，且任命魏相为给事中，以分霍山之权。丞相退休之后，宣帝干脆以魏相为丞相，御史大夫一职,则由丙吉担任。宣帝幼年落魄时,丙吉就曾经保护过他,但宣帝并不知道此事,这次升官不过循例升迁。魏、丙二人,各尽忠诚,同心辅佐,宣帝始觉心下稍安。而霍显却暗暗心惊,唯恐魏相挟私报复。原来,霍光在世时,曾因故将魏相逮捕下狱。霍光死后,霍氏家奴又因与魏相家奴争道而曾经蛮横无理地打入御史府中,百般辱骂。再说,已被毒死的许皇后当年与宣帝所生的儿子爽已被立为太子,这就更使霍显日夜不安。为此,她悄悄地入宫去见女儿霍后,叫她毒死太子,免得将来为其所制。偏偏宣帝早有防备,霍后竟一时无法下手,因而只好背地咒骂,衔恨不休。宣帝留心观察,见霍后不喜欢太子,心下遂生怀疑,自思许后之死极有可能是霍氏设计下毒所致,于是便与魏相密商,想出了一条釜底抽薪的计策,以逐渐剪除霍家的势力。

当时,度辽将军未央宫卫尉范明友,中郎将羽林监任胜,长乐宫卫尉邓广汉,光禄大夫骑都尉赵平,都是霍光的女婿,手中掌握着兵权。此外,光禄大夫给事中张朔是霍光的姐夫,中郎王汉是霍光的孙女婿,右将军霍禹是霍光的儿子,奉车都尉领尚书事霍山是霍光的从孙。于是,宣帝先任命范明友为光禄勋,任胜为安定太守,张朔为蜀郡太守,王汉为武威太守;又调邓广汉为少府,阳尊霍禹为大司马,收还其右将军印;特地任命原大司马张安世为卫将军,并且将两宫卫尉、城门屯兵及北军八校尉尽归安世节制。最后,又将赵平的骑都尉印绶也一并撤回,只任命他为光禄大夫,却以外戚许、史两家的子弟代为军将。霍禹因兵权被夺,亲戚徙调,当然郁愤异常,遂托病不参加朝会。太中大夫任宣前去探视,霍禹竟直呼宣帝为县官,信口说道:“我没有什么病,只是心中不甘。要不是我家将军(指霍光),县官怎能有今天?现在将军坟土未干,就开始疏远、斥逐我家,我家究竟有什么大过?”任宣劝解一番,见霍禹默然不答,便起身告辞而去。

天下之事,盛极必衰,且势盛时都来奉承,势衰后必有讥谤。霍氏一家无论势盛势衰,始终不知收敛、约束,当然更要招致弹劾。霍禹、霍山、霍云等又无法拦阻,愁得日夜不安,只好转告霍显。霍显怒道:“这一定是魏丞相暗中唆使,要灭掉我家。”霍禹答道:“丞相平生廉洁正直,并没有什么罪过,我家兄弟姻婿,行为不谨,容易遭到毁谤。奇怪的是京都中都说我家毒死许皇后,这究竟是从何说起呢?”霍显见事情到了这种地步,只好将实情说出。霍禹等人一听,不禁大惊失色,一时都没了主意。一家人商量来商量去,竟想一不做二不休,干脆将宣帝废掉。不想,隔墙有耳,第二天就被人告密。宣帝仍然容忍,并不立即发作。霍家见阴谋泄露,更加惊慌,便加紧策划,让女儿和孙女们报告各自的夫婿,企图先发制人,一同举事。正在这时,霍云的妻舅李云被捕,事连霍家,有诏令霍山、霍云免官就第。霍家更加失势,只剩霍禹一人还能入朝办事。皇帝和百官对霍禹,当然也不像从前那样尊敬有礼了,宣帝甚至就许多问题对他当面质问,直吓得霍氏一家心惊胆战,如受煎熬。不过,他们贼心不死,仍想设计诱杀大臣,废掉宣帝,甚至想立霍禹为天子。想不到,没等他们开始动作,阴谋再次被人告发。宣帝至此,当然不能再忍,立即派人四处捉拿霍家的人及其亲戚。霍山、霍云与范明友得知消息,先后服毒自杀。其余或腰斩或砍头,也被一律被处死。霍家的近亲疏戚,辗转连坐,被诛灭的竟达千家。

孔子去国

春秋时,鲁国重用孔子,国泰民安,日益殷实。为此刚刚失去贤相晏婴的齐景公感到了威胁,便对大夫黎弥说:“自孔子相鲁以来,鲁国日益强大,将来它的霸业一成,我国必首蒙其害,这可如何是好?”

黎弥沉思了一会儿说:“想办法逼走孔子,鲁国必然孱弱如初。”

齐景公问:“孔夫子在鲁国正受宠走红,怎样才能逼走他?”

黎弥便把自己的计策说了出来:“俗话说,饱暖思淫欲,贫穷起盗心。今日鲁国一片太平,鲁定公必有好色之念。如若选一群美女送给他,让他夜夜笙歌,一本正经的孔夫子还能诚心辅佐他吗?他们君臣还能像过去一样亲密无间吗?这样一来,保管气走孔夫子,那大王不是可以安枕无忧了吗?”

齐景公连称妙计,令黎弥挑选八十名美女,教以歌舞,授以媚容,另选一百二十四宝马,特别修饰,一并送到鲁国,说是给鲁定公享受的。

鲁国的另一位丞相季斯听到这个消息后,即刻换了便服,坐车到南门去看,见齐国美女正在表演舞蹈,娇声遏云,舞态生风,一进一退,光华夺目,不禁目瞪口呆。

等到定公几番宣召他入宫,把齐国国书给他看时,他立刻答道:“此乃齐王的好意,不可推辞。”

于是定公便在季斯的带领下去看这群美女,只见美女们摇臂摆身,似临风之芍药;歌声乍起,疑为群莺出谷。鲁定公乐得神魂飘荡,手舞足蹈。

鲁定公当即回宫,便叫季斯多谢齐王,重赏齐使,把两批厚礼收入宫去。定公从此沉迷酒色,不理朝政。

孔子见状,十分忧心。他几次劝谏鲁定公,但毫无效果。孔子感到自己的抱负无法在鲁国施展,于是又带领弟子周游列国去了。至此齐景公达到了自己的目的。

鲁国繁盛,是因为有个孔子在主持大局,欲削弱鲁国,再没有比赶走孔子更有效的了,恐怕也没有比这更简单的了。很显然,齐国用的是“釜底抽薪”之计。

没有无源之水,没有无本之木,任何一支政治力量都有其根源,从其根源着手,必能得胜。

周亚夫平定吴楚联军之战

汉景帝三年(公元前154年),吴王刘濞联合楚、赵、胶东、胶西、济南、淄川等七个诸侯王国,以“诛晁错,清君侧”为名,发动叛乱。正月,吴王刘濞、楚王刘戊联兵向西进攻。他们首先攻打忠于汉朝廷的梁国,包围了梁都睢阳(今河南商丘市南),重创梁军,并于崤函间(今陕西潼关至河南灵宝一带)设下伏兵,阻止汉军东出,形势危急。景帝命周亚夫为太尉,率兵三十万解危、平叛。周亚夫率军行至灞上(今西安市长安区东),采纳赵涉建议,改变行军路线,避开崤函间吴楚伏兵,绕道武关(今陕西商南县西北)进军洛阳,然后派兵回头从后侧袭击吴楚联军设于淆函间的伏兵。继而移军荥阳(今河南荥阳市),再从荥阳出发,从北侧越过正被吴楚重兵围困的睢阳,袭占了敌军后方重镇昌邑(今山东省金乡县西北)。之后,又出奇兵长途奔袭淮泗口(今江苏淮阴区),切断吴楚联军的水上粮道。梁王因睢阳吃紧,多次向周亚夫求援,周亚夫却始终屯军昌邑不动;梁王上诉到景帝那里,景帝遣人转告周亚夫,周亚夫仍不发兵。此时,数十万吴楚联军久攻睢阳不下,粮道被断,又不得西过,处境被动,其出兵时的猛勇之势便大为削弱;不得已,转而进攻昌邑,企图与汉军主力决战。然而周亚夫却仍然坚守不出。吴楚军采用声东击西计对昌邑城实施强攻,又被汉军在城西北角打得大败。二月,叛军粮尽,士卒饥疲,气丧志颓,被迫退兵。周亚夫遣精兵乘机追击,大破叛军。楚王刘戊自杀,吴王刘濞仅收得残兵数千乘夜逃脱,后窜至东越被诛。周亚夫仅用不到三个月的时间,未经大的强攻苦战,以很少的代价,便平定了声势浩大的吴楚等七国之乱,其奥秘何在?应该说,在很大程度上是得益于他的“釜底抽薪”计。他绕开崤函伏兵,置危城睢阳而不救,吴楚兵临昌邑而不战,这就避开了强敌的锋芒;他首歼崤函伏兵,以奇兵断敌粮道,又以坚壁昌邑,避免决战,养精蓄锐,拖疲叛军,这就大大加强了自己,削减了敌人的气势;然后乘机反攻,大获全胜。这不正是“不敌其力,而削其势”的妙用么!

第二十计　浑水摸鱼

〔简述〕

“浑水摸鱼”一词，起初可能是渔民们从捕鱼实践中摸索、总结出来的一句经验性俗语，后来逐渐被移植到社会生活的其他领域，以至被兵家和军事指挥员用来作为表述某种军事谋略的军事术语。原意是，把水弄浑浊了，鱼儿会晕头乱窜，此时乘机摸捉，往往易于得手。比喻乘混乱之机，谋取某种意外的利益。在军事上指有意给敌方制造混乱，或乘敌方混乱之机，消灭敌人，夺取胜利。在战场上，冒充敌人而蒙混过关是此计常用的术法。

原文

乘其阴乱①，利其弱而无主。随，以向晦入宴息②。

注释

① 乘其阴乱：阴，内部。全句意为：乘敌人内部发生混乱。

② 随，以向晦入宴息：语出《周易·随卦》。随，卦名。本卦为震下兑上。上卦为兑为泽；下卦为震为雷。言雷入泽中，大地寒凝，万物蛰伏，故卦象名“随”。随，顺从之意。《周易·易传·象传上》的随卦卦辞说：“泽中有雷，随。君子以向晦入宴息。”意思是说，人要随应天时去作息，向晚就当入室休息。本计运用这一象理，是说打仗时要善于抓住敌方的可乘之隙，随机行事，乱中取利。

译文

乘着敌方内部发生混乱，利用他力量虚弱且没有主见，使他倾随于我，就像《周易》随卦卦辞说的：人到夜晚，必须入室休息一样。

原文

动荡之际，数力冲撞，弱者依违无主[①]；敌蔽而不察[②]，我随而取之。《六韬》曰[③]："三军数惊，士卒不齐，相恐以敌强[④]，相语以不利。耳目相属[⑤]，妖言不止，众口相惑。不畏法令、不重其将，此弱征也。"是鱼[⑥]，混战之际，择此而取之。如刘备[⑦]之得荆州[⑧]、取西川[⑨]，皆此计也。

注释

① 依违：依，依靠、拥护。违，违背、反对。无主：没有拿定主意。

② 蔽：受蒙蔽、被掩盖。

③《六韬》：古代兵书名。相传为周代吕尚所著。吕尚，字子牙，东海姜姓；先封于吕，从其姓。文王聘于渭水之阳，说过"吾太公望之久矣！"因号"太公望"，俗称姜太公，辅周灭纣。世传其遗有兵书《六韬》六卷。《六韬》始辑录于《随书·经籍志》，宋代列为《武经七书》之一，同《三略》和"孙吴兵法"并称。引文见《六

韬·后征》。

④ 相恐:相互传播一些令人惊恐的消息。以敌强:用一些形容敌人如何如何强大之类的话。

⑤ 耳目相属:交头接耳,你看着我,我看着你。

⑥ 鱼:猎取对象,比喻敌人。《六韬·文师》:"今吾渔,甚有似也。文王曰:'何谓其有似也?'太公曰:'钓有三种:禄等以权;死等以权;官等以权。夫钓以求得鱼也。其情深,可以观大也。'"又《三略·上略》:"香饵之下,必有死鱼。"《韩非子·内储说下》:"古之人难正言,故托之于鱼。"

⑦ 刘备(公元162~223年):三国时蜀汉皇帝,字玄德。涿州涿县(今河北涿州市)人,幼时家境贫苦。东汉末年,起兵镇压黄巾起义军,并参与军阀混战,但因没有根据地而力单势薄。得诸葛亮辅佐后,实力才逐渐壮大。公元208年赤壁之战后,取得荆州为立足之地。后又乘刘璋集团内部分裂,于公元214年夺取益州全部地区,建立了根据地,同魏、吴形成了三国分立的局势。

⑧ 荆州:其治所在今湖北江陵县北。

⑨ 西川:即今四川西部。

译文

动乱不定的局面,存在几种冲突的力量。弱小的顺从谁或反对谁都没有拿定主意,敌方又被蒙蔽而没有察觉。我方应当立即随手把这股弱小力量夺取过来。兵书《六韬·兵征》写道:"军队多次惊慌,军心不一,又因为对敌人估计过强而产生恐惧心理;互相说着泄气的话;大家互相咬耳朵、施眼色;谣言纷纷,听信假话;不怕法令,不尊重将帅。这些都是怯弱的征象啊。"这样的"鱼",在混战的时候,应该乘机捕捉它。例如:刘备得荆州、取西川,用的都是这一条计策。

朱序:虚张声势,乘机取胜

太元七年十月,前秦王苻坚在长安(今陕西西安西北)与群臣商议进攻东晋的事宜,他认为前秦可以动员九十七万大军,并准备亲自出讨,以统一天下。当时朝廷大臣多反对,只有秘书监朱彤、冠军将军慕容垂等力主攻晋。苻坚倚仗着自己国强兵众，夸下海口说攻打东晋绝对没有问题。

八年五月，东晋的大将桓冲率军十万攻襄阳（今属湖北），另派兵攻打沔北（今汉水及其北源陕西留坝西沮水）的一些城池以及武当（今湖北丹江口西北）。六月，桓冲又攻下了万岁、筑阳（今湖北谷城北）等城。苻坚知道以后，倍加震怒，除分别派兵援救外，即于七月下诏大举攻晋，征发各州郡公、私马匹，平民十丁抽一。高门富豪子弟、精通武艺的都授以羽林郎，一共征召了三万多人，任命秦州主簿赵盛之为建威将军带领这些人马。八月，苻坚派阳平公苻融统率骠骑将军张蚝、抚军将军苻方、卫军将军梁成等步骑二十五万人为前锋，开始了大规模的战争。不久，苻坚从长安南下伐晋，统领步兵六十多万，骑兵二十七万，队伍首尾千余里，浩浩荡荡。九月，苻坚到达项城（今河南沉丘），后续部队才刚刚到达成阳（今陕西成阳东北）。西路蜀汉方向的兵力顺江而下，东路幽、冀方向的兵力到达彭城（今江苏徐州）。东西绵延万里，水陆并进，仅运粮船就有一万多艘。苻融统率的先遣部队到达颍口（今安徽颍河入淮河口）。

在前秦大军压境之下，晋廷调兵遣将迎击，任命尚书仆射谢石为征虏将军、征讨大都督，徐、兖二州刺史谢玄为前锋都督，与辅国将军谢琰、西中郎将桓伊等率众八万抵御秦军。龙骧将军胡彬率五千名水军增援寿阳（今安徽寿县）。这个时候，主持东晋朝政的谢安临危不乱，处置有序，勇当大任。十月，苻融等攻破寿阳，俘虏晋朝的平虏将军徐元喜、安丰太守王先等。苻融命卫将军梁成率兵五万屯驻洛涧（今安徽淮南东淮河支流洛河），并于洛涧入淮水处设木栅切断淮水水道，使东晋胡彬的水军无法东撤。谢石、谢玄的主力部队自东向西推进，因害怕梁成，到达距离洛涧二十五里处便停止前进。胡彬困守硖石，粮食将尽，派人向谢石报告。不料，信使被秦军截获，并送至苻融处。苻融即报告苻坚，说晋兵人少，粮食不继，宜乘机发动攻击。苻坚得此消息，即将大军留于项城，自领轻骑八千赶往寿阳，准备进攻东晋。

苻坚等至寿阳，即派在襄阳俘获的晋将朱序前往晋营劝降。朱序仍心向东晋，便借机对谢石说，前秦百万大军还没有全部到达，应赶快攻击其前锋。谢石采纳朱序的建议。十一月，谢玄派鹰扬将军刘牢之率北府军精兵五千人击秦军梁成部。晋军奋勇渡河，和秦军展开了厮杀，还分兵几路切断秦军退路。秦军腹背受敌，四散溃逃，有的不得已跳入淮水逃生，一共淹死了一万五千多人。晋军还生擒了前秦扬州刺史王显等人，缴获大批军械物资。

处于劣势的晋军首战告捷，士气振奋，乘胜水陆继进，径逼淝水。苻坚、苻融登上寿阳城，见对岸晋兵布阵严整，又望见八公山（今寿县城北四里）上草木，以为皆是晋兵,面有惧色。前秦军于寿阳城东淝水西岸布阵,晋军进至淝水东岸,两军隔水相望。谢玄派人通告苻融,要求秦军稍稍后退,让晋军渡过淝水,然后两军一决胜负。秦军将领以为自己人多,应扼守淝水,阻其上岸。苻坚主张待晋军渡过一半时,以铁骑突袭取胜。苻融也同意他的战略。不料,秦军一退不可收拾。朱序乘机在阵后大喊"秦兵败了,秦兵败了",秦军以为真败了,争相逃命。谢玄、谢琰、桓伊等率精兵八千涉渡淝水猛攻。苻融上马冲入军阵,欲阻止秦军盲目退却。前秦指挥无主,更加溃不成军。谢玄等乘胜追击,直至青冈。秦军闻风声鹤唳皆以为晋兵追至,因而晚行夜宿,不敢停息,加之饥寒交加,死者十之七八。苻坚中箭,单骑逃往淮北。朱序、徐元喜及原前凉主张天锡等一起投奔晋营。晋军收复寿阳,俘秦淮南太守郭褒。苻坚沿途收集离散士卒,及至洛阳,仅剩十余万人。

张守珪平定契丹之战

唐开元年间,北方契丹叛乱,多次侵犯唐王朝边境。开元 21 年(公元 733 年),玄宗任张守珪为河北节度副使,移守幽州(今北京市)。契丹大将可突汗几次攻幽州,均未能得手。可突汗想探听唐军虚实,遂遣使者至幽州,假作表示重新归顺唐王朝之意。张守珪觉得当时契丹气势正旺,现在却主动求和,必定有诈。于是将计就计,善待来使,随后派王悔代表朝廷到可突汗营中宣抚,以探听契丹内幕。王悔受到契丹热情接待。在酒宴中,王悔仔细观察契丹众头领的一举一动。他发现,在对待唐朝廷的态度上,众将领表现并不一致。从一士卒口中,王悔得知分掌兵权的李过折一向与可突汗貌合神离,互不服气。王悔便特意去拜访李过折。言谈中,王悔假装不了解李过折与可突汗之间有矛盾,当着李过折,故意大加夸奖可突汗的才干。李过折听后怒火中烧,说可突汗蓄谋反唐,使契丹陷入战乱,人民十分怨愤,并告诉王悔,契丹这次求和全是假意,可突汗已向突厥借兵,不日便要攻打幽州。王悔便向李过折分析形势,指出唐王朝国力富强,兵力强大,可突汗反唐,终必失败。并劝李过折脱离可突汗,归顺唐王朝,建功立业,必得朝廷重用。李过折果然心动,表示愿意归顺朝廷。王悔返回幽州不久,李过折乘夜率本部兵马,突袭可突汗中军大帐。可突汗毫无防备,被斩于营中。可突汗部将涅礼率部与李过折激战,又杀了李过折。张守珪闻报，立即亲率军突入契丹营，接应李过折的部队，并乘契丹军混乱之机，发动猛攻，大破契丹军，生擒涅礼，契丹叛乱遂告平息。

第二十一计　金蝉脱壳

〔简述〕

金蝉脱壳原是一种生物现象，指蝉类昆虫在其生命进程中发生的一种蜕变。也就是人们在树林中能经常见到的，秋蝉从本体脱壳而去，却将蝉衣留在枝头。古人便用这种现象来喻指人类社会生活中的某些事物。如《史记·屈原贾生列传》说："濯淖污泥之中，蝉蜕于浊秽，以浮游尘埃之外，不获世之滋垢，嚼然泥而不滓者也。"又《淮南子·精神训》："蝉蜕蛇解，游于太清。"佛家道家也常用以喻指得道者之死乃弃尸登仙，有如蝉之脱壳。至于从何时开始将"金蝉脱壳"一语用来喻指某种军事计谋，目前尚难确证，但至少在元代以前就有了。如元·惠施《幽闺记·文武同盟》中写道："曾记得兵书上有个金蝉脱壳之计。"后来在各类文章、作品中使用此语的就更多了。如元·马致远《三度任风子》："天也，我几时能够金蝉脱壳，可不道家有老敬老，有小敬小。"关汉卿《谢天香》："便使尽些伎俩，千愁断我肚肠，觅不的个脱壳金蝉这一个谎。"明·吴承恩《西游记》第二十回："这个叫做'金蝉脱壳计'：他将虎皮盖在此，他却走了。"至于在军事实践中使用此计则更早。

原　文

存其形，完其势①，友不疑，敌不动。巽而止，蛊②。

注释

① 存其形，完其势：保存阵地已有的战斗阵容，完备继续战斗的各种态势。

② 巽而止，蛊：语出《周易·蛊卦·彖传》。蛊卦为巽下艮上。艮为山、为刚，为阳卦；巽为风、为柔，为阴卦。故“蛊”的卦象是“刚上柔下”，意即高山沉静，风行于山下，事可顺当。又，艮在上，为静；巽为下，为谦逊，故又是“谦虚沉静”“弘大通泰”，是天下大治之象。此计引自《周易·蛊卦·彖传》：“巽而止，蛊。”其意是暗中谨慎地实行主力转移，稳住敌人；乘敌不惊疑之际，脱离险境。“蛊”，有顺的意思。

译文

保存阵地原形，造成强大的声势，使友军不怀疑，敌人也不敢贸然进犯。这是从《周易·蛊卦·彖传》“巽而止，蛊”一语中悟出的道理。

原文

共友击敌[①]，坐观其势。倘另有一敌，则须去而存势[②]。则金蝉脱壳者，非徒走也[③]，盖为分身之法也。故我大军转动，而旌旗金鼓，俨然原阵[④]，使敌不敢动，友不生疑。待已摧他敌而返，而友敌始知，或犹且不知。然而金蝉脱壳者，在对敌之际，而抽精锐以袭别阵也。如诸葛亮卒于军[⑤]，司马懿追焉[⑥]。姜维令仪反击鸣鼓[⑦]，若向懿者[⑧]。懿退，于是仪结营而去[⑨]。檀道济被围[⑩]，乃命军士悉甲[⑪]，身白服乘舆[⑫]，徐出外围[⑬]，魏惧有伏，不敢逼，乃归。

注释

①共友：与友军联合。

②存势：保存阵势。

③徒：仅仅、只是。

④俨然：很相像。

⑤诸葛亮（公元181～234年）：三国时期杰出政治家、军事家。字孔明，徐州琅琊阳都（今山东沂南）人。初为刘备军师；刘备称帝后任丞相，总理军政；刘备死后，辅佐后主，封武乡侯。此处所引诸葛亮死后退兵之事，见前文“简述”。

⑥司马懿（公元179年～251年）：三国时期军事家、魏国名将。字仲达，河南温县人（属今河南省）。曾为曹操军司马，曹丕称帝后任抚军大将军。

⑦仪：杨仪（？～公元235年），字威公，襄阳人（今湖北襄阳）。东汉末年为荆州刺史主簿，后投关羽。刘备进位汉中王，拔擢杨仪为尚书。后主时，随诸葛亮出师北伐，任杨仪为长史、绥军将军。诸葛亮死，因言行不检，被贬自杀。姜维（公元202～264年），三国时天水冀县（今甘肃甘谷东）人，字伯约。原为魏将，后归蜀，得诸葛亮重用，任征西将军。亮死，任大将军，屡次统兵攻魏，无功。公元263年蜀亡，姜维降于魏将钟会。后维与钟会联结叛魏，拟乘机复蜀，事败被杀。

⑧若：如、像是。若向：好像是指向。

⑨结营：安营扎寨；此处意为保持着完整的营寨，亦即保持了军队的完整。

⑩檀道济（？～公元456年）：南北朝时期宋国名将。高平金乡（今山东金乡）人。初随刘裕从军，历任扬威将军、宁朔将军、冠军将军、镇南大将军，战功显赫。后因朝廷畏其兵权太重，初宋文帝刘义隆指使彭城王刘义康将他杀了。

⑪乃：于是，就。悉甲：全部披上盔甲。

⑫ 身：这里是指，身上穿着。白服：便服。舆：车。

⑬ 徐：从容地。外围：包围圈之外。

译文

同友军联合对敌作战，要仔细察明敌、我、友三方面的态势。如果另外发现敌人，必须保持原来的阵势而分兵去迎击。“金蝉脱壳”并不是一走了之，它是一种分身的法术。因此，当我方大军转移后，依然要旗帜招展，锣鼓声喧，很逼真地保持原来的阵势，这就可以使敌人不敢妄动，友军也不致生疑。等到我已摧毁别处的敌人返回来，友军和敌人才发觉，或者还没有发觉。“金蝉脱壳”就是在对敌作战时，暗中抽走精锐部队去袭击别处的敌人的奇谋。比如：诸葛亮第六次出祁伐魏时死于军中，魏军大都督司马懿领兵追袭。姜维命令杨仪指挥部队擂鼓佯攻，其矛头好像是指向司马懿的魏军。司马懿见后便引军退走了。于是杨仪得以完军而归去。又如南北朝时，宋将檀道济被北魏军队围困。檀道济命令军士全部戴盔披甲，而自己则身着便装、坐着车子，领军从容地走出敌军包围圈。北魏的军队害怕宋军有埋伏，因而不敢逼近，于是檀道济得以安全归去。

齐桓公：悬羊击鼓，饿马提铃

据传，春秋时的齐国国君齐襄公荒淫无度，不理朝政，国事荒废，后期又对手下的大臣展开杀戮。他的两个儿子公子纠和公子小白因害怕遭到迫害而出逃他国避难。公子纠的母亲是鲁国人，于是他与他的两个师傅管仲和召忽逃到鲁国，得到了鲁庄公的庇护；公子小白与他的师傅鲍叔牙逃到了莒国。公元前686年，齐国发生宫廷内乱，襄公的弟弟公孙无知杀死了襄公，并自立为国君。第二年，他出游雍林，雍林人对公孙无知的弑君行为痛恨不已，于是等他到了雍林后，雍林人袭杀了这个乱贼，并告知齐国大夫：“公孙无知弑君自立，臣等诛杀了他，请大夫从齐国诸公子中挑选当立者，我们定会惟命是听。”

当时公子纠和公子小白听到齐襄公被杀的消息后，两个公子都急着回国争夺君位。为保险起见，鲁国君鲁庄公决定亲自护送公子纠回齐国。管仲对鲁庄公说:“公子小白在莒国,离齐国很近,万一让他先行到齐国夺了国君之位,事情就麻烦了,让我先带一支人马快速行军,截住公子小白。”

果然不出管仲所料,公子小白在师傅鲍叔牙的密谋策划下,向莒国国君要了一支队伍,八匹快马,连夜急速向齐国国都临淄进发。当公子小白队伍来到淄河三岔口,见河面足有一里多宽,浪涛一个跟着一个,卷起高高大大的漩涡,狂怒地冲击着河岸,发令人恐惧的响声。一轮新月高高地挂在天空,河岸边一片高粱正阴沉着红脸,在冷风吹刮下发出沙沙的动静,这山,这水,这庄稼,似乎都预示着一种大祸的来临。

多虑的鲍叔牙站在河岸,生怕有伏兵袭击,为了保证公子小白的安全,及早赶回齐国登位,他立即将坐在马车中的公子小白推进护卫的队伍之中,把一名小卒拉上马车,换上公子小白的衣服。正要想法渡河前进,忽然从河对面高粱地里划出一只小船,船头站立一名戴竹笠老翁,一桨桨向公子小白的方向划来。鲍叔牙见有船划来,便挥手招呼意欲过河。当小船划到公子小白岸边时,老翁突然拈弓搭箭,对准公子小白射去,箭发人倒(一说公子小白并未找替身,一箭射来他一声惨叫倒在马车上——实为受伤诈死),河岸出现一片喊杀声,老翁一声口哨,瞬间,高粱地里窜出无数鲁国士兵,把公子小白队伍三面包围。鲍叔牙一见情况紧急,立即带领人马护着真正的公子小白向东南一条山谷逃去。这条山谷四面环山,山谷中有一座孤独的巨峰,高耸入云,后面管仲与鲁庄公士兵尾随追来,在后退无路、前行山挡的情况下,鲍叔牙保护着公子小白躲进了这座山里,就是岑山。

管仲、公子纠看到此山高林密,层峦叠嶂,谷深峰高,心中窃喜,只要将其围困在此山,无需厮杀,小白插翅难逃,便可瓮中捉鳖,这正是上苍赋予公子纠的好机会。为了拖住小白,让公子纠早日赶到齐国继位,管仲号令士兵把公子小白围困在山中。

公子小白与师傅鲍叔牙逃进山中后,人困马乏,粮草断绝,饥饿的士兵到石崖上摘野果充饥。公子小白也借着月光,一面寻食物,一面观察地形。(据说,在摘酸枣时,公子小白被棘针挂住战袍,他自言自语:“酸枣树不长棘针该有多好。”自此后,悬羊山上的酸枣就不再长棘针了,直到现在,其他山上的酸枣树都长棘针,唯独这座山上的酸枣树不长棘针。公子小白拔了一把山韭菜吃着很香,又夸奖说:“这山上的山韭菜比家韭菜还香。”此后,悬羊山上的山韭菜真比家韭菜还香。多年来,悬羊山下的东峪村民,每逢年过节,都上山采山韭菜包水饺,其味道格外鲜美。)公子小白一边号召士兵以山韭菜和野果子充饥、修整,一边派人四处探路。

这时,有士兵来报,山的东南有一条通往山外的小道(就是现在通往青州的小道),公子小白闻之大喜,亲自来到后山观察,眉头一皱计上心来。为了迷惑鲁军,他命兵卒捉来十余只山羊,将山羊个个拴住后腿,吊在树上,又在每只山羊前蹄下置一面战鼓。又命士卒在山上挖出一条战壕,把部分弱马赶进战壕里面,每匹马挂上一个铜铃,禁食水草。过不了几个时辰,山羊、战马饥饿难耐,山羊前蹄乱蹬,擂鼓震天;战马也因饥饿在战壕中奔跑寻草,互相撕咬,马铃声响成一片。

山谷中的马铃声、战鼓声阵阵传来,管仲及其鲁军还以为公子小白的队伍尚还被围困山中操练,暗自高兴。公子纠也好不得意,认为用不了几日,齐王宝座便可手到擒来。岂不知,此时公子小白和师傅已率兵悄悄从新发现的山后小道,翻岭从青州取近道赶回齐国临淄,登基齐君,就是后来的齐桓公。

公子小白到达齐国登基后,立即发兵给公子纠来了一个背后突袭,此时鲁军仍苦守谷口,士兵松懈无备,全部当了俘虏,鲁庄公见此,被迫杀掉公子纠向齐国谢罪。自此便有了"悬羊击鼓,饿马提铃(也作饿马嘶草)"的典故。齐桓公为纪念此山,特意传旨将岑山改名为"悬羊山"。

悬羊山一战,成就了小白国君的地位,后来,又有了齐桓公不计前仇、重用管仲为相,加上竖刁、开方等名臣将辅佐,拉开了富国强兵、尊王攘夷的序幕,最终成为春秋五霸之一,并一时九合诸侯、一匡天下,雄霸天下。

死诸葛走活仲达

三国时期,诸葛亮六出祁山,北伐中原,但一直未能成功,终于在第六次北伐时,积劳成疾,在五丈原病死于军中。为了不使蜀军在退回汉中的路上遭受损失,诸葛亮在临终前向姜维密授退兵之计。姜维遵照诸葛亮的吩咐,在诸葛亮死后,秘不发丧,对外严密封锁消息。他带着灵柩,秘密率部撤退。司马懿派部队跟踪追击蜀军。姜维命工匠仿诸葛亮模样,雕了一个木人,羽扇纶巾,稳坐车中。并派杨仪率领部分人马大张旗鼓,向魏军发动进攻。魏军远望蜀军,军容整齐,旗鼓大张,又见诸葛亮稳坐车中,指挥若定,不知蜀军又要什么花招,不敢轻举妄动。司马懿一向知道诸葛亮"诡计多端",又怀疑此次退兵乃是诱敌之计,于是命令部队后撤,观察蜀军动向。姜维趁司马懿退兵的大好时机,马上指挥主力部队,迅速安全转移,撤回汉中。等司马懿得知诸葛亮已死,再进兵追击,为时已晚。

毕再遇:悬羊击鼓,悄然撤退

宋朝开禧年间,金兵屡犯中原。宋将毕再遇与金军对垒,打了几次胜仗。金兵又调集数万精锐骑兵,要与宋军决战。此时,宋军只有几千人马,如果与金军决战,必败无疑。毕再遇为了保存实力,准备暂时撤退。金军已经兵临城下,如果知道宋军撤退,肯定会追杀。那样,宋军损失一定惨重。毕再遇苦苦思索如何蒙蔽金兵,转移部队。这时,只听帐外,马蹄声响,毕再遇受到启发,计上心来。

他暗中作好撤退部署,当天半夜时分,下令兵士擂响战鼓,金军听见鼓响,以为宋军趁夜劫营,急忙集合部队,准备迎战,哪里知道只听见宋营战鼓隆隆,却不见一个宋兵出城。宋军连续不断地击鼓,搅得金兵整夜不得休息。金军的头领似有所悟:原来宋军采用疲兵之计,用战鼓搅得我们不得安宁。好吧,你擂你的鼓,我再也不会上你的当。宋营的鼓声连续响了两天两夜,金兵根本不予理会。到了第三天,金兵发现,宋营的鼓声逐渐微弱,金军首领断定宋军已经疲惫,就派军分几路包抄,小心翼翼靠近宋营,见宋营毫无反应。金军首领一声令下,金兵蜂拥而上,冲进宋营,这才发现宋军已经全部安全撤离了。

原来毕再遇使用了"金蝉脱壳"之计。他命令兵士将数十只羊的后腿捆好绑在树上,使倒悬的羊的前腿拼命蹬踢,又在羊腿下放了几十面鼓,羊腿拼命蹬踢,鼓声隆隆不断。毕再遇用"悬羊击鼓"的计策迷惑了敌军,利用两天的时间安全转移了。

杨巴:急中生智,保全自己

清末年间,李鸿章出巡天津,知府大人为了巴结讨好,特意让仆人杨巴为李鸿章献上茶汤。杨巴恭敬地将茶汤捧到李鸿章面前的桌上,然后悄悄退下,垂手而立，准备听赏。

就在李鸿章正要品尝这津门茗品的瞬间，目光落在碗中，其面色顿起乌云，“啪”的一声将一碗茶汤摔在地上。在场的官员全都吓蒙了，谁也不知中堂大人为啥犯怒？可杨巴心里明白：李中堂没有喝过这等茶汤，当然不知浮在汤面的是碎芝麻，而误以为是掉进碗中的脏东西了。否则，何必大发雷霆呢？

但是，难题来了。若杨巴说那是芝麻，不是脏东西，岂不是暴露了中堂大人孤陋寡闻，没见识吗？如果不加解释，那就等于默认是要给中堂大人难看，怎么办？

只见杨巴一边以头撞地，一边高声叫道：“大人息怒，小人不知道中堂大人不爱吃压碎的芝麻粒，惹恼了大人。请大人不计小人过，饶了小人这一次，往后一定痛改前非。”说完又是一通的响头。

李鸿章一听，如梦方醒，知道自己刚才鲁莽，幸而这个聪明的杨巴为自己保全了面子，不觉心中大喜，说：“不知者不为罪。虽然我不喜欢吃碎芝麻，但你煲茶汤的手艺炉火纯青，名满津门，来人呀，赏银一百两！”

杨巴在严峻的形势之下，急中生智，采用金蝉脱壳之计，保全了自己的性命，同时也为李鸿章保全了面子。

第二十二计　关门捉贼

〔简述〕

关门捉贼是流传已久的民间俗语，其意不言自明。它与另一民间俗语“关门打狗”的意思相近。后来人们把日常生活中的这种小智谋移用于战争，便有了不同凡响的意义。在军事实践中，它与军事家和军事指挥员们常讲或常用的围歼战、口袋阵等大体上是一回事。古今中外战史上使用此计的，比比皆是。就我国古代战争史来说，使用此计的著名战例，较早的有战国时孙（膑）庞（涓）马陵道之战（公元前 342 年）、秦赵长平之战（公元前 262 年）、汉初的楚汉垓下之战（公元前 203 年）等，此后使用此计而消灭对手的战例就更多了。

原文

小敌困之。剥,不利有攸往①。

注释

① 剥,不利有攸往:语出《周易·剥卦》。剥卦为坤下艮上。上卦为艮、为山,下卦为坤、为地。意即广阔无边的大地在吞没山岳,故卦名曰"剥"。"剥",落也。剥卦的卦辞说:"剥,不利有攸往。"意思是说:当万物呈现剥落之象时,如有所往,则不利。此计引此卦辞,是说对小股敌人要即时困围消灭,而不利去急迫或者远袭。

译文

对弱小的敌人,要加以包围、歼灭(如果纵其逃去而又穷追远赶,那是很不利的)。这是从剥卦卦辞"剥,不利有攸往"一语中悟出的道理。

原文

捉贼而必关门者,非恐其逸也①,恐其逸而为他人所得也。且逸者不可复追②,恐其诱也。贼者③,奇兵④也、游兵⑤也,所以劳我者也。《吴子》曰⑥:"今使一死贼伏于旷野,千人追之,莫不枭视狼顾⑦。何者?恐其暴起而害己也。是以一人投命⑧,足惧千夫。"追贼者,贼有脱逃之机,势必死斗。若断其去路,则成擒矣。故小敌必困之,不能,则放之可也。

注释

①逸：逃亡、跑掉、隐藏。

②逸者不可复追：逃走的敌人不可再追。《李卫公问对·卷上》："法曰：佯北勿追。"又："奔北不追，则敌有谋矣。"这里仅从避免中敌埋伏而言，实际上，古代兵家都是主张跟踪追击的。如：《吴子·料敌》："众来则拒之，去则追之，以卷其师，此其势也。"

③贼者：这里是指诡计多端的盗贼。《通俗常言疏证·盗贼》："贼有贼智。"《通俗编》："盗虽小人，智过君人。"

④奇兵：使用偷袭战术的部队。《百战奇法·奇战》："凡战所谓奇战，攻其无备，出其不意也。"

⑤游兵：机动灵活的游击队。见《草庐经略·游兵》："游兵者，谓其无定在也。必上果锐而骑超捷，将勇悍而善应交。时而东，复时而西；时而出，复时而入。敌怒而迎，我引而退；敌倦而息，我临而扰。击其左，击其右，击其前，复击其后。击其懈弛而无备，仓促难救。抄其谷食，焚其积聚；劫其辎重，袭其要城；取其别营，绝其便道；或朝或暮，伺敌之隙，乘间取利。飘忽迅速，莫可踪迹；于我为军之声援，于敌为彼之后患。夫使贼腹背均患，进退维谷，则不难于剪除。全胜之策，是一道也。"

⑥《吴子》：古代兵书名。为战国吴起（？～公元前381年）所著。吴起：卫国人，战国初年杰出的政治家、军事家。曾经做过楚国的令尹（相当于宰相）。实行变法，使楚国逐渐富强，后被贵族杀害。他的兵书《吴起》四十八篇已经散失，据传现有的《吴子》是委托后人写的。

⑦枭视：猫头鹰白天看物，视而不见，眼大无神的样子。《吴子直解·励士》："枭，恶鸟也；日午不见物，故数视。"这里解作：视而不见。狼顾：狼行走时，四下张望，以防袭击，比喻有后顾之虑。这里解作：顾虑重重。见《史记·苏秦列传》："秦虽欲深入，则狼顾，恐韩魏之议其后也。"

⑧投命：豁出命去、不怕死。

译文

捉贼所以必须关门，不仅是怕贼逃走，而且还怕贼逃走后反而被别人所得而利用。况且，对逃走的贼不可以再追，以免中了他的诱兵之计。所谓贼，（从军事上说）是指突然来袭、出没无常、诡计多端的敌人，他们是要疲劳我方，以便实现他们的企图。兵书《吴子》写道："现在让一个亡命之徒，隐藏到广大的原野里，纵然派出一千人去追捕他，人们也会视而不见，顾虑重重。这是为什么呢？是怕遭遇突然袭击而受伤。因此只要有一个人不怕死，他就可使一千个人恐惧。"追赶盗贼这事，如果盗贼发现还有逃脱的机会，他必然拼死格斗；如果截断他的去路，盗贼就非被擒住不可。所以，对付弱小的敌人，必须包围、歼灭；如果办不到，暂时任他逃走也未尝不可。

李鸿章：划河圈地，且防且剿

太平天国失败后，捻军成了反抗清朝统治的主力。1846年十二月，捻军与太平军遵王赖文光部会合，捻军首领张宗禹、任化邦等共推赖文光为统帅，"誓同生死，万苦不辞"。赖文光按照太平军的兵制、纪律和训练方法，整编了捻军，并把"披霜蹈雪，以期复国于指日"作为奋斗目标。赖文光根据捻军精骑善走的特点，创造出一套步骑结合、灵活机动的运动战战术，出奇制胜，击毙僧格林沁，打败曾国藩。但是，由于全国革命形势低落，赖文光深感"独立难持，孤立难久"。1866年十月捻军在河南杞县、陈留附近决定分为东西两支：由赖文光、任化邦率领的一支，继续在山东和中原一带坚持斗争，称为东捻军；由张宗禹率领的一支，"前进甘陕，往连回众，以为犄角之势"，称为西捻军。就是在这种形势下，李鸿章走上了剿捻前线。

曾国藩成了捻军的手下败将，而李鸿章却用了不到两年的时间，就把捻军投入血泊之中，这除了捻军内部的消极因素起着作用之外，主要是因为李鸿章灵活地实施了"划河圈地""以静制动"的战略方针。

李鸿章在剿捻中，还根据战争态势的变化，灵活地实施了曾国藩所制定的战略方针。曾国藩剿捻方略的基本原则是"以静制动"。在以前镇压太平天国的战争中,“以静制动”是作为战术原则为“以上制下”的战略方针服务的。及至与捻军作战,情况就有所不同,捻军没有像太平天国那样相对稳定的根据地,单纯流动的军事斗争,“以走制敌”为捻军的最大特点。面对这种情况,曾国藩确定了“以静制动”的战略方针。在具体部署上,有所谓“四镇六游”之说。他以安徽临淮、江苏徐州、山东济宁、河南周家口四处为“老营”,“各驻大兵,多蓄粮草火药,为四省之重镇,一省有急,三省往援”,并增设了六路“游击之师”,负责“追剿”,所谓“六游分进,梭织不断”。在此基础上,他又东在运河、西在豫东的沙河和贾鲁河设立“河防”,力图圈制捻军。在地方上则“查办民圩”,加强坚壁清野和治安防范,割断捻军与人民群众的联系,“以清根本”。曾国藩意在以湘淮军之长,克捻军之短,应该说是极为毒辣的。

但是,对于这种部署,特别是沿河堤筑墙设防,“闻者皆笑其迂”。时在后方的李鸿章也不以为然,致书襄办曾国藩军务并建河防之策的刘秉璋讽刺说:“古有万里长城,今有万里长墙,不知秦始皇千年后遇公等知音。”然而,当他挂帅剿捻后,揆情度势,才体察到曾国藩战略部署的深意。

李鸿章有了攻灭东捻军的成功经验,在直东战场基本上是“抄袭旧稿”,使用“圈制”之计。但是,在直东战场实施“就地圈制”战略,却遇到了相当严重的困难:第一,西捻军鉴于东捻军的覆辙,有了较高的警惕性,“一闻围扎”,立即“死力冲突”,“飚疾如风,一瞬即失”,李鸿章“初意拟蹙之怀、卫之间,继欲扼之卫、黄之交,皆未及谋定而贼已窜逸”,使得李鸿章无法从容布置;第二,所谓“就地圈制”重在利用地利,但“黄河以北,平坦千里,网罗难使”,虽说“就运河一线设防,蹙之海东一隅,较得地势”,然而战线漫长,加之河道水位低,“不能以水为险”,“设防全恃兵力”,但就当时直东战场的清军兵力而言,“有守无战”,难以攻灭西捻军。

面对这种局势,李鸿章认为“即严督诸军日以追剿为事,能胜贼而未足以灭贼,且久有覆军疲师之忧”,与其这样,就不如暂且以守待变。但左宗棠却不以为然,他力主“追剿”。李鸿章写信给沈葆桢,批评常以诸葛亮自比的左宗棠说:“诸葛公提偏师从诸将后,到处寻贼,吾谓非计”,“其免于九节度之溃者几希”。事实上,当时李、左等人的战略都失之偏颇。李鸿章看来“稳慎”,而实则陷于消极被动;左宗棠主观上积极主动,但实际上却不免鲁莽操切,这同样是对捻军胸无良策的表现。

正当他们一筹莫展的时候,不料天公帮了大忙,形势顿现转机。五月上旬,漳、卫上游,山洪暴发,运河水位陡涨至一丈五六尺。这使清军在运河防线北段有了水险可恃,并且通过沧州以南的捷地坝将运河水灌入减河,从而增加了自捷地坝至海滨牧猪港全长百余里的北面一条水上防线。接着五月中旬“黄水陡涨数尺”,这即使清军黄河防线得到加强,又使清军得以在张秋开坝引黄入运,使原来自张秋至临清二百余里干涸可涉的河段,大水漫灌,“炮船鼓棹如飞,直逼德、景”。此后,“黄水复暴涨,自运河以迫马颊诸河,无不盈堤拍岸,横溢四出,流潦纵横,于是运河一线,遂为金城巨防”。这样就形成了南以黄河、西以运河、北以减河为凭借的包围圈,使捻军受到致命的威胁。

这种条件也为李、左二人战略主张趋于统一提供了物质前提。自从五月上旬运水陡涨以后,左宗棠看到“圈制”有了地利保障,就转而表示赞同,他致函李鸿章解释说:“圈制一策,实制捻良图,惟从前减河未注水时,地段太长,需时又久,弟不能无疑。见(现)在捷地闸开,工程既省,自兴济以南东岸居民均移西岸,正可用民力筑堤自保,而以官军协守,腾出各军剿贼。”左宗棠在同意“圈制”的同时,仍然主张腾出一定的兵力用于“追剿”。李鸿章也凭借地利条件,压缩河防兵力而用之于“追剿”。这样,李、左二人的意见便趋于一致。二人意见的统一、行动的配合,也就决定了战略大势,其他大员只得附而从之。像官文、丁宝桢、英翰等人都明确表示赞同李鸿章的战略部署。清廷也明确肯定李、左的意见,令其“酌度筹办”。

“划河圈地”“且防且剿”的战略,使清军在直东战场取得战略主动权。

捻军试图突破清军河防没有结果,而在包围圈内又无法摆脱清军围追堵截,只好被动地奔突,最后进入山东北部。李鸿章不失时机地“缩地围扎”,在马颊河与徒骇河布防,把捻军压迫在其间的高唐、商河、惠民一带的狭长地带,并配合地方当局“查圩”,致使捻军陷入绝境。八月,张宗禹率部突围,南下到达山东茌平境内,不料徒骇河水陡涨,猝遇清军阻击,全军覆没,张宗禹不知去向。

清廷论剿捻功,李鸿章赫然居首,赏加太子太保衔,并荣升协办大学士。曾国藩闻讯,颇感自豪和欣慰,特地致函李鸿章,表示热烈祝贺,并赞赏李鸿章的所谓忍性和德力,说:“自去秋以来,波澜迭起,疑谤不摇,宠辱不惊,卒能艰难百折,了此一段奇功,固自可喜,德力尤为可敬!”

秦赵长平之战

战国后期,周赧王五十三年(公元前 262 年),秦国攻打赵国。秦军在长平(今山西高平北)受阻。长平守将是赵国名将廉颇,他见秦军势力强大,不能硬拼,便命令部队坚壁固守,不与秦军交战,两军相持两年多,秦军仍拿不下长平。公元前 260 年,秦王采纳了范雎的建议,用离间计让赵王怀疑廉颇。赵王中计,调回廉颇,派只会纸上谈兵的赵括为将,到长平与秦军作战。赵括到长平后,完全改变了廉颇坚守不战的策略,主张与秦军决战。秦将白起起初有意让赵括尝到一点甜头,使他的军队取得几次小胜。于是赵括果然得意忘形,派人到秦营下战书。这下正中白起的下怀。开战前,他分兵几路,抄赵括的后路,隐秘地形成对赵军的包围。第二天,赵括亲率四十万大军,来与秦兵决战。赵括因秦军几次交战都打输了,志得意满,哪里知道敌人用的是诱敌之计。他率领大军追赶假败的秦军,一直追到秦壁。秦军坚守不出,赵括一连数日也攻克不了,只得退兵。这时突然得到消息:自己的后营已被秦军攻占,粮道也被秦军截断。秦军派精骑五千突入赵营,将赵军分割为两块,分别全部包围起来。一连四十六天,赵军绝粮,士兵杀人相食,赵括只得拼命突围,白起已严密部署,多次击退企图突围的赵军。最后,赵括中箭身亡,赵军大乱,可叹四十万大军都被秦军杀戮。这个赵括,只会“纸上谈兵”。在真正的战场上,一下子就中了敌军“关门捉贼”计,损失四十万大军,使赵国从此一蹶不振。

第二十三计　远交近攻

〔简述〕

远交近攻，语出《战国策・秦策》：范雎曰："王不如远交而近攻。得寸，则王之寸；得尺，则王之尺也。今舍此而远攻，不亦谬乎？"约在秦昭王38年（公元前269年）左右，范雎因避难由魏入秦。秦昭王知其能，遂以上宾待之，向他长跪而三问计。当时，秦欲统一天下。范雎在分析了秦王对外政策的失误之后，给秦昭王献上了"远交近攻"的策略。战国时期，七雄争霸。秦自商鞅变法之后，国力强盛。秦昭王开始图谋并吞六国，统一中国，但在策略中却实行近交远攻办法。准备联合并越过韩魏诸国而远征地处东海之滨的强齐。范雎认为秦昭王这样做是失策。他说：齐国势力强大，离秦国又很远；出兵攻齐，还必须经过韩魏诸国。出兵少了，则不能给齐国造成致命的伤害；出兵多了，劳师远征，又会给秦国自身造成大的损失。我猜想大王的意思是想让自己少出兵，而让韩魏两国的军队全体出动吧！但这样做合适吗？韩魏两国会干么？

何况即使秦国打赢了，你也无法得到齐国的土地。因而不如反过来，远交近攻，派遣使者主动与相距较远的齐国结盟，而首先攻战身边的韩魏诸国。这样，灭一国就可得一国的土地，秦国就会越战越强大，大王的霸业就可以成功了。秦昭王采纳了范雎的建议，此后，"远交近攻"便成为秦逐步并吞六国的基本国策，并由此最终达到了统一天下，建立秦帝国的目的。

原文

形禁势格[1],利从近取,害以远隔。上火下泽[2]。

注释

① 形禁势格:禁,禁锢、限制。格,阻碍。全句意为:受到地势的限制和阻碍。

② 上火下泽:语出《周易·睽卦》。睽卦为兑下离上。上卦为离为火,下卦为兑为泽。上火下泽,是水火相克;水火相克则又可相生,循环无穷。又"睽":离违,即矛盾。本卦卦辞说:"上火下泽,睽。"意为上火下泽,两相违离、矛盾。此计运用"上火下泽"相互违离的道理,说明采取"远交近攻"的不同做法,使敌相互矛盾、违离,而我则可各个击破。

译文

凡是受到地理形势的限制时,攻取附近的敌方,就有利;攻击远隔的敌方,就有害。这是从睽卦卦辞"上火下泽睽"一语中悟出的道理。

原文

混战之局,纵横捭阖之中[1],各自取利。远不可攻,而可以利相结;近者交之,反使变生肘腋[2]。范雎之谋[3],为地理之定则,其理甚明。

注释

①纵横捭阖：纵南北、横东西。战国时，苏秦联合六国，抗拒强秦，叫做合纵；张仪瓦解六国，变拒秦为事秦，叫做连横。捭阖，择取手段，以变应对。见《鬼谷子·捭阖》："捭之者，开也、言也、阳也；阖之者，闭也、默也、阴也。"纵横捭阖，意思是：采取联合与分化、公开与秘密的手段，伺机破敌。

②肘腋：肘，是胳膊的上节和下节；腋，是胳肢窝。这里的肘腋，是比喻非常迫近的地方。

③范雎：战国时期魏国人。字叔，曾化名张禄。入秦游说昭王，驱逐专权的外戚。公元前266年被任为相国，封于应（今河南宝丰），因称应侯。曾建议秦王使用远交近攻的策略，先后击灭六个大国，使秦统一天下。

译文

在攻势纷乱的局面中，各方都不择手段，翻云覆雨，随机应变，为自己争夺利益。远处的不要去进攻，也可以用些利益和他结交；邻近的如果去结交，反可使叛乱发生在身旁。战国时范雎的谋略，就是把地理相处远近，作为结交或攻击的准则，它的道理是很明显的。

郑国：交远制近，春秋小霸

春秋初期，周天子的地位实际上已经架空，群雄并起，逐鹿中原。郑庄公在此混乱局势下，巧妙地运用"远交近攻"的策略，赢得了当时霸主的地位。当时，郑国近邻的宋国、卫国与郑国积怨很深，矛盾十分尖锐，郑国时刻都有被两国夹击的危险。郑国在外交上采取主动，接连与邾、鲁等国结盟，不久又与实力强大的齐国在石门签订盟约。

公元前719年，宋、卫联合陈、蔡两国共同攻打郑国，鲁国也派兵助战，将郑国东门围困了五天五夜。虽未攻下,郑国已感到本国与鲁国的关系还存在问题,便千方百计想与鲁国重新修好,共同对付宋、卫。

公元前 717 年, 郑国以帮邾国雪耻为名,攻打宋国。同时,向鲁国积极发动外交攻势,主动派使臣到鲁国,商议把郑国在鲁国境内的访枋交归鲁国。果然,鲁国与郑重修旧谊。齐国当时出面调停郑国和宋国的关系,郑庄公表示尊重齐国的意见,暂时与宋国修好。齐国因此也对郑国加深了感情。

公元前 714 年,郑庄公以宋国不朝拜周天子为由,代周天子发令攻打宋国。郑、齐、鲁三国大军很快地攻占了宋国大片土地。宋、卫军队避开联军锋芒,乘虚攻入郑国。郑庄公把占领宋国的土地全部送与齐、鲁两国,迅速回兵,大败宋、卫大军。郑国乘胜追击,击败宋国,卫国被迫求和。郑庄公势力扩张,霸主地位形成。

范雎:远交近攻,各个击破

秦国在其发展的关键时刻采取了两项十分及时的措施,一是实行远交近攻的军事和外交策略,二是把分散的大权重新集中到了秦王的手中。而这一切,都是范雎的智谋。

范雎到了秦国,秦昭王在宫廷迎接他,对他说:“我早就应该领受您的教导了,只是近来因为义渠的事情十分紧急,我每天都要请示太后,现在,义渠的事情已经结束,我才能亲自向您请教。我深感自己不敏,请以宾主之礼相见。”范雎推辞谦让。这一天秦昭王会见范雎,在场的人没有不因为吃惊而变了脸色的。

秦王令左右的人退出,宫中再也没有别人在场。秦昭王跪坐着向范雎请教说:“先生准备用什么来使我有幸得到教诲呢?”

范雎只是恭顺地答道:“是,是。”

过了一会儿,秦昭王又问范雎,范雎还只是恭顺地答应着:“是,是。”

秦昭王问了三次,都是如此。秦昭王长跪在坐席上说:“先生是不是不肯指教我呢?”

范雎充满歉意地说:“不敢这样。我听说当初吕尚遇见周文王的时候,吕尚身为渔翁,只是在渭水之滨钓鱼而已,像他们这样的人,相互间是很生疏的。文王听了他一席话，就封他为太师，和他一起乘车回去，是吕尚的话深深打动了文王。所以文王果然用吕尚而建功立业，终于取得了天下，自己也当上了帝王。假使文王疏远吕尚而不愿意与之深谈，就说明周朝没有做天子的德行，文王、武王也就无人相助，帝王之业也就无法建立了。现在我只不过是一名客居秦国的旅人，和大王没有什么交情，而我所想说的又都是军国大事，我虽然很愿献上自己的愚忠，却不知道大王的心思究竟怎样，所以大王三次问我，我都不对答，就是这个缘故。

"我并非是恐惧而不敢说，即使我知道今天在大王面前把话说了，明天就被处死，我也无所畏惧。大王如果相信并采纳我的意见，那么死也不会使我害怕。流亡不会使我感到担忧，漆身生疮、披发佯狂也不会使我感到耻辱，像五帝这样圣明的人也要死，三王这样仁爱的人也要死，五霸这样贤能的人也要死，乌获这样有气力也要死，孟贲、夏育这样的勇士也要死。

"死，是人所不能避免的。处于这种必不可免的情况下，可以稍有补益于秦国，这就是我最大的愿望，我又有什么可怕的呢？伍子胥藏在布口袋里逃出昭关，夜晚行路，白天隐伏，到了菱水，没有吃的，手膝并用在地上爬行，在吴国的街市上讨饭，但最终复兴了吴国，帮助阖闾成就了霸业。如果能让我像伍子胥一样进献计谋，即使对我加以囚禁，终身不再相见，只要我的计谋得以施行，我担忧什么呢？箕子、接舆，漆身生疮、披发佯狂，对于殷朝和楚国有所帮助，我如果能够像箕子、接舆一样，可以对贤明的君主有所补益，这是我的最大荣幸，我又有什么耻辱呢？我所担心的绝不是我个人的生死，只是怕我死之后，天下人见我为大王尽忠而亡身，因此就闭口停步，不肯再尽忠于大王了。大王您上怕太后的威严，下受奸臣的迷惑，居于深宫之中，为佞臣所包围，终身糊涂愚暗，不能识破奸邪，大则国家危亡，小则自身孤立危险。这才是我所担心的啊！至于我个人，什么困窘出逃、贬窜死亡之类，都不足以使我害怕。如果我死了而秦国得以治理，这是死而胜于生了。"

秦昭王直身长跪在坐席上说："先生这话从何说起？秦国偏僻遥远，我又愚昧无能，幸亏先生到这里来，这是上天让我烦劳先生，使先王的宗庙得以保存。我能够受教于先生，这也是上天钟爱先王而不抛弃他的后嗣啊！先生又何至于说这样的话呢？无论何事，上至太后，下至大臣，都希望先生能给我指点，不要有什么疑虑。"范雎听了，向秦昭王再拜称谢，秦昭王向范雎再拜还礼。

范雎说："大王的国家，北面有甘泉、谷口，南面环绕着渭水、泾水，右面是陇、蜀，左面是函谷关、武关和崤山。有战车千乘，甲士百万，凭着秦国军士的勇猛，车骑的众多，与诸侯作战，就像让天下最快的猎犬去追逐瘸脚的兔子一样，霸主的功业可以成就。如今反而不敢发兵以探听山东诸侯的虚实，这是因为穰侯不能为国尽心地谋划，而大王的考虑也有所失当了。”

秦昭王说：“希望听一听秦国的失算在什么地方。”

范雎说：“大王发兵，越过韩国、魏国，去攻打强大的齐国，这个考虑是十分不当的。出兵少了，不能损伤齐国，出兵多了，对秦国又造成了损失。我猜想大王是想少出兵，但全由韩、魏两国出兵，于情理上又说不过去。现在，秦国发现盟国不怎么可靠，而又要越过这些国家的边境去攻打齐国，这怎么行呢？这在策略上太疏忽了。

“从前，齐国攻打楚国，获得了很大的胜利，两次辟地千里，结果齐国不曾得到一寸土地，难道是齐国不想得到土地吗？是形势不能允许齐占有土地啊。诸侯看到齐国军队常年在外，国家十分疲敝，于是联合起来共同进攻齐国。结果，齐王逃走，齐军大败，被天下人耻笑。齐国之所以会落得这样的下场，就是因为齐国攻打楚国，使韩、魏两国得到便宜。这实际上就是把兵器借给强盗，用粮食来资助小偷啊！

“大王不如采取‘远交近攻’的策略，得到一寸土地，这一寸土地就是大王的土地；得到一尺土地，这一尺土地也就是大王的土地。现在大王舍近而攻远，这不是十分错误的吗？再说，从前中山这个国家，方圆五百里，后来被赵国所吞并，利益尽归赵国所有，天下各国都不能把赵国怎样。现在韩国、魏国位居中原，其地理形势是天下的枢纽。大王如要想成就霸业，就必须占据中原以掌握天下的枢纽，以此来威胁楚、赵。赵国强大了，楚国就来亲附；楚国强大了，赵国就来亲附。楚、赵都来亲附了，齐国必定感到害怕，齐国害怕就会带着重礼来听命于秦。齐国亲附于秦国之后，韩国和魏国就可以攻灭了。”

秦昭王问：“我想和魏国结交，但魏国是个反复无常的国家，我无法亲近它，请问我如何才能使魏国与秦国结为盟国呢？”范雎说：“用谦卑的言词和厚重的礼物去侍奉它；如果这样不行，就割让土地去贿赂它；再不行，就发兵去讨伐它。”

于是，秦国发兵攻打魏国邢丘。邢丘攻下后，魏国请求依附秦国。范雎说：“秦国与韩国的地形，像各种颜色混杂在一起，不如将韩国收服。韩国对于秦国来说，就像树木上的蛀虫，人的心腹里的疾病。天下不发生战事便罢，如果发生战事，没有哪个国家对秦国的危害比韩国更大的。”

秦昭王说：“我想收服韩国，韩国不服从，我该怎么办？”

范雎说:“发兵进攻韩国的荥阳,通往成皋的道路就被阻断了,北面再断绝太行山的隘道,韩国上党地区的军队就不能向南增援。如果能一举攻下荥阳,则韩国就被截为三部分。韩国看到将要灭亡了,还会不服从吗?韩国服从了,秦国的霸业就可成功了。”

远交近攻是秦国在军事上所实行的一个极为重要的策略,自从这一策略实行以来,秦国一改困窘的军事局面,迅速在军事上打开了僵局,进入了一个崭新的发展时期。范雎所提出的这一著名的策略不仅在当时产生了巨大的影响,就是在中国的军事史上,也是一项了不起的贡献。

蒙古的崛起:联宋抗金,南下灭宋

成吉思汗统一蒙古后,他又有了更大的目标。跟他东南相邻的是金(国),西南相邻的是西夏(国),更远的就是南宋国。此时,对蒙古构成威胁的只有金。于是,成吉思汗一方面用武力胁迫西夏与其议和,解除了西部的骚扰;一方面,派人远去南宋通好,答应与南宋共同进攻金。南宋虽然迫于金的压力,没有联蒙打金,但对蒙古攻打金而采取了中立的态度。金连连败退,以致迁都于开封。

成吉思汗见金被打退,回手进攻西夏,1227 年六月,夏主被迫投降,夏灭亡。六月,成吉思汗病死。

1229 年,成吉思汗的儿子窝阔台即大汗位,也采取了“远交近攻”的战略,他派使者到南宋,联合南宋南北夹击金国,1233 年,攻克开封。为了表示对南宋的友好,窝阔台还修饰了孔庙。1234 年一月,金哀宗自杀身亡,金灭亡。

1235 年六月,蒙古国见扩张道路上的障碍已基本清除,于是,翻脸大举进攻南宋,攻克南京。1279 年,元军攻占崖山(广东新会一带),宋大臣陆秀夫背着小皇帝跳海自杀,南宋灭亡。元统一了中国。

英国:交远制近,恢复领导地位

十九世纪二十年代,著名的英国外交大臣坎宁曾用"交远制近"的方式,恢复了英国在欧洲外交事务中的领导地位。

拿破仑帝国崩溃后,以沙皇俄国为首的欧洲各国结成神圣同盟,企图长期联合霸占欧洲。资产阶级的英国受到排挤和孤立。

1822年,坎宁接替了外交大臣的职务。他顺应英国资产阶级的愿望,决心打破神圣同盟的大一统局面,恢复英国在欧洲事务中的领导作用。

十八世纪末至十九世纪初,拉丁美洲国家掀起了反对宗主国殖民统治的独立运动。坎宁抓住这个时机,采取果敢行动,决心远交拉丁美洲和美国,近攻欧洲大陆的神圣同盟。

1823年,神圣同盟决定由法国派兵前去镇压拉美的独立运动,遭到坎宁坚决反对。他声明应承认拉丁美洲国家的现实,即承认他们的独立,反对任何武装干涉或把这些殖民地转入法国之手的企图。坎宁还向美国发出呼吁,希望两国联合发表声明,制止神圣同盟的干涉。与此同时,坎宁又派出舰艇巡弋于大西洋,任何从欧洲开往美洲的船只,不得英国的同意,就不能通过。

由于武装干涉受到阻拦,1824年,神圣同盟的核心人物梅特涅建议就拉丁美洲问题召开全欧会议。坎宁表示英国决不参加这次会议,也不承认会上通过的任何决议。不仅如此,他还建议内阁尽快同拉丁美洲独立国家建立外交关系,进行贸易谈判,争取早日打入这个广阔市场。1825年1月,英国承认了阿根廷、哥伦比亚、墨西哥等国家的独立,同它们建立了外交、贸易关系。坎宁的政策给了梅特涅及其神圣同盟的声誉以沉重打击,给欧洲大陆的自由主义势力以鼓舞,恢复了英国在欧洲的威望,也赢得了拉美新独立国家对英国的好感。

第二十四计　假道伐虢

〔简述〕

假道伐虢，事见《左传·僖公》中的两章。春秋时期的大国晋国想要吞并邻近的两个小国：虞和虢。为此，晋国大夫荀垂息向晋献公献计说："请以屈产之乘与垂棘之璧，假道于虞以伐虢。"意思是说，请你用屈地出产的良马和垂棘地区出产的美玉去收买虞国的国君，然后向虞国借道去攻伐虢国，事情就可以成功。晋献公说："这两件东西都是我的宝贝，怎么舍得送给别人啊！"荀息说："如果能够使虞国借道给晋国去攻伐虢国，那么将来虞国也就会归我晋国所有了。那时，你的宝物放在虞国的府库里，不就同放在晋国的府库里一样吗？"晋献公听荀息说得有理，便采纳了他的计谋。虞公不听大臣宫之奇的劝阻，接受了晋国的要求，不但借道给晋国，还出兵帮助晋国攻占了虢国的国都下阳。这是晋献公十九年（公元前658年）的事。过了三年，晋献公再次向虞国借道伐虢，虞国大臣宫之奇再次劝说虞公不要上当。他说："虢国是虞公的外围屏障，虢国灭亡了，虞国必然会跟着被灭亡。好比嘴唇和牙齿相互依存一样，唇亡则齿寒。"但虞公不听，并说，晋国和虞国都属姬姓，是同宗关系，晋国是不会加害虞国的。宫之奇见虞公不听他的劝阻，预见到虞国必亡，便带着全家避难去了。后来，果然不出宫之奇所料，晋在灭虢之后，在回师途中，顺手灭掉了虞国，虞公其家室都当了俘虏。

原文

两大之间，敌胁以从，我假以势①。困，有言不信②。

注释

① 假：假借。

② 困，有言不信：语出《周易·困卦》，困卦为坎下兑上。上卦为兑、为泽、为阴；下卦为坎、为水、为阳。卦象表明，本该容纳于泽中的水，现在离开泽而向下渗透，以致泽无水而受困；同时，水离开泽流散无归也是困，所以卦名为“困”。“困”为困乏的意思。困卦的卦辞说：“困，有言不信。”大意是说：处在困乏境地，难道还能不相信强者的话吗？本计运用此卦理，是说处在两个大国中的小国，面临着受人胁迫的境地。这时，我若说要去援救他，他在困顿中能会不相信吗？

译文

处在敌我两个大国中间的小国，当敌方强迫它屈服的时候，我方要立刻出兵，显示威力，给予援救，这是不会不取得小国信任的。这是从困卦卦辞“困，有言不信”一语中悟出的道理。

原文

假地用兵之举①，非巧言可诳②。必其势不受一方之胁从，则将受双方之夹击。如此境况之际，敌必迫之以威，我则诳之以不害，利其幸存之心，速得全势③。彼将不能自阵④，故不战而灭之矣。如晋侯假道于虞以伐虢⑤，晋灭虢，虢公丑奔京师⑥，师还⑦，袭虞灭之⑧。

注释

① 假地：借地。

② 诳：欺骗、迷惑。

③ 全势：整个局势。

④ 自阵：依靠自己的力量保持阵势。

⑤ 晋侯：春秋时代晋国的国君，此处指晋献公（公元前676～前651年在位）。假道：借路。虞：春秋时代诸侯国名，姬姓，在今山西平陆北，公元前655年为晋所灭。虢：春秋时代诸侯国名，姬姓。有东虢、西虢、北虢之分。此处指北虢，建都上阳（今河南陕县东南李家窑），占有今河南三门峡和山西平陆一带，公元前655年为晋所灭。

⑥ 丑：虢国国君的名字。京师：东周国都洛邑，即今洛阳。

⑦ 师还：军队返回。

⑧ 袭虞灭之：袭击虞国，并将它灭掉了。

译文

假道用兵的行动,不是靠花言巧语所能欺蒙取得的。必须是这个国家处于这样的形势:如果它不是受来自一方的威胁,就会遭到双方的夹击。在这种情况下,敌人必然会用武力来逼迫它,我方却从不侵犯它的利益进行诱惑,利用它侥幸图存的心理,立刻把力量扩展进去,控制整个局势。这样。它势必不能够保住阵地,所以不必经过战斗,就可以把它消灭了。例如:春秋时晋献公向虞国借道征伐虢国。晋国将虢国灭了,虢国的国君姬丑逃到了东周的京城洛邑,晋国军队在返回的途中,又袭击虞国,并将它灭掉了。

晋献公:消唇去齿,一箭双雕

虢国是晋国的世仇,但这两个敌对国家的边界并未相接,中间还隔了一个虞国。虢国和虞国彼此之间关系密切,而且世代交好。晋献公一心想要灭掉虢国,以振兴晋国的威望,完成先祖的遗愿。为了达到这些目的,不可避免地,一定要经过虞国的领土。

晋献公采用大臣荀息的计策,准备了非常珍贵的礼物——四匹天下罕见的良驹和一块晋国王室历代相传的玉璧,然后派大臣为使,卑辞厚礼地向虞君请求借路,让晋国军队能到达虢国。虞君见大国竟然重宝相赠,对他这个小国如此谦卑礼敬,加上贪求那珍贵的好马和美玉,于是便答应了晋国的请求。

虞国大夫宫之奇闻听此事,急忙入宫面见虞君,谏阻说:“若国君借道给晋国,那么虞国就要灭亡了!长久以来,虞、虢互为屏障,合则两利,分则两伤,二者间的关系好比嘴唇和牙齿,一旦嘴唇没有了,牙齿就会遭受到风寒。所以两国应该是相互依存,彼此扶助,实在缺一不可啊!若晋军消灭了虢国,恐怕回过头来就接着灭掉虞国,所以恳请国君千万要拒绝晋国的要求。”

但虞君并不相信宫之奇所说的话,仍然决定借道给晋国。宫之奇知道虞国必会因此而灭亡,便率领族人离开了虞国。

三个月后,果然如宫之奇所料,晋军攻灭虢国后班师回朝,途中驻扎于虞国时,荀息突然率领奇兵,迅雷不及掩耳地突袭虞国首都,俘虏了虞君。于是虞国就在虢国之后,一样被晋国灭亡了。

荀息从虞国王宫中取得之前送给虞君的宝物,当他牵马捧璧来向晋献公报捷时,献公高兴地笑着说:“传国玉璧仍旧和以前一模一样,只有马的年岁陡然增加了一些,但总算都归回了晋国。这些天下至宝我怎么舍得送人呢?只不过请虞君暂时保管而已,他未免对我的用意想得太天真了吧!”

虞公懊悔当初不听宫之奇“唇亡齿寒”的劝告,但哪里还来得及呢!虞国为了眼前的一点利益,居然抛弃了虢国这个战略伙伴,最终自食亡国之恨,教训是极为深刻的。

纳粹德国入侵丹麦、挪威之战

在第一次世界大战中和第二次世界大战初,丹麦、挪威、瑞典三个北欧国家都宣布中立。但在第二次世界大战中,除瑞典始终保持中立地位外,丹麦、挪威的中立地位都受到了破坏。应该说,在第二次世界大战前夕,甚至在第二次世界大战刚刚全面爆发时,参战双方也都愿意尊重北欧三国中立,认为这对他们双方都没有坏处。后来的问题,首先是由瑞典北部耶利瓦勒铁矿的矿砂引发的,瑞典北部的铁矿蕴藏量达40亿吨,属欧洲第3位,且多为富矿。瑞典铁矿可以说是德国战时工业的生命线。战争第一年,德国年消耗铁矿砂1500万吨,其中就有1100万吨要靠从瑞典进口。在夏季,瑞典的铁矿砂还可以用船只从瑞典港口律勒欧经波的尼亚湾,越过波罗的海运往德国。在与英法开战后,这也还是一条比较可靠的安全运输路线,因为从北海进入波罗的海的几处海峡,已被德国有效封锁,英国的军舰和潜艇都进不去。可是一到严冬,这条运输线就无法使用了,因为波的尼亚湾和波罗的海的海面结了厚厚的冰,船只无法通行。这时瑞典耶利瓦勒铁矿的矿砂,就只有经铁路运往挪威北部的港口纳尔维克,再用船只经挪威东部领海运往德国。这一运输线有两个优越条件:一是从所处纬度讲,虽然与前述波的尼亚湾运输线相近,其中有一段还处在北极圈内,纬度更高,但因受大西洋暖流的影响,海面不结冰;二是由于挪威是中立国,而整个运输路线都在挪威领海以内,可以避免英国海军和空军的袭击。所以挪威的中立,对德国更有利。英国当时的海军大臣丘吉尔看到了这一点,大战爆发后最初几周即建议内阁批准在挪威领海布雷,但首相张伯伦不愿破坏挪威中立,不赞成丘吉尔的建议。1939 年 11 月 30 日,苏联为防止日后苏德开战时,德国利用芬兰领土打击列宁格勒及苏军北部防线,向芬兰发动了先发制人的战争。苏联的这一行动,给丘吉尔提供了一个“假道伐虢”的借口和机会:组织英法远征军,以援助芬兰抗击苏联入侵为由,假道挪威、瑞典,顺势占领挪威沿海的纳尔维克等港口及瑞典的耶利瓦勒铁矿及运输矿砂的铁路线,从而一举截断德国的铁矿砂供应,卡死德国战时工业的生命线。这时,苏德战争尚未爆发,苏德互不侵犯条约还有效,从形式上看,苏联是站在德国一边的。因而英法以援助芬兰抗击苏联为名,出兵斯堪的纳维亚半岛,就名正言顺了。然而,与此同时,德军参谋总部也看到了这一点。德国海军元帅多次提醒希特勒注意英法借口援助芬兰截断德国铁矿砂供应这一严重威胁,并建议采取先发制人的行动,抢在美国之前,以保护铁矿运输线为由,出兵占领挪威,实质上也是使用“假途灭虢”计。希特勒开始对英法军队是否会很快出兵挪威持怀疑态度,也不想破坏挪威中立,因而迟迟没有下决心,但在海军的促动下,仍部署了一个代号“威塞演习”的以入侵挪威为目标的行动计划。英法也因张伯伦的态度犹豫,加上英法之间协商和协调行动需要时间,而未能很快采取行动,但准备工作一直在紧锣密鼓地进行着。然而,2 月 16 日在挪威南部领海发生的一桩意外事件,促成英法和德国双方都进一步坚定了入侵挪威的决心。这一天,一条从南大洋载回 300 名英国俘虏的德国船“阿尔特马克号”,受到英国驱逐舰的追逐,逃入挪威南部一个峡湾避难,丘吉尔了解到此船载有 300 名英国俘虏,便命令英舰哥萨克号驶入挪威领海解救俘虏。战斗中,打死德兵 4 人,打伤 5 人。当时,有两艘挪威炮艇在场,但未敢采取任何行动,看着英国军舰进入本国海域,救走了德国船上的英国战俘,事后,挪威政府为英国军舰侵入自己领海动武向英国政府提出抗议。英国政府则认为,挪威准许德国人使用自己的领海运输英国俘虏,违反了国际法。而希特勒则认为,挪威的抗议不过是故作姿态,挪威炮艇眼见英舰对德船动武而不干预,说明挪威政府甘当英国帮凶。由此,英、法、德都以保护航行安全为由,决心出兵挪威,因为芬兰已于 1940 年与苏联媾和,英法借口援助芬兰,借道挪威的理由已不存在。最后,英法将开始入侵挪威的时间定在 1940 年 4 月 8 日,而希特勒则将入侵时间定在 4 月 9 日晨 5 时 15 分。本来英法定的时间早一天,但因德国海军行动迅速诡秘(伪装为英国军舰),将士作战果断勇敢,却反倒比英、法抢先了一步。德国人“假道”成功了,英法“假道”则成了泡影。由于丹麦海域也处于德国铁矿砂供应线上,而且紧扼波罗的海的出口,所以德国在入侵挪威的同时,也“假道”占领了丹麦。只不过丹麦在希特勒的一纸最后通牒威胁下便投降了,没有费德国人一枪一炮。

见村善三的“假途伐虢”

在工业化时期的日本,寸土寸金为大多数人所认同。但日本地产商见村善三发现,并不是全部土地都昂贵得可怕,也有不值钱的土地和没人要的土地。不过 ,这些土地要不就是被圈在别人土地之中,要不就是不通路或是卖不掉也无法利用的土地。

然而,见村却认为,在这类土地上也大有文章可作。他对这类土地的持有者逐一进行了拜访,并向他们提出改造、利用这些土地的完善计划:不必出卖,只是由见村负责在上面盖厂房,然后租给企业使用;而土地持有者可以每月坐收相当于单纯出租土地数十倍之巨的租金。这种诱人条件足以使听者怦然心动。于是,见村善三开设了见村产业开发公司,积极地展开业务推广活动。由于建在这类土地上的厂房租金比较低廉,所以找主顾并不很难。一旦见村、土地持有者和企业家三方达成协议并签约,见村便向银行贷款,建造厂房,厂房竣工后,将其租给企业使用。见村则从代办服务中大为获利。数年之后,见村产业公司收入的代办费一年就有二十多亿日元,不但在规定期限内及时归还了银行贷款,而且赚了个盆满钵溢。

商机并不少,而是缺少发现。对于同一件事物,不同的人会有不同的看法。在商场上,这种认知上的差异将直接影响经营者的成败。二十一世纪是新经济时代,观念就是财富。经营者要想在未来的商战中进退自如,就必须更新自己的观念。上例中,见村善三正是见别人所未见,从“寸土寸金”的惯性思维中走出来,从貌似无用的土地中挖掘出了无尽商机,巧妙运用“假途伐虢”之计大获成功。当然,商战中运用“假途伐虢”不应该损害中介者,而应像本例所示那样营造双赢甚至多赢局面,否则纵然得利于一时,也难再取信于人,更不要说长远发展了。

第二十五计　偷梁换柱

〔简述〕

偷梁换柱，原是一句成语。一般认为，它是来源于商纣王“托梁换柱”的传说。据传，商纣王的父亲帝乙一次领着纣王及文武百官游览御花园，欣赏牡丹花开，行至飞云阁处，见到阁上塌了一梁，心中很是不高兴。纣王见状，竟凭其力大无比，“托梁换柱”，把一座飞云阁修好了。又《红楼梦》第九十七回描述王熙凤设计以薛宝钗冒充林黛玉与贾宝玉成婚时，也说过“偏偏凤姐想出一条偷梁换柱计”。

按照前人的解释，此计的本意是：在同友军一道作战时，乘友军战斗失利之机，将其主力并将过来，加以控制。但也有人认为，此计也可理解为：在与敌军作战时，设法将其主力调开，然后抓住其弱点，进行攻击，战而胜之。同时还有人认为，此计运用于政治斗争中，与人们通常所说的“调包计”相似。

原文

频更其阵[①]，抽其劲旅[②]，待其自败，而后乘之[③]。曳其轮也[④]。

注释

① 频：频繁、不断地。其：指示代词，这里是指友军。阵：古代作战时用的阵式。

② 劲旅：精锐部队、主动部队。

③ 乘之：乘，乘机。乘之，这里是指乘机加以控制。

④ 曳其轮：曳，拖住。这句话出自《周易·既济卦·象传》："曳其轮，义无咎也。"意思是说：只要拖住了车轮，便能控制车的运行，这是不会有差错的。

译文

采取措施频繁变更友军的阵式，借以暗暗从阵中的要害处抽换其主力部队，等到它自趋失败，然后再乘机加以控制。这就像《周易·既济卦·象传》所说的：要控制住车的运行，必须拖住车的轮子。

原文

阵有纵横[①]，天衡为梁[②]，地轴为柱[③]。梁柱以精兵为之[④]，故观其阵，则知其精兵之所在。共战他敌时[⑤]，频更其阵，暗中抽换其精兵，或竟代其为梁柱，势成阵塌[⑥]，遂兼其兵[⑦]。并此敌以击他敌之首策也[⑧]。

注释

① 阵有纵横：古代作战要布成阵式，阵式按东、西、南、北方位，其中的队列有纵有横。

② 天衡为梁：天衡，这里是指布阵时，首尾相对的队列。梁，房屋的大梁。这里是指布阵时，首尾相对的队列具有整个阵式的大梁的作用。

③ 地柱为轴：地轴，这里是指布阵时，处于阵中心的队列。柱，房屋的柱子。这里是指布阵时，处于阵中心的阵列在整个阵式中具有支柱的作用。

④ 精兵：精锐的兵马，即主力部队。

⑤ 共战：这里是指与友军共同作战。

⑥ 势成阵塌：势成，这里是指对己方有利的形势已经形成。阵塌，这里是指友军的阵式已被我方频更其阵而搞乱了。

⑦ 兼其兵：兼，兼并、吞并。兼其兵，这里是指把友军的主力兼并归己控制。

⑧ 并此敌以击他敌之首策：此敌，这里是指原来的友军。他敌，这里是指原来与友军共同对付的敌军。首策，上策。全句意为：这是兼并友军以击败敌军的上策。

译文

布阵分东西南北，有纵有横，按首尾相对列队的“天衡”，是阵中之“梁”；列队处于全阵中央的“地轴”，是阵中之“柱”。梁和柱的位置都是部署主力部队的地方，所以，只要观察阵式，便能知道主力部队之所在了。在与友军布阵共同出战敌军时，可在频繁变换友军阵式的过程中，暗暗地将其主力部队从“天衡”“地轴”的方位抽换掉，或者是以我军的主力取而代之，以形成对我军的有利形势而搞乱了友军的阵式，这时，便可乘机将友军兼并归我军控制。这是兼并此敌（即友军），以击败他敌（本来的敌人）的上策。

韩信之死

吕后杀韩信，历史众说纷纭。历史上的是非功过，不是一下子说得清楚的。这里并不想作什么评价，仅用此例，再次说明“偷梁换柱”的计谋，在历史上也往往发挥政治权术作用。

楚汉相争，以刘邦大胜，建立汉朝为结局。这时，各异姓王拥兵自重，是对刘氏天下潜在的威胁。翦灭异姓诸王，是刘邦日夜考虑的大事。异姓诸王中，韩信势力最大。刘邦借口韩信袒护一叛将为由，把他由楚王贬为淮阴侯，调到京城居住，实际上有点“软禁”的味道。韩信功高盖世，忠于刘邦。当年楚汉相争，战斗激烈之时，谋士蒯彻曾建议韩信与刘邦分手，使天下三分。韩信拒绝了蒯彻的建议，辅佐刘邦夺得天下。而今却落得这样的下场，心中怨恨至极。

公元前 200 年，刘邦派陈豨为代相，统率边兵，对付匈奴。韩信私下里会见陈豨，以自己的遭遇为例，警告陈豨，你虽然拥有重兵，但并不安全，刘邦不会一直信任你，不如乘此机会，带兵反汉，我在京城里接应你。两个人秘密地商量好，决定伺机起事。

公元前197年，陈豨在代郡反汉，自立为代王。刘邦领兵亲自声讨陈豨。韩信与陈豨约定，起事后他在京城诈称奉刘邦密诏，袭击吕后及太子，两面夹击刘邦。可是，韩信的计谋被吕后得知。吕后与丞相陈平设下一计，对付韩信。

吕后派人在京城散布：陈豨已死，皇上得胜，即将凯旋。韩信听到这个消息，又没有见到陈豨派人来联系，心中甚为恐慌。一日，丞相陈平亲自到韩信家中，谎称陈豨已死，叛乱已定，皇上已班师回朝，文武百官都要入朝庆贺，请韩信立即进宫。韩信本来心虚，只得与陈平同车进宫。结果被吕后逮捕，囚系在长乐宫之钟室。半夜时分，韩信被杀。后世称"未央宫斩韩信"。盖世英名的韩信至死也不知道，陈豨已死的消息，完全是谎言。陈豨叛乱，是在韩信死了两年之后才平定的。

第二十六计　指桑骂槐

〔简述〕

"指桑骂槐"出自一句民间谚语，比喻一种间接对别人进行批评、指责的方法。《红楼梦》第十六回描写王熙凤向贾琏发牢骚时说："你是知道的，咱们家所有的这些管家奶奶，哪一个是好缠的？错一点儿，他们就笑话打趣，偏一点儿，他们就指桑骂槐……"但是，"指桑骂槐"用到军事上，则是指一种"惩一戒百""杀鸡儆猴"的谋略，利用它来保证号令统一，军纪严明，令行禁止，以提高部队的战斗力。

原文

大凌小者[1]，警以诱之[2]。刚中而应，行险而顺[3]。

注释

① 大凌小：大，强大。小，弱小。凌，凌驾、控制。全句意为：势力强大的控制势力弱小的。

② 警以诱之：警，警戒，这里是指使用警戒的方法。诱，诱导。全句意为：用警戒的方法进行诱导。

③ 刚中而应，行险而顺：语出《周易·师卦·彖传》："师，众也。贞，正也。能从众正，可以王矣。刚中而应，行险而顺。以此毒天下，而民从之，吉又何咎矣。"这段话的意思是说：师——军队是由为数众多的人组成的。人数众多，必是良莠不齐，必须以正道使之统一，方可称王于天下。师卦为坎下坤上，九二为阳、为刚，处于下坎之中位，又与上坤的六五相应，象征着主帅得人并受到信任，这种"刚中而应"。但坎卦又为水、为险，坤卦则为地、为顺，象征着为帅者需用险毒之举，方可使士兵顺从，这叫做"行险而顺"。以险毒之举使全军将士归之于正，乐于顺从，其结果必将是专利的而不会有过错。

译文

凭借强大的实力去控制弱小者，需要用警戒的方法去进行诱导。这就像师卦所说的：适当地运用刚猛阴毒的办法，可以赢得人们的归顺，获得最后的成功。

原文

率数未服者以对敌[①]，若策之不行[②]，而利诱之，又反启其疑。于是故为自误，责他人之失，以暗警之[③]。警之者，反诱之也[④]，此盖以刚险驱之也[⑤]。或曰：此遣将之法也。

注释

①率数未服者以对敌：率，率领。数，一些，一批。未服者，还没有信服的人。全句意为：率领一批还没有信服你的人去与敌人作战。

②若策之不行：若，如果，假如。策，鞭策，可引申为管治。全句意为：如果管治不住他们。

③暗警之：暗示地警戒他们。

④反诱：从反面进行诱导。

⑤以刚险驱之：刚险，刚猛险毒。驱，驱使，驱赶。全句意为：用刚猛险毒的手段去驱使他们。

译文

率领一批还没有信服你的人去与敌人作战，如果管治不住他们，用金钱财物去利诱他们，又反而引起他们的疑心。这时，你就应该故意造成一些失误，并以之去责备别人，借以暗示地警戒那些不服管治的人。这种警戒是一种从反面进行诱导的方式。它是一种以刚猛险毒的手段驱使人们服从管治的谋略。有人说：这是一种调遣部将的方法。

田穰苴：执法如山，不避权势

齐景公时，晋国和燕国联合起来攻打齐国，攻占了许多土地。在丞相晏婴的推荐下，景公拜田穰苴为大将，率齐军对抗晋燕。田穰苴对景公道："我素来微贱，今天突然被授予崇高的地位，统领三军，士兵们恐怕一时还不能心服，不容易听从指挥。因此希望再派一位大王信任，而且深得百姓尊崇的大臣作为监军，以强化统御。"

于是景公便任命他最宠信的大臣庄贾为监军，一起出征。

奉命之后，田穰苴立刻召集三军，整备兵马，并与庄贾约好明日正午出师。

但第二天中午，三军集合完毕，即将出发，却迟迟不见庄贾到来。原来此刻庄贾还在家里，与前来送行的亲戚朋友们饮宴饯别。田穰苴派人去通知庄贾，庄贾毫不理会，他倚仗景公平时的宠信，骄横跋扈惯了，根本不把田穰苴放在眼里。到了傍晚，庄贾姗姗而来，田穰苴责问他迟到的原因，庄贾据实以告。

田穰苴说："将领一旦领命出征，就要忘了个人的私事，一心想着国家。如今敌军压境，国难当头，君主睡不安寝，食不知味，只盼我们能早日破敌。国家的安危、百姓的生命都悬在我们手里，你竟然还顾着一己私乐，延误军队出发的时间。"又向军法官问道，"大军将发，逾时不至，该当何罪？"

军法官回答道："当斩！"

于是田穰苴就下令杀庄贾。齐景公听说田穰苴将要斩他的爱臣，急忙派人前去传令，特赦庄贾。但使者快车到达的时候，庄贾已经伏诛。这时田穰苴又问军法官道："依规定军中不得驰车，现在使者驾车直闯军营，该当何罪？"

军法官答道："当斩！"

使者大惊失色，连忙解释是奉了景公命令而来，心想此人连国君的宠臣都敢杀，自己就更不用说了。

田穰苴道："既是奉君命而来，就不能杀他，然而军队的律法还是要执行。"便下令斩了拉车的马，以示军法之不可废。

看到田穰苴执法如山，不避权势，全军将士无不敬畏心服。得到了将士们的信任，再加上用兵如神，田穰苴很快地击败晋燕联军，收复全部失地。

凯旋之日，齐景公亲率满朝文武出城迎接田穰苴，慰劳他的功绩。后来又任田穰苴为大司马，掌管全国兵权。

第二十七计　假痴不癫

〔简述〕

"假痴不癫"是从民间俗语"装疯卖傻""装聋作哑"等转化而来。在日常生活中，人们为了回避某种矛盾，或者为了度过某种危难，或者为了对付某个势力强大的对手，在一定时期内，故意装作愚蠢、呆痴，行"韬晦"之计，以求保存自

己，然后等待时机，战胜对手。传说中的箕子佯狂就是运用此计的一个典型。殷商时期，纣王的太师箕子因无法劝说纣王放弃暴政，便佯装痴傻。一次，纣王作长夜之饮，喝得酩酊大醉，连年月日也忘记了，问左右的人，大家因畏惧纣王凶残，都跟着说不知道。于是，便派人去问箕子，箕子想了一下，也说自己不知道。左右的人感到奇怪，便问箕子道："你明明知道，为什么也说不知道呢?"箕子回答说："纣王是天子，他终日沉溺酒色，连年月日都搞不清了，这说明殷朝快要亡国了；一国的人因害怕纣王凶残无道都说不知道的事情，唯独我说知道，那我的性命不是危在旦夕了吗？所以，我也假装酒醉说搞不清啊！"这便是箕子使的"假痴不癫"计。以后，人们把它运用于军事上，主要有两种用法：一是用于举行兵变，主要是作为一种苦难，麻痹对手，以便自己积蓄力量，等待时机，发起攻击的计谋；二是作为一种愚兵之计。

原文

宁伪作不知不为①，不伪作假知妄为。静不露机②，云雷屯也③。

注释

① 伪作：假装、佯装。

② 静不露机：静，平静、沉静。机，这里是指心机。

③ 云雷屯：语出《周易·屯卦·象传》："云雷，屯。君子以经纶。"草茅穿土初出叫作"屯"。屯卦为震下坎上，坎为雨，为云，震为雷。云在雷上，说明茅草

初出时，即遇雷雨交加。用屯卦又是九五陷于二阴之中，并为上六所覆蔽，有阴阳相争不宁之象，更意味着事物生长十分艰难。所以说“屯，难也”。面临这样的艰难局面，人们必须冷静处置，认真调理，周密策划。要“经纶运于一心”而不动声色，要“盘桓安处于下”而以屈求“伸”，要因势利导，恃机而动，而决不可“快意决往，遽求自定以为功”。

译文

宁肯装作无知而不采取行动，不可装作假聪明而轻举妄动。要保持沉静而不泄露任何心机。这是从屯卦卦辞“云雷，屯。君子以经纶”一语中悟出的道理。

原文

假作不知而实知，假作不为而实不可为，或将有所为。司马懿之假病昏以诛曹爽[①]，受巾帼请命以老蜀兵[②]，所以成功。姜维九伐中原，明知不可为而妄为之，则似痴矣，所以破灭。兵书曰：“故善战者之胜也。无智名，无勇功。”当其机未发时[③]，静屯似痴[④]；若假癫，则不但露机，且乱动而群疑：故假痴者胜，假癫者败。或曰：“假痴可以对敌，并可以用兵。”宋代，南俗尚鬼[⑤]。狄青征侬智高时[⑥]，大兵始出桂林之南，因佯视曰：“胜负无以为据。”乃取百钱自持，与神约：“果大捷，则投此钱尽钱面也。”左右谏止，倘不如意，恐沮师[⑦]，青不听。万众方耸视[⑧]，已而挥手一掷，百钱皆面。于是举兵欢呼，声震林野，青亦大喜；顾左右，取百钉来，即随钱疏密，布地而贴钉之。加之青纱笼护，手自封焉。曰：“俟凯旋，当酬神取钱。”其后平邕州还师，如言取钱，幕府士大夫共视[⑨]，乃两面钱也。

注释

① 司马懿:三国河内温县(今河南温县西)人,字仲达。初为曹操主簿,多谋略,善权变,后任太子中庶士,为曹丕所信重。魏明帝时,任大将军,多次率军对抗诸葛亮。曹芳即位,他与曹爽同受遗诏辅政。嘉平元年(公元249年),杀曹爽,专国政。曹爽:三国谯(今安徽亳县)人,字昭伯,曹操侄孙。魏明帝时,为武卫将军。曹芳即位,他与司马懿受遗诏共同辅政,用何晏为腹,与司马懿争夺政权,被司马懿所杀。

② 受巾帼假请命以老蜀兵:巾帼,我国古代妇女的头巾与发饰。假请命,假装上表请命。老,疲劳,这里作使动词,意为使疲劳。全句的意思是指:司马懿接受诸葛亮送来的妇女服饰,而不因受到侮辱而被激怒,依然假装上表请命而拒不出战,以此来疲劳蜀军。

③ 机变:这里是指机谋。

④ 静屯似痴:像屯卦所要求的那样,沉静得近乎痴呆。

⑤ 南俗尚鬼:南俗,南方的风俗。尚鬼,崇拜鬼神。

⑥ 狄青:北宋大将,宋汉臣,汾州西河(今山西汾阳)人。行伍出身,在对西夏战争中屡立战功。为范仲淹等所擢用,由士兵累升为大将。侬智高:宋时广源州(今越南高平省广浦)的壮族领袖。宋庆历元年,势力扩展到犹州(今广西靖西县东部),建立“大历国”政权。皇祐四年又自立为“仁惠皇帝”,从邕州沿江而下,攻破横、贵、浔、龚、滕、梧、封、康、端诸州,进而围攻广州。皇祐五年,宋遣大将狄青征讨,败侬军于昆仑关归仁铺,智高退走云南大理,后不知所终。

⑦ 沮师:使军队士气沮丧。

⑧ 耸视:耸立而视。

⑨ 幕府:这里是指带兵的将领。

译文

假装不知,其实心里非常明白;假装不行动,其实是客观形势不允许现在有所行动,或是要耐心地等待时机成熟时再行动。这就是当年司马懿用假装患病、神志不清的计谋诛杀曹爽之所以能够成功的原因,也是司马懿当年接受诸葛亮“赠送”妇人服饰,却并不因受到侮辱被激怒,借口要上表请命而拒不出战,以疲劳蜀军之所以能够成功的原因。姜维九次征伐中原,是明知不可为却偏要执意妄为,那就是真的痴了。所以必然要遭到失败。《孙子兵法》说:“关于用兵的人,打了胜仗,却没有智慧的名声,也没有骁勇的功劳”。当他们的机谋还没有实行时,他们会像屯卦所说的那样,保持异常的沉静,丝毫不露声色。如果是假装疯疯癫癫却是不行的,那不仅会泄露心机,还会因乱动而引起人的疑惑。所以说,只能装痴而不能装癫。装痴可以反胜,装癫则会失败。有的人还说:装痴既可用以对敌,也可以用来治军。宋代,南方的风俗崇尚鬼神。狄青率军征讨侬智高,大军起初开出桂林以南时,狄青便假装祷祝天神说:“这次出征是胜是负还不知道啊!”说罢便取出一百个钱用手拿着,与天神相约:如果此次出征能取得胜利,就让掷出的钱落地之后都正面朝天!左右的人劝狄青说:这样做不行啊,倘若掷出的钱正面不朝天,将意味着出师不利,恐怕挫伤部队的士气呀!狄青根本不听劝说。于是士兵们一个个耸立观看。狄青挥手一掷,一百个钱纷纷落地而且正面都朝天。人们齐声欢呼,声音响彻林野,狄青自己也非常高兴,随即又招呼左右的人取一百个钉子来,按照钱落在地上的稀密,把钱都钉在地下,再用青纱笼罩,狄青并亲自把纱罩封好,说道:“等到凯旋之后,一定要酬谢天神后再把钱取回。”后来,狄青领军平定了邕州,胜利班师回来按照原先讲的那样去取钱,将军和士兵们都围在一旁共同祷祝观看,却见到所取的钱原来两面都是同样的正面啊!

司马懿:假痴不癫,诈病赚曹爽

魏景初三年(公元239年),魏主曹睿去世,太子曹芳即位。遵照曹睿遗诏,由大将军曹爽与征西大都督司马懿共同辅政。曹爽心怀嫉妒,又听到何晏进谗言说："主公大权不可委之他人，否则将酿成无穷后患！"曹爽知道何晏所讲的他人是指司马懿，便说道："司马公与我同受先帝托孤之命，我怎可忍心背弃他呢？"何晏又挑拨说："回想前年先主公与司马懿一道破蜀，曾受尽此人之气，以致罹病致死，这一点您难道还不清楚吗？"何晏这番话果然说得曹爽动了心，便与身边的心腹商议妥当，由曹爽亲自出面向魏王曹芳奏道："司马公功高德重，应擢升为太傅才是！"曹芳年少无主意，又是刚刚即位，听曹爽这么一说，便同意了。于是，全国兵权从此尽归曹爽一人掌握，一时间，曹爽的权势骤增，门庭若市。只有司马懿推说有病，闭门不出，他的两个儿子也离职在家休闲。

曹爽得势之后，忘乎所以，只顾每天与何晏等人饮酒作乐；其所用衣服器用与魏主无异；各地进贡的玩物珍奇则先取出上等收归己用，余下的才运进宫中；至于佳人美女更是充满府院；如此等等，气焰之盛可说是红极一时。

却说有一次，曹爽与何晏等人外出游猎，曹爽的弟弟曹曦提醒哥哥道："哥哥权威太重，却爱好出外游猎，倘若遭人暗算，将如何是好？还请多加小心才是。"曹爽不听劝说，还呵责弟弟道："我兵权在手，还怕谁人？"话虽这么说，可心里也还有些疑虑，主要是不了解司马懿的底细。于是，便乘自己心腹李胜调任荆州刺史之机，要李胜前往司马懿家探听消息。李胜受命来到太傅府，早有门吏通报。司马懿听到通报后对两个儿子说道："这是曹爽派人探听虚实来了。"说罢便对他们如此这般地交代一番，然后再请李胜前来晋见。

李胜来到司马懿房中，只见司马懿披头散发，拥被而坐，旁边有两名侍女撑扶着，活生生一副病相。于是向前一揖，轻声说道："一向不见太傅，想不到如此病重，我奉魏主之命，调任荆州刺史，今日特来向您拜辞的哩！"司马懿假装听不真切，回答道："并州靠近北方，你需要好好加强边防啊！"李胜见司马懿讲错了地方，便纠正道："我是被派往荆州，不是并州啊！"司马懿还是假装听不清，又说道："什么，你是从并州来吗？"李胜见司马懿又听"错"了，便说："太傅的病为何这般沉重，连话也听不清了！"旁边的人便解释说："太傅的耳朵已经聋了很久了！"于是，李胜便要来纸笔写给司马懿看，司马懿看了之后对李胜说："我已病得眼花耳聋，实在是不中用了，你此去好好保重吧！"说着用手指口，示意侍女进饮汤药，司马懿喝着汤药，流得满身都是，又故意装作哽噎之声，有气无力地说道："我已衰老病重，死在旦夕，我的两个儿子不肖，还望你日后多加关照，若见到大将军，也请代为致意，多多为我美言啊！"说完就倒在床上，气喘不止。

李胜离开太傅府，匆匆回到曹爽那里，把自己所见到的一切，绘声绘色地向曹爽禀报了一番。曹爽听了大喜过望，说道："这个老家伙一死，我便一切无忧了!”

且说这边司马懿见李胜已去,随即便起身对两个儿子说:“李胜此去报告消息,曹爽必定会打消对我的顾虑,现在只等他出城游猎,我们即可动手!”

不几天,曹爽果然请魏主曹芳去拜谒高平陵,祭祀先帝。大小官员都随驾出城,曹爽还带着三个弟弟及何晏等一班人领着御林军护驾。这时,司农桓向曹爽进谏说:“你总领禁军,不宜兄弟都外出,以防万一!”曹爽根本不予理睬,一切照自己的安排行事。

当天,司马懿见曹爽倾巢出城,心中大喜,立即与两个儿子率领一班人马,直捣宫禁,先占据了曹爽大营,既而又占据了曹曦的军营,随后便逼着郭太后与魏主曹芳,将曹爽先幽禁问罪,接着便全家诛杀。从此,司马懿便大权独揽,为建立司马氏的天下,打下了基础。

蔡锷装痴脱险,护国军起义讨袁

1911年辛亥革命胜利后不久,袁世凯就在帝国主义支持下,威胁孙中山让位,自己当上了中华民国临时大总统。此前,为了保证称帝阴谋得逞,袁世凯一面叫自己的儿子袁克定训练所谓“模范军”,加强自己的武装实力;一面则调遣部队加强上海、南京一线的防卫;同时还采取一系列暗杀手段剪除“异己”,只要是被他所怀疑的人,都在其暗算之列。一时间,暗杀事件迭起,包括宋教仁在内的一批民党志士一个个都倒在刺客的枪口之下。袁世凯满以为,采取这些措施便可以震慑人心,为自己称帝扫清道路了。可事实却恰恰相反,他的种种罪恶行径只能更加暴露其反革命嘴脸,激发人们用各种方式与他进行前仆后继的抗争。

却说这时有一位人物也被袁世凯列为怀疑对象之中,他就是前云南都督蔡锷。蔡锷从云南卸任奉调入京,便一直为袁世凯所密切注意,尽管表面上对蔡优礼有加。每天都要召入总统府中磋商“要政”,其实是有意加以考察和约束,防他生变。蔡锷是一个绝顶聪明的人,深知袁世凯的险恶用心,便尽力收敛锋芒,不露声色。每次与袁交谈都装作呆钝无知。一再表示自己年轻望浅,阅历不深,除军事上略知一二外,其余都蒙昧无知,不识大体。袁世凯多次向他问难,蔡锷便多次装作失言,所答非所问,弄得袁世凯虽然对他极不放心,却也一时拿不定主意。于是听从左右心腹的意见,对蔡暂时实行收买政策,一次又一次给蔡锷封官,又是高等军事顾问兼政治会议议员及约法议员,又是将军府将军,又是陆海军统率处成员,又是全国经界局督办,还被选为参议院参政等等。袁世凯以为把这一大堆桂冠戴在蔡锷头上,也许可以稳住他的心了。而蔡锷呢,对这一切都看在眼里,始终不露声色,无论袁世凯封他什么官,都随来随受,得了一官也不表现出十分欣喜,添了一职,也从不推辞,搞得袁世凯也有些莫名其妙了,但他打定主意,还是要对蔡进一步考察。

一天,袁世凯又在总统府召见蔡锷。这次见面,袁世凯开门见山便谈起了恢复帝制的事,并问蔡锷的意见。蔡锷听了,立即离座起身说道:"我起先是赞成共和的,但见到南方二次兵变,才知道我国确实是不能没有皇帝啊!前一次,因为担心别人说闲话,未便开口,今天您有这个想法,那正是好极了,我首先表示赞成!"袁世凯听了蔡锷这番话,有如醍醐灌顶,心里舒服极了。但转念又想,蔡锷本是民党要人,他说的是真心话吗?仍然有些不放心,便又探问道:"你既然早有这个想法,可前次赣宁起事,你为什么却想出面调解呢?"蔡锷见袁世凯问起了前事,便支吾答道:"彼一时,此一时,那时我还在云南,离北京很远,长江一带,多是民党势力,我有点投鼠忌器,才不得不作点姿态呀!失言之处,还请您多多包涵!"袁世凯听了蔡锷的这番解释,也觉得无懈可击,随便扯了几句,便端茶送客了。离开总统府时,蔡锷手心里真是捏了一把汗,心想:"亏得自己随机应变才遮掩过去,好危险哪!想着自己现在羁身虎口,险象环生,真悔恨来北京,又带来了家眷,真不啻是自投罗网,如今要想一个人脱逃也不可能了。"回到家中,一个人躺在床上左思右想,才又想出一个主意。

自从袁世凯在总统府与蔡锷摊牌要推行帝制后,蔡锷凡是遇到帝制派人物,什么六君子,十三太保等等,一概都与他们握手言欢,表示亲昵,还同他们组织了一个"消闲会",每当公务之暇,便凑拢在一起,饮酒谈天,连六君子、十三太保也觉得过去对蔡锷有误会,是错怪了"好"人。他们在闲谈中,少不得还要谈起女人,说到北京妓女谁谁好,特别是谈起名妓小凤仙如何有姿色,有风韵,更是眉飞色舞。蔡锷听到这些,心想:如果自己装作一个浪荡公子,成天寻花问柳,或许更能消除袁世凯的疑心,从中找到某种脱身之路哩!于是他便扮成一个大商人到云吉班去会小凤仙。谁知小凤仙竟是一个非同寻常的女性,她与蔡锷初次相会便一见倾心,并且猜出了蔡锷非等闲之辈,更是敬佩不已。这样,蔡锷便经常出入云吉班与小凤仙相会,连一切公务都搁置不理了。有人把这事告到袁世凯那里,袁世凯非但不生气,还笑着说:"松坡(蔡锷的号)果真乐此不疲,我也就高枕无忧了。”但是,老奸巨猾的袁世凯还是不放心,命令他的密探继续跟踪,对蔡锷每天的行止都要向总统府报告。蔡锷也觉察到了这一点,索性装作花天酒地,闹个不休,并且故意对袁世凯的心腹梁士贻说,想要购置一栋公馆,以便“金屋藏娇”。真是假戏真做,越演越像了。这时,蔡锷又与夫人商议,再搞一个“苦肉计”,说是夫人对蔡锷在外面胡混很不满,成天寻着蔡锷吵闹,连家里的东西也打毁了不少,蔡锷一气之下,拳脚交加,把一个好端端的夫人打得鼻青脸肿,表示坚决要与夫人离婚,夫人不甘受辱,连夜收拾行装,带着佣人回了老家。

蔡锷“赶”走了夫人,剩下只身一人,免除了后顾之忧。于是,有一天他趁人不防,到邮局给云南唐继尧、任可澄发去一个密电,说是“帝制将成,速作准备”这八个字,任凭怎样解释都可以,但蔡锷的本意是要唐、任三人速作起义准备,以后蔡锷便利用小凤仙作掩护,偷偷地搭乘火车离开北京到达天津,又从天津转至日本,再从日本取道越南到达云南与唐继尧、任可澄会合,成立了以唐继尧为都督的护国军军政府,并于1916年元月正式发布讨袁檄文,展开了讨伐袁世凯的护国战争,又叫云南起义。

青梅煮酒论英雄,刘备惊雷掩真意

东汉末,曹操挟天子以令诸侯,势力大;刘备虽为皇叔,却势单力薄,为防曹操谋害,不得不在住处后园种菜,亲自浇灌,以为韬晦之计。关云长和张飞蒙在鼓中,说刘备不留心天下大事,却学小人之事。

一天,刘备正在浇菜,曹操派人请刘备,刘备只得胆战心惊地一同前往入府见曹操。曹操不动声色对刘备说,“在家做的大好事!”说者有意,听者更有心,这句话将刘备吓得面如土色,曹操又转口说,“你学种菜,不容易。”这才使刘备稍稍放心下来。曹操说:“刚才看见园内枝头上的梅子青青的,想起以前一件往事(即“望梅止渴”),今天见此梅,不可不赏,恰逢煮酒正熟,故邀你到小亭一会。”刘备听后心神方定。随曹操来到小亭,只见已经摆好了各种酒器,盘内放置了青梅,于是就将青梅放在酒樽中煮起酒来了,二人对坐,开怀畅饮。酒至半酣,突然阴云密布,大雨将至,曹操大谈龙的品行,又将龙比作当世英雄,问刘备,请你说说当世英雄是谁,刘备装作胸无大志的样子,说了几个人,都被曹操否定。

曹操此时正想打听刘备的心理活动，看他是否想称雄于世，于是说："夫英雄者，胸怀大志，腹有良谋，有包藏宇宙之机，吞吐天下之志者也。"刘备问，谁能当英雄呢？曹操单刀直入地说："当今天下英雄，只有你和我两个！"刘备一听，吃了一惊，手中拿的筷子，也不知不觉地掉到地下。正巧突然下大雨，雷声大作，刘备灵机一动，从容地低下身拾起筷子，说是因为害怕打雷，才掉了筷子。曹操此时才放心地说，大丈夫也怕雷吗？刘备说："连圣人对迅雷烈风也会失态，我还能不怕吗？"刘备经过这样的掩饰，使曹操认为自己是个胸无大志，胆小如鼠的庸人，曹操从此再也不疑刘备了。

第二十八计　上屋抽梯

〔简述〕

上屋抽梯出自一个典故。说是东汉末年，荆州刺史刘表的儿子刘琦因不被继母所容恐遭陷害，向刘备求救。刘备要诸葛亮为他想出解脱之计。这天，诸葛亮来到刘琦家中，刘琦哀求诸葛亮说："继母屡次设法陷害我，务欲置我于死地而后罢休，眼下我的处境十分险恶，还请先生相救一二。"诸葛亮说"此事关系离间母子之情，恐将来说将出去，多有不便"，表示拒绝。刘琦便强邀诸葛亮进入密室之中，一边饮酒，一边仍缠住诸葛亮不放。可诸葛亮还是不愿答应刘琦的请求。这时，刘琦见再三恳求无效，便掉转话头，对诸葛亮说："我的住室楼上藏有一部古籍，请先生观赏一番如何?"诸葛亮听说有古籍观赏，非常高兴，便答应了。说着便跟随刘琦登上一间小楼，到了楼上，见四壁皆空，并无藏书设置，便问刘琦书在何处。这时刘琦便双膝跪下，承认自己是事出无奈才把诸葛亮骗上楼来，务请指点出路，拯救性命之危。诸葛亮埋怨刘琦不该施行欺骗，便要下楼离去，可不料楼梯已被抽走了。这时刘琦便又再三哀求说："先生最担心的是事情泄露，现在，这里上不着天，下不着地，出君之口，入琦之耳，再没有别人知晓，您应该可以赐教了。"说着又要拔剑自刎。诸葛亮见刘琦如此情景，便给他讲了一条计策，叫他借鉴历史上"申生在内而亡，重耳在外而安"的经验，利用黄祖新亡，江夏一时无人守御的机会，向刘表请求屯兵江夏，如此便可离开继母，脱离危险了。刘琦按照诸葛亮的计谋行事，果然灵验。后人便把这件事叫作“上屋抽梯”。

原文

假之以便①，唆之以前②，断其援应，陷之死地③。遇毒，位不当也④。

注释

① 假：假给。便：便利。

② 唆，唆使，这里引申为诱使。

③ 死地：中国古代兵法用语，指一种进则无路，退亦不能，非经死战难以生存之地。

④ 遇毒，位不当也：语出《周易·噬嗑卦·象传》。噬嗑卦为震下离上。震为雷，离为火、为电。雷电交加，有威猛险恶之象。又，噬嗑卦为以柔居刚，故不当位，更显形势严峻。噬嗑的本意为食乾肉，“乾肉虽小而坚，不易噬者也。强欲食之，则不听命而必相害”（王船山语）。把它运用于军事上就是，因贪图小利而盲目进军是有很大的危险的，如果硬要强行进军，必将陷于危险的死地。

译文

假给敌方以某种便利，诱使它（盲目）前进，然后再截断其应援之路，就能陷敌军于死地。这是从噬嗑卦卦辞“遇毒，位不当也”一语中悟出的道理。

原文

唆者，利使之也。利使之而不先为之便，或犹且不行。故抽梯之局①，须先置梯，或示之梯。如慕容垂，姚苌诸人怂秦苻坚侵晋②，以乘机自起。

注释

① 局：骗人的圈套。

② 慕容垂，姚苌诸人怂秦苻坚侵晋：公元382年，前秦苻坚要亲率九十七万大军南讨东晋。尚书左仆射权翼、太子左卫串石越，以及太子本人都表示反对。这时，鲜卑族的慕容垂和羌族的姚苌便分别私下来见苻坚，支持苻坚出征。慕容垂说："前秦兵多将广、势力强盛，东晋偏处一隅，势力弱小，自古都是小不敌大，弱不胜强，此次出征，必胜无疑。"由于慕容垂和姚苌的怂恿，苻坚更是决意出兵了。可淝水一战，秦军大败，苻融被杀，苻坚自己也中了流矢，在这次征伐东晋的战役中，秦军虽然大败，但慕容垂带领的三万人马因奉命出击东晋的郧城（今湖北安陆市），没有参加淝水之战，故而被完整地保全下来。当苻坚兵败从寿阳来到慕容垂处时，慕容垂护送他前去洛阳。这玎，慕容垂提出要求去邺城祭扫先人陵墓，同时就便安抚河北。苻坚同意了，谁知慕容垂离开之后，便打起复国的旗帜，自称燕王，接着又自立为帝，定都中山（今河北定县），史称后燕，与此同时，姚苌在羌族和西州豪族的支持下，也在渭北自称大将军、大单于、大秦天王，势力发展很快。不久，徒何鲜卑在慕容垂带领下包围长安。苻坚在五将山被姚苌所杀。慕容垂攻入长安不久，又被部下杀死，徒何鲜卑东归，姚苌占取长安，自立为秦皇帝，国号大秦，史称后秦。

译文

什么是唆？就是以利去诱使敌人上圈套。但是，如果只是以利诱使而不给他以某种方便，敌人还是不会上圈套的。所以，使用上屋抽梯的骗局，也必须先给梯子，或者示意梯子在哪里。就像当年慕容垂、姚苌怂恿前秦苻坚进攻东晋，以求乘机自己扩张势力、自立为王所做的那样。

刘琦：为赐求教，断其后路

上屋抽梯，用在军事上，是指利用小利引诱敌人，然后截断敌人援兵，以便将敌围歼的谋略。这种诱敌之计，自有其高明之处。敌人一般不是那么容易上当的，所以，应该先给它安放好“梯子”，也就是故意给以方便。等敌人“上楼”，也就是进入已布好的“口袋”之后即可拆掉“梯子”，围歼敌人。安放梯子，有很大学问：对性贪之敌，则以利诱之；对情骄之敌，则以示我方之弱以惑之；对莽撞无谋之敌，则设下埋伏以使其中计。总之，要根据情况，巧妙地安放梯子，致敌中计。《孙子兵法》中最早出现“去梯”之说。后汉末年，刘表偏爱少子刘琮，不喜欢长子刘琦。刘琦的后母害怕刘琦得势，影响到儿子刘琮的地位，非常嫉恨他。刘琦感到自己处在十分危险的环境中，多次请教诸葛亮，但诸葛亮一直不肯为他出主意。有一天，刘琦约诸葛亮到一座高楼上饮酒，等二人正坐下饮酒之时，刘琦暗中派人拆走了楼梯。刘琦说：“今日上不至天，下不至地，出君之口，入琦之耳，可以赐教矣！”诸葛亮见状，无可奈何，便给刘琦讲了这样一个故事：

春秋时期，晋献公的妃子骊姬想谋害晋献公的两个儿子：申生和重耳。重耳知道骊姬居心险恶，只得逃亡国外。申生为人厚道，尽孝心，侍奉父王。一日，申生派人给父王送去一些好吃的东西，骊姬乘机用有毒的食品将太子送来的食品更换了。晋献公哪里知道，正准备去吃，骊姬故意说道，这膳食从外面送来，最好让人先尝尝看。于是命左右侍从尝一尝，刚刚尝一点，侍从倒地而死。晋献公大怒，大骂申生不孝，阴谋弑父夺位，决定要杀申生。申生闻讯，也不作申辩，自刎身亡。

诸葛亮对刘琦说:“申生在内而亡,重耳在外而安。”刘琦马上领会了诸葛亮的意图,立即上表请求派往江夏(今湖北武昌西),避开了后母,终于免遭陷害。刘琦引诱诸葛亮“上屋”,是为了求他指点,“抽梯”是断其后路,也就是打消诸葛亮的顾虑。

宋太祖:杯酒释兵权

赵匡胤在“陈桥兵变,黄袍加身”后,成功登上皇位,即宋太祖。禁军将领石守信、王审琦、高怀德等众多功臣,也都是位高名显。赵匡胤担心他们的势力一旦强大起来,会严重危及他的皇位。但他又不忍心、也没有理由突然置他们于死地,于是,赵匡胤突发“上屋抽梯”的办法,设家宴请众功臣到位。

酒过几巡,宋太祖命令在旁侍候的太监退出。他拿起一杯酒,先请大家干了杯,说:“我要不是有你们帮助,也不会有现在这个地位。但是你们哪儿知道,做皇帝也有很大难处,还不如做个节度使自在。不瞒各位说,这一年来,我就没有一夜睡过安稳觉。”

石守信等人听了十分惊奇,连忙问这是什么缘故。宋太祖说:“这还不明白?皇帝这个位子,谁不眼红呀?”

石守信等听出话音来了。大家着了慌,跪在地上说:“陛下为什么说这样的话?现在天下已经安定了,谁还敢对陛下三心二意?”

宋太祖摇摇头说:“对你们几位我还信不过?只怕你们的部下将士当中,有人贪图富贵,把黄袍披在你们身上。你们想不干,能行吗?”

石守信等听到这里,感到大祸临头,连连磕头,含着眼泪说:“我们都是粗人,没想到这一点,请陛下指引一条出路。”

宋太祖说:“我替你们着想,你们不如把兵权交出来,到地方上去做个闲官,买点田产房屋,给子孙留点家业,快快活活度个晚年。我和你们结为亲家,彼此毫无猜疑,不是更好吗?”

石守信等齐声说:“陛下给我们想得太周到啦!”

第二天,石守信、高怀德、王审琦、张令铎、赵彦徽等上表声称自己有病,纷纷要求解除兵权,宋太祖欣然同意,让他们罢去禁军职务,到地方任节度使,并废除了殿前都点检和侍卫亲军马步军都指挥司。禁军分别由殿前都指挥司、侍卫马军都指挥司和侍卫步军都指挥司，即所谓三衙统领。在解除石守信等宿将的兵权后，太祖另选一些资历浅，个人威望不高，容易控制的人担任禁军将领。禁军领兵权析而为三，以名位较低的将领掌握三衙，这就意味着皇权对军队控制的加强，以后宋太祖还兑现了与禁军高级将领联姻的诺言，把守寡的妹妹嫁给高怀德，后来又把女儿嫁给石守信和王审琦的儿子。张令铎的女儿则嫁给太祖三弟赵光美。

宋太祖收回地方将领的兵权以后，建立了新的军事制度，从地方军队挑选出精兵，编成禁军，由皇帝直接控制，各地行政长官也由朝廷委派。通过这些措施，新建立的北宋王朝开始稳定下来。

第二十九计　树上开花

〔简述〕

树上开花来自古时一些战例。所谓“树上开花”，在军事上一般是指，在敌强我弱，遭到敌军攻击压力的形势下，我军采取某些方法，制造种种假象来壮大自己的声势，以迷惑敌军，或将其引走，或将其击退，或将其歼灭。三国时期，张飞在当阳桥以三十余名骑兵，吓退曹操追击刘备的数万大军，就是用的这种计谋。张飞命令士卒将战马拴在离桥不远的树林中，砍下树枝，绑缚在马后，用鞭抽打，马蹄乱踢，尘烟滚滚，张飞独自一人，屹立桥头，手持长矛，怒目而视，曹操见状，误以为桥的对面埋有大量伏兵，便下令撤兵了。战国时期，田单大摆火牛阵，击溃燕军，以及南朝宋文帝时，檩道济用唱筹量沙的计谋，假装军粮充足，骗过了北魏大军，终于安全突围，都是用的这类计谋，后人把这些计谋的共同特点加以概括，就叫作“树上开花”。意思是说：树上本来没有花，却可以人为地制造一些彩花粘在树上，让人一眼看去，难辨真假，还以为真是满树银花哩！

原文

借局布势①，力小势大②。鸿渐于陆，其羽可用为仪也③。

注释

① 借局布势：局，局诈。势，阵势。全句意为：借助某种局诈的方法，布成一定的阵势。

② 力小势大：力，力量，这里是指军队的兵力。势，这里是指声势。全句意为：兵力小而声势却造得很大。

③ 鸿渐于陆，其羽可用为仪：此语出自《周易·渐卦》上九爻辞："鸿渐于陆。其羽可用为仪。吉。"渐卦为艮下巽上。艮为山，巽为风、为木。该卦卦辞说："山上有木，渐。君子以居贤德善俗。"意思是说：树木在山上渐渐地生长，象征着君子应该注重逐日修养自己良好的德行，并影响周围的人，形成一种善美的风俗。而此卦上九爻辞所说的"鸿渐于陆，其羽可用为仪"中的鸿是指大雁。渐是指渐进。陆与"逵"通，这里是指天际的云路。羽是指鸿雁美丽的羽毛。仪是指效法。全句意为：大雁在高空的云路上渐渐飞行，它那美丽丰满的羽毛，使它更显得雄姿焕发，这是值得人们效法的。把它用于军事上，就是用"树上开花"计使本来实力弱小的军队显得声势浩大，这正是从渐卦上九爻辞所获得的启发。

译文

借用局诈的方法布成阵势，使本来力量小的部队变得声势浩大。这是从《周易·渐卦》上九爻辞"鸿渐于陆。其羽可用为仪"一语中所获得的启示。

原文

此树本无花，而树则可以有花，剪彩粘之，不细察者不易觉，使花与树交相辉映，而成玲珑全局也[1]。此盖布精兵于友军之阵，完其势以威敌也[2]。

注释

① 玲珑：灵巧的、巧妙的。

② 威敌：威慑敌人。

译文

这棵树木本来没有花，却可以让它变得有花。剪一些彩花粘在树上，使一些不仔细观看的人不易察觉，这样便可以使彩色的花与绿色的树交相辉映，形成一个巧妙逼真的完整的花树。这也就是把精兵安置在友军的阵式中，促使其整个阵式的完整，以威慑敌军的方法。

田单破燕之战

周赧王三十一年（公元前284年），燕昭王重用乐毅，命他领兵进攻齐国，6个月内，连攻下七十城，只剩下最后莒州、即墨两城尚未攻下。当时乐毅认为，齐国只剩下两城，再也起不了什么大风波了，因此他想采取和平方式，以恩结之，让他们自己投降，免得再动刀兵。就这样，把即墨城围了3年之久。

却说即墨城中,守将已死,军中无主,大家都说田单有领兵才能,便拥立他为将军,于是田单率领全城军民日夜防守,不稍松懈。却不料这时燕国内部出现了上层权力斗争。大夫骑劫与燕太子资交谊深厚,骑劫自以为有勇有谋,想夺乐毅的兵权,便对太子资说:“齐王已死,齐国只剩下两座城了,乐毅却不把它攻下来,这是乐毅想以恩结好齐国,以后好自立为齐王哩!”太子资听信骑劫的挑唆,把话告诉给燕昭王,谁知昭王非但不听,还把太子打了二十大板,并要封乐毅为齐王。乐毅坚决不受齐王之封,燕昭王因此便更加信任乐毅。这件事被田单打听到了,他感到非常失望,叹息道:“看来要恢复齐国,燕昭王在世是不行了,需要等到昭王死后才有希望。”说也凑巧,果然就在这以后不久,昭王因迷信成仙,乱服丹药,中毒而死。太子资即位,为燕惠王,这时,田单特派人去燕国散布流言,说是乐毅当初不愿受齐王之封,是因为要感恩昭王的厚遇,而其所以迟迟不攻即墨、莒州两城,则是因为要等待时机,自立为王,现在昭王已死,惠王即位,乐毅就会称王齐国了。燕惠王本来就对乐毅心存疑虑,现在听到这样的流言,与骑劫原来所讲的话相吻合,更是信以为真,于是,一道诏命把乐毅召回都城,而由骑劫取代乐毅为将。乐毅是个聪明绝顶的人,知道再留在燕国,必受惠王、骑劫之害,便悄悄地离开燕国到赵国去了。

且说这边骑劫取代乐毅为将,他上任伊始,便一改乐毅章程,引起燕军将士的普遍不满。他才到军营三天,便下令攻打即墨城,即墨城内军民在田单率领下,防守坚固,骑劫屡攻不下。一天,田单清早起来,对全城军民说:“昨晚我做了一个梦,老天爷在梦里对我说了,齐国还能再强盛起来,燕国准得败落,再过几天,老天爷会派一个军师来,燕军就快打败仗了。”其实是田单故意在军中挑选了一个机灵的小兵,叫他装作老天爷派来的军师,给他穿着特别的衣裳,叫他朝南坐着。以后田单每次下令,却要先禀告“军师”,因而他的命令便格外受到军民的尊重。而城外的燕国士兵听说城内来了一位老天爷派来的军师,也都害怕起来,彼此相互传说着:“老天爷都帮助齐国,我们还有什么办法呢?!”同时,田单还派几个心腹到城外去议论说:还是从前的乐毅好,抓了俘虏都好好优待,所以城里的人都不怕燕军。要是燕国军队把捉去的俘虏都割去鼻子,齐国人还能不怕吗?又说,齐国人的祖坟埋在城外,如果燕国军队把祖坟都刨了,那可怎么办呀!如此等等。这样的议论一传十,十传百,慢慢地传到骑劫耳里。愚蠢的骑劫竟真的把抓来的俘虏都割去鼻子,把城外的坟墓也都给刨了。即墨城的人见到燕国如此残暴,一个个恨得咬牙切齿,一心要报仇雪恨,纷纷向田单请战。这时田单便又想出一计:挑选五千名先锋队,一千头牛进行训练,准备摆一次火牛阵。同时又搜集一批黄金,派几个人打扮成即墨城的富翁给骑劫送去,对骑劫说:"城里的粮食已经吃光了,不出三天就得投降,请求燕军进城时能保全我们家小的性命。"骑劫听了欢天喜地,满口答应。真以为可以净等着田单前来投降,用不着再打仗了,于是大小头目放松了戒备。

且说那些被派出的"富翁"回来向田单报告情况,田单认为时机已到,决定使用他的火牛阵出战。他把一千头牛都披上画有稀奇古怪彩色花纹的布,每头牛的犄角上都押着两把尖刀、牛尾上系着一押浸透了油的麻和芦苇。又将五千名冲锋队的脸上也画上各式各样彩色的花纹,一个个拿着大刀、阔斧跟在牛背后。到了半夜,拆去几处城墙,把牛赶到城外,把牛尾点起火来,一千头牛被烧疼了,没命地往燕营冲去,后面五千名敢死队也紧跟着杀进去。这时,城里的老百姓纷纷拿着脸盆、铜壶狠命地敲着,呐喊助战。燕国军队从梦中惊醒,猝不及防,只见到成千成万的怪物尾巴烧着火,头上长着刀,后面又跟着一群"妖怪"。有些胆小的,吓得腿也软了,只说是老天爷派来的鬼怪,一个个只图逃命要紧,哪里还敢抵抗呢?不说是一千头牛头上捆的刀扎伤了多少人,五千名冲锋队用刀砍死了多少人,就是燕军自己忙乱中互相践踏,也死伤不少,这时,骑劫坐着车,打算杀出一条血路,可巧正碰上田单,只几个回合便被杀死了。从此之后,田单乘胜反攻,收回了失去的七十座城池。

李园献妹除患

楚考烈王没有儿子,春申君为这件事发愁,就寻找宜于生育儿子的妇女进献给楚王,虽然进献了不少,却始终没生儿子。赵国李园带着他的妹妹来,打算把他的妹妹进献给楚王,又听说楚王不宜于生育儿子,恐怕时间长了不能得到宠幸。李园便寻找机会做了春申君的侍从,不久他请假回家,又故意延误了返回的时间。回来后他去拜见春申君,春申君问他迟到的原因,他回答说:"齐王派使臣来求娶我的妹妹,由于我跟那个使臣饮酒,所以延误了返回的时间。"春申君问道:"订婚礼物送来了吗?"李园回答说:"没有。"春申君又问道:"令妹可以让我看看吗?"李园说:"可以。"于是李园就把他的妹妹献给春申君,并立即得到春申君的宠幸。后来李园知道了他的妹妹怀了身孕,就同他妹妹商量了进一步的打算。李园的妹妹找了个机会劝说春申君道："楚王尊重宠信您,如今您任楚国宰相已经二十多年,可是大王没有儿子,如果楚王寿终之后将要改立兄弟,那么楚国改立国君以后,也就会各自使原来所亲信的人显贵起来,您又怎么能长久地得到宠信呢?不仅如此,您身处尊位执掌政事多年,对楚王的兄弟们难免有许多失礼的地方,楚王兄弟果真立为国君,殃祸将落在您的身上,还怎么能保住宰相大印和江东封地呢?现在我自己知道怀上身孕了,可是别人谁也不知道。我得到您的宠幸时间不长,如果凭您的尊贵地位把我进献给楚王,楚王必定宠幸我;我仰赖上天的保佑生个儿子,这就是您的儿子做了楚王,楚国全为您所有,这与您身遭意想不到的殃祸相比,哪样好呢?"春申君认为这番话说得对极了,就把李园的妹妹送出家门,严密地安排在一个住所便向楚王称说要进献李园的妹妹。楚王把李园的妹妹召进宫来很是宠幸她,于是生了个儿子,立为太子,又把李园妹妹封为王后。楚王器重李园,于是李园参与朝政。

李园把他妹妹送进宫里,封为王后,生的儿子立为太子,便担心春申君说漏秘密而更加骄横,就暗中豢养了刺客。打算杀死春申君来灭口,这件事在国都有些人知道。

春申君任宰相的第二十五年,楚考烈王病重。朱英对春申君说:"世上有不期而至的福,又有不期而至的祸。如今您处在生死无常的世上,侍奉喜怒无常的君主,又怎么能会没有不期而至的人呢?"春申君问道:"什么叫不期而至的福?"朱英回答说:"您任楚国宰相二十多年了,虽然名义上是宰相,实际上就是楚王。现在楚王病重,死在旦夕,您辅佐年幼的国君,因而代他掌握国政,如同伊尹、周公一样,等君王长大再把大权交给他,不就是您不称王而据有楚国?这就是所说的不期而至的福。"春申君又问道:"什么叫不期而至的祸?"朱英回答道:"李园不执掌国政便是您的仇人,他不管兵事却豢养刺客为时已久了,楚王一下世,李园必定抢先入宫夺权并要杀掉您灭口。这就是所说的不期而至的祸。"春申君接着问道:"什么叫不期而至的人?"朱英回答说:"您安排我做郎中,楚王一下世,李园必定抢先入宫,我替您杀掉李园。这就是所说的不期而至的人。"春申君听了后说:"您要放弃这种打算。李园是个软弱的人,我对他很友好,况且又怎么能到这种地步!"朱英知道自己的进言不被采用,恐怕祸患殃及自身,就逃离了。

此后十七天,楚考烈王去世,李园果然抢先入宫,并在棘门埋伏下刺客。春申君进入棘门,李园豢养的刺客从两侧夹住刺杀了春申君,斩下他的头,扔到棘门外边,同时派官吏把春申君家满门抄斩。而李园的妹妹原先受春申君宠幸怀了孕又入宫得宠于楚考烈王后所生的那个儿子便立为楚王,这就是楚幽王。

第三十计　反客为主

〔简述〕

反客为主,出自何典尚说法不一,从现有资料看,大体有三种可资参考:其一是,据《李卫公问对》载:“臣较量主客之势,则有变客为主、变主为客之术。”其二是,杜牧注《孙子兵法》载:“我为主,敌为客,则绝其粮道,守其归路。若我为客,敌为主,则攻其君主。”其三是,《三国演义》第七十一回写的法正对黄忠讲的一段话:“夏侯渊为人轻躁,恃勇少谋。可激励士卒,拔寨前进,步步为营,诱渊来战而擒之。此乃‘反客为主’之法。”

从上述资料以及前人对本计的按语来看,所谓“反客为主”,从军事上说,主要包含两方面意义:一是对同盟者(包括将要从敌军中争取的同盟者)来说,本来是同盟者为“主”,我为“客”,经过运用计谋,使我得以插足其中,并在同盟者中逐渐掌握了领导权、支配权。这便是“反客为主”了。二是对敌军而言,我方实力小,处于被动,是为“客”,经过运用计谋进行斗争,我方逐渐由被动变为主动,这也是“反客为主”了。

原文

乘隙插足,扼其主机①。渐之进也②。

注释

① 主机：主要的关键之处，即首脑机关。

② 渐之进也：语出《周易·渐卦·彖传》："渐之进也，女归吉也。进得位，往有功也。"按《易经增注·下经·渐》的解释：天下事动而躁则邪，静而顺则正。渐则进而得乎贵位，故行有功。意思是说：天下的事情，凡是行动盲目而急躁，就会走入邪途；凡是冷静而顺乎客观规律，就会登上正道。一步一步地循序渐进达到显要的地位，便会行而有功。

译文

乘着对方的空隙，插足其中，以致最后掌握其首脑机关，这是循序渐进的结果。

原文

为人驱使者为奴[①]，为人尊处者为客[②]，不能立足者为暂客[③]，能立足者为久客。客久而不能主事者为贱客[④]，能主事则可渐握机要，而为主矣。故反客为主之局[⑤]，第一步须争客位；第二步须乘隙；第三步须插足；第四步须握机；第五步乃成为主。为主，则并人之军矣。此渐进之阴谋也。如李渊书尊李密，密卒以败[⑥]；汉高视势未敌项羽之先[⑦]，卑事项羽，使其见信而渐以侵其势[⑧]，至垓下一役，一举亡之。

注释

① 奴:奴仆、奴隶。

② 尊处:尊敬的对待。

③ 立足:站住了脚。暂客:暂时的客人。

④ 贱客:地位卑贱、低下的客人。

⑤ 反客为主:变客位为主位。局:局诈,诈谋。

⑥ 李渊:(公元566~635年),即唐高祖。祖籍陇西成纪(今甘肃秦安)。隋大业十三年(公元617年)任太原留守时,隋朝政权在农民大起义的打击下,土崩瓦解,李渊乘机起兵反隋,攻取长安,立隋炀帝杨侑为帝,次年逼杨侑退位,建立唐朝。李密:(公元582~618年)字玄邃,京兆长安(今属陕西)人,隋末瓦岗军首领。永平二年,因反唐被李渊所杀。

⑦ 汉高:即汉高祖刘邦(公元前256~前195年),字季,沛县(今属江苏)人。秦二世元年,陈胜起义,他起兵响应,称沛公。初属项梁,后与项羽领导的起义军同为反秦主力,公元前206年,率军攻占咸阳,推翻秦朝统治。同年,项羽入关、大封诸侯王,刘邦被封为汉王,占有巴蜀、汉中之地,不久,即与项羽展开长达五年的楚汉战争,公元前202年,战胜项羽,即皇帝位。项羽:即项籍(公元前232~前202年),下相(今江苏宿迁西南)人,秦末农民起义领袖。秦亡后,自立为西楚霸王,并大封诸侯。在楚汉战争中,被刘邦击败,最后从垓下(今安徽灵璧南)突围到乌江(今安徽和县东北)自杀。

⑧ 侵:侵蚀,这里可引申为削弱、减弱。势:势力。

译文

受别人驱使的人是奴仆,受别人尊敬相待的人是客人。在别人家做客而不能站住脚的是暂时的客人;能够站住脚的是长久的客人。作为长久的客人却不能主事的是地位低贱的客人;能够主事并且可以逐渐掌握其首脑机关便就成为主人了。所以,使用“反客为主”的诈谋,第一步必须争到客主;第二步便要乘隙而入;第三步便须插足进去;第四步便须掌握其关键部位或首脑机关;第五步便可成功了。为主,便可以将别人的军队据为己有了。这是一个循序渐进的阴谋。就像当年李渊给李密写信,对他大加尊崇,最后李密终于被李渊打败。也像当年汉高祖看到自己的势力还不能与项羽相抗衡时,便卑躬屈膝地侍奉项羽,使项羽因此而相信自己,以逐渐削弱项羽的势力,以致垓下一战,把项羽彻底消灭了。

虞卿:说服赵王,联齐成功

秦国和赵国在长平交战,刚开始赵国就损失了一员都尉,形势对赵国不利。于是,赵王把楼缓和虞卿找来商量说:“我国初战失利,都尉战死,我想全力赴敌,与秦军决战,你们觉得怎么样?”楼缓说:“没有好处,不如派重要的使节前去求和。”虞卿说:“楼缓主张求和的原因,是认为不求和我军必然失败,但控制和谈主动权的在秦国一方。大王您估计一下秦国的意图,是要击败赵国军队呢,还是另有企图呢?”赵王说:“秦国已经竭尽全力,毫无保留了,必将击败赵军才肯罢休。”虞卿回答:“那么,大王就应该听从我的话,派出使臣拿上贵重的珍宝去联合楚、魏两国,想得到大王的贵重的宝物,就一定会接纳我们的使臣。赵国的使节到了楚、魏两国,秦国知道以后,必定怀疑赵国联合天下诸侯抗秦,而且必定感到担心,只有这样,和谈才能进行。”

赵王没有听从虞卿的意见,与平原君商议求和,就派出郑朱先到秦国联系。秦国接纳了郑朱。赵王对虞卿说:“我派平原君到秦国求和,秦国已经接见郑朱了,您觉得这件事该怎么办?”虞卿回答说:“大王的和谈不能成功,赵国必定被击败。天下各诸侯国前往秦国祝贺秦国获胜的使臣已经都到秦国了,而郑朱又是个显贵的人,在各国中有很大的名声,他进入秦国,秦王和应侯一定会把郑朱来到秦国的这件事大加宣扬给诸侯看,以便造成很大的影响。楚国和魏国看到郑朱已经到了秦国,两国认为赵国到秦国求和,就必定不会援救。秦国知道天下诸侯不会救援大王,那么和谈是不会成功的。”

秦王和应侯果然把郑朱来到秦国这件事大加宣扬,让那些前来祝贺的各诸侯国的使节知道,赵国已经向秦国求和。于是,各诸侯国再也不肯援助赵国,秦国也终究不肯与赵国和谈。赵军在长平大败,赵国的国都被秦军围困,赵王被天下人耻笑。

秦国解除了对邯郸的包围之后，赵王却准备到秦国去晋见秦王，就派赵郝到秦国去订立盟约，赵国愿意割出六个县来讲和。虞卿说："大王您看，秦国进攻大王，是因为打得疲惫了才撤回呢，还是秦国本来就有力量进攻，由于怜惜大王而不再进攻呢？"赵王回答说："秦国倾尽全力进攻我，是毫无保留了，一定是因为打得太疲惫了，无法得逞才撤回的。"虞卿说："既然这样，秦国用它的全部的力量进攻，结果打得疲惫而回，对于秦国想得到而又得不到的东西，大王却拱手送给了秦国，这等于帮助秦国进攻自己啊。明年秦国如果再进攻大王，大王恐怕就无法自救了。"

赵王把虞卿的话告诉了赵郝。赵郝说："虞卿真的能够弄清秦国的底细吗？果真知道秦国今年不能再进攻了吗？这么一块弹丸之地不给它，让秦国明年再来进攻大王，那时大王岂不是要割让心腹之地给它来求和吗？"赵王说："我听从你的意见，割让六县给秦国，可是您一定能让秦国明年不再进攻我吗？"赵郝回答说："这个不是我所能承担的事情。过去，韩、赵、魏三国与秦国交往，互相亲善。现在，秦国对韩、魏两国亲善而进攻大王，看来大王侍奉秦国的心意一定不如韩国和魏国了。现在我替您解除因背弃与秦国亲善关系而招致的进攻，开关卡，通贸易，与秦国的交好程度同韩、魏两国一样，如果到了明年大王又自己招来秦国的进攻，这一定是大王侍奉秦国的心意又落在了韩、魏两国的后面了。所以说，这不是我所敢承担的责任。"

赵王把赵郝的话告诉了虞卿。虞卿回答："赵郝说，'不讲和，秦国再来进攻大王，大王岂不是要割让腹地给它来求和吗？'如果大王讲和，赵郝又认为是不能保证秦国不再进攻。那么现在即使我们奉献出六座城池，又有什么好处呢？如果秦国明年再来进攻，我们再把它的兵力所不能夺取的土地割让给它来求和，这岂不是自取灭亡的办法吗？所以不与秦国讲和。秦国即使善于进攻，也不能轻易地夺取赵国的六个县；赵国即使不善于防守，也不会轻易地丧失六座城池。秦国疲顿而撤兵，军队必然疲惫不堪，我们如果用这六座城池收取天下诸侯去进攻疲软的秦国，这是我在天下诸侯那里失去六座城而在秦国那里得到补偿。我国还可得到好处，这与割让土地，使自己削弱而使秦国强大相比，哪样更好呢？

"现在赵郝说，'秦国与韩国、魏国两国亲善而进攻赵国的原因，一定是大王侍奉秦国的心意不如韩、魏两国'，这是让大王每年拿出六座城来奉献给秦国，这样一来,就会白白地把赵国的城邑送光。明年秦国又要求割地,到了那时,大王如果不给,这就等于抛弃了原来割让土地所换取的成果而挑起秦国的新的进攻;如果给它,也就无地可给了。俗话说:‘强大的善于进攻,弱小的不能防守’。现在白白地听任秦国摆布,秦国军队毫不费力地得到土地,这是使秦国更加强大而使赵国更加削弱啊!让越来越强大的秦国来割取越来越小的赵国,秦国年年谋取赵国土地的做法就不会停止了。况且大王的土地是有限的,而秦国的要求是无限的,拿有限的土地去应付秦国无限的要求,那怎么还会再有赵国呢?”

赵王还没有形成确定的想法,楼缓从秦国回到了赵国,赵王与楼缓商议这个问题,说:“给秦国土地与不给秦国土地,哪种做法更好?”楼缓说:“这不是我所能知道的。”赵王说:“虽然这么说,也不妨谈谈你的意见。”楼缓便回答说:“大王也听说过那公甫文伯母亲的事吗?公甫文伯在鲁国做官,病死了,有两个妻妾为他在卧室中自杀了。他的母亲听到这件事,居然不哭一声。公甫文伯家的仆人看到这种情况说:‘哪里有儿子死了而母亲不哭的呢?’他的母亲说:‘孔子是个大贤人,被鲁国驱逐了,可是他却不跟随孔子,他病死了,他的妻妾有两个人为他自杀,像他这样的情况,一定是他对尊长的情义淡薄而对妻妾的情义深厚。’所以由母亲说出这样的话,必定是个贤良的母亲,若由妻子说出这样的话,这一定是个善于嫉妒的妻子。所以,说的话虽然一样,但由于说话的人所处的位置不一样,意思也就跟着变化了。现在我刚从秦国回来,如果说不给,那是符合赵国的利益的;如果说给它,恐怕大王会认为我是为秦国说话。所以我不敢回答,假使我能够为大王考虑的话,不如给它好。”赵王听后说:“嗯。”

虞卿听到这件事,入宫拜见赵王说:“这是不诚实的辩解,大王一定不要把六个县给秦国!”楼缓听了,就去拜见赵王。赵王把虞卿的话告诉了楼缓。楼缓说:“不对,虞卿知其一,不知其二。秦、赵两国结了怨仇而赵国遭受了兵祸,天下诸侯都感到高兴,这是为什么?因为诸侯不再害怕秦国和赵国联合进攻他们。

“如今赵国军队被秦国围困,天下诸侯祝贺秦国的胜利,使节必定都在秦国了。所以不如赶快割让土地讲和,来使天下诸侯都知道秦、赵已经交好,使他们不敢再欺负赵国,又能抚慰秦国。不然的话,天下诸侯借着秦国对赵国的怨怒,趁着赵国的疲困,从而瓜分赵国,赵国将要灭亡。还能对秦国怎样呢?所以我说,虞卿知其一,不知其二。希望大王从这些方面考虑,不要再犹豫不决了。”

虞卿听到这番议论后，去拜见赵王说："危险了，楼缓就是替秦国帮忙的，这是让天下诸侯更加怀疑赵国了，又怎么能使秦国满意呢？他为什么偏偏不说这么做就是向天下诸侯昭示赵国是软弱可欺的呢？再说，我主张不给秦国土地，并不是没有其他办法了。秦国向大王索取六个城邑，而大王则把这六个城邑送给齐国。

齐国是秦国不共戴天的仇敌，得到了大王的六个城池，就可以与赵国联合进攻秦国。如果您能这么做，齐王一定会同意。这就是大王在齐国方面失去六个城邑却在秦国那里得到补偿。这样做，赵国和齐国的仇恨可以报了，而且又向天下诸侯显示赵王不是无所作为的。大王把赵国和齐国两国结盟的事传扬出去，我们的军队还用不着到秦国的边境，就会看到秦国把贵重的礼物送到赵国来，反过来向赵国求和了。韩国和魏国两国听到了这个消息，必定要尽力地讨好大王；既要敬重大王，就必定拿出贵重的宝物争先向大王致意。这样一来，大王的一个举动可以与韩、魏、齐三国结交关系，从而与秦国调换了处事的位置。"

赵王听后说："您的办法真是好极了。"

于是，赵王就派虞卿向东去与齐王结交，与齐王商议攻打秦国的问题，虞卿还没返回齐国，秦国向赵国求和的使节就已经到赵国了。楼缓得知这个消息，立即逃跑了。赵王于是把一座城邑封给了虞卿。

虞卿反客为主的智谋看起来并没有过于复杂的地方，但实际上实行起来是极为困难的。首先，当时的国际关系十分复杂，要想理出一个很清楚的头绪并不是一件容易的事；其次，赵王并不是一位头脑清楚、意图有所作为的人，一开始就没有听虞卿的话，致使赵国的都城邯郸被围，赵国几乎灭亡；第三，国内有一些人害怕秦国，再加上秦国的奸细，有许多人主张割地给秦国。

这样一来，虞卿的谋略就很难实现了，但由于虞卿的努力，最终还是说服了赵王，使得联齐成功，把疲敝的赵国暂时拯救出来。

袁绍反客为主夺冀州

袁绍和韩馥是一对盟友，当年曾经合力征讨过董卓。后来袁绍势力渐渐强大起来，总想着要不断扩张，他屯兵河内，兵马众多，缺少粮草，十分头大。而韩馥却保持了他农民时代的习惯，没什么野心，一心只想着种粮食。同时他还保持了农民时代的淳朴和厚道，听说袁绍因为缺粮而忧虑的时候主动派人送去了许多粮草，帮助袁绍解决困难。袁绍的人和马终于都有东西吃了，开心得不得了，但是袁绍却觉得老是等人送粮草，也不是个办法，而且吃人家的嘴软，拿人家的手短，现在又吃又拿，软的连头都抬不起来了。须得从根本上解决这个问题了，袁绍如是想。他听了手下谋士逢纪的劝告，决定夺取韩馥堆放粮草的地方——冀州。

他首先给公孙瓒写了一封信，与他约定难过的往事不许提，建议公孙瓒与他一起攻打冀州。公孙瓒也早就瞅准了那个粮仓了，这个建议正中了他的下怀。他立即下令部队，做好攻打冀州的准备。

袁绍又暗地派人去见韩馥，对韩馥说："公孙瓒攻打冀州，冀州肯定是保不住的。袁绍不是好兄弟么？最近不是还收过你送去的粮草么？为何不联合袁绍，对付公孙瓒呢？让袁绍进城帮你守着，冀州就可以保住了！"

韩馥对袁绍怀着美丽的憧憬，迎他入城。这位请来的客人表面上很尊重韩馥，对于他过去的帮助感激涕零，而实际上袁绍却逐渐将自己的部下一个一个地安排在了冀州的要害部位。"市长""市委书记""粮食局局长"等职务最后都成了袁绍的属下。这个时候韩馥才感觉到在自己的地盘里面，怎么感觉好像到了别人家做客的那样别扭，他才明白他这个"主"已经被袁绍这个"客"给取代了。为了保住性命，他只得乘着夜色，流着眼泪孤身逃出冀州去了。

郭子仪反客为主平叛乱

唐朝有个叛将，名字叫仆固怀恩。他煽动吐蕃和回纥两国联合出兵，进犯中原。大兵三十万，一路连战连捷，直逼泾阳。泾阳的守将是唐朝著名将军郭子仪，他是奉命前来平息叛乱的，这时他只有一万余名精兵。面对漫山遍野的敌人，郭子仪知道形势十分严峻。正在这个时候，仆固怀恩病死了。吐蕃和回纥就失去了中间的联系和协调的人物。双方都想争夺指挥权，矛盾逐渐激化。两军各驻一地，互不联系往来。吐蕃驻扎东门外，回纥驻扎西门外。郭子仪想到何不乘机分化这两支军队？他在安史之乱时，曾和回纥将领并肩作战，对付安禄山。这种老关系何不利用一下呢？他秘密派人前往回纥营中转达郭子仪想与过去并肩作战的老友叙叙情谊。

回纥都督药葛罗，也是个重视旧情的人。听说郭子仪就在泾阳，十分高兴。但是，他说："除非郭老令公亲自让我们见到，我们才会相信。"郭子仪听到汇报，决定亲赴回纥营中，会见药葛罗，叙叙旧情，并乘机说服他们不要和吐蕃联合反唐。将士们生怕回纥有诈，不让郭子仪前去。郭子仪说："为国家，我早已把生死置之度外！我去回纥营中，如果能谈得成，这一仗就打不起来了，天下从此太平，有什么不好？"他拒绝带卫队保卫，只带少数随从，到回纥营去。药葛罗见郭子仪真的来了，非常高兴。设宴招待郭子仪，谈得十分亲热。酒宿时，郭子仪说道："大唐、回纥关系很好，回纥在平定安史之乱时立了大功，大唐也没有亏待你们呀！今天怎么会和吐蕃联合进犯大唐呢？吐蕃是想利用你们与大唐作战，他们好乘机得利。"药葛罗愤然说道："老令公说得有理，我们是被他们骗了！我们愿意和大唐一起，攻打吐蕃。"双方马上立誓联盟。

吐蕃得到报告，觉得形势骤变，于己不利，他们连夜准备，拔寨撤兵。郭子仪与回纥合兵追击，击败了吐蕃的十万大军。吐蕃大败，很长一段时期，边境无事。

第三十一计　美人计

〔简述〕

美人计出自《韩非子·内储说下》“遗人……女乐二人，以荣其意而乱其政。”说的是公元前658年，晋献公派兵攻打虢国，而虞国是必经之道，晋军欲向虞国借路伐虢，怕虞君不肯，晋献公采纳大夫荀息的建议，把晋国屈地出产的良马和垂棘出产的美玉及女乐二人送给虞君。虞君生性贪婪，不顾宫之奇的反对，同意借道给晋国。晋国灭掉虢国，回师途中，轻而易举地灭掉虞国，捉住了虞君。“假道伐虢”是三十六计的第二十四计，但这一计是在美人计的成功基础上实施的。《六韬·文伐》中说，对于直接用武力不能征服的敌国，应“养其乱臣以迷之，进美女、淫声以惑之……”就是说的美人计。

本计的特点是，用美色或其他财物诱惑敌人，尤其是敌方的将帅，消磨其斗志，分裂其核心，使其部队丧失战斗力，从而乘机取胜。

原文

兵强者，攻其将；将智者，伐其情①。将弱兵颓，其势自萎。利用御寇，顺相保也②。

注释

①将智者，伐其情：将智者，指足智多谋的将帅。伐其情：即从感情上加以进攻、软化，抓住敌方思想意志的弱点加以攻击。《六韬·文伐》中就主张以乱臣、美女、犬马等手段攻其心，摧毁其意志上的屏障。

②利用御寇，顺相保也：语见《周易·渐卦·象传》："利用御寇，顺相保也。"御：抵御。寇：敌人。顺：顺利，顺势。保：保存。全句意为：此计可用来瓦解敌人，顺利保存自己。

译文

对强大的敌军，要对付它的将领；对英明多智谋的将领，要设法动摇他们的斗志。将领斗志衰退，士气消沉，战斗力自然萎缩。就像渐卦卦辞所启示的，要利用敌人的弱点抵御敌人，顺利地保存自己。

原文

兵强将智，不可以敌，势必事之[①]。事之以土地，以增其势，如六国之事秦[②]，策之最下者也。事之以布帛，以增其富，如宋之事辽、金[③]，策之下者也。惟事之以美人，以佚其志[④]，以弱其体，以增其下之怨，如勾践之事夫差，乃可转败为胜。

注释

① 事：侍奉。

② 六国之事秦：战国时期，韩、赵、魏、楚、燕、齐六国纷纷割让土地，以侍奉秦国。

③ 宋之事辽、金：北宋真宗景德元年（1004 年）与辽议和，每年向辽纳银十万两、绢二十万匹；南宋高宗绍兴十一年（1141 年）与金议和，每年向金纳银 25 万两、绢二十五万匹。

④ 佚：安逸，这里作使动词用，为使安逸，可引申为消磨。

译文

对于具有强大兵力和明智将帅的敌人，不可以与他硬拼，势必要暂时侍奉屈服于他。以割让土地表示侍奉，会增强敌人的势力，如同战国时期六国割让土地侍奉秦国那样，这是最下的策略；用金钱丝绸去侍奉敌国，就会增加敌人财力，如同北宋南宋侍奉辽、金那样，这也是下策；只有用美女侍奉，消磨敌人的斗志，削弱敌人的体质，加深部下对主将的抱怨，与主将离心离德，如同越王勾践侍奉夫差那样，才能转败为胜。

雪国耻，西施立功

公元前 496 年，越王允常去世，勾践继承了王位，吴王阖闾不听伍子胥的劝阻，趁越国办丧事之机，出兵攻打越国。战斗中吴王阖闾右脚负伤，回到吴国后几天就死了。由嫡子夫差继承吴国王位，决心为父报仇。公元前 494 年，吴王夫差发兵攻打越国，勾践在会稽山被围，被迫与吴王讲和，表示情愿当吴王的顺从臣下。勾践夫妇作为人质在吴国小心侍候吴王，受尽屈辱，取得了吴王的信任，三年后被放回到越国。勾践回到越国后，卧薪尝胆，立志雪耻复国。勾践与文种商量复仇大计，文种向勾践献上破吴七计，其中的第三计就是美人计。为了实施美人计，越国大夫范蠡找到了深明大义的美女西施和郑旦，把她们送给夫差。西施不但相貌绝美，而且能歌善舞，才干过人，很快得到夫差的宠爱。夫差对西施可谓是言听计从。于是西施便和郑旦用计竭力挑拨吴王夫差和重臣伍子胥的关系，借夫差的刀杀掉了足智多谋的伍子胥，极大地削弱了吴国的力量。公元前473年，越王勾践分析时机已到，便带领大队人马攻打吴国，包围了夫差，夫差被迫自杀，越国大获全胜，不久称霸一方，成为春秋五霸之一。

送女乐，孔子去国

春秋时齐国和鲁国比邻而居，齐国强大，而鲁国弱小。齐景公总想重温其祖齐桓公称霸诸侯的美梦，但时过境迁，时移事易，已经力不从心了，特别是晏婴死后，齐国也衰落了。但瘦死的骆驼比马大，相对鲁国来说，他还是大国。因此总想在鲁国身上找点便宜，时而插手鲁国的内政，甚至出兵干预。当时，鲁国是季斯主持朝政，孟孙、叔孙和季孙三家把持大权，几乎把鲁国三分，各设据点，三家鼎立。鲁定公听命于三家，毫无实权可言。所谓君弱臣强，君臣易势。而三家的家臣有的也蠢蠢欲动，亦想乘乱夺取鲁国的大权。因此，鲁国人心涣散，处于一片混乱之中。为了挽回鲁国日益衰颓之势，孟孙无忌向宰相季斯推荐孔子曰："欲定内外之变，非用孔子不可。"就这样，孔子逐步登上了鲁国的执政地位。由于孔子学问高深，行为正派，处事公正无私，素为鲁国人民所敬重，鲁定公及孟、叔、季三家皆虚心听之。一次，鲁定公与齐景公会盟，孔子主持仪式。齐景公想劫持鲁定公进行要挟，孔子依据礼仪，诛杀齐国演奏淫乐的乐人，齐侯恐惧，不敢轻举妄动，归还所侵占的鲁国土地，并向鲁国赔礼道歉。孔子还亲自立法明纪，教导民众，抑强扶弱，打击不法。经过短时间的治理，鲁国的社会风气大变，几个权臣也只好把自己的据点撤了，国家开始走向繁荣昌盛。

邻国的强大，对自己未必是好事。齐景公听说孔子在鲁国为相，把鲁国治理得日渐强大，大惊曰：长此下去，"吾国必为鲁国所并矣！"非常忧虑，担心将来受害。身边的大臣黎弥说，何不让鲁定公罢斥孔子呢？齐景公说，如今孔子正在春风得意之时，鲁国君臣相得，安能去之？于是，黎弥为齐景公出了一条美人计。不久，齐景公命人在国内广选年轻妙龄美女八十人，分为十队，让她们穿稠裹缎,披金戴银,教之以歌舞乐器,甚是性感迷人。同时,又选良马一百二十匹,金辔雕鞍,毛色各别,望之如锦。齐景公把这两样珍贵的“礼物”派人送给鲁定公,并卑词以献,说什么,我过去有对不住您的地方,由于忙,也没有及向您问候,现在把美女和车马都给你送来了,你们尽兴地玩吧。鲁国君臣看了这两样礼物,高兴得手舞足蹈,立即将礼物全部收下,并致书齐景公,道不尽感激之情,真可谓“知我者,景公也。”

自从得了这些美女,鲁定公一连三天没有上朝听政,白天听歌跳舞,饮酒作乐,夜里挽美人狂欢,通宵达旦,把国事完全抛在脑后。同时,对孔子的劝谏感到厌恶,甚至避而不见,逐步疏远了孔子,后来干脆把孔子弃之不睬。孔子感到自己治国安民的抱负在鲁国难以实现,于是,他带着弟子痛心地离开了鲁国。自从孔子走后,鲁国君臣更加肆无忌惮地整日沉迷于酒色中,不过问国事和民众的疾苦,权臣也愈来愈专横。自此,鲁国再次衰落,一蹶不振,后来,竟为楚国所灭。

美人计,虢国灭亡

春秋时有虞、虢二国,乃是同姓比邻,唇齿相依,其地界和晋国相连。虞、虢两国关系密切,犹如手足兄弟。晋献公早已对这两国肥沃的土地垂涎三尺,恨不得一个早晨就把它拿过来。当时,晋国虽然是一个大国,但是如果以一敌二,也未必有绝对胜算。于是,晋国君臣设计了一条美人计。他们针对虢国公好大喜功,刚愎自用,贪恋女色的弱点,从国中选了一些美女,教之以歌舞和礼仪,再给她们穿上漂亮的衣服,戴上贵重饰品,无偿地送给虢国公,并对虢公说:“虢国兵强马壮,晋侯对您仰慕已久,愿我们两国和平友好,永远作好邻居。”虢公看了美女,又听了溢美之词,笑得合不上嘴,欣然接纳。当身边的大臣劝他莫要上当时,他志得意满,拒不接受。自从得到晋国的女乐,虢公白天听淫声秽乐,夜晚和美女玩耍嬉戏,寻欢作乐。他久不上朝,疏远大臣,怠误政事,弄得君臣离心离德,老百姓怨声载道,国家日渐衰落。过了一段时间,晋国用重金贿赂犬戎国,鼓动犬戎向虢国发动侵略,使虢国疲于奔命,并消耗了大量人力和物力。同时,晋国又用名马良璧收买虞国,离间虞、虢两国的关系,并借道虞国直接向虢国发动进攻。在晋国和犬戎的双重打击下,没过多久,虢国就灭亡了。虢国之所以在短短几年的时间里，遭遇亡国灭家这样的失败，教训是刻骨铭心的。究其根本原因是虢公好色，中了晋国的美人计。

俗话说，道吾好者是吾贼，道吾恶者是吾师。经常指出你缺点的人并非是坏人，而那些不断在你面前吹捧你的人，却可能是别有用心。虢公把口蜜腹剑的晋人当成好朋友，言听计从，把贤臣的劝谏当成耳边风，一意孤行，任己所为，结果落得个国丧家亡的可悲下场。

第三十二计　空城计

〔简述〕

空城计见于《三国志·蜀志·诸葛亮传》：诸葛亮派魏延领各路兵马东进，攻打司马懿，只留万人驻守阳平。司马懿率二十万人与诸葛亮对抗，与魏延军错开了道路，毫无阻挡地直逼诸葛亮驻地阳平。司马懿军距阳平只有六十里了，探马报告说，诸葛亮在城中，兵少力弱。诸葛亮也知道司马懿很快就打到阳平，魏延率领的大部队相距较远，救援已来不及了。守城将士惊慌失措，诸葛亮却表现出从容不迫，命军队偃旗息鼓，不准随便出帐营，又令人大开城门，叫几个老头儿在街上打扫。司马懿知道诸葛亮十分谨慎稳重，此时见城中毫无声响，疑有伏兵，便带领大军离开阳平了。后来，司马懿知道诸葛亮这次摆的是个空城计，非常后悔。

空城计是在交战双方力量悬殊的情况下，力弱的一方面故意显示自己虚弱不设防的弱点，使敌人反以为自己已有准备，而不敢贸然进攻，以让自己渡过难关的一种计谋。

原文

虚者虚之[1],疑中生疑[2]。刚柔之际[3],奇而复奇[4]。

注释

① 虚者虚之:第一个“虚”字,空虚,与实相对,指军事力量不敌对方。第二个“虚”字,动词,显示虚弱的样子。全句意为:劣势的军队面临强敌,却还故意显示空虚。

② 疑中生疑:第一个“疑”字,可疑的形势。第二个“疑”字,怀疑。意为面对可疑的形势更产生了怀疑。

③ 刚柔之际:这里是指,敌我双方悬殊的时刻。

④ 奇而复奇:奇妙之中更加奇妙。

译文

本来兵力空虚,又故意把空虚的样子显示在敌人面前,使敌人不知底细,怀疑我有实力。在敌我力量悬殊的情况下,采用这种计谋,显得更加奇妙。

原文

虚虚实实，兵无常势[1]。虚而示虚，诸葛亮而后，不乏其人。如吐蕃[2]陷瓜州[3]，王君焕死[4]，河西汹惧[5]。以张守珪为瓜州刺史[6]，领余众，方复筑州城。版斡裁立[7]，敌又暴至，略无守御之具，城中相顾失色，莫有斗志。守珪曰："彼众我寡，又疮痍之后，不可以矢石相持，须以权道制之。"乃至城上置酒作乐，以会将士。敌疑城中有备，不敢攻而退。又如齐祖珽[8]为北徐州[9]刺史，至州，会有陈寇[10]，百姓多反，珽不关城门，守陴者[11]，皆令下城，静坐街巷，禁断行人。鸡犬不乱鸣吠。贼无所见闻，不测所以，疑惑人走城空，不设警备。珽复令大叫，鼓噪聒[12]天，贼大惊，登时走散。

注释

① 兵无常势：用兵没有固定的方式，《孙子·虚实篇》："水因地而制流，兵因敌而制胜。故兵无常势，水无常形。"

② 吐蕃：唐时国名，属藏族。

③ 瓜州：今甘肃瓜州县。

④ 王君焕：唐代瓜州常乐人。字威明，开元中为河西陇右节度使，由于击败吐蕃有功，升大将军。后吐蕃攻陷瓜州，回纥等部叛乱，君焕战死。《新唐书》有传。

⑤ 河西：唐代方镇，在甘肃武威，相当于今甘肃省河西走廊。

⑥ 张守珪：唐代陕西人，开元中为瓜州刺史，因功官至辅国大将军。

⑦ 版斡裁立：版，夹板。斡，筑土墙时，两个板子相夹，当中填土，用杵舂坚实。斡就是筑墙所用夹板两头所立的木桩。裁，通假字，同"才"。裁立，刚刚安好。

⑧ 祖珽:北刘范阳人,字孝征,曾任北徐州刺史。大军围攻北徐州,援兵未至,祖瑛孤军守城,终于保住了徐州。

⑨ 北徐州:北齐地名,在今安徽凤阳东北的蚌埠、凤阳、定远、嘉山等地。

⑩ 陈寇:陈,南朝的陈。寇,进攻,入侵。公元 573 年,南朝陈宣帝派吴明征、裴忌领十万大兵进攻北齐。

⑪ 陴:城上短墙。

⑫ 聒:声音嘈杂。

译文

用兵常常是虚虚实实,没有固定的方式。本来处于劣势,更把不加防备的样子显示给敌方。自从诸葛亮以来,运用这条计谋的人为数不少。如唐玄宗时(公元 727 年),吐蕃人攻陷了瓜州,守将王君焕战死,河西一带老百姓非常震惊。朝廷派张守珪为瓜州刺史。张守珪率领市民修复城墙,刚装好筑墙的夹板木桩,敌人突然来进攻,城中没有防御的器械,市民们大惊失色,面面相觑,毫无斗志。张守珪说:"敌众我寡,战争创伤还没有修复,不能用利箭,擂石与敌人对抗,必须用智谋对付敌人。"就在城墙上摆好酒席,与将士们饮酒作乐。吐蕃见了,怀疑城中有伏兵,不敢进攻,便撤退了。又如,北齐祖珽任北徐州刺史,刚到任,就有南陈大军入侵,许多民众惊慌失措。祖珽命令不关城门,叫守城士兵坐在街巷里,街道上禁止行人通行。全城寂然无声,鸡不鸣,狗不叫。入侵的军队什么也看不见,什么也听不到,不明情况,怀疑是座空城,正当敌人迷惑不解之际,祖珽命士兵大声叫喊,叫声震天,南陈军大吃一惊,纷纷逃散了。

叔詹退敌

早在春秋战国时期,就有过令尹成功运用空城计的战例。

公元前 666 年,楚文王去世,王后息妫是一位倾国倾城的美人,楚文王的弟弟公子元想讨好嫂嫂,得到美人的欢心,在息妫寝宫附近的馆舍中日夜歌舞,奏靡靡之音。息妫知道公子元的用意,感叹道:"我的丈夫文王,问军事,未曾向国外扬威,致使声望日下。阿督身为令尹,不奋发图强,重振国威,却沉醉于靡靡之音中,真令人担心!”息妫的话传到公子元耳朵里,公子元想炫耀一下楚国的武力,讨好嫂嫂,决定派定队出去打几个胜仗。于是,他率领大军去攻打邻邦郑国。

郑国兵力远不及楚国。面对来势汹汹的侵略军,郑文公惊慌失措,急忙召集御前紧急会议,商讨对策。会上,有的人认为郑国不是楚国对手,只有跟楚国纳款讲和。少壮派世子华则主张跟楚国硬拼。只有叔詹沉思不语。郑文公征求叔詹的意见,叔詹不慌不忙地说:“以前,楚国出兵,从未有这次这么大规模,据我所知,公子元这次出兵,不过是讨好他的嫂嫂,没有什么政治目的。楚兵若来,老臣自有退兵之计。”

不久,楚军先头部队越过市郊,直指皇城。叔詹下令军队统统埋伏在城内,大开城门,街上商店照常做买卖,百姓来来往往,熙熙攘攘,秩序井然,毫无紧张气氛,楚军先行官见到这番情景,大大出乎意料,料定城中早有防备,是在故意诱敌深入,先行官满腹狐疑,不敢贸然杀进皇城,下令就地扎营,等候主帅的指示。

公子元率领大部队赶到,听了先行官的报告,也大吃一惊,走到一个高地向城内眺望,见城内秩序井然,似有埋伏,心里踌躇。他想到,郑国与齐、宋、鲁有盟约,眼下城内有埋伏,万一不能取胜,齐、宋、鲁援军一到,前后夹击,楚军失利,脸上无光,嫂嫂会瞧不起自己。再说这次出兵,已攻下几个地方,几天之间,就打到郑国都城,也算是打了胜仗,讨好嫂嫂、炫耀武力的目的已经基本达到,还是见好就收吧!

于是,公子元连夜班师回国,又怕郑军追击,命令所有营帐保持原样,遍插旗子,也想摆一个空城计,疑惑郑兵。

次日一早,叔詹登城遥望楚营,一会儿,便高兴地叫起来:“楚兵撤走了。”大家不相信,叔詹指着远处说:“凡是军队驻扎的营地,必定击鼓壮威,以吓骇鬼神。你们看那里有飞鸟盘旋,证明营里连一个人影也没有了。我料定楚军怕齐国援军一到,被内外夹击,连夜撤走了,还摆下一座空营计来迷惑我们哩!可惜的是,公子元会摆空营计,却识不破我的空城计!”

第三十三计　反间计

〔简述〕

《孙子兵法·用间篇》："反间者，因其敌间用之。"意思是说，反间这种计谋，就是利用或收买敌方派来的间谍，使其为我所用。我国另一部兵法《长短经·五间》说道："陈平以纵反间于楚军，间范增，楚王疑之，此用反间者。"可见，反间计很早就被运用于军事、政治斗争了。

原文

疑中之疑[1]。比之自内，不自失也[2]。

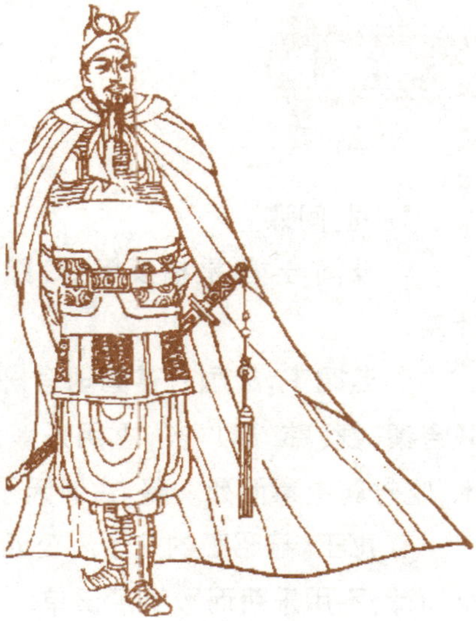

注释

① 疑中之疑：疑，怀疑。全句意为：疑阵中更布置疑阵。

② 比之自内，不自失也：语出《周易·比卦·象传》："比之自内，不自失也。"比，亲比，辅助，援助，勾结，利用。此句可以理解为利用敌人派来的间谍为我服务，可以有效地保全自己，攻破敌人。

译文

在敌人怀疑、犹豫的情况下,再给敌布疑阵。勾结、利用敌方派来的间谍为我服务,可以收到保全自己,争取胜利的好效果。

原文

间者[①],使敌人自相疑忌也;反间者[②],因敌之间而间之也。如燕昭王薨[③],惠王自为太子时[④],不快于乐毅[⑤]。田单乃纵反间曰[⑥]:"乐毅与燕王有隙,畏诛,欲连兵王齐。齐人未附,故且缓攻即墨,以待其事。齐人惟恐他将来,即墨残矣[⑦]!"惠王闻之,即使骑劫代将[⑧],毅遂奔赵。如周瑜利用曹操间谍[⑨],以间其将,亦疑中之疑之局也。

注释

① 间:间谍。

② 反间:这里是指反间计,即利用敌人派到我方的间谍为我服务的一种计谋。

③ 燕昭王:战国时燕国国君,公元前 311 年即位。公元前 284 年为了报仇,联合秦、魏、韩、赵攻齐,重用乐毅,攻下齐国七十多座城池。后因求长生不死术,吃丹药中毒而死。薨:古时天子死亡叫崩,诸侯死亡叫薨。

④ 惠王:燕昭王的儿子。公元前 279 年即位,对乐毅有成见,曾因中田单的反间计,不用乐毅而败给了田单。

⑤ 乐毅:战国时燕国名将。燕昭王时受重用。因破齐有功,封于昌国(今山东淄)东北,号昌国君。后受迫害逃亡赵国。

⑥ 田单：齐国名将，临淄（山东临淄东北）人。公元前279年，用反间计使燕惠王派大将骑劫替代乐毅为主将，而后以火牛阵大破燕军，收复七十多城，被封为相国。

⑦ 残：这里是被攻克的意思。

⑧ 骑劫：燕国将领。有勇力，是燕惠王的亲信，后田单来攻，被惠王派去代乐毅为将，被田单击败，死于敌军之中。

⑨ 曹操间谍：指曹操幕宾蒋干。据相关记载，在赤壁大战中，蒋干过江做说客，却中了周瑜的反间计，使曹操错杀水军都督蔡瑁、张允。

译文

间谍，可以使敌人自相怀疑和猜忌。反间，就是利用敌人派来的间谍转而离间敌方。如战国时代燕昭王死后，继位的惠王从当太子时，就不喜欢乐毅。田单于是派间谍到燕国制造谣言。说：“乐毅与燕王有隔阂，害怕被惠王所杀，想借攻齐为名，联合齐国，然后自立为齐王。因为齐国还没有归附于他，所以他不急，以便等待时机，使自己的大事成功，齐国人担心的是燕王派别的大将来打，那样，即墨城早已被打下来了。”惠王听到谣言，便派骑劫代替乐毅为大将。乐毅于是逃往赵国。三国时周瑜利用曹操派来的间谍，去离间曹操的大将，也是在疑中安排疑阵的谋略。

陈平反间除范增

楚汉相争时，汉军和楚军在荥阳对峙，汉军的粮道屡屡被楚军袭击，致使汉军处境困难。于是，汉王先是想与楚议和，以荥阳为界限，天下分为两半，汉占其西，楚得其东。但是，楚项羽并没有同意。于是，逼迫陈平只好出此计策，离间计。陈平给汉王分析说：“楚国兵力虽众、将官也很多，但是深得项羽器重的只有亚父、龙且、钟离昧、周殷等寥寥几个。范增虽然号称亚父，他确实是一个天下奇人，智谋之精深，大有凌驾于我汉国众谋臣之上的气概，但是项羽其实在骨子里早就厌倦他很久了。我们要离间，就要把重心放在这个关系上。至于离间其他人和项羽的关系，我们不做重点谋划，要是也成功了，算是运气，没有成功,也会损害他们君臣关系的。”汉王、吕后以及张良、萧何、曹参都表示了此计策很好。于是,陈平就向汉王讨要了三万斤黄金去打点这条计策。陈平过去在楚国的时候是有过贪污的记录的,但是,汉王对陈平的这个要求却没有丝毫的迟疑,马上就叫萧何拿出三万斤黄金出来打点楚国君臣。以后的事实证明,陈平没有从这三万斤黄金里克扣一分一毫自己享用。

一时间,在楚军的大营里谣言四起,都说以龙且、钟离昧为首的大将在项羽手下为将这么久了,但是却没有享受分茅裂土的待遇,要是霸王再不给他们应该的待遇,他们几个大将就将去投靠汉王,仿效那个张耳一样,说不定还可以得到封王的待遇。霸王项羽也听到这样的谣言,他这下可不再听取各当事人的辩解,就把他们几个统统打发去了对付齐国的战场。这样,汉王当前的压力就被减轻了。而项羽现在也同意了和汉王的讲和,他要和汉王谈判。

既然项羽答允谈判,那陈平的主意就出来了。他在接待一拨霸王项羽的使者的时候,备出最好的太牢三牲,还命令手下拿出最好的秦地酒款待。在宴席开始的时候,陈平就假装询问:“贵使是霸王派遣来的还是亚父派遣来的啊?”亚父范增虽然在楚国贵为亚父,他却没有派遣使者的权力和资格。几个使者面面相觑,老实地说道:“我们是霸王派遣来和汉王的人谈判的。”这下,陈平就很夸张地吩咐手下:“快,把这些东西撤下去,我们现在粮食奇缺,这些三牲都是用来祭祀宗庙的,我本来以为你们是亚父的人,我才如此破费,现在我知道你们是霸王的人,就只能享用这样的东西了。”说完陈平把手拍了三下,一队士兵抬上几个食盘,里面装着粗糙的饭菜,而且分量还不够,酒?那是没有的,杯子还是有的,里面有一点发浑的水,显然是没有烧开的生水。霸王的使者顿感自己被侮辱了,他们也不谈判了,马上起身和陈平告辞。陈平也没有挽留,说了声:“贵使怎么不吃饭啊?慢走了哦。”

三天之后,有人在距离彭城三十里外的一个山坡下的一条干涸的水沟里,发现了项羽亚父范增的尸体,他背后的疽疮可以作证。范增死的时候,是怒目圆睁、死不瞑目的样子。

陈平的离间计策获得了很大的成功,项羽的智囊范增被除去了。但是,汉王和他的汉军的处境并没有因此而得到改善。项羽依然在忠实地执行着亚父生前的计谋,截断汉军的粮草,汉军就会不攻自破。这是项羽最忠实地听他亚父的一次,也是最后一次。在接到亚父在彭城附近因病倒毙消息后,项羽忽然觉得自己是中计了。但是他是一个不会承认自己有错误的人,他只是说:“孤看到亚父背疽发作,孤非得亲自送他去彭城医治,但是他老人家坚决不要我离开虎牢关。哎呀,我的亚父啊!”项羽抚着范增冰凉的尸身失声痛哭起来。他从来没有这样哭过,在他小时侯不听话被叔叔项梁打还没有这样哭过,在他叔叔战死的时候,他尽管很悲痛,但是他在暗地里却在想,他叔叔要是老不死,他项羽又怎么可以出头呢?而现在他一贯不听他的话的亚父死了,是被他硬生生给气死、给逼死的。而项羽这个时候才意识到,在整个楚军当中,每次最能够为他出谋划策的就是这个成天唠叨的亚父,但是,悔之晚矣。

温峤反间钱凤

温峤,生于西晋武帝太康九年(288年),卒于东晋成帝咸和九年(329年),太原祁(今山西祁县)人。为东晋大臣。其一生最大的贡献在于参与平息了东晋初年王敦和苏峻的两次叛乱。在平息王敦叛乱的过程中,温峤充分使用了自己的聪明才智。

当时权臣王敦骄横跋扈,向来没把朝廷放在眼里,温峤自然也成了他的眼中钉。温峤几次婉言相谏,王敦全然不理,于是温峤知王敦日后必反,干脆一反常态,对王敦极尽恭维之能事,又加入他的阵营为其出谋划策,共同对付朝廷。王敦本人志大才疏,又全无识人之能,当然毫不设防地视他为知己。但是,王敦手下有个温峤深深忌惮的心腹人物——钱凤,偏偏王敦对钱凤向来言听计从。温峤投钱凤所好,着意与之结交,可是钱凤非等闲之辈,表面上和他亲热无间,内心却着实戒备。温峤深知自己瞒不过钱凤,但也无可奈何。

王敦谋反的工作准备完毕,温峤心急如焚,但找不到合适的借口脱身向朝廷密报。正好丹阳太守空缺,这个关键的职位,非得要心腹人士担任不可。王敦向温峤请教谁适合任此要职。王敦以退为进,向他推荐钱凤,王敦又把钱凤找来,当面询问他的意见,钱凤碍不住面子,反而推荐温峤。这时温峤故意推之再三,王敦却当场拍板,指定温峤担当此职。

温峤当然是喜不自胜,但还是对钱凤把握不准,他估计走后钱凤八成会向王敦密告,再加上钱凤此人甚有韬略,于是下定决心非把钱凤离间了不可。在他出行前夜的送别宴会上,温峤离开自己的座席走到每位客人的身边端酒以敬。当他走到钱凤身边的时候,还没等他喝,温峤就突然把他的酒杯打翻,醉态十足地骂道:“你钱凤何等人,我温峤敬的酒你都敢不喝?”钱凤以为他喝醉,并不在意，但宴会终于是不欢而散。

温峤脱身以后，钱凤果然向王敦告密，说温峤历来是朝廷的人，他投靠我们必有二心。但是温峤已经棋先一招了，当初宴会的情况王敦是看在眼里的。王敦一直以为钱凤和温峤是知交好友，甚至还相互极力推荐过，怎么就因为温峤临走之前喝醉了酒不小心得罪了你，你就挟私抱负？气度也太小了一点吧。于是他不仅不听从钱凤的建言，还怀疑起他的人品了。王敦麾下钱凤算是个人才，然而即使是他也终于不被善用，王敦起兵的后果那是可想而知了。

王猛金刀计

十六国中，其中最令人慨叹，最令人惋惜，最令人扼腕思忖的当属一代英豪前秦帝王苻坚，苻坚在关中为帝时，三十六岁的王猛为其丞相，当时天下又是类似三国时候的三分，潼关以东是慕容氏的燕国，长江流域(包括荆州，益州，扬州等等)是东晋的地盘。这三方都有名冠一时的豪杰，前秦一方有被苻坚视作诸葛再世的王猛。王猛的施政方略与诸葛亮治蜀时相仿，也无愧他的名字，走得是刚猛严苛的法家之路，而他的功业相比六出岐山而徒劳的诸葛亮，那是高得太多。正是在他的统领下，前秦攻灭了慕容燕国，统一了整个北方。东晋这时则有留下千古名言“既不能流芳后世，不足复遗臭万载”超级枭雄桓温和魏晋风度的集大成者一代名士谢安。燕国方面有慕容家族的国之干臣慕容垂，枋头一战，纵横不可一世的桓温被年轻的慕容垂的骑兵打得大败亏输，桓温赖以起家的精兵几乎损失殆尽，弄得后来想篡位时都未免底气不足。这一段历史，将星闪烁，能人辈出，各方的角力在著名的淝水之战中达到高潮，并以出乎所有人意料的方式落幕，精彩程度实在不下三国演义。

前燕在苻坚帮助下打退了桓温的进攻后，反悔前言，不割地与秦国。其国内的皇族又起内讧，皇族慕容垂有大功于国，为太傅慕容评和太后可足浑氏所忌。二人联合起来整慕容垂，手法狠毒，如用巫蛊案处死了他深爱的王妃段氏等等，功臣慕容垂被逼得走投无路，带着一家子侄投奔苻坚，使得苻坚大喜过望。

前秦的皇帝苻坚平生最大的优点是爱才容人，最致命的并最后导致他丧身失国的也源于这种过度的宽容。那慕容氏一家个个倜傥不凡，容仪甚伟，苻坚每次相见都叹赏不已，赏赐巨万，并授以有实权的要权高官。王猛对此非常忧虑，劝说道："慕容垂是燕国勋贵，此人宽仁待下，恩结士庶，燕赵之地都有奉戴他的意愿。加上他的儿子们个个明毅能干，都是人中之杰，所谓蛟龙猛兽是不可驯养之物，不如现在除掉以免后患。"苻坚不许，说："我现在是以恩义招致英豪，如果杀了他们，后人将如何评价我啊？"

屡次规劝未果，王猛只好自己想办法除掉慕容垂，慕容垂也非等闲之辈，到前秦后，一直韬光养晦，大有昔日刘玄德之风。

王猛一生为政为人，除了这件事以外，都对得起光明磊落四个大字，只是这种人一旦施起诡计来，也是恶毒无比，比起燕国慕容垂的政敌们则是高明得太多。

王猛唯一可利用的资源就是慕容垂新附，他的家族人心尚不稳。于是在他率军征伐燕国的时候，向苻坚请求以慕容垂最喜欢的长子慕容令出任参军。出发的前一夜，王猛设宴，邀请慕容垂，慕容垂有心让王猛在军中多照顾他的儿子，也就欣然前往，王猛和慕容垂一起喝酒谈心，席间喝到高处便激动起来，拉着慕容垂的手要和他结拜兄弟。慕容垂到底是鲜卑胡人，论心机深沉哪里及得上汉人王猛，眼花耳热后也是指天画地，约为兄弟。王猛顺势说："我此次远走，兄弟却无什么东西可以睹物思人，未免遗憾。"并送给慕容垂自己生平最爱的一方镇纸以兹纪念，慕容垂大是感动，想也不想就解下腰间家传的金刀送给王猛。得了这柄金刀，王猛开始了第二步行动。在大军开拔到洛阳的时候，王猛招来了帐下一个叫金熙的小卒，重金收买，让他跑到慕容令的帐中出示金刀，并假传他父亲的话说："你我父子之所以投奔秦国，无非是避祸而已。如今王猛心胸狭隘，数次想排挤我们，而苻坚表面上对我们礼让有加，但其心实在难测。估计我们父子仍然难免一死，古人尚云，狐死首丘，况且最近听说燕国皇帝于我们走后颇有悔意。我现在已经在逃亡的路上了，你不走更待何时？事起仓促，来不及写信，特派人传口信，以金刀为证。"慕容令听后，又惊又疑，慕容垂赠王猛金刀的事情他并没有听说，而父亲企图二次叛逃却丝毫没有征兆，但这位来传话的金熙曾经在慕容垂府中打过下手，又有金刀为证，言之凿凿，不由得不信。当时慕容令急得六神无主，又根本无法与千里之外的老爹取得联系，思前想后，还是连夜投奔燕国。

王猛等他一逃，马上急表上告朝廷，慕容垂闻讯，当真是祸从天降，连辩解也不敢辩解，仓促出逃，结果在蓝田被追兵赶上，押回长安。慕容垂自忖必死，谁知苻坚宽容千古第一的帽子真的不是白戴的，他立刻赦免了慕容垂，安慰道：

"你儿子心存故国,本身就无可厚非,我只是为他遗憾而已,更不会牵连到你们这些人啊!"老天照应,慕容垂躲过了这一劫,而他的儿子慕容令就惨了,跑到燕国境内,却发现老爸根本没来到,顿时天旋地转,昏倒在地,燕国对他这个莫名其妙的二次叛徒当然心存芥蒂,干脆流放到遥远的沙城。慕容令仍不甘心,在沙城组织旧部企图第三次反叛,却被当地官员抓住就地正法。

王猛此计虽然最终没有要得了慕容垂的命,但还是葬送了慕容垂的身后希望所在——他最优秀的儿子慕容令。慕容令在沙城组织一帮乌合之众和燕国官军作最后徒劳抵抗的时候,一定还没想明白到底是谁把他害得这么惨,慕容垂后来终于再造燕国(史称后燕)坐上龙椅的时候,一定一边因后继无人而痛惜"太子"慕容令的无谓身亡,一边仍为王猛的毒计而感到不寒而栗。

慕容垂死后他的儿子中少了慕容令这样的领军人物,各不相服以至内讧,后燕终于二世而亡。

种世衡反间除劲敌

宋仁宗庆历年间,一向平静的北宋王朝西北部地区突然不再平静了——原北宋定难军节度使、西平王李元昊突然率兵南犯。直到此时,一向只以辽为劲敌,而根本不把西凉等处放在眼里的北宋王朝的君臣们,才把浑浊的目光投向遥远的西北。

李元昊是我国古代少数民族党项族的首领。党项族是羌族的一支,也称党项羌,原在今青海、甘肃、四川三省边境地区过着游牧生活。后来,为吐蕃所迫,逐渐迁至今甘肃、宁夏边境和陕西北部一带。唐末,党项首领拓跋思恭因参与镇压黄巢起义有功,被赐姓李,封夏国公、定难军节度使。五代时,党项乘中原混战,扩充实力,以夏州为中心,割据一方。宋初,党项委蛇于宋、辽之间,接受双方封赐,乘机扩张势力。到李元昊时,李氏统治的区域已包括夏、银、甘、凉等十几个州,沃饶的河西走廊与河套地区均在其控制之下。宋宝元元年(1038年),李元昊正式称帝,国号大夏,建都兴庆府(今宁夏银川),史称西夏。

李元昊称帝后,要求宋廷承认,遭到拒绝。宋仁宗还下诏撤了他的官职,并张榜边地,宣布凡能擒斩李元昊者,即封为定难军节度使。李元昊闻讯大怒,不断发动对宋朝的战争,并先后在延州(今陕西延安)、好水川(金宁夏隆德北)大败宋军。

在西夏对宋战争中，李元昊麾下有两员大将立下了很大功劳。这两员大将一名野利，一名天都，皆有万夫不当之勇。野利手使一杆长枪，曾于好水川之战中连挑宋军十三员大将于马下，人送外号“万人敌”；天都的兵器是两柄日月刀，据说其刀出手，迅捷如风，人送外号“鬼见愁”。两人各统一支精兵，十分凶悍，宋军将士十分忌惮。

庆历三年（1043年），李元昊却突然下令将野利处死。

李元昊是不是疯了？正当用人之际，他怎么干起自毁长城的蠢事来了？

原来，他是中了宋将种世衡的反间计。

好水川之战失败后，宋朝加强了对西北地区的防务，两军处于相持状态。宋军延州前线主将种世衡见野利、天都二将凶悍，对宋军威胁大，便决定首先设法除掉这两个人。经过长时间的观察，种世衡觉得李元昊虽然文武全才，不失为一个英主，但他性格多疑，猜忌臣下。于是，种世衡决定利用李元昊的这个弱点，行使反间计，借李元昊之手，除掉这两个人。

行动方案有了，派谁去充当间谍呢？种世衡又开始物色人选。

宋军驻地附近紫山寺里，有个叫法崧的和尚。种世衡经过观察，认为他坚强、朴实、讲义气，又是个宁折不弯的硬汉子，觉得此人可用，便把他请到军中，劝他还俗从了军，然后着意加以笼络。他先是表举法崧为三班阶职的指挥使，又替他办理家中事务，像住宅、马匹、随从等都安排得十分周到。法崧虽然是个和尚，却沾染了许多坏毛病，喝酒、赌钱、嫖妓、打仗斗殴，无所不为。对此，种世衡非但不去管他，还在金钱、时间等方面给他许多优待。法崧自然十分感激，觉得当兵吃粮比在深山古庙陪伴青灯古佛强得太多了。

然而，好景不长。有一天，种世衡突然很生气地对法崧说：“我把你像亲生儿子一样看待，你却私通贼寇，为什么如此忘恩负义？”说罢，令人把法崧拖下去，打了五十军棍，直打得法崧皮开肉绽，体无完肤。

虽然一顿军棍把法崧打得丈二和尚摸不着头脑，但他脸色平和，没有丝毫怨气。令法崧万万没有想到的是，这种情况竟然持续了十几天，每天种世衡都用极其残酷的刑罚折磨他。尽管如此，法崧却始终没有怨恨。他说：“我法崧是个大丈夫，种公听信奸人的谗言，即使把我杀了，也不过一死而已！”

时过半年，种世衡见法崧确实没有怀恨之心，便亲自为他解开绳子，让他洗了澡，然后把他请到自己的住处，亲切地安慰他并解释道：“你本来没有罪过，我这是试探你，因为我打算派你去做间谍，那个苦处可比这大多了。你能不能答应我绝不泄露机密?”

法崧感激涕零,当即应允下来。

临走时,种世衡交待了任务。他给法崧带了很丰厚的礼物,又写了一封给野利的信,用蜡密封好,藏在法崧的衣袍里,再缝好,叮嘱他道:“此信不到临死时不能泄露,到了当泄之时,你就说:‘我辜负了将军的恩德,不能完成您所托付的大事了!’”然后,种世衡又将一幅龟画和一根枣树枝交给法崧,让他送给野利。告诉他到了西夏以后,无论如何都要设法见到野利,不通过此人就无法打入敌人的内部。

法崧到西夏以后,很快见到了野利,献上礼物以后,又把龟画和枣树枝交给了他。野利见到枣、龟(“早归”的谐音)。料想必有书信,便向法崧索要。法崧道:“种将军只让我将这些东西交给您,并没带来书信。”野利无法处理此事,只好将枣、龟封好后交给元昊。

元昊派人将法崧带到面前,问道:“可是种将军派你来的?”

法崧答道:“是。”

元昊又问:“所为何事?”

“派我送些礼物给野利将军。”

“送那幅龟画和枣树枝有何用意?”

“小人不知,不敢乱说。”

“有无书信?”

“没有。”

元昊怒道:“迢迢数千里,难道就为了让你送这点东西?看来不动刑你是不说实话了。”

法崧答道:“确实没有书信。大王就是打死我,小人也不敢乱说!”

元昊大怒,喝令将法崧拖下去严刑拷打,但法崧虽被打得体无完肤,仍然坚持说没有书信。元昊无奈,只好命将法崧暂时关押起来。

过了几天,元昊派人将法崧带到宫里,对他说:“我给你最后一次机会,你再不说实话就立即处死你!”

法崧仍不改口。

于是,元昊命令将他拉出去杀掉。

几名武士过来便拉法崧,法崧一边走一边大叫道:“法崧死不足惜,只是没有完成将军托付的大事。我真对不起将军,我真对不起将军!”

一边叫着,双眼却死命盯着自己的衣角。

元昊觉得可疑,忙令武士将法崧拉回来。他顺手从几案上拿起一把牛角刀,在法崧衣角上一划。只见衣角开裂处,一个小小的蜡丸滚了出来。

元昊一把夺过蜡丸,捏碎了以后,里面果然有一封密信。密信是种世衡写给野利的,其中除了几句寒暄之语以外,有这样几句话:

"元昊悖逆天朝,早晚就戮。唯将军能顺天应人,效忠我大宋王室。闻逆贼元昊将于近日前来。请将军届时将其扣押,朝廷必有重赏。连同以往传递情报之功,万户侯可致也!"

"反了!反了!"还没等将信看完,元昊已气得暴跳如雷:"我叫你将我扣押!我看谁扣押谁!"

然而,元昊毕竟是老练的政治家,一阵冲动以后,他又冷静下来。他吩咐将法崧押下去,又暗地派遣爱将没藏讹庞假扮野利的特使,到种世衡那里去打探消息。

种世衡也料到没藏讹庞是元昊派来的人,并没有立即召见他,只派人连日到驿馆去问候。当问到兴庆府附近情况时,没藏讹庞回答得还比较清楚,但当问到野利驻地的情况,他就答不上来了。这样,种世衡便知道来人肯定是元昊派来的间谍,但他仍然不动声色。恰好这时宋军生擒敌方数人,种世衡暗地里让他们辨认,俘虏中有认识没藏讹庞的,便把实情对种世衡说了。

种世衡见自己判断无误,便假戏真做地接见了"野利派来的使者",送给他很多礼物,并亲自给他饯行。

没藏讹庞回去以后不久,便传来野利被杀的消息。

种世衡既杀野利,又想方设法将天都也除掉。苦思几天以后,他又想出了一条计策。

几天后,两国边境上突然出现了一处祭坛。宋军主将种世衡亲自登坛祭奠,焚烧纸钱的纸灰一片片飘落在夏军的阵地上。元昊不知道种世衡玩的是什么把戏,便派军前去袭击。

种世衡见夏军来了,慌忙下坛逃走。由于逃得匆忙,坛内的祭奠物品都没来得及带走,扔得到处都是,全被夏军抢走。

在清点战利品时,夏军发现里面夹杂着几块烟熏火燎过的木板,木板上写有文字,但已模糊不清,只依稀可见这样的一句话:"尔与天都将军矢志归顺本朝,而功败垂成,实在令人痛惜……"领军夏将不敢怠慢,急忙报与元昊。

"啊?连天都这厮也不是个好东西,怪不得我杀野利的时候他玩命似的谏阻,给我把他拿下!"元昊狠狠地说。

就这样,天都也死于元昊的刀下。至于法崧,元昊却没有杀他,而是把他迁移到西夏北部边境。两国讲和之后,西夏对他的看守有些放松,法崧便设法逃了回来,并恢复本姓,称王嵩,以后官至诸司使。

第三十四计　苦肉计

〔简述〕

苦肉计出自《吴越春秋》卷二《合庐内传·第四》:要离自愿断右臂,取得吴王僚的儿子庆忌的信任,得以接近庆忌,最后杀死庆忌,为吴王阖闾除去一大障碍。这是典型的以自残自害的方式,取“信”于敌,以达到自己的战略目的。古时也还有王佑断臂和周瑜打黄盖,一个愿打,一个愿挨的故事。

苦肉计的特点是:为了取“信”于敌人(其实是欺骗敌人),进行自我残害,以夺取战争全局性胜利的计谋。

原文

人不自害,受害必真。假真真假,间以得行。童蒙之言,顺以巽也①。

注释

① 童蒙之言,顺以巽也:出自《周易·蒙卦·象传》:"童蒙之吉,顺以巽也。"意思是说:不懂事的孩子单纯幼稚,顺着他的特点逗着他玩耍,就会把他骗得乖乖的。

译文

人一般都不会自我伤害,自我伤害必定会被认为是真实的;但如能以假乱真,并使敌人深信不疑,就能施行离间计了。这是汲取了《周易》"蒙"卦的思想,是从《周易·蒙卦·象传》中"童蒙之吉,顺以巽也"一语中获得的启示。

原文

间者①,使敌人相疑也。反间者,因敌人之疑,而实其疑也②。苦肉计者,盖假作自间以间人也③。凡遣与己有隙者以诱敌人④,约为响应,或约为共力者,皆苦肉计之类也。

注释

① 间者:这里是指间谍。

② 因敌人之疑,而实其疑也:因,凭,利用。实,充实,加深。全句意为:利用敌人多疑的心理,用欺骗的办法,更加深他们的疑心。

③ 假作自间以间人:假装自己内部有矛盾,去离间敌人。

④ 隙:矛盾。

译文

间谍，就是利用矛盾，使敌人内部互相猜忌；反间谍，就是利用敌人猜疑的心理，将计就计，以假乱真，更加深他们之间的相互猜疑。苦肉计，是假装自己内部有矛盾，去离间敌人，或进行间谍活动。凡是派遣与自己一方有矛盾的人去诱惑敌人，作为内应，或约定共同协作行动的人，都属于苦肉计之类的计谋。

杀庆忌，要离献计

春秋战国时期，姬光利用专诸杀死了吴王僚，自立为吴王，这就是阖闾。吴王僚有个儿子叫庆忌，行走如飞，非常勇猛。

父亲被杀，庆忌逃亡在外，寻找机会，搜罗人马，准备报杀父之仇。

阖闾为此忧心忡忡，想派人去行刺，可一时又没有合适的人选。阖闾的大夫伍员终于找来了要离。

阖闾一见，要离高不足五尺，腰大貌丑，大失所望。伍员介绍说："要离虽然其貌不扬，但机敏过人，且对吴王十分忠诚，是可以重用之才。"阖闾相信伍员的话，与要离密谈。阖闾问要离有何妙计刺杀庆忌。

要离充满信心地说："庆忌正在招纳亡命之徒，为父报仇，我打算诈称是'罪臣'去投奔他，但为了使他相信我，请大王斩断我的右手，杀死我的家人，这样就能取得庆忌的信任，因而也就可以乘机行刺了。"

阖闾起初不忍无故斩去要离的右手，也不忍杀死他的家人，但又看到要离的态度十分坚决，而且，思之再三，觉得除此以外，别无良策，于是便同意了。

第二天，伍员与要离入朝，当着文武百官的面，保荐要离为将军，率军攻打楚国。阖闾闻奏，怒斥伍员："你保荐的这人身矮力微，怎能带兵打仗？"

要离当面顶撞阖闾："大王真是太忘恩负义了，伍员为你安定了江山，你却不派军队替伍员报父兄之仇。"

阖闾大怒：这人竟敢当面顶撞羞辱寡人。命人把要离的右臂砍掉了，并押进大牢，拘留他的妻子。伍员叹息而出，群臣一时也莫名其妙。

过了几天，伍员悄悄叫人放松了对要离的监视，让要离趁机越狱跑了，阖闾便下令把要离的妻子斩首示众。

要离逃出以后，四处鸣冤叫屈。听说庆忌在卫国，便跑到卫国求见庆忌。

庆忌疑他有诈，不肯收容，要离便脱掉衣服给庆忌看那只被斩断了的右臂。

正当庆忌将信将疑之际，庆忌的心腹又来报告要离的妻子被斩的消息，庆忌这时便完全相信要离与阖闾确有深仇大恨了。要离向庆忌表示自己与他一样有复仇的决心，并愿意充当向导。还说伯嚭是无谋之辈，不足为虑；伍员虽智勇双全，但他之所以帮助阖闾，目的是想借兵伐楚，以报父兄大仇。

眼下，阖闾安于王位，从不提伍员报仇的事，所以伍员与阖闾已有隔阂，只要庆忌报仇后肯为伍员报仇，伍员愿为内应，如此等等，一番话说得庆忌深信不疑，便立即派要离训练士卒，修治兵船。三个月后，要离怂恿庆忌出兵，水陆并进，杀往吴国。庆忌与要离同乘一条船，驶到中流，要离趁庆忌到船头观看船队的机会，一戟刺在庆忌的心窝上。

到这时，庆忌才明白，自己是中了要离的苦肉计，抱恨而死。要离杀死庆忌后，自己也饮剑自尽了。

第三十五计　连环计

〔简述〕

连环计见于《元凸选》中《锦云党暗定连环计》杂剧。《三国演义》第八回也有《王司徒巧使连环计》。《兵法圆机·迭》说："大凡用计者，非一计之可孤行……百计迭出，算无遗策，虽智将强敌，可立制也。"认为采用两个以上计谋，环环相扣，因密无遗地做好决策，那么虽然智谋再高、力量再强的敌人都能制服。在三国时的赤壁大战中，刘备的谋士庞统诈降曹营，而后怂恿曹操把战船用铁索勾连起来，表面上是帮助魏军克服不习惯于水上作战的弱点，实际上是让这些船在遭到火攻时无法逃脱。后来周瑜又用苦肉计派黄盖诈降，火烧赤壁，这一个个计谋套用，成为完整的谋略链条，显示了连环计的鲜明特色。

一般地说，连环计不管是两计相扣也好，还是多个计谋相配合，其功能无非是两个：一个是让敌人自相钳制；一个是更有效、迅猛的攻击敌人。二者相辅相成，用兵就如得天神相助一样。

原文

将多兵众，不可以敌，使其自累①，以杀其势。在师中吉，承天宠也②。

注释

① 自累：指自相拖累，自相钳制。

② 在师中吉，承天宠也：语见《周易·师卦·象传》："在师中吉。承天宠也。"师封九二以一阳而统群阴，处于险中，然而刚而得中，得制胜之道，所以吉利，无咎，犹如秉承上天赐命一样得宠。

译文

敌军兵强势大，不能与他硬拼，应当设法使他们自相钳制，以削弱它的势头。正如《易经》师卦卦辞所说：将帅处于险象时，刚而得中，指挥巧妙得当，就能如同天神相助一样吉利。

原文

庞统[①]使曹操战舰勾连[②]，而后纵火焚之，使不得脱。则连环计者，其法在使敌自累，而后图之。盖一计累敌，一计攻敌，两计扣用，以摧强势也。如宋毕再遇[③]，尝引敌与战[④]，且前且却，至于数四，视日已晚，乃以香料煮黑豆，布地上，复前搏战，佯败走。敌乘胜追逐，其马已饥，闻豆香，就食，鞭之不前。遇率师反攻之，遂大胜。皆连环之计也。

注释

① 庞统（公元179~214年）：三国时刘备谋士，襄阳人，初与诸葛亮齐名，号“凤雏”。

② 战舰勾连：把很多舰船用铁环连接固定起来。

③ 毕再遇：宋代兖州人。有谋略，精通军事，是抗金的名将。开禧年间用兵，许多将领都战败，独有他多次立功，参见《宋史》本传。

④ 尝：曾经。

译文

庞统到曹营伪装投降，怂恿曹操把船只用铁索联结起来，然后纵火焚烧，使船只无法逃脱。由此看来，连环计就是先让敌人自相钳制，然后再攻击它的策略。前一计使敌人自相钳制，后一计则攻击敌人，两计相扣，运用自如，就能摧毁任何强敌。比如：宋朝的抗金名将毕再遇，曾经引诱敌人来战，边打边退，三番五次地缠住敌人，直至天色已晚，就用香料煮黑豆，撒在地上，又向敌营挑战，假装战败而退。敌人乘胜追赶，人饥马乏，闻到遍地豆子的芳香，马只顾抢着吃豆子,任凭你用鞭子抽打,也不肯走了。这时,毕再遇出兵反攻,大获全胜,这都是连环计的运用。

救鲁国,子贡巧施连环计

公元前484年,齐国的右相陈恒企图操纵国政,但又害怕朝中大臣国书、高无平从中作梗,便向齐简公建议,派国书等几位大臣领兵攻打鲁国,说是鲁国曾与吴国一道攻打过齐国,应该报仇解恨。齐简公采取了陈恒的建议,派国书为大将,带着高无平等大臣率领兵车千乘来到汶水之滨扎营。

孔子听到这个消息,大吃一惊,与他的几个学生商量说:“鲁国是我们的父母之邦,现在有难,不可以坐视不救,有谁能制止齐军攻打鲁国呢?”听了孔子的话,子贡自告奋勇地说他有办法解救鲁国面临的危难。

子贡先到齐国见到右相陈恒,他对陈恒说道:“鲁国的城墙低而薄,护城河狭而浅,国君懦弱,大臣无能,军队不善于打仗,是个难于征伐的国家,而吴国城墙高而厚,护城河宽而深,兵多将广,是个比较容易征伐的国家啊!”陈恒听了这话,很生气,认为子贡在戏弄他。子贡便让陈恒屏退左右,悄悄地对陈恒说:“据我观察,相国与大臣国书、高无平有些不和。国书与高无平率军进入衰弱的鲁国,一定能取胜,取胜的功劳自然属于国书与高无平,这些人的权势会不断增加,而相国您便将因此面临困境了。因此,假如您能设法使国书、高无平率兵攻打吴国,势必遭到失败,国书与高无平将面临困境,这对于相国您掌大权是很有利的啊!”

陈恒听了子贡的话,很是高兴,但考虑到齐军已开到汶水,忽然又叫他去打吴国,别人会怀疑他的动机,因而有些犹豫不决。

子贡了解到陈恒的思想顾虑,便又对陈恒说:“只要您能叫他们按兵不动,我便立即到吴国去说服吴王来救鲁伐齐,这样,齐国就有理由攻打吴国了。”陈恒同意子贡的主意,竟以听说吴国将出兵攻齐为理由,叫国书暂不攻鲁。

子贡日夜兼程赶到吴国,对吴王夫差说:“上次吴国和鲁国联合攻齐,现在齐国人为了报仇,已屯兵汶水之上,准备先攻打鲁国,再攻打吴国。大王您何不先发制人,兴兵伐齐救鲁?以吴国的强大,定能打败齐国,这样也可使鲁国听命于吴国了。”夫差说:“上次打败齐军后,齐国表示服侍吴国,一直不来朝贡,我正要向他问罪呢,只是听说越国有侵犯吴国的野心,我准备先打越国,再进兵齐国。”

听了夫差的话，子贡表示自己愿意去说服越王，让越王亲自率军跟随夫差攻齐。夫差高兴地答应了。

子贡来到越国，告诉勾践说：“夫差怀疑越国将攻打吴国，吴国就要兴兵伐越了。”勾践听了很着急。子贡便教给他一个办法：亲自率领一支军队，跟随吴王攻打齐国，这样可以消除吴国对越国的怀疑，将来如果吴国战败，力量就会削弱，吴军战胜，一定会与强大的晋国争霸，这样，后方必然空虚，越国便可以乘虚而入。勾践十分赞成子贡的主意。过了几天，越王便派文种向吴王献宝剑、精甲等礼物，并表示越王将亲率三千军士随吴伐齐。吴王很高兴。子贡又说服吴王，只要让越军参战就行，而越王勾践则不必亲自出征了。

接着，子贡辞别了吴王，又赶往晋国，对晋王说：“人无远虑，必有近忧。吴军正要攻打齐国，如果吴军取胜，吴王一定会要和晋国争霸，晋国应有所准备……”

等子贡回到鲁国，吴军已打败齐国。不久，吴王又率大军北上伐晋。这时，越王勾践便乘机攻占了吴国都城。

子贡一番攻心游说，布置了一个使齐、吴、越、晋等国互相牵制的连环巧计，使鲁国免遭齐军的攻伐，又免受吴国的挟制，从而挽救了鲁国。

连环计，曹孟德兵败赤壁

赤壁大战时，周瑜巧用反间，让曹操误杀了熟悉水战的蔡瑁、张允，又让庞统向曹操献上锁船之计，又用苦肉计让黄盖诈降。三计连环，打得曹操大败而逃。

东吴老将黄盖见曹操水寨船只一个挨一个，又无得力指挥，建议周瑜用火攻曹军。并主动提出，自己愿去诈降，趁曹操不备，放火烧船。周瑜说：“此计甚好，只是将军去诈降，曹贼定生疑。”黄盖说：“何不使用苦肉计？”周瑜说：“那样，将军会吃大苦。”黄盖说：“为了击败曹贼，我甘愿受苦。”

第二日，周瑜与众将在营中议事。黄盖当众顶撞周瑜，骂周瑜不识时务，并极力主张投降曹操。周瑜大怒，下令推出斩首。众将苦苦求情，“老将军功劳卓著，请免一死。”周瑜说：“死罪既免，活罪难逃。”命令重打一百军棍，打得黄盖鲜血淋漓。

黄盖私下派人送信曹操，大骂周瑜，表示一定寻找机会前来降曹。曹操派人打听,黄盖确实受刑,现正在养伤。他将信将疑,于是,派蒋干再次过江察看虚实。

周瑜这次见了蒋干,指责他盗书逃跑,坏了东吴的大事。"这次过江,又有什么打算?"周瑜说,"莫怪我不念旧情,先请你住到西山,等我大破曹军之后再说。"把蒋干给软禁起来了。其实,周瑜想再次利用这个过于自作聪明的呆子,所以名为软禁,实际上又在诱他上钩。

一日,蒋干心中烦闷,在山间闲逛。忽然听到从一间茅屋中传出琅琅书声。蒋干进屋一看,见一隐士正在读兵法,攀谈之后,知道此人是名士庞统。他说,周瑜年轻自负,难以容人,所以隐居在山里。蒋干果然又自作聪明,劝庞统投奔曹操,夸耀曹操最重视人才,先生此去,定得重用。庞统应允,并偷偷把蒋干引到江边僻静处,坐一小船,悄悄驶向曹营。

蒋干哪里会想到又中周瑜一计:原来庞统早已与周瑜谋划,故意向曹操献锁船之计,让周瑜火攻之计更显神效。

曹操得了庞统,十分欢喜,言谈之中,很佩服庞统的学问。他们巡视了各营寨,曹操请庞统提提意见。庞统说:"北方兵士不习水战,在风浪中颠簸,肯定受不了,怎能与周瑜决战?"曹操问:"先生有何妙计?"庞统说:"曹军兵多船众,数倍于东吴,不愁不胜。为了克服北方兵士的弱点,何不将船连锁起来,平平稳稳,如在陆地之上。"曹操果然依计而行,将士们都十分满意。一日,黄盖在快舰上满载油、柴、硫,硝等引火物资,遮得严严实实。他们按事先与曹操联系的信号,插上青牙旗,飞速渡江诈降。这日刮起东南风,正是周瑜他们选定的好日子。曹营官兵,见是黄盖投降的船只,并不防备,忽然间,黄盖的船上火势熊熊,直冲曹营。风助火势,火乘风威,曹营水寨的大船一个连着一个,想分也分不开,一齐着火,越烧越旺。周瑜早已准备快船,驶向曹营,杀得曹操数十万人马一败涂地。曹操本人仓皇逃奔,捡了一条性命。

战场形势复杂多变,对敌作战时,使用计谋,是每个优秀指挥员的本领。而双方指挥员都是有经验的老手,只用一计,往往容易被对方识破。而一计套一计,计计连环,作用就会大得多。

连环计,毕再遇大败金军

宋代将领毕再遇曾经运用连环计,打过漂亮的仗。他分析金人强悍,骑兵尤其勇猛,如果对面交战往往会造成重大伤亡。所以他用兵主张抓住敌人的弱点钳制敌人,寻找良好的战机。

有一次与金兵遭遇,他命令部队不得与敌正面交锋,可采取游击流动战术。敌人前进,他就令队伍后撤,等敌人刚刚安顿下来,他又下令出击,等金兵全力反击时,他又率队伍跑得无影无踪。就这样,退退进进,打打停停,把金兵搞得疲惫不堪。金兵想打又打不着,想摆脱又摆不脱。

到夜晚,金军人困马乏,正准备回营休息。毕再遇准备了用多种香料煮的黑豆,偷偷地撒在阵地上。然后,又突然袭击金军。金军无奈,只得尽力反击。但毕再遇的部队与金军战不几时,又全部败退。金军所愤至极,乘胜追赶。谁知,金军战马一整天都东跑西追,又饿又渴,闻到地上有香喷喷的黑豆,任你用鞭抽打,也不肯前进一步。金军调不动战马,在黑夜中,一时没了主意,显得十分混乱。

毕再遇这时调集全部队伍,从四面包围过来,杀得金军人仰马翻,横尸遍野。

第三十六计　走为上计

〔简述〕

"三十六计,走为上计"计语出自《南齐书·王敬则传》:"檀公三十六计,走为上计"。檀公指南朝名将檀道济,相传有《檀公三十六计》,但未见刊本。

此外,我国古代其他兵法也有论述。《淮南子·兵略训》:"实则斗,虚则走。"实是指力量强大,虚是指寡不敌众。也是强调在无把握取胜时,要使用一个"走"字。我国另一部兵书《兵法圆机·利》也有:"避而有所全,则避也"。避,指主动回避,撤退;全,是保全。意思是说,撤退能保全力量,就应该撤退。《吴子·料敌》也说:"凡此不如敌人,避之勿疑;所谓见可而进,知难而退也。"

由此可见,三十六计,走为上计,是指在我不如敌的情况下,为保存实力,主动撤退。所谓上计,不是说,"走"在三十六计中是上计,而是说,在敌强我弱的情况下,我方有几种选择:一、求和;二、投降;三、死拼;四、撤退。四种选择中,前三种是完全没有出路的,是彻底的失败。只有第四种,撤退,可以保存实力,以图卷土重来,这是最好的抉择。因此说,"走"为上。

原文

全师避敌,左次无咎①,未失常也②。

注释

① 左次:指军队向后撤退。古时右为前,兵家指前进;左为后,也就是指退却。

② 常:常道。

译文

为了保全部队的实力,实行撤退也没有什么罪责,因为它并没有违背用兵的常道。

原文

敌势全胜,我不能战,则必降、必和、必走①。降则全败,和则半败,走则未败。未败者,胜之转机也。如宋毕再遇与金人对垒,一夕拔营去,留旗帜于营,豫缚生羊悬之,置前二足于鼓上。羊不堪倒悬②,则足击鼓有声。金人不觉,相持数日,始觉之,则已远矣。可谓善走者也。

注释

① 必降、必和、必走：指在敌人处于绝对优势的情况下，我方只有投降、讲和、撤退三种选择。

② 倒悬：倒转身体，悬空挂着。

译文

敌人占绝对优势，我方无法战胜时，我方只有投降、讲和和退却三条路可走。投降，是彻底失败；讲和是一半失败；只有撤退不是失败。没有失败，就有转为胜利的契机。比如宋代名将毕再遇与金兵打仗，一天夜里撤退走了，却留下旗帜在营房前，预先把羊倒吊着，又把羊的前腿安置在鼓前面，羊被倒挂着，十分难受，就用腿不停地乱踢，鼓也就咚咚作响。金人开始未发觉，相持了几天，才发觉。这时，宋军已经走远了。这可以说是善于撤退的战例。

彝陵之战

三国时，魏文帝黄初三年（公元 222 年）正月至六月，东吴大将陆逊率军与刘备率领的蜀军相持于责道虢亭（今湖北宜都市西北）。当时，汉主刘备举军东下，锐气正盛，且乘高守险，难以抵御。陆逊主张实施战略退却，"奖励将士，广施方略，以观其变。陆逊的部下多是东吴的功臣宿将和公室贵戚，他们自命不凡，或自恃功高，对陆逊这位年轻统帅既不服气，又不尊重。"对于陆逊实施退却更是很不理解，以为这是陆逊怯懦无能的表现。

这时，刘备命令军队从巫峡建平起到彝陵七百里间，接连设营，以冯习为大都督，张南为前部都督。从正月到五月，与东吴相持不下。刘备要求决战不得。于是派吴班带领数千人在平地立营，想以此引诱吴军出战。陆逊非但拒不出战，还连续退却七百里。任你蜀军怎样讨战，坚持不予理睬。并且劝告众将说："吴班讨战，其中必有诡计，我们姑且观望一下吧！"刘备见诱敌之计不成，只好把埋伏在山谷中的八千伏兵撤出来。这时,陆逊上书孙权说:“彝陵这个要害地方是东吴的重要关口。虽然容易攻取,也很容易失守。一旦失去,连荆州也难以保住。所以,今天我们争夺这个战略要地,定要一举成功,一劳永逸。开始时,我顾虑刘备水陆大军同时前来,那样,我们势必要分兵抵抗。现在,他不要水军,单用陆路,又在七百里内,处处结营,分散兵力,看来,刘备这一布置对我军十分有利,所以,请您放心,不需再为攻打刘备的事而挂心了。”

闰五月,陆逊观察形势,准备由退却、防御转为进攻。将领们认为,要进攻刘备,应当在初来的时候,如今我军步步退却,他们却在我们国境六七百里内到处设有重兵把守,这时进攻一定不会有好处。陆逊则说:我军连续退却,他们找不到我们的空隙,他们的士兵已经很疲惫,士气低落,又想不出打败我们的计划。现在,正是我们用计打败刘备的时候。于是,便先派兵攻打刘备一个大营,没有成功,又改变战术,命令士兵每人拿一把茅草,用火攻的方法,袭击蜀军,得手后,陆逊便率领全军人马同时发起进攻,斩了蜀将张南、冯习及少数民族武装首领沙摩柯,攻破蜀军四十多个大营,蜀军将领杜路、刘宁等被迫投降,刘备逃上马鞍山,将军队沿山环列,进行困守。陆逊督促所有将领四面猛攻,蜀军全军溃散,死伤数以万计,刘备又连夜逃走,靠着沿途焚烧辎重器械,堵塞山路隘口,才阻住吴军的追击,得以匆忙地逃进白帝城。

陆逊以“走”为上计,实施战略退却,等待时机,终于转入反攻,大获全胜;刘备兵败彝陵,也以“走”才保住了性命。